广州远洋运输有限公司年鉴

GUANGZHOU OCEAN SHIPPING COMPANY LIMITED YEARBOOK

2010

《广州远洋运输有限公司年鉴》编纂委员会 编

2011年刊

廣東省出版集團
广东人民出版社
·广州·

图书在版编目（CIP）数据

广州远洋运输有限公司年鉴. 2010/《广州远洋运输有限公司年鉴》编纂委员会编. —广州：广东人民出版社，2011.12
ISBN 978-7-218-07381-1

Ⅰ.①广… Ⅱ.①广… Ⅲ.①远洋运输-运输企业-广州市-2010-年鉴 Ⅳ.①F552.61-54

中国版本图书馆CIP数据核字（2011）第229426号

广州远洋运输有限公司年鉴2010
《广州远洋运输有限公司年鉴》编纂委员会编

出 版 人：金炳亮

责任编辑：梁 茵 洪玉琴
封面设计：崔思明
责任技编：周 杰

出版发行：广东人民出版社
地 址：广州市大沙头四马路10号（邮政编码：510102）
电 话：（020）83798714（总编室）
传 真：（020）83780199
网 址：http://www.gdpph.com
印 刷：广州市穗彩彩印厂
书 号：ISBN 978-7-218-07381-1
开 本：889毫米×1194毫米 1/16
印 张：23.5 插 页：23 字 数：550千
版 次：2011年12月第1版 2011年12月第1次印刷
定 价：228.00元

售书热线：（020）83790604 83791487 邮购：（020）83781421

《广州远洋运输有限公司年鉴（2010）》编纂委员会

《广州远洋运输有限公司年鉴（2010）》编纂人员

✧ 2010年11月8～10日，由中远集团主办、广远协办的第七届国际海运（中国）年会在广州市举行。8日，广州市人民政府——中远集团举行第七届国际海运（中国）年会欢迎晚宴。参加晚宴的有广州市市长万庆良（右五）、副市长甘新（右四），中远集团总裁魏家福（右六）、党组书记张富生（右七）、副总裁许立荣（左五）、党组纪检组组长李云鹏（左四）、总会计师孙月英（左三），广远总经理徐惠兴（左二）、党委书记刘书田（左一）等领导。

交通运输部副部长
徐祖远

广东省常务副省长
朱小丹

广州市市长
万庆良

广州市副市长
甘新

中远集团总裁
魏家福

中远集团党组书记
张富生

2010年11月8～10日，来自世界30多个国家和地区的1000多名代表出席第七届国际海运（中国）年会。各级领导在年会上致辞或发表演讲。

✧ 2010年11月8日，中远集团总裁魏家福会见参加第七届国际海运（中国）年会的嘉宾。

✧ 2010年11月9日，参加第七届国际海运（中国）年会的各国代表。

✧ 2010年11月8日，广远工作人员热情接待参加第七届国际海运（中国）年会的代表。

✧ 2010年11月9日，参加第七届国际海运（中国）年会的代表共同签署以低碳发展为目标的《广州宣言》。

✧ 2010年2月3日，广远承办交通水运系统广州地区单位2010年迎春团拜会，交通运输部副部长徐祖远（左二），原交通部副部长刘松金（左一）、洪善祥（右二）参加了团拜会。

✧ 2010年1月14日，国务院驻中远集团监事会主席李东序（后排右五）一行莅临广远检查、指导工作，并上船慰问船员。

✧ 2010年2月5日，中远广州地区离退休老领导2010年迎春团拜会在广州举行。图为中远集团党组书记张富生（左二）和离退休领导欢聚一堂。

✧ 2010年8月9日，广州市市长万庆良（右一）会见中远集团副总裁张良（右二）和广远领导。

✧ 2010年6月3日，中远集团党组纪检组组长李云鹏（后排左四）莅临广远调研纪检工作。

✧ 2010年8月11日，国家审计署深圳特派办副特派员朱惠红（右四）一行，登上停靠在广州南沙港汽车船码头的“常发口”轮进行参观指导。

✧ 2010年12月14日，广东省总工会党组成员、纪检组长廖汝杰（二排右四）一行慰问“祥云口”轮船员。

✧ 2010年12月17日，广东省总工会常务副主席陈宗文（前排左二）率队慰问“祥云口”轮船员。

✧ 2010年2月，“大华”轮荣获广东省文明单位称号。

✧ 2010年5月8日，由《董事会》杂志社主办的第六届（2009年度）中国上市公司董事会“金圆桌”奖颁奖盛典在北京嘉里中心举行，中远航运等单位荣获“优秀董事会”奖。图为中远航运驻京首席代表黄金成（左五）上台领奖。

✧ 2010年7月22日，中远远达获得中华全国总工会、国家安全生产监督管理局授予的“全国安康杯”优胜奖状。图为广远领导给中远远达代颁奖项。

✧ 2010年9月，广远荣获中华全国总工会、中华全国妇女联合会、共青团中央、中国科学技术协会、中国质量协会等联合颁发的“全国质量管理小组活动优秀企业奖”。图为广远等单位代表领奖。

2010年全国安全生产月活动

优秀单位

中共中央宣传部
国家安全生产监督管理总局
公安部
国家广播电影电视总局
中华全国总工会
共青团中央
中华全国妇女联合会
二〇一〇年十月

✧ 2010年10月21～22日，在重庆市举行的全国“安全生产月”活动总结交流会上，广远被评为2010年全国“安全生产月”活动优秀单位。

✧ 2010年10月30日，由南开大学公司治理研究中心及南开大学商学院主办的“2010中国公司治理指数”发布与研讨会在北京人民大会堂举行。中远航运被授予2010年度中国上市公司“最佳公司治理奖”。

✧ 2010年3月29～30日，广远、中远远达举办客户联谊会。

✧ 2010年1月12日，中远南方与海南海事局、CCS海南分社举行海上安全共建活动协议签字仪式。

✧ 2010年1月13日，中远航运CEO韩国敏（左四）等高管会见来访的日之出邮船株式会社社长木下纯夫（左三）一行。

✧ 2010年1月21日，中远航运与中远土耳其公司在广州签署海外网点合作协议。图为中远土耳其公司总经理王书毅（左一）与中远航运代表双方交换协议书。

✧ 2010年2月11日，中远航运高管会见来访的中国人保财险总裁王银成（左五）一行，双方就财产保险、理赔服务等交换了意见。

✧ 2010年2月25日，广远副总经理翁继强会见广州海事法院副院长詹思敏（左一），双方就海事等工作进行了广泛交流。

✧ 2010年2月26日，中远南方与福建川源公司就“三都澳”轮租船改造事宜签约合作。

✧ 2010年4月19日，中远南方领导与EXXON公司高层交流沥青运输合作事宜并合影留念。

✧ 2010年 5月13日，张家港港务集团总裁赵建华（左三）一行访问中远航运。

✧ 2010年11月10日，中远航运高管与中远荷兰代理CROSS-OCEAN公司董事总经理Peter J.den Breejen（前排右二）签署了海外网点代理协议。

✧ 2010年11月18日，中远航运高管会见来访的中远考斯里奇合营代理公司中国方总经理徐宏基 (左二)和意大利方总经理Augusto Cosulich（左三），就中远航运在欧洲地区营销网络建设和合作进行业务交流。

✧ 2010年12月30日，交通运输部广州打捞局局长陈北先（左四）一行来中远航运进行业务交流。

✧ 2010年4月22日，上海中远航运有限公司在上海举行开业揭牌仪式。

✧ 2010年1月11日，广远召开工作会暨思想政治工作会、安全工作会，并向先进集体颁发奖牌。

✧ 2010年1月12～14日，中远南方举行客户联谊会、2010年亚太沥青销售与运输市场变化与发展交流会。

✧ 2010年1月26日，中远航运在新加坡亚太杂货展上展示实力。

✧ 2010年5月18～20日，中远航运参加第五届欧洲杂货运输展，进行业务宣传和推介。

✧ 2010年4月28日，中远航运在香港举行大型航运业务推介会，香港业界30余家企业50余名客户代表参加了推介会。

✧ 2010年4月27日，广远举行2010年职工计算机基本操作技能总决赛。图为获奖者集体合影留念。

✧ 2010年6月10日，中远航运与中石油技术开发公司签署战略合作协议。图为中远航运高管和中石油技术开发公司副总经理高京建（前右一）代表合作双方交换协议文本。

✧ 2010年6月10日，中远驻粤企业养老保险问题专题会在广远召开。会议对下一步推进驻粤企业养老保险政策调整有关事宜进行了部署。

✧ 2010年6月22日，中远航运召开2009年年度股东大会，大会高票通过了配股方案。

✧ 2010年6月29日，广远举行2010年安全知识总决赛。图为获奖者和广远领导合影留念。

✧ 2010年9月25日，广远新建办公大楼——广州远洋大厦举行落成典礼。

✧ 2010年12月16日，广远副总经理陈炳立（前排左二）带队前往“常发口”轮，举行精益管理推广现场会。

✧ 2010年12月28日，广远总会计师刘雪亮（中）到远洋酒店检查指导财务工作。

✧ 2010年3月30日，中远航运与中船集团属下广州中船黄埔造船有限公司和江苏泰州口岸船舶有限公司签订总数为10艘（含选择权行使生效）27000吨新型多用途船建造合同。图为中远集团、广远、中远航运、中船集团、口岸船厂及相关单位领导出席签字仪式。

✧ 2010年10月31日，中远航运与南通中远川崎船舶工程有限公司在上海签订4艘28000吨多用途重吊船建造合同。

✧ 2010年11月1日，中远航运与上海造船厂签订4艘28000吨多用途重吊船建造合同。

✧ 2010年1月19日，中远远达32000吨新型专业木材运输船“中远武夷山”轮在福建马尾船厂举行交接仪式。

✧ 2010年2月1日，中远航运在江苏口岸船厂建造的27000吨多用途船“孔雀松”轮交付使用。

✧ 2010年2月6日，中远航运新接重吊船“大紫云”轮在烟台港举行首航仪式。

✧ 2010年4月8日，中远南方5900载重吨散装沥青船“宁海湾”轮接船仪式在广州中船黄埔造船有限公司隆重举行。

✧ 2010年5月20日，中远航运举行50000吨半潜船“祥云口”轮出坞仪式。

✧ 2010年6月18日，中远远达举行“金兴岭”轮接船仪式。

✧ 2010年6月30日，中远远达32000吨运木船“中远井冈山”轮顺利交船。图为“中远井冈山”轮船员在首航前合影。

✧ 2010年7月31日，中远航运在江苏泰州口岸船舶有限公司举行“卧龙松”轮下水仪式。

✧ 2010年9月27日，中远远达举行“金旺岭”轮交接船仪式。

✧ 2010年10月9日，中远航运新造28000吨多用途重吊船“大玉霞”轮在山东黄海船厂举行下水仪式。

✧ 2010年11月25日，中远航运举行“卧龙松”轮交接仪式。

✧ 2010年12月15日，省远洋举行“毓鹏海”轮交船命名暨首航仪式。

✧ 2010年12月28日，中远航运“大翠云”轮在山东黄海船厂下水。

✧ 2010年1月29日，中远集团党组书记张富生（右二）、广远党委书记刘书田（右一）检查广远新办公大楼——广州远洋大厦安全工作。

✧ 2010年2月13日，中远航运高管到“大富”轮检查安全并慰问船员。

✧ 2010年1月3日，“大富”轮在理查德湾安全移泊。

✧ 2010年1月12日，“泰安口”轮在苏伊士再次成功装载Ahmed Rig石油平台。

✧ 2010年7月25日，中远航运20000吨级半潜船“康盛口”轮在广州大屿山锚地采用潜装方式，成功装载中海油田服务股份有限公司的“中海油901”、“中海油902”两艘油田工作平台驶往天津港。

✧ 2010年2月13日，中国海军护航编队用直升机向“康盛口”轮派遣4名海军特战队员和1名《解放军报》随军记者，随船护卫西行通过亚丁湾。

✧ 2010年3月8日，广远召开2010年“红树林”工程工作会，结合广远改革发展稳定和安全生产需要，进行再动员、再部署和再落实。

✧ 2010年6月29日，中远航运“大富”轮年青船员在老船员的指导下加工制作工件。

✧ 2010年8月7日，中远远达“白沙岭”轮船员在工作之余交流安全生产心得。

✧ 2010年9月4日，东海大厦举行职业技能比赛。图为工程部换排气扇比赛现场。

✧ 防盗演练。

✧ 同心协力。

✧ 满载而归。

✧ 乘风破浪。

✧ 2010年6月10日、30日，广远先后召开十二届五次、六次职代会，专题审议通过了《关于广远公司职工基本养老保险统一执行北京市政策的请示》的决议和广远公司改制职工安置方案。

✧ 2010年11月27日，广远召开2010年党建思想政治工作研究会暨工会理论研讨会。

✧ 2010年1月14日，广东省厂务公开民主管理联席会第一次会议暨广州远洋运输公司企务公开工作汇报会在远洋宾馆举行。

✧ 2010年2月2日，广远召开2010年纪检监察审计工作会议。

✧ 2010年3月5日，广远工会召开八届十次全委会暨2010年工作会。

✧ 2010年9月3日，按照上级党组织的统一部署，广远召开2010年度党员领导干部专题民主生活会暨述廉议廉会议。

✧ 2010年9月13日，广远党委特邀中共广东省委党校副校长程扬为全体党员干部上建设学习型党组织专题党课。

✧ 2010年3月20日，广远举办青年船员户外拓展培训。

✧ 2010年5月4日，广远团委组织团员青年参观广东科学中心。

✧ 2010年11月28日，在阿拉伯海域遭遇海盗袭击并成功脱险的“泰安口”轮14名公休船员回国，广远和中远航运举行了欢迎仪式。

✧ 2010年9月29日，广远举行扶贫济困专项基金成立仪式。

✧ 2010年2月2日，广远总经理徐惠兴慰问原广远经理叶广威（右）。

✧ 2010年2月8日春节期间，广远党委书记刘书田慰问退休政委、“全国五一劳动奖章”获得者肖健池（右）。

✧ 2010年1月29日，广远副总经理翁继强慰问船长刘铁军（右）。

✧ 2010年2月9日，广远纪委书记、工会主席马宗梅慰问退休轮机长钟华星（左）。

✧ 2010年3月6日，广远党委书记刘书田（前排左二）带队前往扶贫点广东省兴宁市坭陂镇检查扶贫工作。

✧ 2010年12月1日，中远航运高管前往广州军区广州总医院看望在抗击海盗中受伤的“乐从”轮船员林洪强（左一）。

✧ 2010年2月1日，“乐昌”轮为中国海军护航编队捎带给养品。

✧ 2010年2月14日，“康盛口”轮船员和中国海军特战队员在亚丁湾欢渡春节并合影留念。

✧ 2010年4月22日，“大富”轮下半旗向青海玉树县地震遇难者致哀。

✧ 2010年8月2日，值八一建军节之际，“大华”轮代表广远、中远航运向在亚丁湾护航的人民海军赠送慰问品，表达对护航海军的节日问候和感激之情。

✧ 2010年8月15日，靠泊在张家港的“白沙岭”轮船员向舟曲遇难同胞默哀。

✧ 2010年 8月25日，中远航运高管率队拜访广州军区广州总医院，感谢该院精心治疗和护理在西非抗击海盗中受伤的“安泽江”轮船长刘新军和政委刘正芳，并向该院院长刘坚（左六）赠送锦旗。

✧ 2010年11月9日，“大紫云”轮船员在印度洋上举办烧烤晚会。

2010年广远领导成员

总经理兼党委副书记
徐惠兴

党委书记兼副总经理
刘书田

副总经理
翁继强

纪委书记、工会主席
马宗梅

副总经理
陈炳立

总会计师
刘雪亮

驶向世界的民族巨轮

（广远全球航线示意图）

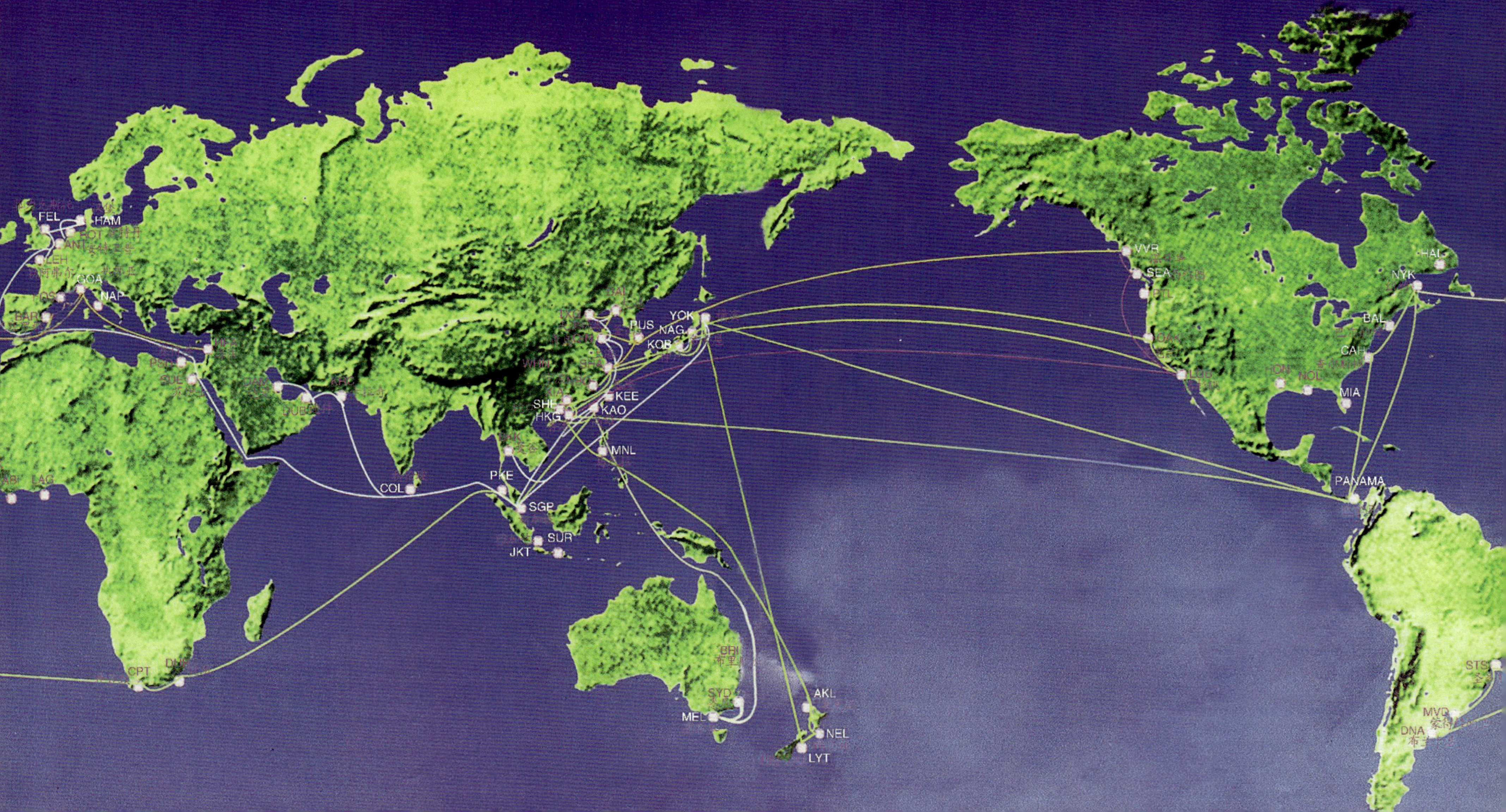

目 录

第一章
特　载

深化改革，创新经营，调整结构，保证安全 努力开创广远各项事业发展新局面

——在广远2010年工作会议上的报告

（略有删节）

广州远洋运输公司总经理　徐惠兴

2010年1月11日

同志们：

首先，我代表公司向在座各位，向奋战在生产第一线的广大船员，向基层、本部的广大员工，向关心、理解和支持广远的各级领导、离退休老同志，以及广大船岸员工家属致以崇高的敬意和衷心的感谢。祝大家在新的一年身体健康、家庭幸福、工作顺利、万事如意！

下面，我代表公司向大会作工作报告。

第一部分　2009年主要工作回顾

2009年，广远公司在中远集团的正确领导和支持下，坚持以党的十七大精神为指导，深入学习实践科学发展观，坚决贯彻执行中远集团“谋发展，控风险，抓机遇，拼效益”的战略部署，以“超限战”的战略思维，认清形势，创新经营，树立信心，抓住机遇，确保安全，促进和谐，经过全体船岸员工的共同努力，在十分严峻的市场形势下保证了总体盈利。

广远2009年主要生产财务指标完成情况：

货运量1197.82万吨，同比减少19.80%；

周转量585.50亿吨海里，同比减少20.57%；

运输收入同比减少46.34%；

运输成本同比减少32.14%；

运输净利润同比减少95.62%；

利润总额同比减少95.07%。

一、创新经营应对挑战，经营效益保持总体盈利

近年来，广远始终坚持“以航运为主业，航运是重中之重，只有航运才能发展广远”的发展战略，结合自身实际，不断加强航运主业结构调整，制定和明确了一系列航运主业经营战略，航运主业得到了快速发展，核心竞争能力和抵御周期性风险能力有效增强，在国际航运市场历史性低谷的严峻形势下，仍然保持了总体盈利，从经营成果来看，优于同行业水平。

（一）应对危机创新求变，推进航运经营机制改革

近年来，广远一直强调，广远在船队硬件发展方面取得成效的同时，在航运经营软件方面也要进步，关键是要彻底扭转靠天吃饭的思想，加强自主创新，克服船东观念，以市场为导向。去年以来，各航运公司危机中求变，在转变观念、创新机制上取得了实实在在的进步。深入推进航运经营体制改革，建立以市场为导向的营销模式，加大市场营销的力度。打破固有模式，转变市场高位时期“重调度、轻市场”的观念，确立“以市场为导向，以客户为中心，以效益为目标”的船队营销模式，由传统的“排船会”向市场营销例会和“排货会”转变，由传统的“以船为核心”向“以货为核心”转变，实现航线业务人员经营业绩与考核奖惩相统一。通过采取一系列航运经营机制改革措施，有效应对了航运市场低位的严峻挑战。

（二）贯彻大客户战略，打好市场营销“超限战”

以前所未有的规模和力度开展市场营销推介工作，与国内数十家大中型对外工程承包企业建立联系，举办客户交流和推介会，参展杂货、海洋石油、沥青等大型国际展会，明显提升细分市场知名度。半潜船，深入研究半潜船的客户开发，加强重点客户的沟通和营销工作，取得一定成效。重吊船，专题研究重吊船回归经营的客户开发和航线投放，谋求经济效益最大化，强化重吊船稳定、长期大客户开发工作，为船队可持续发展奠定基础。木材船，采取布局先于市场的方式，合理部署运力，依托木材商优质客户资源，重点开发西非出口货源，抓紧建立自己的揽货渠道和网点，揽货难的被动局面逐步得到扭转。沥青船，坚定不移地实施大客户战略，抓住机遇，积极调整运力布局，经营效益比上年明显好转。汽车船，加强与合作方的协调沟通，取得对方的支持，共同渡过难关，同时认真研究新造5000车位汽车船投入营运问题。

（三）精心经营精耕细作，切实提高船队创效能力

合理分配运力，突出自身优势，将亏损航线船舶运力有计划向受危机影响较小的航线转移。不断创新高品质、个性化增值服务。采取多种措施，充分利用船型、密度、服务、客户、管理、港口、代理等全方位优势，稳定优质客户，巩固盈利航线货源基础和市场占有率。狠抓国内外港口疏港，通过拜访港方、改善装载货物结构、现场协调装卸工具等多种方式，缓解压港、塞港压力。不失时机地实施积极的运价政策，稳步推进运价上涨。

二、结构调整收到实效，抵御风险能力明显增强

（一）大力发展特种船队，提高抵御市场波动能力

广远近年来大力发展特种船队，目前已经拥有船型较为齐备的一支特种船队，经营创效和抵御风险能力日益突出，已经发展成为广远船队的创效主力。去年以来，除木材船、汽车船经营形势比较严峻外，其他特种船都具有较好的盈利空间，尤其是半潜船队。2009年，3艘半潜船队成为航运业务利润最重要来源之一，预计未来2艘5万吨半潜船投入营运后盈利能力将更为突出。重吊船队回归经营取得初步成效。2009年，“中、华、富、强”轮4艘重吊船逐步转回自营，从目前情况看经营成果达到预期目标，尽管未来还将遇到很多挑战，但市场前景较为广阔。中远远达木材船队具有较好发展前景，西非木材运输正在打造成为精品航线，目前木材船队运力发展正在按规划稳步推进。沥青船队在贯彻大客户战略上取得明显成效，为广远总体盈利做出了重要贡献。

（二）果断决策退役老旧船，逐步实现船队结构优化

老旧杂货船在航运市场高位时期赚小钱，在市场低谷时期亏大钱。而老旧船偏多正是广远船队最突出的结构性问题，也是我们近几年来船队结构调整要解决的重点。广远2009年退役一些老旧船，有效实现了部分老旧船止亏。在逐步退役老旧船的同时，围绕广远船队定位调整战略，加大多用途船优质运力扩充，多用途船尤其是带重吊多用途船运力的陆续补充，促进了主力船队结构优化，增强了船队总体盈利能力。如新造27000吨多用途船“凤凰松”轮去年投入营运以来5个航次营业利润就很可观，在一定程度上弥补了老旧杂货船的亏损。

（三）加强在建船舶质量控制，保证运力更新良性发展

2010年，广远将继续新接船，船型有多用途船、半潜船、木材船、沥青船、电煤船。随着2010年新船陆续投入营运，广远船队结构将有实质性改善。

三、扎实推进“资本广远”，深化改革进入关键阶段

（一）稳步推进打造“资本广远”工作

按照中远集团的统一部署，广远在近两年资本经营取得实质性进展的基础上，积极配合相关部门和机构，做好详尽测算，研究制定方案，重点做好2010年相关方案实施阶段的前期准备工作。

（二）加强上市公司资本平台建设

中远航运被调入上证红利指数样本股，荣获“2009中国上市公司市值百佳榜”，连续三年荣获“优秀董事会奖”。在上海证券交易所组织的公司治理专项评选中，荣获最具含金量的“2009年年度最佳董事会奖”十佳。这是首次由监管部门组织进行的评奖，中远航运作为10家获奖公司中市值最小的公司，体现了监管部门和资本市场对中远航运治理水平的高度认可，意义十分重大。

四、全员参与深入挖潜，实现精益管理节能减排

广远紧抓“增收入、降成本”主线，动员组织全体员工，积极开展精益管理、节能减排活动。

各航运企业重点抓好行政费用、十项机务费用、经营成本费用、船员费用、财务费用等五大项目。并在此基础上做好单船单航次的核算，单船固定保本租金水平和单船平均期租水平的核算。中远航运组织实施“成本预控和管理对标实施方案”，全员参与成本控制，共收集成本控制建议1000余条，深入挖掘精益亮点，全面梳理出146项成本项目，落实到各部门和岗位采取措施进行控制。各家公司多项经营成本和管理费用均较2008年有不同程度下降。其中，船舶修理费、改造费、润滑油成本和绑扎物料等费用降幅较大，经与供应商谈判，润滑油价格基本降到2007年年初的水平。

各岸产企业加大力度降本增效，在行政经费、财务费用、人工成本、经营成本方面都得到了有效的控制。

五、深入推进“红树林”工程，队伍建设成效显著

“红树林”工程实现从船舶向陆地拓展、从基层向机关延伸、从在船员工向全体员工覆盖，有力地促进了企业安全、效益、稳定等各项工作的发展。

（一）队伍素质进一步提升。去年9月，在国资委和人力资源社会保障部联合举办的2009年中央企业职工技能大赛船舶水手、船舶机工决赛中，广远代表队从参赛的18支代表队中脱颖而出，勇夺3枚金牌、2枚铜牌，总成绩在所有代表队中名列第一，受到了上级领导和兄弟公司好评。

（二）安全意识进一步增强。公司把“红树林”工程贯穿于创建“平安之旅”活动中，提炼出独具广远特色的安全管理“十大理念”、“八个一”安全文化等。通过加大宣传、教育和培训力度，促进了企业安全管理理念和安全文化深入人心。

（三）体制机制进一步完善。各单位努力建设切实有效的船员思想教育工作机制、船员岗前培训工作机制、员工在岗技能培训工作机制。这些保障制度和机制建设，为推动公司员工素质教育和人才培养管理体系进一步迈向科学化轨道打下了良好的基础。

（四）打造学习型广远取得新进展。公司广大员工进一步确立了“在工作中学习，在学习中工作”的理念，“争创学习型组织，争当学习型员工”的风气更加浓厚。通过活动，基本实现了船员培训重点从满足履约培训、持证培训的要求向全面提高综合技能培训转变；员工队伍从“数量优势”向“质量优势”转变；员工从“要我学”到“我要学”转变。

六、理顺资产配合改革，岸产企业工作稳步推进

岸产企业着力在“控制风险，拼搏效益；深化改革，理顺关系；强化管理，确保稳定”上下功夫，在经营效益、深化改革、企业管理和安全稳定上，都取得较好的成绩。

一是理清理顺岸企资产关系。二是剥离岸企的社会职能。三是规范岸企的经营管理。建立健全岸产企业的考核指标体系、激励约束机制建设，科学量化各岸产企业工作业绩、精神文明建设情况和惩防腐败体系建设等考核。四是加强企业风险管理。通过加强岸产企业的建章立制、流程控制，进一步夯实岸产企业的基础管理、流程管理、制度建设，消除潜在经营风险、财务风险、人事风险和法律风险。五是确保远洋大厦的施工进度及工程质量。

2009年，岸产企业整体盈利在航运市场低迷的情况下，成为广远经营创效的重要补充，为广远总体盈利做出重要贡献。

七、把握安全突出问题，全力保证基本平稳局面

始终坚持“安全第一，预防为主，综合治理”方针，坚持安全工作是重中之重，是压倒一切的工作。围绕海上“八无”、陆上“六无”目标，开展“平安之旅”活动，打好“四大战役”，抓住航行安全、人身安全和老旧船管理三个重点。按照“早研究、早动员、早布置、早检查、早落实”的安全管理方针，狠抓安全生产责任，落实各项安全措施，夯实安全工作基础。广远2009年安全生产形势年初、岁末出现波动，中期基本平稳。

（一）高度认识防海盗工作的严峻形势和极端重要性，明确将防海盗工作作为当前时期安全工作的首要任务。2009年，广远公司航经亚丁湾索马里等海盗活动海域船舶共180艘次，22艘次受到海盗袭扰，5艘次受到正面袭击。另有5艘船舶在拉各斯港受到武装海盗袭击，均成功摆脱。

（二）重视做好预防甲型H1N1流感工作，经过努力，得到政府卫生部门特批广远船员甲流疫苗，在中远系统内率先为远洋船员接种疫苗。

（三）保持对全球气象的跟踪，指导船舶积极收集和分析天气预报，结合本船状况，特别是船龄、货载以及机械设备的可靠性等因素，认真评估抗风浪能力，及时反馈，提前防范和规避风险。

（四）保持对即将进入大风浪海域的船舶逐一进行跟踪和布置，指导船舶提前落实防范措施。加强对大风浪区域和能见度不良区域航行船舶的排查，坚持零报告制度。要求严格遵守驾驶台守则和避碰规则，正规瞭望，正确判断，留足余地，防止出现紧迫局面和紧迫危险。

（五）严格把好船舶开航关，做好货物的绑扎和加固，把各种安全隐患消灭在港内。保持船舶“四机一炉”的正常运作，具备应有的防抗能力。加强应急处置演练，熟练掌握救生消防设备尤其是保温服的使用。

（六）开展隐患排查活动。对本年度的安全工作目标、活动对象与范围、实施步骤等工作作出了部署。岸产企业重点做好防火、防盗、防交通事故和人身伤亡。通过开展“隐患治理年”活动，深化安全生产隐患排查和治理，对查出的隐患彻底整改，遏制新的安全隐患产生，形成安全生产隐患排查治理的长效机制，有效地防范和遏制重特大事故的发生。

八、加强党建思想政治工作，多管齐下实现和谐稳定

广泛开展深入学习实践科学发展观活动，以科学发展思想指导推动企业党建思想政治工作不断创新，为公司各项工作的稳步推进提供了坚强的政治保障和组织保障。深入开展学习实践活动，较好地实现了“党员干部受教育、人民群众得实惠、科学发展上水平”的预期成效。大力加强党的自身建设，我司基层党组织的战斗堡垒作用和党员的先锋模范作用得到新加强。全面加强干部队伍建设，进一步提升了各级领导班子攻坚破难、科学发展的整体能力，较好地实现了公司人才队伍建设的阶段性工作目标。大力强化思想政治宣传，为公司经营创效、安全生产、改革发展各项工作营造了和谐稳定的良好氛围。突出抓好廉洁从业工作，大力营造“以廉为荣，以贪为耻”的良好风尚。充分发挥工团群众组织作用，极大增强了企业的凝聚力和向心力，营造了和谐发展、稳定发展的良好氛围。

2009年，在有关政府部门、中远集团的支持下，经过广远相关部门、单位和工作人员的不懈努力和大量卓有成效的工作，彻底解决了以往年度终止劳动合同员工社保转移等重大历史遗留问题。去年以来，尤其是国庆60周年期间，一些个别信访人员突出问题也保持了相对稳定态势，广远总体上保持了和谐稳定的良好局面。

第二部分　广远当前面临的形势分析

一、认真查找2009年工作中存在的问题和不足

尽管广远在应对危机、抵御市场风险中取得了一些成果，保持了总体盈利，但还要看到工作中存在的一些问题和不足。

一是体制机制不合理，使得广远优质资源互补和内部协同效应难以最大限度发挥。

二是人才队伍建设与公司科学发展的要求存在差距，特别是航运经营人才缺乏，经营观念转变、经营机制创新的力度和深度还有待加强，海外揽货网点严重不足，货源不平衡问题难以有实质性解决。

三是船队结构性问题仍然突出，老旧杂货船比例过大，特种船和新型多用途船运力规模较小，船队整体抵御风险和经营创效能力有待增强。

四是安全生产仍然是薄弱环节，广远在安全上仍然没有老本、没有退路。

二、清醒分析2010年面临的总体经营形势

（一）世界经贸与国际航运市场形势展望

尽管世界经济出现了企稳回升的迹象，但世界经济复苏基础并不稳固，贸易保护主义明显抬头，石油等初级产品价格和美元汇率震荡可能加剧，刺激政策退出抉择艰难。2009年，世界经贸的萎缩和低迷直接影响了航运需求，与世界经贸缓慢复苏相比，运力过剩是

国际航运市场复苏最大的风险。2010年将是近几年交船量最多的一年。

（二）特种多用途船细分市场形势分析

受全球金融危机影响，国际航运市场发生了剧烈的变化，虽然广远特种船队表现出一定的抗风险能力，但仍然受到不小的冲击。目前，全球经济已出现企稳回暖的迹象，中国钢材及设备出口均有所恢复。随着国际油价的回升，一些工程项目也开始启动，杂货运输市场出现明显触底企稳的势头。但由于杂货运输市场具有较明显的滞后性，市场的回升将滞后于经济甚至于其他航运细分市场。因此，杂货市场的全面复苏将需要一个较为缓慢的过程。

总体来看，2010年也将是此次航运周期低谷的延续，市场形势仍然不容乐观，特种、杂货、多用途船细分市场将在低位徘徊。

第三部分　2010年重点工作计划

刚刚过去的2009年，广远经历了全球金融危机、航运市场低谷的严峻考验，在保持总体盈利的基础上，创新经营，苦练内功，提高核心竞争能力，抓住机遇，促进结构调整，为进一步实现科学发展奠定基础、积蓄力量。2010年，国际航运市场将全面进入“后金融危机时代”，航运业经过危机的冲击洗礼，在逐步复苏的过程中将不断出现新的竞争格局，而广远人又同时肩负着深化改革、打造“资本广远”的历史使命，任务繁重，形势催人奋进。

2010年工作主基调：“改革”和“调整”，既要改革体制机制和法人治理方式，又要改革观念意识和营销思路；既要调整资产结构和船队结构，又要调整发展战略和经营模式。

2010年总体工作思路：深入贯彻党的十七届四中全会精神，坚持以科学发展观统领全局，坚决贯彻执行中远集团“强创新，调结构，抓机遇，精管理”的战略部署，深化改革，创新经营，抓住机遇，调整结构，确保安全，促进和谐，确保广远各项事业科学发展。

2010年重点工作计划：

一、深化改革，稳步推进打造“资本广远”

打造“资本广远”是彻底解决广远体制机制问题、实现广远科学发展的根本途径和必经之路。2010年，国资委将积极推动国有企业集团核心业务资产上市或整体上市，推动优势资源向绩优上市公司集中，提高企业资本的证券化比重。同时，中远集团对打造“资本广远”工作已提出了明确的目标和具体的时间表。我们一定要抓住这一历史契机，在经过近两年认真、细致筹备工作的基础上，在中远集团的正确领导下，积极稳妥地推进打造资

本广远进入关键的实施阶段的各项相关工作。

广远各级领导人员、党员干部、全体船岸员工必须统一思想，进一步提高认识，增强大局观念和一盘棋意识，牢固树立责任感和使命感，切实把思想和行动统一到改革发展的中心任务上来，自觉拥护、支持和参与广远的改革发展，积极为广远事业的科学发展做出应有的贡献。

二、创新经营，确保广远航运主业效益稳定

坚持“以航运为主业，航运是重中之重，只有航运才能发展广远”的战略；坚持特种船发展战略，加快打造特种船运输领域最强的综合竞争能力，成为特种运输市场的领导者和系统集成者；积极推进跨国经营战略，打造全球营销网络。要不断创新经营，优化结构，提升广远航运经营水平，确保广远航运主业效益稳定。

（一）进一步开发细分市场，提高各船型经营效益

半潜船队，要在技术力量、客户服务、货源质量上下功夫，强化中远半潜船品牌形象和其他公司难以复制的核心竞争能力。2010年要高度关注近年来半潜船市场竞争格局变化，确保短期和中期货源稳定，防止半潜船效益波动对航运主业整体盈利造成影响，同时，要提前为新造50000吨半潜船投入营运做好货源准备。

重吊船队，在“中、华、富、强”轮回归自营取得初步成效的基础上，要进一步依托固定航线开拓重件市场，加快培育长期稳定的大客户资源，强化中远重吊船品牌影响力，以重件货、大件货为切入点，加大成套工程设备货源的揽取力度，逐步建立完善自己的重大件货市场网络。

木材船队，要进一步对西非木材市场中长期运力需求进行深入研讨，重点研究新造船运力投放问题，关注和防范国家政策调整可能带来的风险，提前制定应对方案。创新经营思路，紧贴市场需求，加大客户营销力度，积极推动运价上升，抓住市场回暖时机扭亏创效。集中优势力量打造西非木材运输精品航线，重点研究逐步开展西非班轮运输模式，加大疏港力度，巩固航线市场占有率优势地位。

沥青船队，要保证油公司检查通过率100%。要加强各航区运力部署，逐步打造沥青运输精品航线。继续深入实施大客户战略，根据市场需求变化，在大船经营项目取得初步成效的同时，要关注和防范退租风险。要切实提高自营船盈利水平和控制市场能力，合理控制租入、租出及自营船比重，既要锁定风险，又要最大限度创造效益，增强对沥青运输市场的控制能力，不断创新和拓展经营空间。

汽车船队，在预计2010年汽车船运输效益不会有明显好转的情况下，要根据市场实际需求合理配置运力，加大沿海汽车运输市场开发力度，加强与NYK协调合作，尤其在新造汽车船上取得对方的支持，为将来投入营运做好准备。

杂货船、多用途船队，要抓住市场从低位逐步回暖的时机，逐步推动运价回升，要加大航运经营模式的创新力度，贯彻落实大客户战略，进一步精心经营，精耕细作，以固定航线为基础，全力打造高准入、高回报的精品固定航线。要认真研究和组织开展租船工

作，在货源保证、控制风险的前提下，适度租入船舶，稳健操作，扩大收入，抢占市场份额，为市场进一步复苏做好市场份额和货源准备。

（二）进一步打造精品航线，开拓新航线、新市场

针对当前广远船队航线覆盖面不够广泛、航线盈利能力分化的现状，一方面要加大打造精品航线力度，提高欧洲、波斯湾、红海、西非等优势航线盈利能力，加大疏港力度，提高市场份额；另一方面，要随着船队运力规模的扩大，以重件货源集中的市场为重点，进一步开拓北美、南美新市场，不断扩大航线覆盖面。

（三）进一步实施大客户战略，加大市场开发力度

一是加强直接客户维护工作，与大客户建立战略合作关系，并不断开发新客户，力争拥有一批贡献值高的客户；二是持续做好业务推介工作，积极开展对大客户和国内外重大件物流公司的推介工作；三是密切跟踪和开发大工程和大项目，完善大项目跟踪机制；四是在经营手段和经营形式上不断创新，加强与货主、船东和货代等方面的沟通，发挥自身优势，在竞争中争取主动；并灵活运用租船、pool等方式，创造性获得运力，提高经营效益；五是坚持“差异化”战略，在货运质量、服务质量上狠下功夫，并努力为客户提供差异化、个性化服务，积极开展全程物流，为客户提供门到门、量身定做的货运服务。

（四）加快营销网络建设，逐步打造全球揽货平台

2010年，要在中远集团的领导和支持下，逐步推进跨国经营战略，早日建立特种多用途船运输的全球揽货平台。一是要加快营销职能的整合工作，理顺营销机制；二是继续推进海外营销网络的建设，利用好中远集团的网络以及海外有实力的物流公司，并对这些网点进行有效的管理；三是在搭建半潜船营销平台的过程中，坚持两条腿走路，特别要加快自己设立公司的步伐。

三、精益管理，全方位实施总成本领先战略

应对航运市场低谷、苦练内功的关键在于成本管理。航运市场景气的时期，内部管理问题往往被掩盖或忽略，在当前航运市场持续低迷的严峻形势下，成本优势将在很大程度上决定企业能否在激烈竞争中生存并立于不败之地，必须进一步加强精益管理，全方位实施总成本领先战略，开源节流，降本增效。

（一）建立精益管理长效运行机制。要认真总结2009年精益管理工作的经验和不足，通过完善相关流程，将已经取得的成效和好的措施进行制度化。

（二）突出重点环节挖掘降本空间。要对各项成本的控制提出更高的要求，继续加大精益管理力度。2010年，要在压缩船期成本方面取得突破。要继续加大西非等重点港口疏港工作，减少在港停时，提高船舶营运效率和航线竞争能力。

（三）进一步寻找新的成本可控点。要细化分析，拓宽思路，不仅仅局限于成本费用，还将从提高经营效率、合理配置资源、优化管理流程等方面开展工作，通过提高资源使用效率控制成本。

（四）规避运力发展中的高成本风险。随着特种船、多用途船细分市场竞争日趋激

烈，新增运力经营成本必将成为未来中长期竞争的重要方面。为实现成本领先；规避高成本风险，一是要把握买造船市场时机，降低船舶总体造价；二是要发挥上市公司融资优势，利用资本市场资金，降低资金成本，控制投资风险。

四、优化结构，促进广远科学发展、可持续发展

风险和机遇相伏相倚，共同构成矛盾的统一体，航运市场持续低迷必然造成新一轮的优胜劣汰，对有较强抵御风险能力的航运企业来说，风险中就蕴含着机遇。对于这一点，近10年来从航运低谷一步一步走出来、发展起来的广远人，有着更深刻的体会。当前国际航运市场历史性低谷，就是广远事业进一步科学发展、可持续发展的历史性机遇，是广远船队新一轮结构调整的历史性机遇，必须紧紧抓住市场低位时机，实现船队结构调整实质性进展，要有所作为。2010年，要继续围绕“以特种船为主的多用途船队”这一广远船队定位，加大特种船、新型多用途船优质运力扩充，适时退役老旧杂货船运力。

（一）要以科学发展的态度，按计划退役老旧杂货船运力

深入学习实践科学发展观，要求我们必须重新研究、审视广远老旧杂货船经营思路和策略。从监管环境看，无论是船旗国、港口国还是上级主管部门，对老旧杂货船的监管要求不断提高，老旧船维修成本日益增加；从盈利能力看，由于船龄老，船况普遍较差，耗油高、航速慢、配员多、适货性差、运价低、非生产性停时多、营运效率低、航区受限制等多方面问题日益凸显，2009年广远老旧杂货船出现全面亏损；从安全管理看，老旧船安全风险大、滞留风险高、船员工作量大、管理难度大、工作环境差，是广远安全工作最突出的薄弱环节。综合分析，单纯的“以老养新”模式已经难以适应新形势的变化，必须继续按照广远“以特种船为主的多用途船队”的发展定位，以科学发展的态度，坚决按计划逐步退役老旧杂货船运力。

（二）要以科学发展的眼光，加快发展特种、多用途船优质运力

2009年广远公司退役船舶占船队总运力1/4。如果只减亏不发展、只退役不更新，并不能解决广远船队结构问题。要切实贯彻魏总裁提出的“买下午5点钟的鱼”的理念，针对航运市场和船舶市场水平进行详细的评估、测算和比较，如：以当前造船价格订造船舶，投入营运后经营成本是多少，按当前航运市场运价测算能否在盈亏平衡点以上，如在市场历史低位运价情况下都能维持盈利，市场复苏以后这些新增运力将具有持续的盈利能力，就应该果断决策，进行一定规模的船舶运力更新，这就是“低成本优质运力扩张”，就是魏总裁所提倡的“买下午5点钟的鱼”。必须抓住当前有利时机，大力发展专业性强、细分市场前景广阔、盈利能力强、符合未来市场需求的特种船和新型多用途船运力。

（三）要确保船队结构调整落到实处、收到实效

广远已经制定了2010年买造船计划，要逐步加以实施。从广远各航运公司来看，中远远达、中远南方近年来在船队结构调整上都取得了实质性进展，随着2009~2010年新船陆续投入营运，木材船队、沥青船队的结构和规模都逐步趋于合理。而中远航运经营管理着广远主力船队和绝大部分运力，2010年广远船队结构调整的重中之重在中远航运，中远航

运船队结构调整必须取得实实在在的进展。

同志们，大力发展特种、多用途船队运力更新，逐步淘汰传统老旧杂货船运力，是解决广远船队结构性问题、促进广远科学发展和可持续发展的迫切需要，也是一件功在当代、利在后人的大事。广远系统各级主管领导、主管部门和各航运公司都要把促进船队结构调整作为2010年一项重要任务来抓，要真正落到实处、取得实效，充分利用航运市场低位时机，实现广远船队结构脱胎换骨的变化。

五、以人为本，加快人才队伍建设步伐

要进一步深入实施“红树林”工程，加大宣传培训教育力度，在船员队伍中树立与企业、与船队同呼吸共命运的集体观念。要加强“传、帮、带”，弘扬华铜海精神，树立先进典型，以点带面，提高船员队伍整体素质。进一步健全激励机制，加强单航次考核，航次效益与船员奖励挂钩，充分调动广大船员抓船期、促效益、保安全的主动性和积极性。

在岸上员工队伍建设上，要重点加强航运经营、工程技术等专业人才的培养补充，优化人才环境，防止优秀人才流失，抓好培养、吸引和用好人才的关键环节，为广远事业科学发展提供人才保证。

六、突出重点，确保安全生产形势基本稳定

广远船队平均船龄老、吨位小、航速慢，货载多样、航区复杂，船员工作量大，存在安全管理的特殊性。必须继续坚持安全工作压倒一切，安全工作是重中之重的指导思想，坚持“早研究、早动员、早布置、早检查、早落实”的安全管理方针，细而又细、实而又实地抓好安全工作。广远船舶频繁航行于亚丁湾、红海海域，防海盗任务格外繁重和艰巨，要切实把防海盗作为当前时期安全工作的首要任务来抓。要认真分析和吸取事故教训，彻底扭转2009年底事故多发的不利局面。要继续做好航行安全、人身安全、预防甲型流感等系列安全重点工作，加强“红树林”工程、“安全一把手工程”、安全执行力文化等各项建设，建立健全长效安全管理机制，保持安全生产形势的平稳局面。

七、服务主业，促进岸产企业健康发展

岸产企业要继续围绕打造“资本广远”的中心任务，进一步确立为主业服务为主的经营策略，深化改革，理顺关系，整合资源，保持稳定。一是围绕深化改革，加速解决历史遗留问题，为顺利推进广远的深化改革任务扫清障碍。二是盘活存量资产，促进优化整合，实现广远利益最大化。三是继续做好广州远洋大厦建设工作，确保工程质量和进度。四是全面细致做好稳定工作，保证深化改革平稳推进。五是切实发挥航运主业重要补充作用，为广远整体经营创效做出贡献。

八、加强党建，保证全年和谐稳定良好局面

深化改革将是广远2010年的核心工作。广远党建工作要围绕企业核心任务扎实做好

思想政治工作，抓好企业和谐稳定，保障改革顺利推进，为改革发展、经营创效和安全生产提供坚实政治保障和良好和谐氛围。纪检监察部门要继续开展对贯彻落实中远集团惩防体系《实施方案》和企业领导人员廉洁自律七项要求的监督检查，以及落实党风廉政建设责任制专项检查，加强预控，严格监督，为改革发展提供有力保障。深入推进构建“和谐广远”的各项工作，进一步做好维护稳定工作。充分发挥工会和共青团的组织作用，为安全、稳定、效益的各项中心工作做出贡献。

2010年，是“十一五”规划的最后一年，也是广远深化改革的关键一年。广远深化改革、经营创效、保证安全、维护稳定的形势将更为紧迫，任务将更为繁重。广远要在中远集团的正确领导和战略部署下，继续发扬广远人艰苦奋斗的优良传统，统一思想认识，坚定必胜信心，把握发展机遇，拼搏经济效益，确保广远事业的科学发展，为中远集团“双盈利”做出应有的贡献。

全面贯彻十七届四中全会精神 努力提升党建工作科学化水平 为后金融危机时期广远科学发展提供坚强保证

——广远2010年党委工作报告

（略有删节）

广州远洋运输公司党委书记　刘书田

2010年1月11日

同志们：

刚才，徐总在工作报告中，系统总结了2009年的各项成绩，科学分析了当前面临的形势任务，重点部署了2010年的主要工作，并提出了任务目标和工作要求，我都同意。请各部门、各单位认真抓好贯彻落实。

下面，我代表公司党委作工作报告。

第一部分　2009年党委主要工作及成效

2009年，广远公司党委在中远集团党组、广东省直工委的正确领导下，坚持以邓小平理论和“三个代表”重要思想为指导，认真贯彻落实党的十七届四中全会精神，深入开展学习实践科学发展观活动，在国际金融危机和航运市场衰退的双重挑战下，紧紧围绕“树信心、拼效益、保稳定、促发展”的任务目标，团结带领全体船岸员工沉着应对危机挑战、奋力拼搏经营效益、全力保障生产安全、努力维护和谐稳定、创新加强党建工作，充分发挥了党组织的政治核心作用和党员的先锋模范作用，为完成公司全年各项任务和目标提供了坚强的政治保障。

主要工作及成效体现在以下六个方面：

一是深入开展学习实践科学发展观活动，应对危机拼搏效益取得良好成效。从2009年3月起，公司党委按党中央和中远集团党组的战略部署，在全系统广泛开展深入学习实践科学发展观活动，圆满完成了学习调研、分析检查和整改落实三个阶段各项“规定动作”，并结合“转变作风抓落实”党建主题实践活动，创新开展一系列“自选动作”，取得丰富活动成果，得到职工群众的充分认可和上级组织的高度评价，群众满意度达到95%

以上。通过开展学习实践活动，进一步查找出广远存在的问题和不足，明确了科学发展的方向和目标，出台了一系列针对性的工作举措，极大地提振了广远应对危机、拼搏效益、科学发展的信心和勇气，较好地实现了“党员干部受教育、人民群众得实惠、科学发展上水平”的预期目标。在科学发展观的正确指引下，公司有效克服内外部诸多不利因素的严峻挑战，取得了可喜的经济效益，为中远集团实现全年盈利目标作出了积极贡献。

二是认真贯彻党的十七届四中全会精神，基层党组织和党员战斗力显著增强。坚持加强以中心组理论学习为龙头的思想建设，全年组织中心组集体学习12次，个人自学12次，领导班子思想政治水平明显提高；坚持抓好以船舶和上市公司为重点的基层党组织建设，指导3个基层组织完成换届选举，广泛开展“船舶党日活动”和庆祝建党88周年、建国60周年系列庆祝活动，全年发展新党员352人，发展入党积极分子994人，党的组织基础更加扎实；坚持贯彻落实中远集团政研会六届四次会员大会精神，着力推进以“三大机制”为核心的制度建设，党建工作科学化水平明显提升，基层党组织和党员应对危机、拼搏创效、防抗海盗、保障安全的整体战斗力显著增强。2009年，中组部、国资委、中远集团党组、广东省委组织部、省直工委等上级组织先后莅临广远调研检查，对广远党建工作给予高度评价。公司党委年初被评为中央企业思想政治工作先进单位，一批先进基层组织、优秀共产党员和优秀党务工作者获得上级组织表彰。

三是同步抓好领导班子和人才队伍建设，“人才强企”战略稳步有序推进。高度重视加强领导班子建设，调整交流了下属5个航运企业的主要负责人，对公司本部相关部门及部分岸产企业的财务负责人进行了岗位轮换，完成了中远集团第五批援藏干部派出工作和第六批援藏干部选拔工作，广远公司领导班子被评为中远集团2008年度“四好”领导班子。高度重视加强人才队伍建设，组织召开“红树林”工程总结暨经验交流大会，系统总结“红树林”工程实施三年来取得的经验成就，部署了下一阶段公司人才工作的目标任务。2009年9月，广远组队参加中央企业职工技能大赛，广远员工发挥出色，在全部10个比赛项目中勇夺3金2铜，取得优异成绩，突出展现了广远员工高超的工作技能和崭新的精神风貌，得到国资委、中远集团的高度评价。

四是突出加强宣传思想工作，企业科学发展“软实力”明显提升。公司党委依托《广州远洋》杂志、广远宣传网等各种宣传载体，紧紧围绕效益、安全、稳定和改革发展等中心工作，结合庆祝建党88周年和建国60周年，大力加强宣传思想工作和形势任务教育，强化推进以爱国主义为核心的企业文化建设，组织开展一系列形式多样、内容新颖的主题宣传文化活动，凝聚和激发了全体员工应对挑战、化危为机、拼搏效益的信心勇气， 企业科学发展“软实力”得到明显提升。针对当前员工普遍关心的养老保险、福利待遇、劳动保护、就业保障等焦点难点问题，公司党委深入调查研究，积极创造条件推进解决社保关系异地转移、退休员工待遇差别等历史遗留问题，取得阶段性成效，维护了公司和谐稳定发展的工作大局和全局。

五是大力深化党风教育和廉洁从业教育，惩防腐败体系建设日趋完善。坚持开展全员廉洁从业教育和“纪律教育月”活动，扎实做好《国有企业领导人员廉洁从业若干规定》

等三项法规的宣传教育和贯彻落实工作，组织召开关键岗位管理人员集体谈话，制定下发了《广远公司贯彻落实〈中远集团建立健全惩治和预防腐败体系2008～2012年实施方案〉的实施计划》，明确了2012年前公司惩防体系构建的83项主要工作，惩防腐败体系日趋完善。各级纪检监察组织认真履行职责，全年共开展专项监督检查144项，发现问题29个，提出整改建议29条，建立健全规章制度18项，直接节约成本255.42万元；完成综合类审计19项，共发现问题143个，提出审计意见和建议132条；完成机务审计1099项，审计核减324.4万元；完成基建审计38项，审计投资总额为14381万元，节约建设资金1911万元。

六是强化发挥工会、共青团组织群众优势，企业和谐稳定保持良好态势。各级工会组织广泛开展以安全生产、创新创效、节能减排、精益管理和劳动技能竞赛等为主题的各类群众性活动，充分发挥职代会作用，持续加强安全劳动保护监督，大力加强困难员工帮扶工作，深入实施“送温暖”工程，进一步激发了船岸员工安全创效的工作积极性、主动性和创造性，增强了企业的凝聚力和员工的主人翁责任感，筑牢了企业与员工的利益、荣誉、命运共同体。2009年，公司工会集中救助生活困难员工1300多人次，累计救助金额80.8万元；实施希望工程助学金和高教助学金51人次，累计助学金额9.6万元。

各级团组织坚持以科学发展观教育和引导青年，结合开展向吴大观同志学习活动，深入开展青年创新创效活动和青年“号”、“手”、“岗”创建活动，大力加强青年思想教育，涌现了一批先进集体和优秀个人：中远航运船员管理部团委被评为“中央企业五四红旗团委”，“乐同”轮被评为“广东省五四红旗团支部”，5个团组织获中远集团“五四红旗团组织”称号，1人获“中央企业优秀共青团员”、3人分获“中远集团优秀共青团员、优秀共青团干部”称号。公司团委被确定为团中央基层组织建设和基层工作试点单位。

同志们，2009年，各级党组织和广大船岸员工坚决贯彻落实中远集团、广远公司各项决策部署，积极应对挑战，克服各种困难，做了大量卓有成效的工作。在这里，我代表公司党委，向各级党组织和全体船岸员工，表示衷心的感谢和崇高的敬意！

第二部分　2010年党建工作形势分析

同志们，成绩属于过去，未来任重道远。展望2010年，广远面临的内外部形势依然严峻，任务十分艰巨。主要体现在以下三个方面：一是后金融危机时期全球经济发展的不确定性因素仍大量存在，世界经济复苏的基础并不牢固，各国贸易保护主义明显抬头，与经济和贸易紧密关联的全球航运虽已触底回升，但仍处发展低潮，预计2010年将继续在低位盘整，广远面临的宏观发展环境短期内无法明显改善；二是直接影响航运经营效益的运力、油价、运费和汇率等关键因素，预计在2010年仍将经历剧烈的震荡调整，全球航运业的竞争进一步加剧，资源整合、重组兼并、优胜劣汰的趋势更加明显，航运企业的生存压力更大；三是在航运业整体低迷、全球运力严重过剩的背景下，2010年特种杂货运输细分市场也难以独善其身，滞后性影响将更加突出，尤其是老旧杂货船等准入门槛较低的船型，在其他船型的冲击挤压下，创效空间更小，经营成本更高，将对广远整体效益产生重大影响。

总的来看，2010年广远改革发展将面临更复杂的环境、更严峻的挑战和更艰巨的任务。对此，各级领导班子和广大船岸员工一定要有清醒的认识和准确的判断，不能放松警惕，盲目乐观；一定要有坚定的信心和昂扬的斗志，不能悲观失望，无所作为；一定要有拼搏的勇气和奉献的精神，不能消极气馁，畏惧不前。要继承和发扬广远人艰苦奋斗、拼搏奉献的光荣传统，敢于在逆境中打硬仗、啃骨头、拔钉子，善于用发展的眼光看问题、做决策、干工作，在挑战中把握机遇，在困境中谋求发展。各级党组织要始终坚持融入中心，进入管理，发挥作用，坚定不移地以改革创新精神抓好党建主业，服务改革发展，切实把党的思想优势、政治优势、组织优势、作风优势、群众优势转化为促进广远在逆境中科学发展、可持续发展的强大动力，把全体党员干部群众的思想和行动统一到党中央和中远集团的决策部署上来，统一到公司确定的工作思路和任务目标上来，同心同德、群策群力、团结一心、努力奋斗，共同把广远的各项事业维护好、建设好、发展好，为中远集团可持续发展作出新的贡献！

第三部分　2010年党委主要工作部署

2010年公司党委工作的总体要求是：坚持以邓小平理论和“三个代表”重要思想为指导，全面贯彻落实党的十七大和十七届四中全会精神，继续深入学习实践科学发展观，以改革创新精神加强和改进企业党的自身建设，努力提升党建工作科学化水平，充分发挥党组织的政治核心作用，为后金融危机时期广远科学发展提供坚强保证。

要全力完成三大任务，重点抓好六项工作。

三大任务是：

一是要全力保障效益安全。要着眼于应对后金融危机时期广远安全创效面临的严峻形势，紧紧围绕公司确定的年度效益目标和安全生产任务，继续充分发挥党建思想政治工作在提振信心、鼓舞士气、凝聚力量、保障安全、推动发展等方面的独特优势，调动各方力量，凝聚集体智慧，上下齐心，船岸合力，全力打好效益攻坚战，牢牢把握安全主动权，为完成公司全年各项任务提供坚强保证。

二是要全力推进改革发展。按照中远集团的战略部署，2010年，打造“资本广远”发展战略将进入关键实施阶段。这次改革是广远历史上最具创新性、挑战性、革命性的一次改革，对广远未来可持续发展至关重要，只能成功，不许失败。各级党组织要牢牢把握这一核心任务，坚决贯彻落实公司的决策部署，切实履行组织领导职责，认真做好宣传发动工作，教育和引导广大员工正确认识、支持拥护和积极参与改革，确保“资本广远”发展战略稳步、有序、顺利推进。

三是要全力维护和谐稳定。要立足打造“资本广远”的工作大局和全局，坚持把维护

和谐稳定作为党建工作的一项重大政治任务，切实抓紧抓好抓实。各单位主要负责同志在重视抓好发展这个第一要务的同时，要切实履行好维护稳定这个第一责任，带头抓好本单位的和谐稳定工作，全力确保广远深化改革期间思想不乱、人心不散、工作不间断，改革发展有新局面。

同时，要重点抓好以下六项工作:

一、坚持抓学习、讲政治，努力创建学习型党组织

（一）重点抓好各级领导人员的思想建设。要继续强化党委理论中心组学习制度，坚持每两周开展一次中心组集体学习或自学，组织各级领导人员继续深入学习党的十七大和十七届四中全会精神，全面领会科学发展观的精华和实质，深刻把握当前国际国内政治经济发展形势和航运市场发展趋势，掌握科学的学习方法和工作方式，努力打造一支科学理论武装、具有世界眼光、善于把握规律、富有创新精神的学习型领导班子，团结和带领广大员工在后金融危机时期更好地应对危机挑战、推动科学发展。

（二）全面加强广大党员干部的理论学习。要认真按照党章规定，严格落实“三会一课”制度，充分发挥各级党校的教育培训阵地作用，规范指导、监督检查好以基层党支部为基础的党员干部理论学习，在广大党员干部中深入开展党的性质、宗旨、指导思想、基本纲领和基本路线教育。要充分发挥各级政研会高端理论平台的作用，结合实际创新理论学习内容方式，拓宽思想教育范围领域，不断增强学习的针对性和有效性，打造一支学习型党员干部队伍。

（三）突出强化基层业务人员的政治教育。要坚持按照打造学习型企业、学习型员工的要求，突出抓好基层行政干部、一线业务人员的政治理论学习和综合素质教育，在广大员工中深入开展社会主义核心价值体系和理想信念教育，大力弘扬以爱国主义为核心的民族精神和以改革创新为核心的时代精神，统一思想，凝聚人心，始终保持奋发有为、昂扬向上、积极进取的精神风貌，努力营造讲学习、讲政治、讲正气的良好学习氛围。

二、坚持抓基层、打基础，努力提升党建工作科学化水平

（一）加快推进“三大机制”建设。在去年年底召开的中远集团政研会六届四次会员大会上，集团党组首次提出了“三大机制”建设任务，并将其作为2010年中远集团党组工作的关键项目，要求在今年上半年完成“三大机制”建设的基本框架。各级党组织要坚决贯彻中远集团党组的部署，认真按照公司党委的要求，把加快推进“三大机制”建设作为当前党建工作的重点任务，及早启动相关工作程序。公司党委将在今年上半年组织力量进行专题调查研究，请相关职能部门和各单位党组织认真做好准备工作，高标准、高质量完成调研分析任务，形成专题调研报告，出台具体工作制度，力争在下半年试行。

（二）创新抓好基层党组织建设。要继续坚持以船舶和上市公司党组织为重点，积极推动基层党建工作创新。一方面，要着眼于新形势下船舶党建工作面临的新形势、新任务、新要求，创新拓展船舶党建工作的方式途径和范围领域，进一步提升船舶党支部在拼

搏创效、保障安全、防抗海盗等关键时刻的战斗力、凝聚力和创造力，始终在“浮动国土”上发挥坚强的战斗堡垒作用；另一方面，要着眼于推进实施打造“资本广远”发展战略，加快研究股份制条件下企业党建工作的领导体制和工作机制，使党的建设始终与企业改革发展同步合拍，在“资本广远”的工作全局中更好地发挥政治核心作用。

（三）继续加强党员先进性建设。要着眼于保持党员先进性，大力加强党员队伍的日常教育管理和素质培训，广泛开展以争创“四强”党组织和“四优”共产党员为主要内容的创先争优活动，不断提升党员队伍的整体战斗力。要继续坚持在生产一线和高知识群体、青年员工中发展党员，积极为他们的成长成材创造条件，提供空间，把各方面优秀人才团结到党组织周围，集聚到公司建设与发展的事业中来。要严格按照党章标准，认真加强党员教育培训工作，切实尊重党员主体地位，充分发挥党员先锋模范作用，扎实推进党员先进性长效机制建设，始终保持党员队伍的纯洁性和先进性。

三、坚持抓班子、带队伍，大力加强干部人才队伍建设

（一）着力提升领导班子能力素质。要着眼于应对后金融危机时期的严峻挑战，继续深化“四好”领导班子创建活动，进一步完善“四好”领导班子考核评价办法，调整优化领导班子结构，大力提升领导班子总揽工作全局、驾驭复杂局面、防控市场风险、破解发展难题的能力水平。各级领导班子要牢固树立大局意识和全局观念，进一步加强学习，转变作风，开拓进取，锐意创新，始终保持清正、廉洁、务实的良好形象，真正发挥党员领导干部的模范带头作用。

（二）扎实推进干部人才队伍建设。要全面贯彻“人才强企”战略，把加强干部人才队伍建设作为后金融危机时期应对挑战、科学发展的重要载体和主要抓手，高度重视做好人才队伍的规划与建设工作。要坚持常态化推进“红树林”工程，把创新抓好“三个三百”人才工程、职工素质工程等上级规定动作，与深入推进“红树林”工程这个广远特色的自选动作紧密结合起来，着力打造一批既善于经营又懂得管理、既熟悉航运又精通资本的高级经营管理人才，加快培养一批政治坚定、技术精湛、作风过硬的高技能紧缺人才，形成全方位、多层次、宽领域的人才队伍建设新格局。

（三）继续深化干部人事制度改革。要认真贯彻党的十七届四中全会精神，继续深化干部人事制度改革，坚持民主、公开、竞争、择优的选人原则，坚持德才兼备、以德为先的用人标准，切实提高选人用人公信度，完善干部选拔任用机制，形成充满活力的选人用人机制。要健全干部管理体制，建立健全领导班子和领导人员科学考核评价体系，加大重要部门、关键岗位、不同地区的干部交流力度，疏通党务干部与行政干部、机关干部与基层干部的岗位轮换和交流渠道，切实解决干部能上不能下、能进不能出等问题，形成科学、合理的干部交流机制和正常退出机制。

四、坚持抓宣传、保稳定，全力推进打造“资本广远”

（一）认真做好改革宣传发动工作。打造“资本广远”战略直接关系到广远的科学发

展和可持续发展，各级党组织要充分认识肩负的神圣责任和庄严使命，认真做好改革的宣传发动工作。要充分运用杂志、网络、文字、视频等各类宣传载体，利用召开各种会议、上船慰问检查、深入员工家庭走访等方式，在全体员工和广大家属中大力宣扬改革的重要性和紧迫性，全面阐述改革的政策依据和法规要求，正确引导员工的思想认识和发展理念，大力营造理解改革、支持改革、参与改革的良好舆论氛围。

（二）全力确保改革平稳顺利推进。要深入开展员工思想状况调研分析，全面了解员工对改革的态度和主张，细致把握员工在深化改革过程中的思想动态和心理变化，把员工的利益诉求准确反馈到公司领导决策机构，确保改革的政策和举措符合上级要求和员工意愿。要密切关注改革过程中的不和谐不稳定因素，及早把握可能出现的苗头性和趋势性问题，确保改革平稳顺利推进。要坚持“以人为本”原则，按照有理、有利、有节的方针，正确处理好改革、发展、稳定的关系，妥善解决各种矛盾和问题，准确把握改革的力度与节奏，周密推进相关工作，始终确保公司的正常经营和员工的思想稳定。

（三）创新推进企业文化发展融合。要坚持把加强企业文化建设作为深化改革的重要手段，重视发挥企业文化在深化改革过程中的引导、凝聚和融合作用，以先进文化引领改革发展、凝聚人心士气、融合价值观念，形成既契合广远传统、又适应现代企业发展需求的崭新文化理念。当前，要特别重视梳理广远传统文化中的核心精髓，并结合现代企业制度对企业文化的新要求、新规范，着力抓好企业文化的传承创新与发展融合，推动不同所有制条件下的企业文化在新时期、新平台上实现和谐统一，达到完美融合，使企业文化“软实力”真正成为企业核心竞争力的重要组成部分。

五、坚持抓廉洁、树正气，着力推进反腐倡廉建设

（一）继续深化廉洁从业教育。要坚持以强化廉洁从业意识为目标，突出抓好各级领导人员廉洁从业教育，坚持开展“每月一案”典型案例教育，不断深化全员廉洁从业教育，积极推动廉洁文化建设，创新提炼企业廉洁文化理念，进一步强化各级领导人员、广大党员干部的党纪政纪观念和法律法规意识。要继续加大信访举报和案件查处工作力度，坚持严肃教育与严格监督、严厉惩处相结合，从源头上遏制各种腐败现象和不正之风，在全公司树立廉洁从业、依法经营、遵章守纪的新风正气，推动党风建设和廉洁从业教育不断取得新成效。

（二）深入推进反腐倡廉建设。要坚决贯彻中央和上级组织部署，认真执行广远公司惩防腐败体系2008～2012年《实施计划》，重点抓好2010年各项工作任务的分解落实，按时、保质、高效完成计划进度内相关制度建设和工作任务。要充分借鉴中远集团实施垂直监督改革试点取得的成功经验，积极推进纪检监察体制机制创新，进一步规范制度建设，整合监督资源，有效发挥惩防腐败体系的监督制约作用。要以流程管理为切入口，认真总结推广中远航运惩防体系融入经营管理的做法，进一步完善惩防腐败体系相关规章制度，健全经营管理中的监督制约机制，推动反腐倡廉制度建设真正落到实处，取得实效。

（三）扎实开展监督审计工作。要进一步加强对企业成本管理、财务管理、资金管

理、内部消费、合资合营企业、重大建设工程和党风廉政建设责任制等领域的监督检查和效能监察，促进企业依法经营、规范管理、降本增效。要进一步拓展审计领域，以经济责任、财务收支审计为基础，继续深化管理审计、风险审计和效益审计，从主要经营流程、重点环节、关键岗位入手，突出抓好主营业务收入审计和重大工程项目审计，加强内部控制。要重视加强审计成果的推广和运用，及时披露审计中发现的重大问题，促进问题整改和风险防范。

六、坚持抓和谐、促发展，努力维护广远和谐稳定

（一）扎实做好工会工作，进一步夯实和谐稳定发展的群众基础。各级工会组织要始终坚持“以人为本”，继续深入开展各类群众性安全生产和创新创效活动，协助推进“红树林”工程常态化建设工作，积极引导广大船岸员工开展岗位练兵、技术比武、技能竞赛活动和业余文体活动，营造“比、学、赶、帮、超”的良好学习、工作和生活氛围，促进员工自身的全面发展和可持续发展。要继续强化工会组织的保障维权作用，进一步加强企业民主管理和民主监督工作，加强“凝聚力工程”建设，广泛开展扶贫帮困和“送温暖”活动，多渠道、多途径为员工做好事、办实事、解难事，不断提升公司的凝聚力和向心力。要高度重视抓好女工工作和船员家属站建设，充分发挥广大女工和船员家属的积极作用，进一步夯实公司和谐稳定发展的群众基础，不断开创“和谐广远”建设新局面。

（二）创新加强青年工作，进一步激发广远可持续发展的生机活力。各级团组织要立足“服务企业科学发展、帮助青年成长成才”，继续抓好青年思想政治工作，在青年员工中大力加强社会主义核心价值观和广远优秀企业文化教育，进一步增强青年员工的归属感和荣誉感，全心全意为企业建功立业。要坚持开展青年创新创效活动和“号”、“手”、“岗”创建活动，大力推进青年人才工程建设，努力提升青年岗位技能，为青年员工成长成才创造条件，搭建舞台，进一步激发青年员工投身企业改革发展的生机活力。要以参加团中央基层组织建设和基层工作试点创建活动为契机，积极探索解决股份制企业和船舶团建工作中的热点、难点问题，稳步推进试点创建各个阶段的具体工作，进一步加强团组织自身建设，为广远科学发展提供充足的青年人才资源。

同志们，新的一年孕育着新的希望，新的一年也面临着新的挑战。面对新形势新任务，让我们进一步解放思想、认清形势、坚定信心、迎接挑战，以更昂扬的斗志、更饱满的精神、更务实的态度，投身广远改革发展，努力完成各项任务，为推动后金融危机时期广远新一轮科学发展而努力奋斗！

谢谢大家。

第二章
大 事 记

1月

2日　中远南方新造沥青船“星海湾”轮在广州黄埔船厂龙穴厂区试航码头进行实体交接，由中远南方接船正式投入营运。

11～14日　广远召开2010年工作会议暨思想政治工作会、安全工作会。广远领导，本部、岸产事业部业务经理以上人员，各全资及控股企业领导班子成员，外地全资控股企业党政一把手及主管安全负责人，合资合营企业广远方代表，专职监事，以及广远部分离退休老领导共100余人参加了会议。在会上，总经理徐惠兴作题为《深化改革，创新经营，调整结构，保证安全，努力开创广远各项事业发展新局面》的工作报告；党委书记刘书田作题为《全面贯彻十七届四中全会精神，努力提升党建工作科学化水平，为后金融危机时期广远科学发展提供坚强保证》的工作报告；副总经理翁继强作安全工作报告。会议还表彰了广远2009年度先进集体和先进个人。

11日　中远集团下发总裁魏家福聘任通知，聘任陈炳立挂职担任广远副总经理，聘期为2010年1月至2011年1月。陈炳立职责为协助总经理负责企业精益管理工作、企业发展规划、信息化建设工作。主管总经办、发展部。

12日　“康盛口”轮在苏伊士成功装载AhmedRig海上石油平台。该平台重10400吨，高130米。

12～14日　国务院驻中远集团监事会主席李东序、中远集团总会计师孙月英一行莅临广远调研指导工作。其间，分别听取了广远总经理徐惠兴和党委书记刘书田关于广远经营管理工作和党建工作的汇报，听取了中远航运首席执行官韩国敏和副总经理兼财务总监林敬伟关于中远航运经营管理工作和财务状况的汇报，并与相关职能部门负责人进行了座谈。1月14日，李东序一行在南沙港龙穴岛集装箱码头对中远航运“常发口”轮进行了考察。

12日　中远南方和海南省海事局、CCS海南分社海上安全共建活动协议签字仪式在海南博鳌隆重举行。

14日　广东省厂务公开民主管理联席会第一次会议暨广远企务公开民主管理工作汇报会在广州远洋宾馆国际会议厅举行。本次会议由广东省总工会主办，广远工会承办。会议由广东省人大常委会副主任、省总工会主席邓维龙主持。广东省纪委副书记梁万里，省纪委常委、省监察厅副厅长秦通海，省委组织部副厅级组织员郑轲，省总工会党组成员、巡视员孔祥鸿，省总工会领导肖建葵等省厂务公开民主管理联席会议成员单位分管领导，广远党委书记刘书田，纪委书记、工会主席马宗梅以及有关部门负责人共30多人出席了会议。会议听取了广远企务公开民主管理工作汇报，传达学习了全国厂务公开民主管理工作汇报会精神，对2010年广东省厂务公开民主管理工作进行了研究和部署。

19日　中远远达新造32000吨新型专业木材船“中远武夷山”轮在福建马尾造船股份有限公司进行实体交接，由中远远达接船正式投入营运。“中远武夷山”轮长177.5米，宽28.2米，货舱舱容42200立方米，最大舱口16.8米×19.2米，是一艘满足IACS（国际船级社协会）船体结构共同规范要求的船舶，拥有全自动化的无人机舱，所有主、辅机的工况全部可以通过计算机进行监测，排、压舱水也可以由计算机控制实现。

21日　中远航运“安东江”轮在福建省福清市移交给买家。

同日　广东省企业联合会、广东省企业家协会组织召开2010年新年报告会。广远获得“优秀会员单位”称号，这是广远参加该协会以来第一次获得该项表彰。

22日　由广东省海员工会主办，广远工会承办的省海员系统工会干部2010年迎春联欢会在远洋酒店隆重举行。广东省总工会领导肖建葵，广东省海员工会主席卢晓露，广远党委书记刘书田，纪委书记、工会主席马宗梅以及省海员系统工会干部共160多人参加了联欢会。

27日　国务院国资委下发《关于表彰奖励2009年中央企业职工技能大赛船舶水手、船舶机工决赛优秀选手和优秀组织单位的通报》，表彰了一批中央企业职工技能大赛优秀选手和优秀组织单位。其中，广远船员马朝辉、何鹏辉、黄红亮被授予“全国技术能手”和“全国青年岗位能手”荣誉称号；陈赞金、梁仕慧被授予“中央企业技术能手”荣誉称号。

29日　中远集团党组书记张富生莅临广远新办公大楼——广州远洋大厦施工现场，亲切慰问奋战在一线的广远员工。其间，张富生详细听取了建设实业领导关于广远新办公大楼——广州远洋大厦建筑、施工、销售、安全等各方面情况的汇报，对大厦前期各方面的工作给予了充分肯定。

30日　中远远达新造32000吨新型专业木材船“中远井冈山”轮在福州马尾船厂举行下水仪式。此船为“中远武夷山”轮姐妹船，由广远海运公司监造。

2月

1日　中远航运新造27000吨多用途船二号船“孔雀松”轮在江苏口岸船厂进行实体交接，由中远航运接船正式投入营运。

同日　中远南方与中远航运船员管理部召开2010年第一次船员协调会。会上，双方本着友好、合作、真诚的态度，认真分析和研究了沥青板块船员现状、存在问题及解决措施。会议达成了共识，取得了预期效果。

3日　由交通运输部主办、广远承办的2010年广东地区交通水运系统迎春团拜会在广州远洋宾馆隆重举行。交通运输部副部长徐祖远，原交通部副部长刘松金、洪善祥，交通运输部老干部局局长田西京，交通运输部水运局副局长李良生等上级领导和广东地区交通水运系统各单位主要领导及离退休老同志共90余人出席了团拜会。

4～6日　中远集团党组书记张富生率领中远集团春节慰问组莅临广州，对广远及中远驻穗单位进行慰问。慰问期间，张富生充分肯定了广远及中远驻穗单位2009年取得的成绩，对2010年的经营、安全等工作作了指示。

6日　中远航运新造28000吨重吊船“大紫云”轮在烟台港进行实体交接正式投入营运。“大紫云”轮长159.33米，宽27.4米，航速15.1节，配备有单吊200吨、并吊400吨的起吊设备，拥有长110米，宽

23米的开放式甲板，适合装载驳船等超长、超宽和超大货物。“大紫云”轮的投入经营，大大增强了中远航运多用途重吊船的市场竞争力，提升了中远航运对客户的服务水平。

7日 战略大客户SHELL亚太地区沥青供应总经理罗德威等3人拜会中远南方，双方续签了“木兰湾”轮6个月的期租合同，日租金从原9500美元提高到9700美元。

16日 中远航运“桃江”轮在天津新港码头移交给买家天津东疆航运有限公司从事沿海营运。

21日 中远航运“碧江”轮在天津大沽锚地移交给买家天津东疆航运有限公司。

是月 2010年春节，“康盛口”轮船员在亚丁湾与随船护卫的中国海军特战队员并肩战斗，携手联防，度过了一个特别的春节。2月13日农历除夕中午，“康盛口”轮抵达中国海军亚丁湾西行护航编队集结点A点。考虑到“康盛口”轮干舷特别低，防御海盗困难大的实际，中国海军护航编队特别安排用直升机向“康盛口”轮派遣4名海军特战队员和1名解放军报随军记者，随船护卫西行通过亚丁湾。在特战队员的护卫下，“康盛口”轮于2月15日中午安全抵达编队解列点。

3月

1日 广远召开防海盗工作专题会、安全例会暨春季安全生产专题会，就做好防海盗工作及春季安全生产做出部署。会议提出，各单位要时刻保持清醒头脑，进一步增强责任感、使命感和紧迫感，在预防上动脑筋找对策，在落实上下功夫想办法，筑牢防海盗和春季安全防线，为全年安全工作开好局，起好步。

8日 广远召开2010年“红树林”工程工作会，针对新时期员工教育培训工作特点，把握后金融危机时代特征，结合广远改革发展稳定需要，对深入开展“红树林”工程进行了一次再动员、再部署、再落实。

15日 中远航运CEO韩国敏和中远欧洲有限公司总裁傅海潮在中远航运与中远欧洲有限公司业务合作协议上签字。这标志着中远航运依托中远集团全球网络与中远欧洲有限公司所辖27个国家41个公司的全面业务合作正式启动。

19日 经广远党委、总经理办公会审议通过，广远设立后勤服务中心、教育中心、远洋大厦项目部，并向相关企业定向聘用管理人员。这是广远深化改革的需要，也意味着打造“资本广远”迈出了关键的一步。

22日 中远集团党组书记张富生莅临中远南方视察指导工作并亲切慰问了全体员工。

25日 中远南方与SEHLL续签了2010年5～10月9万吨货物COA合同。双方还同意到期后在此基础上再商议新的COA合同。中远南方通过与SHELL的COA合作和期租船舶合作，保障了传统淡季的货源，稳定了自营船的经营效益，进一步巩固了双方战略合作关系。

29～30日 广远、中远远达客户联谊会在广州远洋宾馆隆重举行。中远集团运输部总经理王海民，广远领导班子，中远远达领导班子，广东省、广州市政府有关部门负责人以及100多名客户代表出席了联

谊会。宾主双方就进一步加强合作、促进双赢进行了深入交流。

30日 中远航运与中船集团属下广州中船黄埔造船有限公司和江苏泰州口岸船舶有限公司签订了10艘（含选择权行使生效）27000吨新型多用途船合同。

4月

8日 中远南方新造“宁海湾”轮在广州中船黄埔造船有限公司龙穴厂区试航码头进行实体交接，由中远南方接船并正式投入营运。

9日 广远召开经营管理委员会2010年第一次会议暨第一季度经济成本分析会，总结第一季度生产经营任务完成情况，分析后金融危机形势下的航运市场特点和机遇，研究特种船细分市场的经营策略，提出加大营销和客户维护力度、狠抓经营、精益管理的措施。

29日 中共广东省纪委、省委组织部、省国资委、省总工会、省工商联等五家单位联合下发《关于省厂务公开民主管理工作先进单位的通报》，表彰了一批在厂务公开民主管理工作中涌现出来的先进单位。广远荣获“广东省厂务公开民主管理先进单位”荣誉称号。

5月

8日 由《董事会》杂志社主办的第六届（2009年度）中国上市公司董事会“金圆桌”奖颁奖盛典在北京嘉里中心隆重举行。中远航运获得“优秀董事会”奖（连续4年获得该奖）。中远航运驻北京首席代表黄金成代表中远航运上台接受颁奖。

11日 为落实中远集团有关部署，做好2010年防抗台工作，广远召开2010年防抗热带气旋专题工作会，传达上级指示精神，总结了2009年防台工作，并结合企业实际，对2010年防抗热带气旋工作进行了部署。

12日、16日 “乐泰”、“安泽江”轮分别在拉各斯港外、亚丁湾海域遭到海盗袭击。两轮船员临危不惧，奋力抗击，成功击退海盗。中远集团领导对“乐泰”、“安泽江”轮船员英勇击退武装海盗给予了高度评价，并于5月17日发来慰问电，对两轮船员给予表扬。

17日 广东省总工会党组成员、纪检组组长廖汝捷，省海员工会主席郭开农及办公室主任周士超一行3人莅临广远调研指导工作。其间，拜访了广远党委书记刘书田，并与广远工会领导及部分基层工会主席进行了座谈。

18日 国务院国资委下发《关于表彰中央企业职工技能竞赛先进单位和优秀工作者的通报》，表彰了一批中央企业职工技能竞赛先进个人和单位。广远被授予“中央企业职工技能竞赛先进单位”荣誉称号。

20日 中远航运50000吨半潜船“1号船”出坞仪式在广州中船黄埔造船有限公司龙穴厂区隆重举行。这艘亚洲最大的半潜船，型长216.70米、型宽43.00米、甲板面积为175.00米×43.00米。

6月

11日 广远召开第十二届五次职代

会。会议审议通过了广远统一执行北京市基本养老政策请示等主要事项。广远总经理徐惠兴、党委书记刘书田在会上作了讲话。决议的通过标志着解决广大员工和离退休人员长时间普遍关注的切身利益问题取得了重大进展。8月4日，北京市人力资源和社会保障局专门向中远集团印发《关于中远集团统一规范驻粤、驻沪企业养老保险政策有关问题的复函》。复函同意中远驻粤、驻沪企业基本养老保险缴费标准、计发办法和调整办法统一执行《北京市基本养老保险规定》及相关政策规定，不再执行其他省市的基本养老保险政策。至此，困扰广远数千名退休员工的待遇问题得到了解决。

18日 中远远达新造木材船“金兴岭”轮在广州黄埔船厂长洲厂区5号码头进行实体交接，由中远远达接船正式投入营运。

22日 交通运输部海事局授予11家航运公司为“安全诚信公司”称号，中远远达榜上有名。

30日 广远召开十二届六次职代会，专题听取广远改制情况汇报，审议通过了广远改制职工安置方案。按照中远集团的战略部署，打造“资本广远”发展战略2010年进入关键阶段。广远实施改制，从全民所有制企业改制为公司制企业，并由更名后的广州远洋运输有限公司承接广远公司的权利和义务。这次改革是广远历史上最具创新性、挑战性、革命性的一次改革，对广远未来可持续发展至关重要。广远改制职工安置方案经本次职代会讨论表决通过后，报中远集团批准后实施。

同日 中远远达新造32000吨木材船“中远井冈山”轮在福建马尾造船股份有限公司进行实体交接，由中远远达接船正式投入营运。

7月

17日 中远南方“雅江”轮在江门中新拆船厂顺利移交，作拆船退役处理。

23日 中远远达新造船“中远太行山”轮在福建马尾造船股份有限公司进行实体交接，由中远远达接船正式投入营运。此船为“中远武夷山”、“中远井冈山”轮姐妹船，同为广远海运公司监造。至此，中远远达木材船队规模达12艘，共计36.23万载重吨。

是月 广远党委在所辖党组织中开展了“扶贫济困党旗红，共建和谐当先锋”主题实践活动。活动围绕“树信心、拼效益、保稳定、促发展”的任务目标，奋力拼搏经营效益、全力保障生产安全、努力维护和谐稳定、创新加强企业党组织“三大机制”建设，充分发挥党组织的政治核心作用和党员的先锋模范作用，为完成企业各项任务提供了政治保障。

8月

1日 在“八一”建军节到来之际，“大华”轮在亚丁湾护航结束后，代表中远航运向中国护航海军进行节日慰问。当地时间7月31日8时，“大华”轮赶到海军护航编队西行集合点A点准备向人民海军赠送慰问品。由于涌浪较大，经请示后定在解到点B点赠送。在海军的护航下，商船编队一路安全前行。8月2日9：00时，护

航结束。护航海军“昆仑山”舰派出2艘冲锋舟靠上“大华”轮，船员给海军赠送了慰问品，海军也给船员送来了水果。

11日 国家审计署深圳特派办副特派员朱惠红一行7人，登上停靠在广州南沙港汽车船码头的“常发口”轮参观，现场观看了船舶装运一汽丰田轿车卸车作业过程，并听取了船长有关船舶生产运输情况的汇报。朱惠红对25年船龄的“常发口”轮保持良好船貌表示了肯定。

16日 广远召开“小金库”专项治理工作动员部署会。广远领导和本部各部室（中心）负责人、各航运和岸产单位领导班子成员和财务负责人、合资合营企业广远派出负责人和广远“小金库”专项治理工作办公室成员共84人参加了会议，传达贯彻中远集团专项治理工作动员会及相关文件精神，对专项治理工作作出部署。会议强调，“小金库”问题不单纯是一个财务和管理的问题，同时也是一个经济和政治的问题，对国家、对企业、对个人的前途和发展都有非常大的影响。抓好这项工作，是当前和今后一段时期各级党组织、各级纪检监察组织的重大政治任务。根据安排，广远成立了由党政一把手挂帅、相关部门负责人为成员的“小金库”专项治理工作领导小组，加强了对“小金库”专项治理工作的组织领导。

30日 国务院国资委下发《关于表彰中央企业红旗班组（科室）和中央企业先进职工的决定》。广远供应公司总经理助理罗雪英被授予“中央企业先进职工标兵”称号。

9月

3日 广远党委召开2010年度党员领导干部专题民主生活会暨述廉议廉会议。广远党委全体成员、纪委全体成员、广远本部各职能部门负责人、广远工会代表、民主党派人士代表和部分职工代表共23人出席了会议。中远集团党组成员、副总裁许立荣等上级领导到会指导。会议严格按中共中央和中远集团确定的主题和述廉议廉会议的程序进行。党委书记刘书田汇报了会议的准备工作情况、上年度民主生活会的整改落实情况和征求到的党员群众意见、建议。参加述廉议廉会议的代表对广远领导班子的廉洁从业情况进行了无记名民主测评。广远党委领导班子全体成员围绕会议主题，分别作了发言。许立荣代表中远集团党组和中远集团领导班子对广远领导班子一年来的自身建设给予了高度评价，对广远领导班子进一步贯彻落实党中央要求、切实加强廉洁从业建设提出了要求。

8日 原广远所属的7艘“乐”字号船（“乐鼎”、“乐昌”、“乐山”、“乐同”、“乐业”、“乐锦”、“乐泰”轮）根据各船所处位置，办理了实体交接手续。即日起，中远航运正式接受7艘“乐”字号船及与相关的权利和风险。

11日 广远工会组织召开广远工会八届十一次全委（扩大）会。广远工会委员、基层单位工会主要负责人共30人参加了会议。会议由广远工会副主席符雄主持。广东省海员工会主席康盛忠，广远党委书记刘书田出席会议并作指示，纪委

书记、工会主席马宗梅作总结讲话。会议总结了2010年以来的工会工作，对下一阶段的工会工作进行了部署，讨论修改了广远工会制订的《关于进一步建设职工之家（小家），充分发挥工会组织应有作用实施意见（讨论稿）》。与会人员就广远系统职工队伍建设问题、影响稳定的潜在因素、如何为稳定企业发挥工会应有作用等方面提出了意见和建议。

15日 中远航运新造27000吨多用途船“麒麟松”轮，在大连装载长春轨道客车股份有限公司沙特轻轨项目24节车厢等设备货，首航开往波斯湾、红海。

18日 中远集团第四届“职工文化月”主题活动“同舟共济保增长、建功立业促发展”职工优秀作品展在厦门举行，共有15支代表队参加，参赛节目26个，内容包含情景剧、小品、诗朗诵、独唱。广远情景剧《飞越亚丁湾》获得活动最高奖项——最佳表演奖和最佳创作奖，诗朗诵《平安结》获得最佳表演奖。广远凭借2个作品成为获得奖项最多的一支代表队。

18～21日 全国第三十二次质量管理小组代表会议在西安市召开。广远获得QC小组活动奖项中的最高殊荣“全国质量管理小组活动优秀企业”，这是广远开展活动20多年来首次获得该奖项。物业公司安全QC小组被大会评为“全国优秀质量管理小组”。

27日 中远远达首批32000吨系列新型木材船最后一艘“金旺岭”轮交船仪式在黄埔造船厂隆重举行。

29日 中远慈善基金会广远扶贫济困专项基金举行成立仪式。广远纪委书记、工会主席马宗梅，广远本部相关职能部门负责人，各全资和控股企业工会负责人以及广远扶贫工作小组成员参加了仪式。中远慈善基金会职能部门负责人、中远集团党工部副部长辛加和与财务部副总经理严敏出席了仪式。

10月

9日 中远航运新造28000吨多用途重吊船“大玉霞”轮在山东黄海船厂举行下水仪式。该轮是中远航运在黄海船厂订造的8艘28000吨多用途重吊船的3号船，并吊能力达400吨。

21～22日 全国“安全生产月”活动总结交流会在重庆市举行。会上，广远被评为2010年全国“安全生产月”活动优秀单位。

30日 由南开大学公司治理研究中心及南开大学商学院主办的“2010中国公司治理指数”发布与研讨会在北京人民大会堂举行。会议发布了《2010年中国公司治理评价报告》，中远航运荣获2010年度中国上市公司“最佳公司治理奖”。

是月 根据北京市人力资源和社会保障局专门向中远集团印发的《关于中远集团统一规范驻粤、驻沪企业养老保险政策有关问题的复函》，广远职能部门在顺利完成企业养老金数据核对和差额补缴工作的基础上，按北京市政策重新核定了2006年7月以后退休的2572名退休人员的基本养老金，经北京市社保局审核确认后，将基本养老金重新核定后的标准及补缴、补发等情况，及时通过信件告知退休人员。新标准养老金于10月15日前发到退休人员手中。

11月

1日 中远日邮汽车船运输有限公司（以下简称中远日邮公司）属下的“富瀚口”轮在江苏省江阴市夏港#1码头移交给买家江阴市夏港长江拆船厂。

4日 天星公司“富裕星”轮在阿尔及利亚Skikda港移交给新加坡买家。

同日 中远航运“赤云”轮在广东省新会银湖拆船厂交船。

9～10日 以“把握变化”为主题的第七届国际海运（中国）年会在广州市隆重召开。交通运输部副部长徐祖远、广东省常务副省长朱小丹、广州市副市长甘新、中远集团总裁魏家福出席会议并分别在开幕式上致辞，中远集团党组书记、副总裁张富生主持开幕式。本届年会共有来自30多个国家和地区的国际知名专家、全球航运及相关行业的1000余位代表参会，近40位演讲嘉宾分别在正式议程环节发表了演讲或参加小组讨论。本次年会进一步扩大了中远集团的社会影响，加深了中远集团与上级领导、各界来宾的沟通，增进了彼此的友谊，取得了完满成功。本届年会创造了“三个最”（与会人数规模最大、中远集团系统参与年会的领导最多、年会安排的重大活动最多）。本次国际海运年会由广远协办。协办工作交出了一份“三满意”（领导满意、来宾满意和客户满意）的答卷。

9日 中远航运与中钢国际货运有限公司签署长期战略合作协议仪式在广州举行。本次长期战略合作协议的签署，进一步深化了双方的紧密合作。

15日 中国地方志指导小组办公室下发《关于印发全国地方志系统第二届年鉴评奖获奖名单的通知》。其中，《广州远洋运输公司年鉴》（2008）获全国地方志系统第二届年鉴二等奖。

18日 “乐从”轮在阿拉伯海域遇到武装海盗的袭击。海盗向该轮发动了5轮攻击，向船上发射多枚火箭弹。在船员们的英勇抵抗下，海盗未能靠近船舷。船员和海盗进行了5个回合的激烈对抗，海盗见“乐从”轮船员毫不畏惧、英勇顽强，最终放弃了进攻。海盗船在慢速尾随“乐从”轮一个多小时后放弃攻击，并竖起大拇指对船员以示称赞，随后离去。至此，“乐从”轮取得了抗击海盗的成功。为表彰先进，中国船东协会授予“乐从”轮“抗击海盗先进船舶奖”，授予大厨林洪强“先进个人奖”。“乐从”轮还荣获“2009～2010年度中远集团文明建设先进单位”、全国交通建设系统“工人先锋号”。船长何文学、政委陈永定、大厨林洪强获中远集团“抗击海盗先进个人”荣誉称号。

27日 党工部、工会联合召开广远2010年党建政研会暨工运理论研讨会。广远党群部室、各全资和控股企业党组织主要负责人，基层单位工会主席，广远政研会、工运理论研究会理事，部分优秀论文作者共40多人参加了会议。会议由广远纪委书记、工会主席马宗梅主持。广远党委书记刘书田，广东省海员工会主席康盛忠参加会议并讲话。会议传达学习了中共十七届五中全会精神和中远集团六届五次政研会精神，结合后金融危机时期企业发展、党建思想政治工作、工会工作面临的新情况，积极探讨新形势下“党建带动工建、工建服务党建”的新思路、新途径。

28日 在阿拉伯海域遭遇海盗袭击成功脱险的“泰安口”轮14名公休船员回国。当晚，广远和中远航运在远洋宾馆举行隆重的欢迎仪式。中远航运保安官、安质部副总经理陈望权宣读了中远航运对“泰安口”轮全体船员的嘉奖令，广远党委书记、中远航运副董事长刘书田，中远航运CEO韩国敏向全体船员致以亲切慰问，盛赞“泰安口”轮船员是一支作风过硬、训练有素、沉着冷静、英勇无畏的胜利之师。“泰安口”轮政委李玉海代表船舶作了表态发言。

30日 中远航运“庐山”轮在福建省福安港交船给买家营口嘉航海运有限公司。

12月

2日 中远航运“橙云”轮在广东汕头港交给买家烟台华安轮船有限公司。

7日 广东省人民政府地方志办公室下发《关于印发广东省第一届年鉴编纂质量奖获奖名单的通知》。其中，《广州远洋运输公司年鉴》（2008）获广东省第一届年鉴编纂质量奖二等奖。

13日 广州远洋运输公司经广州市工商行政管理局审核批准，更名为广州远洋运输有限公司。更名后，原办公地点、联系电话、网址不变。原以广州远洋运输公司名义签订的协议、合同以及债权债务仍依法有效。原公司的业务及债权债务由广州远洋运输有限公司承接。自2011年1月1日起，广远所有对内及对外文件、资料、开具发票、账号、税号等全部使用新公司名称。

14日 广东省总工会党组成员、纪检组长廖汝捷，广东省海员工会主席康盛忠一行，慰问新型半潜船“祥云口”轮和汽车船“常发口”轮。

15日 中远航运“黄云”轮在广东汕头港交给买家营口嘉航海运有限公司。

同日 省远洋新造76000吨新型巴拿马型散装船“毓鹏海”轮正式在黄埔船厂龙穴厂区进行实体交接，由省远洋接船正式投入营运。

17日 由广东省总工会常务副主席陈宗文率领省总工会领导班子和省总工会机关干部80多人，到停靠在黄埔造船厂的中远航运新造半潜船“祥云口”轮进行主题教育活动，并参观了该轮，陈宗文对这艘投资10亿元建造的现代化船舶上的先进装备和技术，以及“祥云口”轮船员良好的精神面貌给予高度评价。

18日 中远航运“华山”轮在福建省福安市易和船厂码头移交给买家营口嘉航海运有限公司。

24日 广远召开2011年工作务虚会暨经营管理委员会2010年第三次会议。广远系统中层以上干部和各基层单位领导班子成员参加了会议。会议传达了中远集团2011年务虚会和经营管理委员会第20次会议精神，认真总结了广远2010年的主要工作，对2011年市场形势进行分析预测，谋划了工作思路。

24日 为感谢中国人民海军护航官兵，“安新江”轮船长黄映鸿等3人带着慰问品，代表全体船员来到海军护舰编队的“徐州”舰探访护航官兵。“徐州”舰舰长王宏民介绍了护航编队的情况以及当前海盗活动特点，并详细询问了“安新江”轮的反海盗措施和方案，提醒注意事项。

随后，王宏民和特战分队长王以光带领部分特战队员登上“安新江”轮实地查验该船反海盗措施和器材，观看了船员的反海盗演练。王以光根据“安新江”轮的结构，详细查看了安全舱室，并针对薄弱环节提出了改进意见。

28日　国务院国资委宣传局副巡视员、西藏自治区国资委副主任金思宇率西藏自治区国资委和国有企业高管人员学习考察团来广远进行学习考察。考察团围绕企业管理架构、缩短管理链条情况、企业党建和企业文化情况、现代企业管理制度、上市公司人事管理情况等开展考察交流活动。广远总经理徐惠兴、副总经理陈炳立和职能部门经理与考察团进行了广泛交流。

2010年底，广远及控股和管理的公司拥有和控制船舶113艘、229.7万载重吨，完成货运量1248.9万吨，周转量695.5亿吨海里，取得较好的经济效益。

第三章
概　况

第一节 工作概况

2010年，广州远洋运输公司面对后金融危机时期的各种困难和挑战，以及航运市场波动起伏的复杂形势，坚持以科学发展观统领全局，坚决贯彻中远集团“强创新，调结构，抓机遇，精管理”的战略部署，以改革和调整为工作主基调，经过全体船岸员工的共同努力，圆满完成全年各项工作任务，超额完成年度利润奋斗目标，保持了安全生产、和谐稳定的良好局面。是年，广远荣获“中央企业职工技能竞赛先进单位”、“广东省厂务公开民主管理先进单位”、“全国安全生产月活动优秀单位”等多项荣誉。

2010年，广远拥有和控制船舶113艘、229.7万载重吨，经营效益保持了总体盈利，主要生产指标完成情况如下：完成货运量1248.9万吨，与2009年同比增加4.27％；周转量695.5亿吨海里，与2009年同比增长18.8%；营运率97.1%，与2009同比下降0.2个百分点；航行率58.4%，与2009年同比增加0.1个百分点；载重量利用率69.7%，与2009年同比上升8.8个百分点。利润总额与2009年同比增长467.95%，为年度必保目标的463.05%，为年度奋斗目标的231.53%。广远船舶挂港共3652艘次，平均在港停时为3.51天/次，与2009年同比增幅12.1%；燃油单耗4.60千克/千吨海里，与2009年同比下降0.2%。

一、强化经营创新，航运经营效益大幅增长

（一）船队创效水平全面均衡提升

2010年，广远除汽车船由于市场原因经营不理想以外，其他特种船型实现了全面盈利和相对均衡发展。

半潜船队。中远航运通过在技术力量、客户服务、货源质量上下功夫，进一步强化中远半潜船品牌形象和其他公司难以复制的核心竞争能力，同时把握市场机会，积极开展营销工作。

重吊船队。中远航运以重件货、大件货为切入点，进一步加大成套工程设备货源的揽取力度，逐步建立和完善自己的重大件货市场网络。

木材船队。中远远达根据后金融危机的新规律、新特点，及时调整策略，变积极收缩为理性收缩，变积极防御为理性发展，把握市场震荡调整节奏，“抢占高点、把握拐点”，船队创效能力增强，盈利效果明显。

沥青船队。中远南方坚定不移地实施大客户战略，不断创新和拓展经营空间，租入、租出及自营船比重控制合理，自营船盈利水平和控制市场能力进一步提高。

汽车船队。根据市场实际需求合理配置运力，沿海汽车运输市场开发力度进一步加大。

杂货船、多用途船队。作为广远船队主力船型，随着近几年老旧船退役止亏增效和发展新型多用途船运力，船队结构发生质的变化，盈利能力大幅提升。

（二）创新经营思路和模式成效明显

广远所属各家航运公司深入推进航运经营体制创新，全面贯彻“以市场为导向、

以客户为中心、以效益为目标”的经营思路，全方位提升客户营销力度和质量。

中远航运。全面实施立体型、多层次、高频率业务宣传推介，以大客户为重点，从“广泛营销”向“集约营销”转变，极大提升特种杂货多用途船市场品牌形象和影响力，船舶装载率大幅提高，全球营销网络建设取得显著进展。

中远远达。把大客户战略提升到确保企业可持续发展的高度，建立立体型客户拜访模式，提升木材运输市场品牌形象和货源控制能力，船舶装载率大幅提高。

中远南方。坚持大客户战略，以大客户COA合同为重点，积极拓展出口、内贸及长航线市场，自营船盈利水平显著提升。

（三）坚定不移地实施积极运价策略

广远所属各航运公司紧紧抓住后金融危机时期市场逐步回暖机遇，加强市场营销，合理提升各航线设备货、钢材、化工品、回程矿石等主要货种的运价，同时保持了下半年市场波动中的运价稳定，全年平均货吨运价与2009年同比增长近15%，运输净利与2009年同比增长约20倍，全年航运经营效益大幅提升。

（四）稳扎稳打有节奏开展租船经营

2010年，广远针对运力萎缩、航运市场探底回暖的形势及维护好市场份额的实际需要，在准确把握细分市场的基础上，作出了加大租船力度的果断决策。广远所属各航运公司加大了租船力度，尤其在有货源保障的情况下大胆租船，同时重新评估了运力政策，在保证安全生产的前提下，加快了船舶退役速度，保证运力规模，船舶运力结构进一步优化，各航线在租船工作上均有很大突破：一方面满足了客户需求，稳定了优质客户和货源市场占有率；另一方面扩大了收入，拓展了盈利空间。是年，租入船舶90艘次，213.4万载重吨。租入船完成货运量和周转量分别占总生产指标的16.9%和14.7%。

二、把握市场机遇，船队结构实现持续优化

2010年，广远紧紧围绕“以特种船为主的多用途船”的发展战略定位，把握市场时机，积极推进船队结构调整。一方面有节奏实施老旧船退役计划，全年退役了16艘老旧船，有效实现止亏增效，并大大降低了安全压力和风险；另一方面统筹安排新增运力的摆放，全年共接入新增运力12艘，产生了较好的收益，有效弥补老旧船相对加快退役产生的运力缺口，确保了预期效益。与此同时，抓住机遇推进签约新船订单。

中远航运紧紧把握不断变化的船舶市场，低价位签订10艘2.7万吨多用途船和8艘2.8万吨多用途重吊船建造合同。目前，广远船队在船型结构、船龄结构、船舶成本结构上都得到了实质性的改善，进一步增强了船队创效能力，船队发展踏上了良性发展轨道。

三、打造“资本广远”，资本经营取得突破进展

围绕打造“资本广远”，广远落实深化改革举措，成功实施岸产企业改制和广远由全民所有制企业改制为广州远洋运输有限公司，继续推进广远系统股权优化工作。中远航运充分利用资本市场，在航运市场和造船市场的相对低位，积极推进融资工作，为船队结构调整筹集低成本资

金。4月，完成了6亿元中期票据的发行；11月10日，2010年度配股申请获得证监会发审会审核通过，全部配股工作将在2011年1月中旬全部完成，募集资金总额约20亿元。在资本筹运方面，成立了中远航运上海子公司，顺利注入11艘船舶资产。中远航运连续4年获得中国上市公司董事会“金圆桌”优秀董事会奖、2010年度中国上市公司“最佳公司治理奖”等多项荣誉，得到监管机构和资本市场以及广大股民的高度认可。

四、安全生产取得新成效

广远始终坚持“安全是压倒一切的工作，是群众满意的工程”、“安全工作是重中之重”的指导思想，认真落实“早研究、早动员、早布置、早检查、早落实”的安全管理方针，围绕季节性安全生产和“四大战役”（雾航战役、防台战役、冬防战役、沿海航行和进出港安全战役）这主线，突出抓好航行安全和防海盗劫持两个重点，继续做好人身安全等系列工作，不断夯实安全基础，强化责任落实，推进广远特色的安全文化建设，安全生产基本保持稳定，为2010年公司的经营创效、深化改革、和谐稳定创造了良好的安全环境。航行安全工作取得明显实效，没有发生上报等级海损、机损、污染、火灾、重大货损等安全事故，船舶防抗台成功率100%。进一步强化防海盗工作，将船舶防海盗作为安全生产的首要任务，全年共有142艘次船舶驶经亚丁湾、索马里水域，56艘次船舶挂靠西非拉格斯港口，共有5艘船舶遭遇海盗的袭击。在船员的英勇抗击下，没有船舶被海盗劫持，防海盗工作取得明显实效，积累了宝贵的实战经验和精神财富。劳动安全预防取得实效，杜绝了重伤及上等级事故。岸产企业没有发生火灾、交通、食物中毒及群体事件。2010年，广远的安全生产情况总体来说是：在防海盗劫持、预防航行事故和减少工伤事故等几个方面取得明显实效；在安全风险预控、隐患排查治理、船岸应变能力等3个方面得到明显加强；在安全管理体系建设、教育培训“红树林”工程、“平安之旅”创建活动等3项基础工作有了新的提升。

五、加强党建和群众工作，企业和谐稳定得到巩固

广远各级党组织深入学习党的十七大和十七届四中、五中全会精神，全面贯彻落实科学发展观，坚持以改革创新精神加强和改进党建、思想政治工作，坚持学习研究和固本强基，深入开展创先争优活动、党建主题实践活动，建设学习型党组织，扎实推进“三大机制”建设，加强宣传思想政治工作，取得较好成效。坚持惩防并举，深入贯彻落实中远集团惩防体系《实施方案》和《国有企业领导人员廉洁从业若干规定》，加大教育、监督、惩治的工作力度，落实党风廉政建设责任制，较好地保证了领导干部、经营管理人员廉洁从业行为。

广远始终坚持以人为本，构建和谐企业，把维护员工群众利益摆在突出位置，关心群众疾苦，想方设法为员工和家属排忧解难，花大力气解决一些群众反映强烈的热点难点问题。2010年，经过艰苦努力，完成退休养老金计发执行北京市政策的衔接工作，解决了长时间困扰广远的历史难题，切实维护了广大船岸员工特别是

退休人员的切身利益，保证了企业和谐稳定。

充分发挥工会、共青团组织的桥梁纽带作用，为安全、稳定、效益的各项中心工作作出贡献。各级工会组织坚持深入开展“平安之旅”、“亲情祝安全”、“节能减排”、“精益改进”等群众性安全创效活动，成功举办安全知识总决赛、计算机基本知识和操作技能总决赛，大力加强工会组织建设、“职工之家”建设和职工队伍建设，制定下发了一系列规章制度，扶贫工作有了新进展。各级团组织积极开展各种主题活动，加强团组织建设，坚持服务青年成长成才，涌现了一批先进青年集体和优秀青年个人：11名优秀团员青年经团组织推优入党；岸产事业部团委被确定为“中央企业五四红旗团委创建单位”；物业公司团总支被命名为“广东省五四红旗团总支”。（编写组）

第二节 机构设置图

1. 2010年广远本部机构图

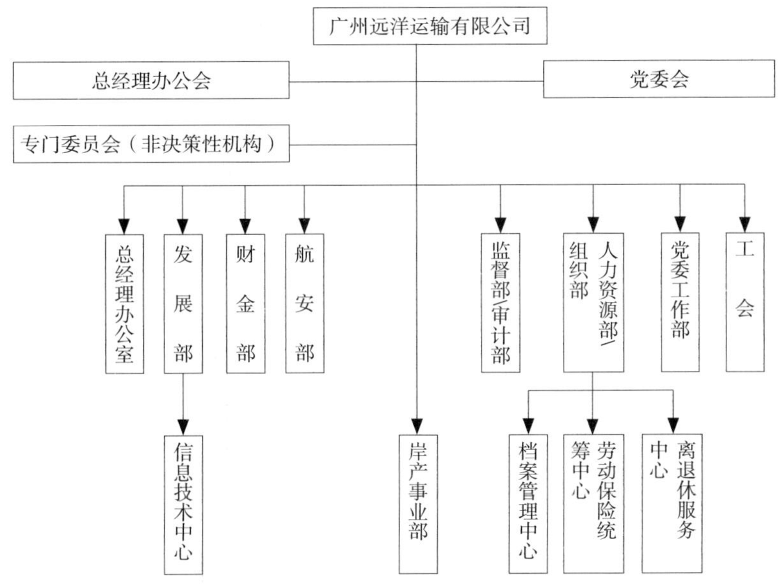

注：广州远洋运输公司从2010年12月改制为广州远洋运输有限公司

（吴思）

2. 2010年广远系统机构图

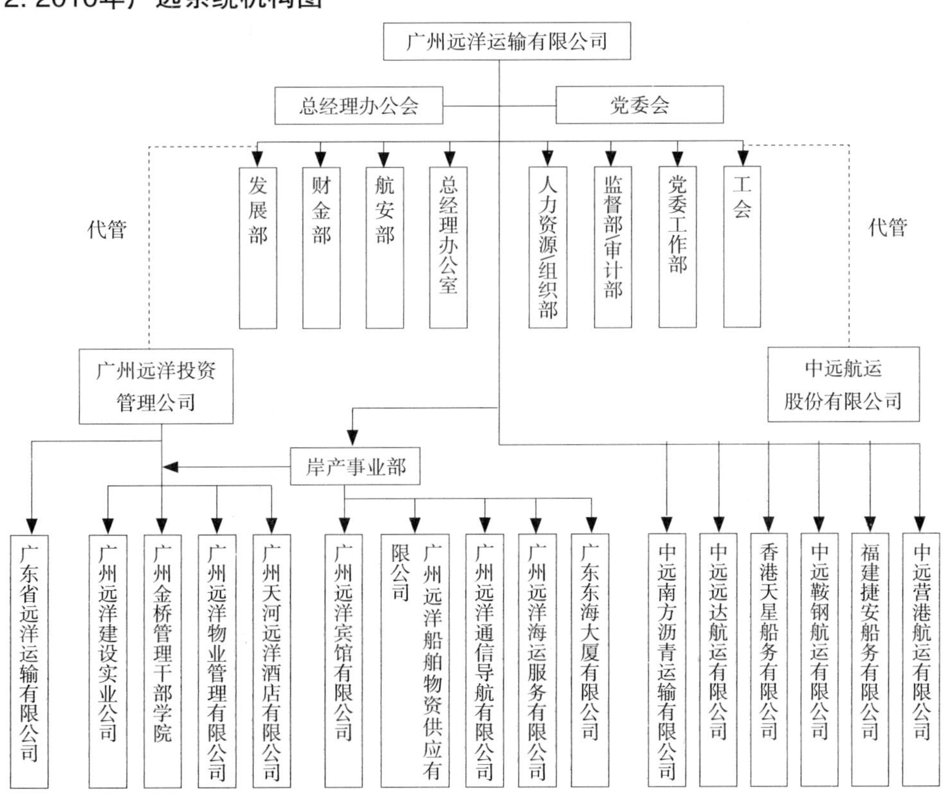

注：经国务院国资委批准，广州远洋运输公司所持中远航运的股权从2010年6月11日起转给中远集团。

（吴思）

第三节　人员情况

1. 广远领导班子

姓 名	出生年月	政治面貌	学历	职 称	职 务	任命机关	任职时间
徐惠兴	1950.11	中共党员	大普	高级工程师 高级船长	总经理 党委副书记	中远集团	1～12月
刘书田	1951.04	中共党员	大普	高级工程师 高级政工师	党委书记 副总经理	中远集团	1～12月
翁继强	1965.06	中共党员	大学	高级船长	副总经理 党委委员	中远集团	1～12月
黄继忠	1948.11	中共党员	大学	高级政工师	党委副书记	中远集团	1～2月
马宗梅	1954.12	中共党员	大专	高级政工师	纪委书记 工会主席	中远集团	1～12月
陈炳立	1968.5	中共党员	硕士生	高级工程师	副总经理 （挂职）	中远集团	1～12月
刘雪亮	1963.1	中共党员	硕士研究生	高级审计师 高级经济师	总会计师	中远集团	10～12月

（吴思）

2. 广远部室领导和各投资企业领导（聘任或委派）

所在单位	姓 名	职 务
总经理办公室（简称总经办）	林旭东	主任
	张莲芳	主任助理
发展部	谭 力	总经理
	张庆华	总经理助理
航运管理与安全监督部（简称航安部）	周维民	总经理助理
人力资源部/组织部	黎光葵	人力资源部总经理 党委组织部部长
	郑深恩	总经理助理
财金部	佟文华	总经理
	邓伟荣	总经理助理
党委工作部（简称党工部）	姚 勇	部长兼机关党委副书记（1～3月）
	章晓彤	部长助理（1～10月）
	王 珂	部长助理（主持工作）兼机关党委副书记（11～12月）
监督部/审计部	朱航员	纪委副书记兼监督部总经理
	张访苏	总经理助理

（续上表）

所在单位	姓　名	职　务
工会	符　雄	工会副主席
信息技术中心（简称信息中心）	杨　涛	主任
岸产事业部	林立兵	岸产企业运营总监
	王玉生	总经理兼党工委副书记
	陈建钦	党工委书记兼副总经理
	王　珂	副总经理（1～11月）
	池新旺	财务总监兼财务部经理
中远航运股份有限公司（简称中远航运）	韩国敏	首席执行官
	徐惠兴	党委书记（兼）
	赖奕光	常务副总经理兼党委副书记
	郭　京	首席运营官
	杜俊明	副总经理
	郭福祥	副总经理
	林敬伟	副总经理、财务总监
	薛俊东	董事会秘书
中远远达航运有限公司（简称中远远达）	李　伟	总经理兼党委副书记
	龚艳平	党委书记兼副总经理（1～4月）
	周　舟	党委书记兼副总经理（4～12月）
	刘海平	副总经理
	曾远祥	副总经理
	黄　雁	财务总监
中远南方沥青运输有限公司（简称中远南方）	蔡梅江	总经理兼党总支副书记
	顾卫东	党总支书记兼副总经理（1～3月）
	姚　勇	党总支书记兼副总经理（3～12月）
	周佳忠	副总经理
	梁　杰	副总经理
	盛开薇	财务总监
香港天星船务公司（简称天星公司）	刘贤蒙	总经理
	胡冠雄	副总经理
	陈小华	财务总监
广东省远洋运输有限公司（简称省远洋）	赵寿春	总经理
中远鞍钢航运有限责任公司（简称中鞍航运）	何伟杰	总经理
广州金桥管理干部学院（简称金桥学院）（广远教育中心）	涂慕欧	院长兼党委副书记
	凌保平	党委书记、副院长兼企业党校副校长
	郭智谋	纪委书记、工会主席

（续上表）

所在单位	姓　名	职　务
广州远洋建设实业公司（简称建设实业）	郑培贤	总经理兼党总支副书记
	陈建钦	党总支书记（兼）
	王庆来	副总经理
	杨　泱	财务总监
广州远洋船舶物资供应有限公司（简称供应公司）	方少彪	总经理兼党总支副书记
	甄　伟	党总支书记兼副总经理
	廖伟文	财务总监
广州远洋物业管理有限公司（简称物业公司）（广远后勤服务中心）	张清强	总经理兼党委副书记
	王玉生	党委书记（兼）
	林远平	副总经理
	吕英翼	纪委书记、工会主席
广州远洋通信导航公司（简称通导公司）	闭晴安	总经理兼党总支副书记
	韩　峰	副总经理（6–12月）
广远海运服务公司（简称海运公司）	徐国新	总经理兼党总支副书记
	周　舟	党总支书记兼副总经理（1～4月）
	林耀强	党总支书记兼副总经理（4～12月）
	林民育	副总经理
广州远洋宾馆有限公司（简称远洋宾馆）	施金安	总经理兼党总支副书记
	陈建钦	党总支书记（兼）
	洪　舸	副总经理（1～2月）
	曲　非	副总经理（3～12月）
	陈永彩	财务总监
广州天河远洋酒店有限公司（简称远洋酒店）	程一高	总经理兼党总支副书记（1～2月）
	洪　舸	副总经理兼党总支副书记（主持工作）（2～12月）
	王玉生	党总支书记（兼）
	姜保民	副总经理（3～12月）
广东东海大厦有限公司（简称东海大厦）	何向宁	总经理（1～2月）
	程一高	总经理（2～12月）
广州越洋船务有限公司（简称越洋船务）	陆海鸣	副总经理
埃尔夫润滑油（广州）公司（简称埃尔夫）	李　伟	副总经理
佛山市南海海洋包装材料厂（简称海洋厂）	姜保民	厂长（1～2月）

3. 广远系统员工人数总表

总人数	公司本部	船员人数	下属单位总人数
5408	195	4133	1080

（阮亦欢）

4. 广远本部员工人数一览表

本部	岸产事业部	信息中心	3个挂靠中心
110	16	40	29

（阮亦欢）

5. 员工分类情况一览表

总人数	岗位类型	
	管理技术类	生产操作类
5408	3627	1781

（阮亦欢）

6. 管理技术类员工技术职称情况一览表

总人数	职称情况			
	高级	中级	初级	无职称
3627	100	1593	1685	249

（阮亦欢）

7. 员工学历情况一览表

总人数	学历				
	研究生	大学本科	大学专科	中专	高中及以下
5408	65	1146	1488	1176	1533

（阮亦欢）

8. 员工年龄结构情况一览表

总人数	年龄			
	35岁及以下	36至45岁	46至54岁	55岁及以上
5408	1392	1708	1748	560

（阮亦欢）

9. 员工从业人员变动情况一览表

2009年年底人数	2010年增加人数	2010年减少人数	2010年年底人数
6095	97	784	5408

（阮亦欢）

10. 员工政治面貌情况一览表

项　目	人　数
在职职工	10776
离退休人员	8717
中共党员	5978（注2）
共青团员	592
民主党派	1
群　　众	9007

注1：含代管单位。
注2：此为在册党员数，另有3819名党员转属地管理。

（蔡主清）

第四节 船舶总体情况

1. 广远营运船舶主要技术规范一览表

序号	代码	船名	英文船名	船旗	船型	建造年月	建造国家	接船日期	船舶主要尺度（米）				航速（节）	总吨	净吨	总载重吨	标准箱位（TEU）	功率（千瓦）
									总长	型宽	型深	吃水						
1	0005	大　中	DAZHONG	巴拿马	重大件船	199806	日本	19980630	153.00	23.00	14.10	9.10	17.6	15300	6000	16957	685	6031
2	0006	大　华	DAHUA	巴拿马	重大件船	199807	日本	19980731	153.00	23.00	14.10	9.10	17.6	15300	6000	16957	685	6031
3	0007	大　富	DAFU	巴拿马	重大件船	199810	日本	19981030	153.00	23.00	14.10	9.10	17.6	15300	6000	16957	685	6031
4	0008	大　强	DAQIANG	巴拿马	重大件船	199811	日本	19981130	153.00	23.00	14.10	9.10	17.6	15300	6000	16957	685	6031
5	0012	乐　鼎	LEDING	中国	杂货集装箱两用船	199811	中国	19981202	169.00	25.20	14.10	9.98	17.6	15525	8765	21728		7550
6	0013	乐　盛	LESHENG	中国	杂货集装箱两用船	199901	中国	19990122	169.00	25.20	14.10	9.98	17.6	15525	8765	21728		7550
7	0014	乐　泰	LETAI	中国	杂货集装箱两用船	199903	中国	19990323	169.00	25.20	14.10	9.98	17.6	15525	8765	21728		7550
8	0015	乐　昌	LECHANG	中国	杂货集装箱两用船	199907	中国	19990723	169.00	25.20	14.10	9.98	17.6	15525	8765	21728		7550
9	0016	乐　宜	LEYI	中国	杂货集装箱两用船	200004	中国	20000519	182.67	26.20	14.70	10.00	14.0	19955	9412	28450	1089	6300
10	0017	乐　里	LELI	中国	杂货集装箱两用船	200009	中国	20000919	182.67	26.20	14.70	10.00	14.0	19955	9412	28450	1089	6300
11	0018	乐　从	LECONG	中国	杂货集装箱两用船	200012	中国	20001213	182.67	26.20	14.70	10.00	14.0	19955	9412	28450	1089	6300
12	0019	乐　和	LEHE	中国	杂货集装箱两用船	200102	中国	20010216	182.67	26.20	14.70	10.00	14.0	19955	9412	28450	1089	6300
13	0049	乐　民	LEMIN	中国	杂货集装箱两用船	199906	中国	19990630	169.00	25.20	14.10	9.98	17.6	15589	8766	21728		7550
14	0050	乐　业	LEYE	中国	杂货集装箱两用船	199912	中国	20000323	169.00	25.20	14.10	9.98	17.6	15589	8766	21728		7550
15	0051	乐　同	LETONG	中国	杂货集装箱两用船	200005	中国	20000626	169.00	25.20	14.10	10.00	17.6	15589	8766	21400		7550
16	0052	乐　荣	LERONG	中国	杂货集装箱两用船	199904	中国	19990428	169.00	25.20	14.10	9.98	17.6	15542	8589	21728		7550
17	0053	乐　山	LESHAN	中国	杂货集装箱两用船	199909	中国	19990916	169.00	25.20	14.10	9.98	17.6	15542	8589	21728		7550
18	0054	乐　锦	LEJIN	中国	杂货集装箱两用船	199911	中国	20000120	169.00	25.20	14.10	9.98	17.6	15542	8589	21728		7550

（续上表）

序号	代码	船名	英文船名	船旗	船型	建造年月	建造国家	接船日期	船舶主要尺度（米）				航速（节）	总吨	净吨	总载重吨	标准箱位（TEU）	功率（千瓦）
									总长	型宽	型深	吃水						
19	0313	甬　江	YONGJIANG	中国	杂货集装箱两用船	197803	德国	19780404	149.80	21.00	12.25	9.26	18.1	9792	6379	16270	263	6391
20	0314	闽　江	MINJIANG	中国	杂货集装箱两用船	197805	德国	19780516	149.80	21.06	12.25	9.26	18.1	9792	6379	16270	245	6391
21	0315	湘　江	XIANGJIANG	中国	杂货集装箱两用船	197802	德国	19780203	149.80	21.00	12.25	9.26	18.1	9792	6379	16270	247	6590
22	0318	凤凰松	FENGHUANGSONG	香港	杂货集装箱两用船	200904	中国	20090428	170.93	27.20	14.50	10.05	15.1	20609	11482	27299		8250
23	0319	孔雀松	KONG QUE SONG	香港	杂货集装箱两用船	201002	中国	20100201	170.93	27.20	14.50	10.05	15.1	20609	11482	27299		8250
24	0320	麒麟松	QI LIN SONG	香港	杂货集装箱两用船	201008	中国	20100830	170.93	27.20	14.50	10.05	15.1	20609	11482	27299		8250
25	0321	卧龙松	WO LONG SONG	中国	杂货集装箱两用船	201010	中国	20101125	179.50	27.20	14.50	10.50	15.1	20609	11482	27299		8250
26	0322	大丹霞	DADANXIA	香港	重大件船	200910	中国	20091015	166.31	27.77	14.22	10.10	15.0	20949	10345	28451	1706	6810
27	0323	大紫云	DA ZI YUN	香港	重大件船	201002	中国	20100205	166.31	27.40	14.20	10.10	15.0	20949	10345	28451	1706	6810
28	0333	永　盛	YONGSHENG	香港	杂货集装箱两用船	200209	罗马尼亚	20060717	159.99	23.70	11.95	8.42	14.3	14357	6985	19461	1226	7860
29	0351	安华江	ANHUAJIANG	中国	杂货集装箱两用船	198709	日本	19870918	145.50	21.00	13.10	9.46	15.9	10511	6280	17324	530	3972
30	0352	安宝江	ANBAOJIANG	中国	杂货集装箱两用船	198709	日本	19870918	145.50	21.00	13.10	9.46	15.9	10511	6280	17324	528	3972
31	0356	安康江	ANKANGJIANG	中国	杂货集装箱两用船	198504	日本	19850413	140.00	22.70	13.20	9.51	16.0	11495	6620	15852	292	6399
32	0357	安龙江	ANLONGJIANG	中国	杂货集装箱两用船	198506	日本	19850610	148.00	22.70	13.20	9.51	16.0	11495	6620	15865	322	6399
33	0358	安宁江	ANNINGJIANG	中国	杂货集装箱两用船	198508	日本	19850829	148.50	22.70	13.20	9.51	16.0	11505	6620	15838	322	6399
34	0361	安庆江	ANQINGJIANG	中国	杂货集装箱两用船	198512	中国	19851221	149.70	21.80	12.50	9.07	15.0	11115	6259	14913	232	6222
35	0363	安新江	ANXINJIANG	中国	杂货集装箱两用船	198606	中国	19860616	149.70	21.80	12.50	9.05	14.5	11115	6259	14913	232	9000
36	0364	安岳江	ANYUEJIANG	中国	杂货集装箱两用船	198612	中国	19861219	149.70	21.80	12.50	9.07	14.5	11115	6259	14913	232	6222
37	0365	安泽江	ANZEJIANG	中国	杂货集装箱两用船	198702	中国	19870301	149.70	21.80	12.50	9.00	16.5	11115	6259	14914	232	6222
38	0366	安广江	ANGUANGJIANG	中国	杂货集装箱两用船	198710	中国	19871105	149.70	21.80	12.50	9.07	14.5	11115	6259	14913	232	6222

（续上表）

序号	代码	船名	英文船名	船旗	船型	建造年月	建造国家	接船日期	船舶主要尺度（米）				航速（节）	总吨	净吨	总载重吨	标准箱位（TEU）	功率（千瓦）
									总长	型宽	型深	吃水						
39	0367	安顺江	ANSHUNJIANG	中国	杂货集装箱两用船	198712	中国	19880109	149.70	21.80	12.50	9.07	14.5	11115	6259	14913	232	6222
40	0368	安涛江	ANTAOJIANG	中国	杂货集装箱两用船	198006	德国	19880708	141.70	21.50	10.50	7.92	18.0	8267	5052	10800	590	4400
41	0369	安武江	ANWUJIANG	中国	杂货集装箱两用船	198004	德国	19881021	141.70	21.20	10.50	7.92	17.0	8267	5052	10800	590	4476
42	0401	赤峰口	CHIFENGKOU	中国	滚装船	198003	日本	19800328	146.50	22.70	15.00	9.18	15.3	13615	5407	13810		6693
43	0402	三江口	SANJIANGKOU	中国	滚装船	198006	日本	19800612	146.50	22.70	15.00	9.18	15.3	13615	5407	13826		6693
44	0403	关河口	GUANHEKOU	中国	滚装船	198009	日本	19800917	146.50	22.70	15.00	9.18	15.3	13615	5407	13798		6693
45	0411	常发口	CHANGFAKOU	中国	汽车船	198503	日本	20050201	158.94	27.80	19.91	8.71	15.0	27267	8180	11678		6906
46	0435	泰安口	TAIANKOU	中国	丰潜船	200211	中国	20021218	156.00	32.20	10.00	7.50	14.0	14184	4255	20620		9400
47	0436	康盛口	KANGSHENGKOU	中国	丰潜船	200308	中国	20030828	156.00	32.20	10.00	7.50	14.0	14184	4255	20248		9400
48	0555	西昌海	XICHANGHAI	巴拿马	木材船	199708	中国	19970829	165.72	26.00	13.90	9.82	14.5	18070	9485	27276		5845
49	0556	瑞昌海	RUICHANGHAI	巴拿马	木材船	199709	中国	19971118	165.72	26.00	13.90	9.82	14.5	18070	9485	27276		5845
50	0641	交　城	JIAOCHENG	中国	普通杂货船	197803	日本	19971225	148.16	22.00	12.50	8.89	16.8	10481	6990	16250	312	5880
51	0734	富阳山	FUYANGSHAN	中国	杂货集装箱两用船	198701	中国	19971029	162.00	23.00	14.00	9.20	15.0	13890	6233	17139	336	5618
52	0735	富文山	FUWENSHAN	中国	杂货集装箱两用船	198606	中国	19980208	162.00	23.00	14.00	9.20	15.0	13823	5826	17000	336	5619
53	0736	富清山	FUQINGSHAN	中国	杂货集装箱两用船	198904	中国	19971125	162.00	23.00	14.00	9.20	14.0	13823	5826	17139	336	5617
54	0737	富新山	FUXINSHAN	中国	杂货集装箱两用船	199006	中国	19980213	162.00	23.00	14.00	9.20	13.0	13823	5826	17258	336	5618
55	0738	富康山	FUKANGSHAN	中国	杂货集装箱两用船	198912	中国	19980212	162.00	23.00	14.00	9.20	15.0	13823	5826	17139	336	5615
56	0741	衡　山	HENGSHAN	中国	普通杂货船	198407	南斯拉夫	19980403	157.64	22.90	13.00	9.31	14.0	12448	6548	16670	518	5640
57	0742	凉　山	LIANGSHAN	中国	杂货集装箱两用船	198401	南斯拉夫	19971109	157.54	22.90	13.00	9.31	14.0	12448	6548	16670	610	5645

（续上表）

序号	代码	船名	英文船名	船旗	船型	建造年月	建造国家	接船日期	船舶主要尺度（米）				航速（节）	总吨	净吨	总载重吨	标准箱位（TEU）	功率（千瓦）
									总长	型宽	型深	吃水						
58	0743	松　山	SONGSHAN	中国	杂货集装箱两用船	198401	南斯拉夫	19980227	157.60	22.90	13.00	9.31	14.1	12448	6548	16670	610	5645
59	0744	丰安山	FENGANSHAN	中国	杂货集装箱两用船	198505	日本	19980418	156.00	24.70	13.45	9.61	15.0	13367	7286	18270	614	5290
60	0745	丰顺山	FENGSHUNSHAN	中国	杂货集装箱两用船	198501	日本	19980301	156.00	24.70	13.45	9.61	15.0	13367	7286	18277	614	4769
61	0746	丰康山	FENGKANGSHAN	中国	杂货集装箱两用船	198509	日本	19971204	156.00	24.70	13.45	9.61	15.0	13367	7286	18264	614	7200
62	0747	富源山	FUYUANSHAN	中国	杂货集装箱两用船	198511	日本	19980606	151.00	25.00	13.60	9.90	15.0	13482	7799	20225	604	5110
63	0748	富裕山	FUYUSHAN	中国	杂货集装箱两用船	198512	日本	19971127	151.00	25.00	13.60	9.82	15.0	13482	7799	20225	604	5111
64	0765	白沙岭	BAISHALING	中国	木材船	198406	日本	20030711	174.00	26.00	14.80	10.65	13.5	18639	10508	30881		4192
65	0766	金沙岭	JINSHALING	巴拿马	木材船	199001	日本	20051020	169.03	27.20	13.60	9.74	13.5	16725	10435	28457		5162
66	0767	金牛岭	JINNIULING	巴拿马	木材船	199206	日本	20060118	169.00	27.00	13.60	9.74	13.5	16712	10435	28470		5733
67	0768	金达岭	JINDALING	巴拿马	木材船	199805	中国	20070529	169.00	27.20	13.60	9.71	14.0	17784	9924	28164		7100
68	0771	金广岭	JINGUANGLING	巴拿马	木材船	200907	中国	20090729	177.50	28.20	14.20	10.00	13.9	19993	11046	32000		6480
69	0772	金远岭	JINYUANLING	巴拿马	木材船	200911	中国	20091102	177.50	28.20	14.20	10.00	13.9	19993	11046	32000		6480
70	0773	金兴岭	JINXINGLING	香港	木材船	201006	中国	20100618	177.50	28.20	14.20	10.00	13.9	19993	11046	31907		6480
71	0774	金旺岭	JINWANGLING	香港	木材船	201009	中国	20100927	177.50	28.20	14.20	10.00	13.9	19993	11046	31907		6480
72	0775	COSCO WUYISHAN	COSCO WUYISHAN	巴拿马	木材船	201001	中国	20100119	177.50	28.20	14.20	10.00	13.7	19993	11046	31956		6300
73	0776	COSCO JINGGANGSHAN	COSCO JINGGANGSHAN	香港	木材船	201006	中国	20100630	177.50	28.20	14.20	10.00	13.7	19993	11046	31956		6300
74	0777	COSCO TAIHANGSHAN	COSCO TAIHANGSHAN	香港	木材船	201007	中国	20100723	177.50	28.20	14.20	10.00	13.7	19993	11046	31956		6300

（续上表）

75	0778	COSCO KUNLUNSHAN	COSCO KUNLUNSHAN	香港	木材船	201010	中国	20101025	177.50	28.20	14.20	10.00	13.7	19993	11046	31956		6300
76	0901	亚龙湾	YALONGWAN	香港	沥青船	200701	中国	20070108	106.84	17.60	10.10	6.45	14.0	5530	1659	6012		4440
77	0902	木兰湾	MULANWAN	香港	沥青船	200704	中国	20070424	106.92	17.63	10.10	6.58	13.5	5530	1659	6011		4440
78	0903	大鹏湾	DAPENGWAN	香港	沥青船	200708	中国	20070828	106.84	17.62	10.10	6.45	14.0	5530	1659	6011		4000
79	0904	福宁湾	FUNINGWAN	香港	沥青船	200801	中国	20080110	106.84	17.62	10.10	6.45	14.0	5530	1659	6109		4400
80	0905	珍珠湾	ZHENZHUWAN	中国	沥青船	200807	中国	20080808	106.84	17.60	10.10	6.60	14.0	5569	1671	6315		4000
81	0906	澎湖湾	PENGHUWAN	中国	沥青船	200811	中国	20081111	106.84	17.60	10.10	6.60	14.0	5569	1671	6327		4000
82	0907	月亮湾	YUELIANGWA	香港	沥青船	199906	中国	20070417	126.81	21.40	11.80	8.10	12.0	9020	2706	11048		4200
83	0908	平海湾	PINGHAIWAN	巴拿马	沥青船	200908	中国	20090812	106.99	17.60	10.10	6.50	12.9	5565	1669	6115		3060
84	0909	安海湾	ANHAIWAN	巴拿马	沥青船	200911	中国	20091117	106.99	17.60	10.10	6.45	12.9	5596	1669	6165		3060
85	0910	星海湾	XINGHAIWAN	巴拿马	沥青船	201001	中国	20100102	106.99	17.62	10.10	6.50	12.9	5565	1669	6115		3060
86	0911	宁海湾	NINGHAIWAN	巴拿马	沥青船	201004	中国	20100408	106.99	17.62	10.10	6.50	12.9	5565	1669	6118		3060
87	0968	安吉江	ANJIJIANG	中国	沥青船	198606	中国	20010421	106.04	16.00	9.00	6.67	12.0	3951	1285	4926		2238
88	0969	安达江	ANDAJIANG	中国	沥青船	198611	中国	19861108	106.04	16.00	9.00	6.67	13.0	3951	1285	4926		2205
89		天王星	TIAN WANG XING	巴拿马	杂货集装箱两用船	200703	中国	20080205	122.20	19.80	10.70	7.20	13.5	7460	3295	9106	630	3300
90		海王星	HAI WANG XING	巴拿马	杂货集装箱两用船	200703	中国	20080320	122.20	19.80	10.70	7.20	13.5	7460	3295	9106	630	3300

（薛平）

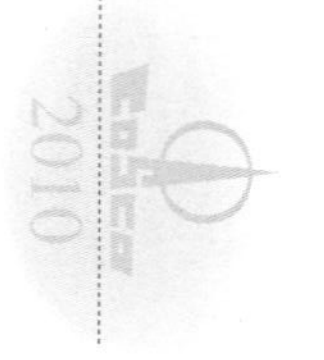

2. 广远营运船舶船东、船籍、船级、主辅机型号一览表

序号	代码	船名	建造年月	船型	船东公司	船籍	船级 Class	呼号	额定主机日耗(吨/天)	主机型号	额定功率(kw)	辅机型号	辅机功率(kw)
1	0005	大　中	199806	重大件船	中远航运	巴拿马	LR	3FNK8	23.40	KAWASAKI MAN-B&W 5S5OMC	6031	WARTSILA 4L20	645
2	0006	大　华	199807	重大件船	中远航运	巴拿马	LR	3FPC8	23.40	KAWASAKI MAN-B&W 5S5OMC	6031	WARTSILA 4L20	645
3	0007	大　富	199810	重大件船	中远航运	巴拿马	LR	3FUL8	23.40	KAWASAKI MAN-B&W 5S5OMC	6031	WARTSILA 4L20	645
4	0008	大　强	199811	重大件船	中远航运	巴拿马	LR	3FWI8	23.40	KAWASAKI MAN-B&W 5S5OMC	6031	WARTSILA 4L20	645
5	0012	乐　鼎	199811	杂货集装箱两用船	中远航运	中　国	CCS	BOUF	28.50	MAN-B&W 6S50MC	7550	4L 20	550
6	0013	乐　盛	199901	杂货集装箱两用船	中远航运	中　国	CCS	BOUF	28.91	MAN-B&W 6S50MC	7550	4L 20	550
7	0014	乐　泰	199903	杂货集装箱两用船	中远航运	中　国	CCS	BOQB	28.50	MAN B & W 6S50MC	7550	Warlsila 4L20C	540
8	0015	乐　昌	199907	杂货集装箱两用船	中远航运	中　国	CCS	BOQC	28.50	MAN B & W 6S50MC	7550	Warlsila 4L20C	540
9	0016	乐　宜	200004	杂货集装箱两用船	中远航运	中　国	CCS	BOKX	24.00	SULZER 5RTA48T	6300	WARTSILA 4L20	600
10	0017	乐　里	200009	杂货集装箱两用船	中远航运	中　国	CCS	BOKW	24.00	SULZER 5RTA48T	6300	WARTSILA 4L20	600
11	0018	乐　从	200012	杂货集装箱两用船	中远航运	中　国	CCS	BOKU	24.00	SULZER 5RTA48T	6300	4L20C	620
12	0019	乐　和	200102	杂货集装箱两用船	中远航运	中　国	CCS	BOKV	24.00	SULZER 5RTA48T	6300	Warlsila 4L20	620
13	0049	乐　民	199906	杂货集装箱两用船	中远航运	中　国	CCS	BOQF	28.91	MAN B & W 6S50MC	7550	Warlsila 4L20C	540

（续上表）

序号	代码	船名	建造年月	船型	船东公司	船籍	船级 Class	呼号	额定主机日耗(吨/天)	主机型号	额定功率(kw)	辅机型号	辅机功率(kw)
14	0050	乐 业	199912	杂货集装箱两用船	中远航运	中 国	CCS	BOQE	28.50	MAN B & W 6S50MC	7550	Warlsila 4L20C	550
15	0051	乐 同	200005	杂货集装箱两用船	中远航运	中 国	CCS	BOQD	28.50	MAN B & W 6S50MC-MK6	7550	Warlsila 4L20C	540
16	0052	乐 荣	199904	杂货集装箱两用船	中远航运	中 国	CCS	BOQI	28.91	MAN B & W 6S50MC	7550	Warlsila 4L20C	540
17	0053	乐 山	199909	杂货集装箱两用船	中远航运	中 国	CCS	BOQH	28.50	MAN B & W 6S50MC	7550	Warlsila 4L20C	540
18	0054	乐 锦	199911	杂货集装箱两用船	中远航运	中 国	CCS	BOQG	28.50	MAN / B&W 6S50MC	7550	WARTSILA 4L20	540
19	0313	甬 江	197803	杂货集装箱两用船	中远航运	中 国	CCS	BOVH	21.00	M.A.N16V 40/54A	8690	MAK 6M281AK	588
20	0314	闽 江	197805	杂货集装箱两用船	中远航运	中 国	CCS	BOVI	18.98	M.A.N16V 40/54A	8690	MAK 6M281AK	588
21	0315	湘 江	197802	杂货集装箱两用船	中远航运	中 国	CCS	BOVG	19.32	M.A.N16V 40/54A	8690	MAK 6M281AK	588
22	0318	凤凰松	200904	杂货集装箱两用船	中远航运	香 港	CCS	VRET6	30.50	6UEC50LSII	8250	6N21AL-UV	800
23	0319	孔雀松	201002	杂货集装箱两用船	中远航运	香 港		VRFZ9	30.50	6UEC50LSII	8250	6N21AL-UV	800
24	0320	麒麟松	201008	杂货集装箱两用船	中远航运	香 港		VRHA8	30.50	6UEC50LSII	8250	6N21AL-UV	800
25	0321	卧龙松	201010	杂货集装箱两用船	中远航运	中 国		VRHI5	30.50	6UEC50LSII	8250	6N21AL-UV	800
26	0322	大丹霞	200910	重大件船	中远航运	香 港	CCS	VRFO3	26.55	B&W6S40ME-B	6810	6EY18(A)L	660
27	0323	大紫云	201002	重大件船	中远航运	香 港		VRGB6	26.55	B&W6S40ME-B	6810	6EY18(A)L	660
28	0333	永 盛	200209	杂货集装箱两用船	中远航运	香 港	LR	VRCA4	30.00	MAN B&W 6S46MC-C	7860	6BDXC-750-100A	662×2

（续上表）

序号	代码	船名	建造年月	船型	船东公司	船籍	船级 Class	呼号	额定主机日耗(吨/天)	主机型号	额定功率(kw)	辅机型号	辅机功率(kw)
29	0351	安华江	198709	杂货集装箱两用船	中远航运	中　国	CCS	BOAW	16.01	IHI SEMT PIELSTICK 10PC2–6V	3970	YANMAR 6UAL–ST	625
30	0352	安宝江	198709	杂货集装箱两用船	中远航运	中　国	CCS	BOAX	16.01	PIELSTICK 10PC2–6V	3971	YANMAR 6UAL–ST	625
31	0356	安康江	198504	杂货集装箱两用船	中远航运	中　国	CCS	BOUR	21.06	SULZER 5RTA58	6397	YANMAR T220L–UT	500
32	0357	安龙江	198506	杂货集装箱两用船	中远航运	中　国	CCS	BOUS	21.06	SULZER 5RTA58	6395	YANMAR T220L–UT	610
33	0358	安宁江	198508	杂货集装箱两用船	中远航运	中　国	CCS	BOUT	20.28	SULZER 5RTA58	6397	YANMAR T220L–UT	610
34	0361	安庆江	198512	杂货集装箱两用船	中远航运	中　国	CCS	BOKA	21.84	YICHANG–SULZER 6RLB 56	6218	DAIHATSU 6DSB–22	550
35	0363	安新江	198606	杂货集装箱两用船	中远航运	中　国	CCS	BOAR	17.00	YICHANG–SULZER 6RLB 56	6218	DAIHATSU 6DSB–22	550
36	0364	安岳江	198612	杂货集装箱两用船	中远航运	中　国	CCS	BOAS	21.84	YICHANG–SULZER 6RLB 56	6218	DAIHATSU 6DSB–22	550
37	0365	安泽江	198702	杂货集装箱两用船	中远航运	中　国	CCS	BOAT	21.84	YICHANG–SULZER 6RLB 56	6218	DAIHATSU 6DSB–22	550
38	0366	安广江	198710	杂货集装箱两用船	中远航运	中　国	CCS	BOAU	21.84	YICHANG–SULZER 6RLB 56	6218	DAIHATSU 6DSB–22	550
39	0367	安顺江	198712	杂货集装箱两用船	中远航运	中　国	CCS	BOAV	21.84	YICHANG–SULZER 6RLB 56	6218	DAIHATSU 6DSB–22	550

（续上表）

序号	代码	船名	建造年月	船型	船东公司	船籍	船级Class	呼号	额定主机日耗(吨/天)	主机型号	额定功率(kw)	辅机型号	辅机功率(kw)
40	0368	安涛江	198006	杂货集装箱两用船	中远航运	中国	CCS	BOOF	23.00	MAN KSZ 52 / 105	4400	MAN 7L20 / 27	630
41	0369	安武江	198004	杂货集装箱两用船	中远航运	中国	CCS	BOOG	22.50	MAN KSZ 52 / 105	7943	MAN 7L20 / 27	590
42	0401	赤峰口	198003	滚装船	中远航运	中国	CCS	BOKL	22.20	14PC2–5 V	6691	6PSHTC–26D	560
43	0402	三江口	198006	滚装船	中远航运	中国	CCS	BOQZ	22.20	PIELSTICK 14PC2–5	6023	DAIHATSU 6PSHTC–26D	640
44	0403	关河口	198009	滚装船	中远航运	中国	CCS	BOYO	22.20	14PC2–5 V	6691	6PSHTC–26D	560
45	0411	常发口	198503	汽车船	中远航运	中国	CCS	BOOR	21.00	NKK 6PC4–2L	6906	YANMAR 6T220L–UT	560
46	0435	泰安口	200211	半潜船	中远航运	中国	CCS	BOKD	55.00	WARTSILA9L32	4700×3	WARTSILA 6L20	1020
47	0436	康盛口	200308	半潜船	中远航运	中国	CCS	BOKF	55.00	WARTSILA9L32	4700×3	WARTSILA 6L20	1020
48	0555	西昌海	199708	木材船	广远	巴拿马	ABS	SFRC7	22.00	MAN–B&W 5L50MC MARK 5	5846	YANMAR M200L–X	485
49	0556	瑞昌海	199709	木材船	广远	巴拿马	ABS	SFSQ7	22.00	MAN–B&W 5L50MC MARK 5	5845	YANMAR M200L–X	485
50	0641	交城	197803	普通杂货船	中远航运	中国	CCS	BOBG	22.00	MITSUI B&W 6L5GF	6372	YANMAR 6MAL–HT5	390
51	0734	富阳山	198701	杂货集装箱两用船	中远航运	中国	CCS	BOHS	16.50	DALIAN–B&W 5L60MCE	5620	6PSHT6–26H	456
52	0735	富文山	198606	杂货集装箱两用船	中远航运	中国	CCS	BOHT	20.74	B&W5L60MCE	5619	6PSHT6–26H	456
53	0736	富清山	198904	杂货集装箱两用船	中远航运	中国	CCS	BOHU	20.74	B&W5L60MCE	5620	6PSHT6–26H	456

（续上表）

序号	代码	船名	建造年月	船型	船东公司	船籍	船级 Class	呼号	额定主机日耗(吨/天)	主机型号	额定功率(kw)	辅机型号	辅机功率(kw)
54	0737	富新山	199006	杂货集装箱两用船	中远航运	中　国	CCS	BOHW	20.74	B&W5L60MCE	5617	6PSHT6-26H	550
55	0738	富康山	198912	杂货集装箱两用船	中远航运	中　国	CCS	BOHV	20.74	B&W5L60MCE	5615	6PSHTB-26H	551
56	0741	衡　山	198407	普通杂货船	中远航运	中　国	CCS	BOSM	16.00	SULZER 6RL B56	5640	MAN B&W 5T23CIH-2XBSOTS	440
57	0742	凉　山	198401	杂货集装箱两用船	中远航运	中　国	CCS	BOSL	21.89	SULZER 6RL B56	5640	MAN B&W 5T23LH-2	530
58	0743	松　山	198401	杂货集装箱两用船	中远航运	中　国	CCS	BOSN	21.89	SULZER 6RL B56	5640	MAN B&W 5T23LH-2	530
59	0744	丰安山	198505	杂货集装箱两用船	中远航运	中　国	CCS	BOST	16.50	B&W 5L60MCE	5290	YANMAR M200L-ST	420
60	0745	丰顺山	198501	杂货集装箱两用船	中远航运	中　国	CCS	BOSV	21.84	B&W 5L60MCE	5295	YANMAR M200L-ST	470
61	0746	丰康山	198509	杂货集装箱两用船	中远航运	中　国	CCS	BOSU	21.84	B&W 5L60MCE	5295	YANMAR M200L-ST	463
62	0747	富源山	198511	杂货集装箱两用船	中远航运	中　国	CCS	BOHL	20.00	B&W 5L60MCE	4908	6DL-20	440
63	0748	富裕山	198512	杂货集装箱两用船	中远航运	中　国	CCS	BOHM	18.00	B&W 5L60MCE	5110	6DL-20	440
64	0765	白沙岭	198406	木材船	中远远达	中　国	CCS	BOOM	14.00	B&W 4L60MC	7400	M200L-ST	440
65	0766	金沙岭	199001	木材船	广远	巴拿马	NK	3EDH9	19.00	B&W 5S50MC	5740	DAIHATRU 6DLB-19	220
66	0767	金牛岭	199206	木材船	广远	巴拿马	CCS	3ED05	19.00	MAN B&W 5S50MC	5736	DAIHATSU 6DL-19	750×2

（续上表）

序号	代码	船名	建造年月	船型	船东公司	船籍	船级 Class	呼号	额定主机日耗(吨/天)	主机型号	额定功率(kw)	辅机型号	辅机功率(kw)
67	0768	金达岭	199805	木材船	广远	巴拿马	CCS	3EKM3	26.80	SULZER RTA 52	7100	YARMAR 6M200L-EX	500
68	0771	金广岭	200907	木材船	金广岭船务	巴拿马	CCS	H3WS	24.80	6S42MC	6480	6EY18L	500
69	0772	金远岭	200911	木材船	金远岭船务	巴拿马	CCS	3FHZ	24.80	6S42MC	6480	6EY18L	500
70	0773	金兴岭	201006	木材船	金兴岭船务	香　港	CCS	VRHB9	24.80	6S42MC	6480	6EY18L	500
71	0774	金旺岭	201009	木材船	金旺岭船务	香　港	CCS	VRHL6	24.80	6S42MC	6480	6EY18L	500
72	0775	COSCO WUYISHAN	201001	木材船	COSCO WUYISHAN船务	巴拿马	CCS	3EVP5	25.20	6UEC43LS II	6300	6EY18L	550
73	0776	COSCO JINGGANGSHAN	201006	木材船	COSCO JINGGANGSHAN 船务	香　港	CCS	VRHB8	25.20	6UEC43LS II	6300	6EY18L	550
74	0777	COSCO TAIHANGSHAN	201007	木材船	COSCO TAIHANGSHAN 船务	香　港	CCS	VRHB7	25.20	6UEC43LS II	6300	6EY18L	550
75	0778	COSCO KUNLUNSHAN	201010	木材船	COSCO KUNLUNSHAN 船务	香　港	CCS	ARHL7	25.20	6UEC44LS II	6300	6EY18L	550
76	0901	亚龙湾	200701	沥青船	亚龙湾船务	香　港	LR	VRCK5	15.50	YMD B&W 6S35MC	4440	6N18L-DV	400
77	0902	木兰湾	200704	沥青船	木兰湾船务	香港	LR	VRCU4	15.50	YMD-MAN.B&W 6S35MC	4440	6N18L-DV	400
78	0903	大棚湾	200708	沥青船	大鹏湾船务	香港	LR	VRDC8	16.50	WARTSILA 8L32	4000	6N18L-DV	400
79	0904	福宁湾	200801	沥青船	福宁湾船务	香港	LR	VRDN9	18.00	WARTSILA 8L32	4000	6N18L-DV	400

（续上表）

序号	代码	船名	建造年月	船型	船东公司	船籍	船级 Class	呼号	额定主机日耗 (吨/天)	主机型号	额定功率(kw)	辅机型号	辅机功率(kw)
80	0905	珍珠湾	200807	沥青船	中远南方	中国	CCS	BQCY	18.00	WARTSILA 8L32	4000	6N18L–DV	400
81	0906	澎湖湾	200811	沥青船	中远南方	中国	CCS	BQCZ	18.00	WARTSILA 8L32	4000	6N18(A)L–V	360
82	0907	月亮湾	199906	沥青船	月亮湾船务	香港	CCS	VRCG7	15.50	MANB&W 6S35MC	4200	S185DL–ET	380
83	0908	平海湾	200908	沥青船	平海湾船务	巴拿马	CCS	3FRU5	14.60	WARTSILA 9L26B2	3060	6EY18L	450
84	0909	安海湾	200911	沥青船	安海湾船务	巴拿马	CCS	HP6181	14.60	WARTSILA 9L26	3060	6N18(A)L–V	450
85	0910	星海湾	201001	沥青船	星海湾船务	巴拿马	CCS	HP5831	13.00	WARTSILA 9L26B2	3060	6EY18L	450
86	0911	宁海湾	201004	沥青船	宁海湾船务	巴拿马	CCS	3FNA	13.00	WARTSILA 9L26B2	3060	6EY18L	450
87	0968	安吉江	198606	沥青船	中远南方	中国	CCS	BOKB	7.00	6PC2–5EL	2207	YANMAR6ML–HTS	309
88	0969	安达江	198611	沥青船	中远南方	中国	CCS	BOKL	7.00	6PC2–5L	2206	YANMAR 6ML–HT	309
89		天王星	200703	杂货集装箱两用船	香港天星	巴拿马	CCS	3EOW4	12.50	6PC2–6/2L	3300	TBD236V8	300
90		海王星	200703	杂货集装箱两用船	香港天星	巴拿马	CCS	3EOW6	12.50	6PC2–6/2L	3300	TBD236V8	300

（杨向葵）

3. 广远新增船舶一览表

序号	代码	船名	英文船名	船旗	船型	建造年月	建造国家	接船日期	船舶主要尺度（米）				航速（节）	总吨	净吨	总载重吨	标准箱位（TEU）	功率（千瓦）
									总长	型宽	型深	吃水						
1	0910	星海湾	XINGHAIWAN	巴拿马	沥青船	201001	中国	20100102	106.99	17.62	10.10	6.50	12.9	5565	1669	6115		3060
2	0775	COSCO WUYISHAN	COSCO WUYISHAN	巴拿马	木材船	201001	中国	20100119	177.50	28.20	14.20	10.00	13.7	19993	11046	31956		6300
3	0319	孔雀松	KONG QUE SONG	香港	杂货集装箱两用船	201002	中国	20100201	170.93	27.20	14.50	10.05	15.1	20609	11482	27299		8250
4	0323	大紫云	DA ZI YUN	香港	重大件船	201002	中国	20100205	166.31	27.40	14.20	10.10	15.0	20949	10345	28451	1706	6810
5	0911	宁海湾	NINGHAIWAN	巴拿马	沥青船	201004	中国	20100408	106.99	17.62	10.10	6.50	12.9	5565	1669	6118		3060
6	0773	金兴岭	JINXINGLING	香港	木材船	201006	中国	20100618	177.50	28.20	14.20	10.00	13.9	19993	11046	31907		6480
7	0776	COSCO JINGGANGSHAN	COSCO JINGGANGSHAN	香港	木材船	201006	中国	20100630	177.50	28.20	14.20	10.00	13.7	19993	11046	31956		6300
8	0777	COSCO TAIHANGSHAN	COSCO TAIHANGSHAN	香港	木材船	201007	中国	20100723	177.50	28.20	14.20	10.00	13.7	19993	11046	31956		6300
9	0320	麒麟松	QI LIN SONG	香港	杂货集装箱两用船	201008	中国	20100830	170.93	27.20	14.50	10.05	15.1	20609	11482	27299		8250
10	0774	金旺岭	JINWANGLING	香港	木材船	201009	中国	20100927	177.50	28.20	14.20	10.00	13.9	19993	11046	31907		6480
11	0778	COSCO KUNLUNSHAN	COSCO KUNLUNSHAN	香港	木材船	201010	中国	20101025	177.50	28.20	14.20	10.00	13.7	19993	11046	31956		6300
12	0321	卧龙松	WO LONG SONG	中国	杂货集装箱两用船	201010	中国	20101125	179.50	27.20	14.50	10.50	15.1	20609	11482	27299		8250

（薛平）

4. 广远新增船舶规范简介

（1）木材船“中远武夷山”轮

“中远武夷山”轮长177.5米，宽28.2米，货舱舱容42200立方米，最大舱口16.8×19.2米，是一艘满足IACS（国际船级社协会）船体结构共同规范要求的船舶，拥有全自动化的无人机舱，所有主、副机的工况全部可以通过计算机进行监测，排、压舱水也可以由计算机控制实现。

随着日后其余6艘32000吨系列木材船的陆续加盟，中远远达将开通中非运输班轮，以良好的船型、充足的运力、雄厚的实力、可靠的技术和优质的服务全力打造这条精品航线。

（2）散装船“鲮鹏海”轮

省远洋首制76000吨新型巴拿马型散装船“鲮鹏海”轮长225米，宽32.26米，主机为B&W5S60MC型，配置3台副机，服务航速14.5节，适装煤、矿物、散装水泥、谷物等各种干散货。（薛平）

5. 广远船舶主要通导设备一览表

中高频组合电台

型号	生产国家	数量（台）	型号	生产国家	数量（台）
SAILOR 2000	丹麦	2	SAILOR 600	丹麦	1
SAILOR 4000	丹麦	6	SAILOR 5000	丹麦	4
FS2570	日本	13	FS1500	日本	1
JSS710	日本	7	JSS800	日本	31
JSS850	日本	2	ANRITSU	日本	2
TRP8500	丹麦	2	TRP9000	丹麦	13
SAILOR HC4500	丹麦	3	SAILOR RE2100	丹麦	2
IC-M710	日本	1	FS1562	日本	1
合计：91					

甚高频无线电话

型号	生产国家	数量（台）	型号	生产国家	数量（台）
TRP3000	丹麦	17	RT2048	丹麦	35
RT4822	丹麦	2	RU224	日本	2
JHS31	日本	5	JHS32	日本	57
FM8500	日本	3	FM8800	日本	49
RT-5022	丹麦	20			
合计：190					

卫星紧急无线电示位标

型号	生产国家	数量（台）	型号	生产国家	数量（台）
KANNAD406FH	法国	2	JQE3A	日本	4
KANNAD406PRO	法国	22	KANNAD406WH	法国	22
EB-10	韩国	0	MCMURDO	英国	8
E5	英国	3	TRON40S	挪威	4
KANNAD406AUTO	法国	18	SEP-406	韩国	3
MCMRDOE3	英国	2	MCMURDOE5	英国	4
合计：92					

航行警告接收机

型号	生产国家	数量（台）	型号	生产国家	数量（台）
NCR300	日本	35	NCR333	日本	18
NX500	日本	20	NX700	日本	21
LO-KATA	丹麦	0			
合计：94					

双向甚高频无线电话

型号	生产国家	数量（台）	型号	生产国家	数量（台）
AXIS150	英国	118	AXIS250	英国	18
JHS7	日本	36	RU207	日本	0
SP3110	丹麦	6	TRP9110	丹麦	12
SP3300	英国	18	SP3520	英国	12
R1	英国	9	FM-8	日本	12
TRON VHF	挪威	6	IC-GM1600E	日本	15
MCMRRDO R2	英国	24	MCMRRDO R1	英国	3
合计：289					

卫通船站（B、F、M）

型号	生产国家	数量（台）	型号	生产国家	数量（台）
F33	丹麦	10	F77	丹麦	32
MINI-M	丹麦	15	NEAR-B	挪威	0
FELCOM70	日本	4	FELCOM30	日本	3
RSS402	日本	14	JUE310	日本	15
FBB250	丹麦	28	FBB500	丹麦	7
合计：126					

卫通C站

型号	生产国家	数量（台）	型号	生产国家	数量（台）
FELCOM11	日本	1	RSS406	日本	1
JUE75A	日本	8	JUE75C	日本	7
H2095B	丹麦	19	H2095C	丹麦	16
SCANSAT CG	丹麦	15	FELCOM 15	日本	33
合计：100					

气象传真机

型号	生产国家	数量（台）	型号	生产国家	数量（台）
FAX207	日本	23	FAX208	日本	32
FAX408	日本	30	TF708	日本	3
JAX-9B	日本	4	JAX90	日本	2
TF721	日本	1			
合计：95					

全球定位系统（GPS）

型号	生产国家	数量（台）	型号	生产国家	数量（台）
GP31	日本	4	GP32	日本	4
GP50	日本	0	GP80	日本	67
GP90	日本	9	JLR4110	日本	13
JLR7700	日本	21	JLR6800	日本	5
KGP911	日本	2	KGP912	日本	10
MX200	美国	0	GP150	日本	58
KGP913	日本	3	KGP930	日本	1
合计：197					

雷达应答器

型号	生产国家	数量（台）	型号	生产国家	数量（台）
JOTRON	挪威	4	RESCUER	法国	128
JQX20	日本	8	JQX30	日本	9
SAR9	韩国	7	S4	英国	25
PATH FINDER	英国	2	SOLAS-9	日本	2
合计：185					

雷达

型号	生产国家	数量（台）	型号	生产国家	数量（台）
BR3440	日本	6	MASTER E	英国	5
FR1510	日本	2	FR1941	日本	1
FR2125	日本	3	FAR2822	日本	5
FAR2825	日本	10	FAR2827	日本	29
FAR2830	日本	1	FAR2837S	日本	8
JMA625	日本	2	JMA6000	日本	2
JMA7000	日本	7	JMA8000	日本	7
JMA9000	日本	52	JMA9823	日本	1
JMA9923	日本	18	KH6000	英国	0
JMA850	日本	1	FAR2117	日本	3
JMA9122	日本	1	FAR28237	日本	8
JMA9303	日本	5	JMA9253-9CA	日本	1
JMA9253-7CA	日本	2	JMA9123	日本	8
MR1210S-312	日本	2			
合计：188					

电罗经

型号	生产国家	数量（台）	型号	生产国家	数量（台）
ANS-4	德国	5	ANS-12	德国	1
ANS-20	德国	5	TG8000	日本	28
MK10	英国	0	MK37	美国	24
TG200	日本	3	TG3000	日本	0
TG5000	日本	15	TG6000	日本	19
CMZ300	日本	5	CMZ500	日本	10
合计：114					

测深仪

型号	生产国家	数量（台）	型号	生产国家	数量（台）
ATLAS461	德国	5	ED162	英国	3
F850	日本	1	F851-SD	日本	19
FE680	日本	5	FE700	日本	30
FE800	日本	23	JFE570	日本	9
JFE582	日本	2	SIMRAD	英国	5
DS-1068	中国	1	DS-2008	中国	1
合计：104					

计程仪

型号	生产国家	数量（台）	型号	生产国家	数量（台）
DL-1	英国	1	DS70	日本	10
DS80	日本	51	EML112	日本	7
SRD301	美国	4	TD310	日本	3
TD501	日本	15	JLN-202	日本	1
RIA	瑞典	3			
合计：95					

船舶自动识别系统（AIS）

型号	生产国家	数量（台）	型号	生产国家	数量（台）
FA100	日本	34	JHS180	日本	4
FA-150	日本	57			
合计：95					

船舶保安报警系统（SSAS）

型号	生产国家	数量（台）	型号	生产国家	数量（台）
TT3000SSA	丹麦	75	FELCOM15	日本	6
FELCOM16	日本	11			
合计：92					

航行记录仪（VDR/SVDR）

型号	生产国家	数量（台）	型号	生产国家	数量（台）
HLD-B2	中国	20	HMT-S100	中国	9
HLD-S	中国	12	JCY1850	日本	18
SLT-18C	中国	1	VR3000S	日本	28
合计：92					

（钱汉东）

6. 广远退役船舶船东、船籍、船级、主辅机型号一览表

序号	代码	船名	英文船名	船旗	船型	建造年月	建造国家	接船日期	船舶主要尺度（米）				航速（节）	总吨	净吨	总载重吨	箱位（TEU）
									总长	型宽	型深	吃水					
1	0648	安东江	ANDONGJIAN	中国	普通杂货船	197902	英国	20030914	144	20.42	11.75	8.86	13.0	9182	6152	15160	0
2	0408	富康口	FU KANG KOU	中国	汽车船	198301	日本	20030125	105.56	19.30	10.32	6.01	13.0	7551	3498	3516	0
3	0215	桃　江	TAOJIANG	中国	普通杂货船	198501	中国	19850130	149.90	21.20	12.30	9.00	14.8	10456	6407	15510	0
4	0216	碧　江	BIJIANG	中国	普通杂货船	198509	中国	19850925	149.90	21.20	12.30	9.00	14.8	10456	6407	15510	0
5	0730	黄　山	HUANGSHAN	中国	普通杂货船	198201	西班牙	19980313	144.00	21.40	12.20	8.96	15.0	9445	6084	15631	251
6	0970	雅　江	YAJIANG	香港	沥青船	198512	中国	19851218	106.04	16.00	9.00	6.69	11.0	3951	1285	4926	0

	船东公司	船级 Class	呼号	营运耗油（吨/天）	主机型号	额定功率（kw）	辅机型号	辅机功率（kw）	退役时间	船龄（年）	去向
续1	中远航运	CCS	BOKE	16.0	SULZER 4RND68M	5594	ALLEN 4 BCS12-D	438	20100121	30.9	福建省福清市江阴锚地交给买家
续2	中远航运	CCS	BOOI	12.5	HITACHI B&W 7L35MC	3183	YANMAR S185L-UT	310	20100209	27.1	江门市新会区沙堆沃达五金加工场拆解
续3	中远航运	CCS	BOUM	20.0	SULZER 6RLA56	5578	YANMAR 6UL-UT	400	20100216	25.1	天津新港移交给买家“天津东疆航运有限公司”从事沿海营运
续4	中远航运	CCS	BOUN	19.0	SULZER 6RLA56	5578	YANMAR 6UL-UT	400	20100221	24.4	天津大沽锚地移交给买家
续5	中远航运	CCS	BORW	20.0	B&W 8K45GFCA	5180	WANKKFSHA F3335-DSIM	376	20100330	28.2	福建福安赛歧港交给买家
续6	中远南方	CCS	VRXU 9	8.0	6PC2-5L	2207	ANMAR 6ML HT	240	20100717	24.6	江门新会中新拆船厂拆解

序号	代码	船名	英文船名	船旗	船型	建造年月	建造国家	接船日期	船舶主要尺度（米）				航速（节）	总吨	净吨	总载重吨	箱位（TEU）
									总长	型宽	型深	吃水					
7	0412	富瀚口	FU HAN KOU	巴拿马	汽车船	198601	丹麦	20070118	160.50	20.75	18.80	6.73	13.5	15373	6022	9300	0
8	0717	赤　云	CHIYUN	中国	普通杂货船	198308	中国	19980301	119.10	18.00	10.40	7.40	14.5	6472	2905	7126	0
9		富裕星	WEALTHSTAR	巴拿马	普通杂货船	199110	英国	19911015	158.87	22.80	13.40	9.96	13.5	12453	7389	16979	0
10	0732	庐　山	LUSHAN	中国	普通杂货船	198207	西班牙	19980109	144.00	21.20	12.20	8.96	14.5	9445	6084	15635	290
11	0755	橙　云	CHENGYUN	中国	普通杂货船	198306	中国	20030712	119.01	18.00	10.40	7.40	15.0	6472	2905	7137	0
12	0754	黄　云	HUANGYUN	中国	普通杂货船	198406	中国	20030712	119.01	18.00	10.40	7.40	14.5	6472	2905	7137	0
13	0731	华　山	HUASHAN	中国	普通杂货船	198210	西班牙	19980413	144.00	21.40	12.20	8.96	14.5	9445	6084	15635	327

	船东公司	船级 Class	呼号	营运耗油（吨/天）	主机型号	额定功率（kw）	辅机型号	辅机功率（kw）	退役时间	船龄（年）	去向
续7	中远航运		3EIW2			4923			20101101	24..8	江阴市夏港移交给买家“江阴市夏港长江拆船厂”进行拆解
续8	中远航运	CCS	BOHA	13.0	B&W 5L45GA	3234	YANMAR 6ML-HTS	280	20101104	27.3	新会银湖拆船厂拆解
续9	香港天星		3FHK5	26.0	MAN B&W 6DKPH67/170-7	9600	SULZER 5AL25D/750	504	20101105	19.1	在阿尔及利亚Skikda港移交给新加坡买家
续10	中远航运	CCS	BORX	20.0	B&W 8K45GFCA	5180	WANKKFSHA F3335-DSIM	376	20101130	28.3	福建省福安港交船
续11	中远航运	CCS	BOFG	11.0	B&W 5L45GA	3235	YANMAR 6ML-HTS	280	20101202	27.5	汕头港交给买家
续12	中远航运	CCS	BOFF	11.0	B&W 5L45GA	3235	YANMAR 6ML-HTS	280	20101215	26.5	汕头港交给买家烟台华安轮船有限公司
续13	中远航运	CCS	BORY	20.0	B&W 8K45GFCA	5182	WANKKFSHA F3335-DSIM	441	20101218	28.2	福建省福安市易和船厂码头交给买家营口嘉航海运有限公司

（杨向葵）

7. 广远船型、吨型结构表

截至2010年12月31日

DWT分组		滚装船	沥青船	木材船	普通杂货船	汽车船	多用途船	半潜船	重大件船	合计
5000以下	艘数		2							2
	DWT		9852							9852
	平均船龄		24.4							24.4
5000–10000	艘数		10				2			12
	DWT		61298				18212			79510
	平均船龄		2.3				3.8			2.5
10000–15000	艘数	3	1			1	8			13
	DWT	41434	11048			11678	111079			175239
	平均船龄	30.6	11.5			25.9	25.7			25.7
15000–20000	艘数				2		19		4	25
	DWT				32920		324300		67828	425048
	平均船龄				29.7		25.2		12.4	23.5
20000–25000	艘数						12	2		14
	DWT						257402	40868		298270
	平均船龄						13.8	7.7		12.9
25000以上	艘数			14			8		2	24
	DWT			426162			222996		56902	706060
	平均船龄			7.9			5.5		1.1	6.6
合计	艘数	3	13	14	2	1	49	2	6	90
	DWT	41434	82198	426162	32920	11678	933989	40868	124730	1693979
	平均船龄	30.6	6.4	7.9	29.7	25.9	18.4	7.7	8.6	14.9

（薛平）

第五节　广远运输生产效率指标完成情况一览表

指标	计算单位	2010年	2009年	比上年增减	
				绝对数	相对数(%)
运量	万吨	1248.9	1197.8	51.1	4.3
周转量	亿吨海里	695.5	585.5	110	18.8
平均运距	海里	5569	4888	681	13.9
吨船产量	吨海里	41259	36189	5070	14.0
营运率	%	97.1	97.3	–0.2	–0.2
航行率	%	58.4	58.3	0.1	0.2
平均航速	海里/天	286	287	–1	–0.3
载重量利用率	%	69.7	60.9	8.8	14.4
船舶总吨天	千吨天	664062	597983	66079	11.1
营运吨天	千吨天	644756	581759	62997	10.8
航行吨天	千吨天	310639	315981	–5342	–1.7
船舶吨位海里	千吨海里	88873571	90614215	–1740644	–1.9
平均使用船舶数	载重吨	1819348	1638310	181038	11.1
燃油单耗	千克/千吨海里	4.60	4.61	–0.01	–0.2
燃柴油消耗量	吨	408735	417884	–9149	–2.2
平均在港停时	天/艘次	3.51	3.13	0.38	12.1

（杨向葵）

第六节　广远经营主要航线一览表

航线	班/月	主要挂靠港口和地区
波斯湾线	2	新港、上海、卡拉奇、阿巴斯、迪拜、阿里山、达曼、科威特
孟加拉线	1	新港、上海、青岛、横滨、大阪、仁川、釜山、吉大港、仰光
美洲航线	2	上海、天津、大连、曼萨尼略、克萨尔（圣何塞）、阿卡胡特拉、圣洛伦索、科林托、卡尔德拉、瓜亚基尔、卡亚俄、圣安东尼奥
欧地航线	1	新港、大连、青岛、烟台、鹿特丹、安特卫普、不来梅、莫特里尔、土耳其
东南亚线	1	新港、上海、青岛、新加坡、巴生、雅加达、泗水、胡志明市、科锡昌
红海航线	2	新港、苏丹、荷台达、吉达、阿咯巴、吉布提、亚丁、穆卡拉
非洲航线	2	新港、上海、韩国、日本、达累斯萨拉姆、拉各斯、欧尼港、特马

（薛平）

第四章
企业管理

第一节　综合管理

【总经理办公室简介】　总经理办公室（以下简称总经办）是协助广远领导贯彻执行上级指示和部署，协调各部门关系，确保广远经营管理和其他行政工作正常运转的综合性部门。主要职责是负责为广远领导决策提供各种信息，发挥参谋作用；负责广远上传下达和综合协调工作，发挥桥梁作用；开展调查研究，掌握广远经营管理情况，草拟广远年度工作计划、目标，并组织实施；根据广远领导指示，组织召开企业综合性行政会议、各项活动，组织实施和督促检查广远行政和生产经营各项会议决议的贯彻落实；负责广远重大对外接待工作；负责广远信访综合管理工作；负责处理广远涉及的法律事务；负责广远往来业务文电的接收、登记、编号、分发、流转、催办、审核、打印和归档，以及广远印章的保管和使用；负责广远的保密管理和机要通信工作；负责广远信件和报刊的订阅和收发；负责广远行政事务等后勤保障工作；负责对以广远名义参加的各类协会以及企业层面各种证件的管理；负责广远工商证照事务处理。

总经办下设文秘单元、法律单元、机要行政单元（对外保留机要室名义）。

时任主任林旭东，主任助理张莲芳。文秘单元业务经理张维伟，法律单元业务经理周学茵，机要行政单元业务经理郑潮藩。员工20人。（林海霞）

【总经办工作概况】　2010年，总经办不断强化全局意识和服务观念，紧紧围绕企业安全、效益、稳定、改革和发展等方面，理顺管理渠道，提高工作效率，认真做好各项工作：1. 把握重点，全力参与企业的改革发展工作。2010年是广远打造“资本广远”的关键时期，企业深化改革进入攻坚阶段。根据中远集团对打造“资本广远”的工作目标和时间表，总经办积极参与研讨有关改革的各个方案和细节，牵头组织相关报告的撰写、修改、审核和把关，积极推进企业深化改革工作。与此同时，总经办作为企业法律工作部门，进一步完善广远合同管理办法，为企业改革发展提供法律意见，并且按时依法依规做好企业证照年检、变更工作及指导基层单位做好证照管理，完成各项诉讼业务。2. 广远作为第七届国际海运（中国）年会协办责任部门，总经办牵头协调中远集团驻穗各单位筹办年会，做了大量富有成效的工作，为会议的成功举办做出了贡献。3. 总经办作为广远新办公大楼——广州远洋大厦装修工作顾问小组成员，积极参与小组的各项综合协调工作，促进了项目的开展。4. 积极做好信访维稳工作。认真收集整理信访信息，保持对外联系畅通无阻。5. 深入开展信息调研工作，积极上报信息，为企业决策提供参考。6. 按时保质完成了2009年广州市、广东省年鉴，2009年广远年报的写作上报工作以及完成了《广州远洋运输公司年鉴》（2009年）的定稿。7. 做好日常文秘、法律事务、机要保密、行政管理、车队管理工作，并积极开展精益管理、降本增效、节能减排工作。（林海霞）

【协办第七届国际海运（中国）年会】 2010年11月8～10日，国际航运界规模最大、层次最高、最受瞩目的高峰论坛第七届国际海运（中国）年会在广州市举行。本届年会共有来自30多个国家和地区的1000余名代表参会。这是广远第一次协办国际性的重要会议，广远总经办被广远指定为协办会议的责任部门。其间，总经办牵头协调中远集团驻穗各单位筹办年会；代表中远集团与广东省、广州市有关部门及广州港集团就有关年会事宜进行沟通和协调；选派专人负责参与和协助年会工作；联系并安排考察确定年会高尔夫活动场地；协调落实中远集团高层领导前期到广州调研的接待工作。在广远领导高度重视、正确领导下，全体工作人员克服了在海运年会期间，广州先后有秋季广交会、第十六届亚运会、第十六届亚残运会等系列大型活动，会场资源、交通、接待压力大等困难，圆满完成了任务，会议取得了完满成功。本届年会突出了“三个最”：一是会议规模最大；二是中远集团领导、部门长、二级单位领导参会最多；三是年会举行的重大活动最多。广远圆满、成功协办了本次高端国际性会议，得到了与会中外嘉宾、领导的一致赞扬。（张敏仪）

【方志年鉴工作】 2010年，总经办完成了2009年广东省、广州市年鉴和广州市地方志年报资料。完成了《广州远洋运输年鉴》（2009年）定稿任务。2009年广远年鉴文字共412页60万字。精选彩照32页（107张）、内插照片（黑白）22张。文稿修改6次之多，核对10次。方志年鉴质量总体比2009年有所提高，能紧跟时代步伐，突出航运主业，富有广远特点，受到上级有关领导的好评。（林海霞）

【精益管理工作】 2010年，总经办努力开展精益管理工作，用精细化管理方法和手段，从细微工作入手，把精益管理贯穿于日常工作之中，取得了良好成绩，提高了工作质量和工作效率，推动节能减排工作的进一步发展。其主要工作有：通过与广州市绿化委协调、沟通、攻关，减少了企业绿化植树费用，为企业节省了62930.00元绿化植树代管费；通过货品评估、货比三家、择优采购，使广远本部机关办公用品采购不但质优，且费用比市面商品价下降了三成，从而降低了办公成本；通过精打细算、扩大自修，减少车辆修理、燃油费用，全年节省23万元；做好诉讼法律业务，在已结的4件案件中，胜诉案件3件，标的总额1000多万元；其他工作，如文秘、保密管理、机要通信、法律咨询、后勤保障等工作，都用精细化管理手段，精益求精开展工作。

（郑潮藩）

【信访工作】 2010年，总经办根据《信访工作条例》构建和谐社会、和谐企业宗旨，主要完成以下几项工作：1. 根据《国资委关于加强中央企业信访工作的意见》的指示精神，结合企业实际情况，对信访工作进行了自查，分析存在的问题，完善工作制度，改进工作措施，并形成专题自查报告上报上级部门。2. 根据上级关于要在广州举办亚运会期间做好信访、安全、稳定、工作的要求，制定下发《关于加强亚运会、亚残运会期间值班工作的通知》，实行24小时值守，明确亚运会、亚残运会期间由各部门长轮流值班，企业总

联络人及办公室设在航安部，负责安全、稳定、信访等有关事宜的联络、协调、上报和传递。同时，专题布置各单位对存在的不稳定因素进行排查，按谁主管谁负责、各负其责、分工协助的方式进行跟踪管理，确保了亚运会、亚残运会期间安全稳定局面。派人参加国资委在广州召开的部分中央企业广州亚运会期间信访稳定工作会议，并做了专题发言。3. 全年共受理信访来信134封，接听信访电话152次，接待来访80批次，接待群体上访7批次。

（郑潮藩）

文秘管理

【文秘工作概况】 2010年，文秘单元做好各项办文工作。起草各类文稿810份，文件把关1300份，提高了企业公文质量；做好外来文件收发流转工作，共处理外来文件3334份，提高了流转效率；加强督办工作，提高执行能力，保证企业政令畅通；做好会议组织和接待工作；完成省、市年鉴和企业年报工作，完成广远年鉴（2009年）定稿工作。做好来信来访工作，妥善处理有关事宜，促进企业和谐稳定；规范和加强礼品采购和发放管理，为企业对外业务往来提供便利。

（林海霞）

【公关接待工作】 2010年，总经办做了大量的公关接待工作。主要有：接待中远船务党委书记马智宏来访，全程接待中远集团党组书记张富生到广远进行春节慰问活动，策划安排蛇口中远老干部春节团拜会，协助安排大连海事大学广州校友会联谊活动，两次全程接待中远集团研发中心领导考察第七届国际海运（中国）年会会场及拜访广州市交委，商定第七届国际海运（中国）年会事宜，全程安排中远集团技师评审会议会务工作，协助安排中远远达客户联谊会会务工作，全程安排中远集团党组工作部征求意见座谈会会务工作，协助监督部接待审计署人员。（张敏仪）

【会务组织或承办会议情况】 2010年，总经办组织或承办的会议主要有：中远集团工作会议，广远工作会议，中远集团年中工作会议，广远年中工作会议，广远生产经营工作汇报会，广远迎春团拜会，广远中层以上干部会议，经营管理委员会第一次、第二次例会，中远集团电子公文交换平台推介会议，中远集团“小金库”专项治理动员视频会议，第七届国际海运（中国）年会筹备工作会，广远2011年工作务虚会，中远集团2011年工作会议，广远2011年工作会议，中远集团技师评审会议，中远集团党组工作部征求意见座谈会。

（周益桥）

【领导班子分工调整】 2010年1月26日，广远对公司领导班子分工进行了调整：总经理、党委副书记、公司法定代表人徐惠兴全面负责公司行政工作；协助党委书记开展党务工作，与党委书记共管干部工作；主管企业资本运营、财务金融工作；主管财金部。党委书记、副总经理刘书田全面负责公司党务工作；协助总经理开展行政工作和岸上产业的管理及发展规划工作，与总经理共管干部工作；主管党工部、人力资源部/组织部、岸产事业部、机关党委、公司团委。副总经理、党委委员翁继强协助总经理负责公司航运发展规划

及航运投资企业的管理；协助总经理负责安全管理、治安保卫和船舶管理；协助总经理负责买造船工作；主管航安部、航运投资企业、交通战备、舰艇运输队管理工作。纪委书记、工会主席、党委委员马宗梅协助党委书记负责公司纪检工作、工会工作和维稳工作；协助总经理负责公司监察、审计工作、法律事务和保密工作；主管监督部/审计部、公司工会、离退休服务中心；兼任广远总法律顾问；兼任广远党校校长。副总经理陈炳立协助总经理负责公司精益管理工作、企业发展规划、信息化建设工作；主管总经理办公室、发展部。

2010年11月3日，根据公司领导班子调整情况，广远对公司领导班子分工再次进行了调整：总经理、党委副书记、公司法定代表人徐惠兴全面负责公司行政工作；协助党委书记开展党务工作，与党委书记共管干部工作；主管企业资本运营工作；主管总经理办公室。党委书记、副总经理刘书田全面负责公司党务工作；协助总经理开展行政工作和岸上产业的管理及发展规划工作，与总经理共管干部工作；主管党工部、人力资源部/组织部、岸产事业部、机关党委、公司团委。副总经理、党委委员翁继强协助总经理负责公司航运发展规划及航运投资企业的管理；协助总经理负责公司安全管理、治安保卫和船舶管理；协助总经理负责买造船工作；主管航安部、航运投资企业、交通战备、舰艇运输队管理工作。纪委书记、工会主席、党委委员马宗梅协助党委书记负责纪检工作、工会工作和维稳工作；协助总经理负责监察、审计工作、法律事务和保密工作；主管监督部/审计部、公司工会、离退休服务中心。兼任广远总法律顾问；兼任广远党校校长。副总经理陈炳立协助总经理负责公司精益管理工作、企业发展规划、信息化建设工作；主管发展部。广远总会计师刘雪亮协助总经理负责公司财务、金融工作；主管财金部。

（张超文）

【强化办公自动化的管理】 2010年8月5日，为规范健全公文管理制度，防范风险，总经办草拟下发《关于非涉密文件强制使用OA（办公自动化）流转和各类函件强制编号归档的通知》，对非涉密文件管理进行了具体的规定：1. 非涉密文件必须强制上OA（即办公自动化）系统进行流转，广远下属单位或授权管理的单位向广远行文，也必须通过OA系统进行流转；2. 各类函件必须进行编号登记，便于流转、跟踪、保存和查阅；3. 各类函件必须归档保存。4. 对2010年1月1日起下发的各类函件进行补编号、补登记。

8月11日，总经办组织各部门兼职文书进行OA办公系统专题培训。从培训当天起，非涉密文件、函件将强制使用OA系统。各类函件强制编号登记，并在OA系统设置限制，不编号文件将无法流转。同时在OA设定自动编号生成系统，方便员工操作。各部门按照通知精神和培训要求，抓落实、抓整改，非涉密各类函件使用OA系统流转良好。（张超文）

【加强印章使用管理】 从2010年9月1日起，广远为加强企业印章管理，防范工作隐患和业务风险，重新修定《广州远洋运输公司印章管理办法》，对企业各类印章的制作和保管、印章使用的审批流程、

用印登记及归档保存进行了具体的规定。同时宣布《关于规范公司印章使用管理规定》和《广州远洋运输公司来信来访专用章使用管理规定》同时废止。

（张超文）

【召开经营管理委员会2010年第一次会议】 2010年4月9日，广远召开经营管理委员会2010年第一次会议暨第一季度经济成本分析会。会议围绕全国人大、政协会议精神和中远集团、广远2010年工作会议要求，以及中远集团2010年运输生产会议精神，认真总结第一季度生产经营任务完成情况，分析后金融危机形势下的航运市场特点和机遇，研究特种细分市场的经营策略，提出加大营销和客户维护力度、狠抓精益管理等经营措施。会议还提出广远2010年新的效益目标，并具体部署做好4～6月的重点工作。（周益桥）

【召开经营管理委员会2010年第二次会议】 2010年10月21日，广远召开广远经管会2010年第二次会议暨第三季度经济成本分析会。会议对2010年前三季度生产经营情况进行了总结和分析，提出了拼搏四季度的措施和计划。会议肯定了广远前三季度生产经营的成果，分析了广远当前面临的形势任务，提出了第四季度的主要工作任务和要求，明确要求各家企业全力以赴，力争取得更好的经营效益。（周益桥）

【承办2010年广东地区交通水运系统迎春团拜会】 2010年2月3日，由交通运输部主办、广远承办的2010年广东地区交通水运系统迎春团拜会在广州远洋宾馆隆重举行。交通运输部副部长徐祖远，原交通部副部长刘松金、洪善祥，交通运输部老干部局局长田西京，交通运输部水运局副局长李良生以及广东地区交通水运系统各有关单位领导和离退休老同志共90余人出席了团拜会。迎春团拜会在广远总经办的精心组织下，取得圆满成功。（张敏仪）

【承办中远集团技师评审会议】 2010年3月19～25日，中远集团技师评审会在广州召开。中远集团人力资源部总经理高平及中远集团下属各家公司评委参加会议。广远承办此次会议，做到了服务周到，节约有效。

（张敏仪）

【承办中远（开曼）福庆控股有限公司2010年董事会第二次会议】 2010年12月1日，中远（开曼）福庆控股有限公司董事会第二次会议在广东惠州召开。中远集团孙月英总会计师及各位董事出席了会议。广远承办此次会议，做到了热情服务，文明礼貌。

（张敏仪）

【承办中远集团党组组织部征求意见座谈会】 2010年4月14～15日，中远集团党组组织部征求意见座谈会在广州召开。中远集团组织部副总经理王威及广远、中远（香港）集团有限公司、中远物流、中远（香港）航运有限公司、中远工业总公司、青岛船院负责人参加会议。广远承办此次会议，做到了高效节约。

（张敏仪）

【采集编发企业信息】 2010年，总经办积极做好定期工作信息的采集和报送，采集企业经营生产中的重大事项以及中远集团在广州地区重要活动的信息并形成专题简报，以及做好专项工作信息的采集和报送，及时准确地反映企业各方面的工作情况。是年，总经办编发《广远办公室工作信息》11期，《广远工作简报》4期，《情况通报》24期，《广远信息交流》22期，上报中远集团信息127条，采用31条。

（林海霞）

【加强礼品采购和发放管理】 2010年，总经办加强了礼品采购和发放管理，根据实际库存和使用效率制定合理的采购计划，防止库存积压，采购中实行货比三家，降低采购成本。全年共发放礼品1000件。

（林海霞）

法律工作

【法律工作概况】 2010年，总经办作为广远法律工作部门，积极做好企业法律事务工作。在非诉讼法律业务方面，审阅、修改、草拟了100份合同，参与多个项目小组，消除法律隐患，并做好工商证照及刻章业务；在诉讼法律业务方面，办理了10件诉讼案。除此以外，还继续推行总法律顾问制度，完善以事前防范为主，事中控制、事后补救为辅的法律风险防控体系。

（周学茵）

【非诉讼法律业务】 2010年，法律单元共审阅、修改草拟了171份合同，涉及合同标的15.65亿元人民币、2.9亿美元。所审的合同未发现合同纠纷。法律单元为了使合同管理更完善，在总结以往合同管理不足的前提下，对《广远合同管理办法》的执行进行了补充规定，梳理了合同管理流程，加强了合同的管理，主动向业务员追收合同原件，将2009年以前的全部合同归档并移交档案室。2010年95%合同归档（目前由法顾单元保留）。

法律单元参与多个项目小组，消除法律隐患，努力促成项目完成，并为各小组提供法律支持。参与小组包括广远深化改革项目工作组、土地房产确权工作小组、广州远洋大厦项目小组、缩短管理链条项目小组、船员管理改革后续问题处理工作小组、汽车船项目小组等。

（周学茵）

【工商证照】 2010年，法律单元按时依法依规做好广远证照年检、变更工作，并指导基层单位做好证照管理，为广远深化改革项目的推进奠定基础。法律单元根据项目组要求，对广远及下属单位的证照管理进行了风险排查并对可能出现的问题进行了提醒，本年度共指导和具体完成23个企业和单位的年检工作。2010年的工商年检工作较为复杂：1. 企业本身缺少行政许可营业范围的批文、证照（广远、物业公司、大富酒店等均存在这方面的问题）；2. 部分企业和企业分支机构按工商管理归属拨转至各属地工商所管辖，给年检增加了难度。面对这些问题，法律单元想方设法，取得工商主管领导批准将分散企业和分支机构调回广州市工商局，顺利完成了广远及下属企业的年检工作，为广远深化改革项目的按时推进奠定了基础。此外，法律单元还克服困难，完成东海大厦、远洋宾馆外资转内资及股东变更工作。同时，也为广远部分资产划转涉及的企业股权转让、工商登记变更作出指导与审核。

（周学茵）

【诉讼法律业务】 2010年，法律单元经办了广远15个案件，大部分是劳资纠纷。其中，2件为海事案件、1件为宣告死亡的非诉讼案件、1件为土地纠纷案件。14个诉讼案当中，3件全胜、1件半赢、9件未结、1件败诉。在这些案件中，比较有代表意义的是湛江远洋船舶供应有限公司土地纠纷案，历经曲折，最终取得胜诉。

（周学茵）

【加强合同管理】 2010年8月26日，为加强和规范公司合同管理工作，防范合同法律风险，维护合法权益，针对在执行公司合同管理规定过程中出现的问题，下发了《关于〈广远合同管理办法〉补充规定的通知》，进一步规范合同的管理，加强了合同的管理。（张超文）

机要保密工作

【机要工作概况】 2010年，广远机要工作以全力做好机要通信保障工作为重点，着力抓好机要安全、机要通信畅通。是年，所做的具体工作有：在机要安全方面，开展安全管理"回头看"工作，制订措施，责任到人，严格落实安全管理责任制；在机要通信畅通方面，努力实现四个100%，即：加强自检自查工作，全年机要安全率达100%；加强机要值班制度，严守工作岗位，加强对机要通信网络的安全畅通管理工作，机要通信畅通率达100%；全年收发办理各类文件、电报无差错，机要通信准确率达100%。在机要办报方面，努力实现"三无"（无错情、无差错、无事故）目标。组织开展"精品年"活动，加强工作责任心，确保办理电报"三无"目标；在做好广远新办公大楼——广州远洋大厦的机房及屏蔽室安装工作方面，严格按照上级业务部门要求，选择有资质的制造厂家，安装过程做到全程跟踪，监督检查，确保机房的安装质量和防火安全工作。安装完毕，及时申请上级主管部门进行保密安全检查测试，测试结果，各项指标均符合国家规定的使用标准。（郑潮藩　吴彩区）

【开展机要办报"精品年"活动】 2010年，机要室组织开展机要办报"精品年"活动，确保办理电报无错情、无差错、无事故的"三无"目标。具体措施是：事前制订措施和工作目标，在译传办理工作中，强化质量管理，严格落实岗位责任制；发送电报认真检查手续是否完备，做到不错发、不漏发、不误发；接收电报及时快捷，防止漏收、延误电报；呈阅电报做到及时主动，按轻重缓急，及时将紧急重要电报送有关领导或部门呈办。同时做好电报的跟踪、协调服务工作。通过开展机要办报"精品年"活动，全年收发办理各类文件、电报无差错，提高了优质服务保障工作能力。（郑潮藩　吴彩区）

【保密工作】 2010年，广远保密管理工作认真贯彻落实中远集团保密委员会、广东省国家保密局《2010年度保密管理工作要点》，结合广远实际情况，坚持以"积极防范，突出重点，积极推进保密工作制度化和规范化建设，确保国家、企业秘密安全"为方针，以"服务企业、和谐稳定"为目标，积极开展保密宣传普法教育。主要工作有：1. 加强对移动存储介质的管理，制定了《广远涉密存储介质保密管理规定》，强化全体员工保守秘密的义务和责任，用制度来规范管理。2. 组织广大人员，特别是涉密人员参加保密知识竞赛。通过竞赛，提高了员工对新的《保密法》的认识，提高了员工保密观念和增加了保密知识。3. 加强3G移动终端使用保密管理，成立了专项检查小组，制定了《广远3G移动终端使用保密管理规定》，使员工使用移动通信有了保密守则和依据。4. 开展《保密法》专题学习，制定和下发了学习通知、计划和措施。通过学习，使员工掌握《保密法》知识。5. 根据形势发展和企业实际情况，不断完善保密要害部门部位、核心涉密人员的保密管理责任、职责，达到完善制度，堵塞漏洞的目的。6. 加强对企业涉密场所、要害部门部位的保密管理。按照“控制源头，加强检查，明确责任，落实制度”的原则，用制度规范管理，消除隐患，防止失泄密事件的发生，确保安全、良好的保密工作场所。7. 加强对密级文件的规范管理（含涉密纸质文件和电子文档），做到事事有章可循、有据可查，杜绝失泄密事件的发生，确保国家、企业秘密信息安全。8. 加强对计算机信息系统、局域网的保密检查力度，制定了严格的操作规程，采取了严密措施，坚持“谁使用，谁负责”的原则，确保企业信息安全。9. 积极开展保密宣传教育活动。在广远数字平台、广远内部局域网《保密知识之窗》栏目上，宣传党和国家保密工作的方针政策、法律法规，共摘编12期保密知识，供广大员工阅览、学习。10. 积极开展“保密宣传教育月”活动。制订了广远开展“保密宣传教育月”活动的具体措施。下发了《关于开展纪律保密宣传教育月活动通知》，各单位深入学习《保密法》和相关法律法规，提高了全体员工学法、懂法和用法的自觉性。（郑潮藩　许德茂）

【加强3G移动终端使用保密管理】 2010年1月20日，根据广东省国家保密局、公安厅、安全厅、经济和信息化委员会、通信管理局联合下发《贯彻落实“关于加强3G移动终端使用保密管理的通知”的意见》的精神，广远成立专项检查小组，制定了《广远3G移动终端使用保密管理规定》，下发给全体员工学习，作为员工使用移动通信保密守则和依据，以提高员工对3G移动通信保密的观念。

（郑潮藩　许德茂）

【组织员工参加保密知识竞赛】 2010年6月15～30日，广远组织广大员工，特别是签订了保密承诺书的人员参加保密知识竞赛，共有228人参加。通过竞赛，提高了参与人员的保密观念和对新《保密法》的了解。（郑潮藩　许德茂）

【加强对移动存储介质的使用、管理】 为防止机要通信系统和秘密信息失泄密事件的发生，确保涉密信息安全，2010年6月20日，广远制定了《广远涉密存储介质保密管理规定》，对涉密硬盘、光盘、软盘、移动硬盘及U盘做了详细的使用管理规定，有效地解决移动存储介质交叉使用、公私滥用等重大泄密隐患。

（郑潮藩　许德茂）

【开展《保密法》专题学习】 2010年7月20日，广远转发了《关于开展〈中华人民共和国保守国家秘密法〉学习宣传活动

有关事项的通知》，制定了学习《通知》的具体措施，组织员工观看保密教育警示片、张贴保密图片展、摘编保密知识宣传材料在网上供员工阅读等活动，提高了员工的保密意识。（郑潮藩　许德茂）

【组织开展保密大检查】 2010年9月15日，广远保密委员会根据广东省国家保密局《关于开展地方党政机关保密检查通知》精神，结合企业实际情况，积极开展保密大检查：一方面由保密办（机要室）主任郑潮藩带领广远保密检查小组成员，对广远系统重点涉密部门部位、计算机移动介质、涉密文件（含纸质文件和电子文件）进行认真、细致的检查和清理；另一方面由信息中心对广远的信息系统、局域网进行全面保密检查和测试。通过检查，消除了隐患，取得了良好成效。

（郑潮藩　许德茂）

行政事务

【行政管理工作】 2010年，总经办行政管理主要做了以下工作：1. 协调完成了广远与中远航运间的办公用房（中远航运船员管理部办公）租赁合同。2. 机要文件交换工作顺利进行，无出现差错。3. 邮件收发工作顺利。收件情况：信件共98620封（包括普通信件、特快专递、挂号信），汇款单2120份，包裹单240份，收发报纸、杂志30多种15200份（次）。发件情况：信件共56426封（包括普通信件、特快专递、挂号信），资料、杂志2760份。登记、送签、机密件共603件。以上各项均未发现错漏、投诉情况。4. 办公用品采购货比三家，争取采购质优价低用品。发放、保管工作正常，广远机关本部办公用品费用按商品市场价格下降三成。5. 定购票务工作。顺利完成职工出差需要的订票工作。

（郑潮藩）

【协调广远新办公大楼——广州远洋大厦建设及室内装修】 2010年，为完成、完善广远新办公大楼——广州远洋大厦建设及广远办公区域装修工作，确保新大楼装修工程顺利完成，总经办对新大楼平面布局、家具、标识、窗帘、电器、门禁系统、物业管理、绿化等方面，共提供了9份补充需求方案给建设实业，使室内装修工作得以顺利进行。（郑潮藩　莫凡凡）

【车队管理工作】 2010年，总经办的车队管理，以抓好行车安全、节能减排、优质服务为重点，认真做好车辆日常维护保养、节假日前车辆检查、驾驶员的服务意识和安全意识提高等工作，全年行车安全。在确保车辆安全性能达标的前提下，认真履行“车辆使费申报制度”、“车辆修理费用控制管理办法”、“零件采购费用控制管理办法”、“车辆燃油费用控制管理办法”，取得了良好效果：1. 全年车辆行驶安全无事故。2. 车队司机工作配合，思想稳定，尤其优质、高效地完成了广远承办的第七届国际海运（中国）年会的嘉宾接待工作。3. 节假日前，均对全部车辆进行安全检查，确保车辆处于良好状态，延长车辆使用寿命和安全系数，并记录在案。4. 对已签订的车辆保险、加油站、汽车修理厂等合作协议，进行重新评估，选择信誉好、管理规范的单位作为合作伙伴等措施，使成本控制工作做得更细、更好。5. 积极开展精益管理、降本增效、节能减排、扩大自修工作，在燃油费升价等不利因素影响下，仍然按计划节约23万元，为企业节约了开支、降低了成本。（郑潮藩）

第二节　航运与安全管理

【航安部简介】 航运管理与安全监督部（以下简称航安部），于2004年9月27日正式成立。主要职责是负责对投资及控股航运企业实施行业管理与监督指导；负责航运综合业务管理；负责管理大客户；经广远领导授权，负责签署和管理与各下属航运公司之间租船合同；定期组织各航运企业召开经济成本分析会，分析企业经营形势和态势，提出建议；组织、协调相关航运公司研究和讨论生产经营中存在的突出问题；负责运输生产统计工作；按照省、市有关部门和中远集团的要求，上报有关航运经营的材料和统计报表；负责对投资及控股公司的安全管理活动、综合治安治理工作进行宏观指导和监督考核；负责安委会的日常事务工作；负责武装、交通战备工作。航安部业务主要分为三个模块，即：投资控股企业安全监督管理、航运行业管理和航运综合业务管理（含行业管理、航运综合业务、运输生产统计、商务管理、大客户管理）、保卫/武装/交战。此外，还承担了安委办、防抗台指挥协调小组、应急领导小组、节能工作小组、安全长效管理工作小组的日常工作。对外保留保卫处、武装部的牌子和公章。企业安全顾问挂靠在航安部。

时任总经理助理周维民（主持工作）。业务经理温锐波。员工10人。

（周维民）

【航安部工作概况】 2010年，在防海盗和航行安全形势十分严峻的情况下，航安部全体员工正视困难，积极进取，采取强化监督、加强管理、突出落实等措施，较好地扭转了安全被动局面，完成了广远各项安全任务和指标，保持了安全局面的基本稳定。航安部主要工作有：1. 结合广远安全生产实际，细化各种措施，抓好中远集团布置的各项安全生产工作的落实。2. 坚持防海盗工作“以防为主，拒海盗于船舷之外”的基本原则和“预防为主，保障安全”的基本方针，探索和运用防海盗的各种有效方法，船岸共同努力坚决防止海盗登轮。3. 坚持以航行安全为核心，以季节性安全工作为主线，全力以赴打好雾航、防台、冬防、沿海航行和进出港安全“四大战役”。4. 加强工伤事故规律和防范方法研究，有效预防劳动安全事故发生，坚决遏制出现事故多发局面。5. 加强老龄船舶管理，深入开展安全隐患排查工作。6. 节能减排工作取得一定进展。7. 加强治安保卫和武装交通战备工作，确保完成上级布置的各项任务。8. 加强现场安全监督检查，督促各项安全工作落实。9. 以实施大客户战略为指导，全面加强客户管理各项工作，协调各航运公司，做好客户维护工作。10. 加强运输生产统计分析，当好企业经营决策的参谋。

全年没有发生上报等级海损事故。发生海损小事故3起，与2009年同比减少3

起，没有造成人员伤亡和污染。没有发生上报等级机损、污染、火灾、重大货损等安全事故，船舶防抗台成功率100%。全年共有142艘次船舶驶经亚丁湾、索马里水域，56艘次船舶挂靠西非拉格斯港口，共有5艘船舶遭遇海盗的袭击，在广大船员的英勇抗击下，没有船舶被海盗劫持。发生工伤事故8起，轻伤8人，与2009年同比减少8起，8人；没有发生重伤及死亡事故。发生船舶滞留事故2起，与2009年同比增加1起。

岸产企业没有发生火灾、交通、食物中毒及群体事件。

2010年，广远的安全生产除船舶滞留超标外，全面完成中远集团下达的安全管理指标。航行安全、员工人身安全等情况明显好转，防海盗工作经受了前所未有的考验，实现了安全年的目标。

（周维民）

【航行安全工作取得明显实效】 2010年，广远对航行安全工作从源头抓起，从体系入手，以加强隐患排查整改为载体，以强化现场管理检查为手段，进一步严肃值班纪律，整顿驾驶作风，加强事故预防，加强过程跟踪，加强风险控制，取得明显效果。是年，广远共发生3起航行安全小事故，与2009年同比减少3起，事故数量和损失明显减少，安全整改工作取得重要进展。（周维民）

【劳动安全预防预控取得实效】 2010年，广远劳动安全工作坚持“以人为本、生命至上”的指导思想，专门成立QC小组，专题研究、加强和改进劳动安全工作。广远各单位从明确责任入手，严格排查隐患，强化合理投入，改善设备技术状况；利用企业下发的劳动安全画册和视频教材，针对性地开展岗前培训和工前教育，较好地发挥了船舶安全员在现场安全管理中的监督作用。是年，广远在船岸员工的共同努力下，于近年来第一次将劳动安全事故数量控制在10起以下，没有发生重伤和死亡事故，成效明显、成绩显著。

（周维民）

【安全风险控制明显加强】 2010年，广远所属各航运公司以季节性安全为重点，以“四大战役”为主线，按照早研究、早动员、早布置、早检查、早落实的“五早”要求，加强过程跟踪，强化专人管理，提高监控水平。同时加强对老旧船舶的管理，作好跟踪评估，保证合理投入，加强对新接船舶磨合期的管理，没有发生因新造船质量原因造成机损和污染事故。广远所属各岸产企业以阶段性安全为重点，以节日安全为主线，对已认定的风险项目进行评估，深入排查事故隐患和不稳定因素，强化落实上海世博、广州亚运会期间的安保措施，达到了风险预控目标。

是年，广远安委办共发出安全提示11份，会同广远所属各航运公司跟踪指导受台风影响船舶68艘次、大风浪影响船180艘次、进出港828艘次、雾航193艘次。没有发生事故险情，安全风险控制明显加强。全年共投入机务费用31394万元。退役船舶13艘，新接船舶12艘。船舶应急设备完好率达100%。（周维民）

【安全现场管理明显加强】 2010年，广远各单位把隐患排查治理作为常态工作，按照基层、船舶自查，航运公司、岸产企业检查，广远航安部督查的三级监督机制，进一步加大自查、督查、整改力度，深入隐患排查治理工作。

广远船岸单位排查治理一般隐患2296项，完成整改2296项，整改率100%；重大缺陷86项，整改86项，整改率100%，投入各类隐患整改资金20.85万元。

广远所属各航运公司对抵港船舶检查250多艘次，广远安全督导3批次，共派出人员20人次，监督检查船舶30多艘次，指导船舶安全生产。岸产企业在各个节日前和亚运会期间，加强安全检查工作，对发现的隐患及时整改，整改率100%。船舶接受PSC检查332艘次，无缺陷批注250艘次，无缺陷批注率75.32%。中远集团督导员督察广远船舶48艘次，发现44项缺陷，并全部整改，无重大缺陷批注。

（周维民）

【船岸应变处置能力明显加强】 2010年，广远按照上级有关部门关于扎实开展安全生产和应急“双基”（基层、基础）建设活动的基本要求，系统修改和完善应急预案，并在“安全生产月”期间，集中开展应急演练。

广远所属各航运公司根据船舶经营的航线、货载和人员配备情况等，针对船员在以往应急处理过程中暴露出来的技能严重不足的问题，从知识、技能和程序多方面开展训练，以达到真实的改进效果。船舶举行各种应急演练，特别是从实战出发，加强了船舶防海盗应急演习，切实提高防范海盗劫持船舶的能力。岸产企业也分别结合各自实际，开展应急演习，增强应急意识，提高处置突发事件的实际能力。（周维民）

【安全基础管理工作有新的提升】 2010年，广远认真贯彻落实国务院安委办《关于进一步加强企业安全生产工作的通知》，把制度建设作为安全生产监督管理的一项基础性工作，把责任体系建设放在制度建设的优先位置，科学界定职责，严格考核落实。广远所属各航运公司保持了体系运行的有效性，加强了操作性改进。

（周维民）

【员工安全综合素质有新的提高】 2010年，广远各单位推进“红树林”工程，加强职业道德教育、安全理念、技术技能、应变演习、模拟器培训和履职履约等方面培训，着力强化防海盗指示和技能培训，有力促进员工队伍政治思想素质和专业技术技能的提高。是年，广远所属各航运公司船员培训投入经费335万元，培训员工约1381人次，提升干部船员共237人次。

（周维民）

【安全文化建设取得新的进展】 2010年，广远深入开展“平安之旅”活动，把第二个“安全生产年”、“安全生产月”各项活动贯穿其中，并不断总结推广各单位、船舶在安全管理方面好的经验和做法，不断丰富安全文化的内涵，努力使每一名员工都得到安全保护，使每一名员工都成为广远“平安之旅”最坚强的基石。是年，随着“平安之旅”安全文化建设活动的不断深入和普及，广大员工对企业安全文化认同度明显提高，安全理念深入人心，广泛体现在员工特别是安全生产主要负责人行动中。广远安全文化和安全理念不仅得到广大员工高度认可，也得到了政府主管部门的充分肯定。2010年，广远被评为全国“安全生产

月活动优秀企业”。

此外，广远为进一步丰富“平安之旅”活动内涵，配合“送学上船”、“红树林”工程，使船长、驾驶员积累航行驾驶经验，准确把握安全风险，提高安全责任心和安全技能，引导船长、驾驶员分析事故成因，深刻反思，吸取教训，增强做好安全工作的主动性。此外，航安部还积极参与和促进由全桥学院主编的《水上交通事故典型案例分析（视频教程）》项目推进工作。（周维民　王涛）

【航运统计工作概况】 2010年，航安部做了大量卓有成效的统计工作。主要有：

1. 协助召开安全工作会议、年中安全工作会、安全专题会、例会等12个工作会议，下发会议纪要12个。

2. 对船舶和岸上安全工作加强了指导，整理中远集团安全规章制度32个，并编辑成册；共下发或转发有关安全工作指导性文件26个；下发专项安全活动通知18个。

3. 对船舶和岸上加强了安全提示，共下发各类安全提示12个，预警安全风险，提出工作要求和落实措施。

4. 做好向上级的安全工作汇报，向广东省、广州市政府主管部门和中远集团汇报广远安全生产管理情况材料14份、安全报表25份。

5. 编制《安全生产简报》12期，不断提高简报质量。

6. 收集汇总月度运输生产经营效益分析、内贸货物运输月报、租船货物运输月报、船舶代理委用情况季报、下季度预计租入租出船舶、生产周报、经营动态周报、船舶增减、运费拖欠情况等170多份，及时上报中远集团运输部。

7. 完成广东省、广州市、越秀区统计局，交通运输部综合规划司，广东省交通厅、国家发改委等政府部门布置的定期、不定期年度统计调查表或相关材料共50余份。

8. 对运输生产总体情况、非生产性停时等效率指标进行分析，制作演示文稿PPT参加经济成本分析会，起草相关会议纪要；为企业领导及相关部门整理、提供有关生产经营的各种数据、材料上百次。

9. 收集整理2009年中远集团可持续发展报告所需经济指标、环境指标等近300个。

（周维民　薛平）

【参加中远集团高层客户论坛】 2010年6月23～25日，中远集团在海南博鳌举行中远集团高层客户论坛。广远组织了8家客户共11人参加了论坛。按照中远集团要求，广远在论坛上作了《锃亮“特”字品牌，开创共赢局面》的主题发言，制作PPT向客户详细介绍了企业经营的主要航线、拥有和控制的船型、经营理念和服务范围。

（周维民）

【邀请客户参加第七届国际海运（中国）年会】 第七届国际海运（中国）年会于2010年11月8日在广州香格里拉饭店举行。为做好广远VIP客户参加年会各项工作，航安部牵头与广远所属各航运公司沟通后制订了客户邀请和接待计划，共邀请了30多个客户参加第七届国际海运（中国）年会。（周维民）

【中远集团督察广远安全工作】 2010年4月14日，中远集团安全督察组陈正杰等4人莅临广远进行安全督察。督察组分别对中远航运船员管理部、远洋大厦项目部进行

现场督察。4月15日，督察组在广远本部召开专题汇报会。广远副总经理翁继强和中远航运副总经理郭福祥分别作了汇报，其他参加会议人员进行了交流发言。督查组对督察情况做了现场反馈。（周维民）

【广远与中远远达共同举行防海盗演习】

2010年6月12日，按照广远“安全生产月”活动方案，广远与中远远达共同举行船舶防海盗演习。（周维民）

【分析平均在港停时】 2010年7月，航安部针对上半年广远船舶的平均在港停时反弹幅度较大（增幅达7.9%）的严峻形势，为了控制船期成本，对中远航运、中远远达、中远南方三家航运公司的相关数据进行了梳理，撰写了《2010年上半年在港停时分析报告》，并下发广远所属各航运公司参阅。该报告对各项影响因素进行了详细分析，并提出了降低在港停时的建议，获得了广远领导的肯定。（薛平）

【船舶代理委用情况】 2010年，航安部收集中远航运、中远远达、中远南方三家航运公司的国内外代理使用情况，包括靠港次数、船舶的经营方式、是否使用中远集团指定代理以及对代理服务的评价等信息，每季度汇总上报中远集团运输部。此外，航安部根据要求，协助广远下属航运公司推进中远集团代理名录信息系统的试运行。（薛平）

【协助天星公司获得港口费用优惠待遇】

2010年年底，广远全资子公司天星公司自有经营船舶“天王星”轮在大连港发生的港务费用，未能享受到中远集团船舶的优惠。航安部了解实际情况后，立即通过大连外代转呈广远出具的证明文件，请求大连港给予该轮享受中远船舶应该享受到的相关费用优惠，得到大连港的同意。

（薛平）

【实施中远集团海运生产综合管理系统】

2010年4月，《中远集团海运生产综合管理系统》项目组在北京召开系统推广会。会议介绍了系统技术方案和数据接口规范，明确了中远集团各二级航运公司在推广实施阶段的分工和计划。9月，中远集团总调度室派人率项目组来广远本部及中远航运指导该系统的具体实施推进工作：按实施计划做好软硬件及接口等相关准备，整理广远船舶规范的基础数据，为数据入库作准备；整理船舶运力变化的明细数据入库，数据范围以当日租入船的租入/退租、自有船的新接/退役为基础，完成调度日报的初始化报送。至此，广远不需增加任何软硬件资源，只需在PC机上通过IE方式访问该系统即可向中远集团总调上报相关报表，从而为建立中远集团层面的、集中式的海运生产数据库奠定了基础，便于相关用户进行分类查询及深度分析。

（薛平）

【对交通运输部能耗监测进行试点】 为掌握交通运输行业节能降耗演变趋势，了解节能管理工作进展情况，2010年4月，交通运输部综合规划司下发了《交通运输能耗监测数据采集方案》（征求意见稿），随后组织了监测企业相关人员进行座谈沟通，集中培训。航安部按照要求，以6月份的数据为样本，在广远节能办的协助下，完成了《海洋货运船舶运输及能耗调查

表》和《水运企业节能项目实施情况》的填报工作，且就填报过程中出现的问题与交通运输部进行反复商讨。调查表为月报和年报，为保证数据质量，报表设置了一系列逻辑性审核和合理性审核，对起伏较大的指标进行了文字说明。交通运输部11月下发了修订后的《交通运输能耗统计监测报表制度》，拟2011年1月1日起正式实施。航安部及时提请信息中心协助进行数据处理，为2011年的上报工作做好准备。

（杨向葵）

【完成第二次全国R＆D资源清查要求的调查任务】 2010年1月，航安部参加了广州市越秀区统计局组织的第二次全国R&D（即研究与发展）资源清查的布置培训。R＆D资源清查报表包括《企业科技项目情况表》、《企业科技活动及相关情况表》，报表内容围绕企业的科技活动，涉及人力、物力投入等各方面，报告期为2009年。航安部在发展部、财金部、人力资源部/组织部的支持配合下，按时完成了此项调查任务。

（杨向葵）

【召开安全生产工作会】 2010年1月11日，广远召开2010年工作会暨思想政治工作会、安全工作会。副总经理翁继强在安全工作会议上作题为《认清形势，树立信心，正视困难，知难而进，努力开创2010年安全生产工作的新局面》的报告，报告总结了广远2009年安全工作，分析了广远安全生产面临的严峻形势，并按照中远集团的思路，部署了2010年的安全生产任务。

（刘启清）

【召开第一季度安全例会暨春季安全生产专题会】 2010年3月1日，广远召开第一季度安全例会暨春季安全生产专题会。会议由航安部总经理助理周维民主持。广远副总经理翁继强、党工部部长姚勇、工会副主席符雄，中远航运副总经理郭福祥、中远远达副总经理曾远祥、中远南方副总经理梁杰、中鞍航运总经理何伟杰，航安部、岸产事业部及各航运公司安全管理人员共20人参加会议。会议总结了船舶冬防安全工作，并就如何抓好人大、政协“两会”期间的安全生产和春季安全生产工作提出了具体要求。

（刘启清）

【召开2010年“红树林”工程工作会】 2010年3月8日，广远召开2010年“红树林”工程工作会。会议由党工部部长姚勇主持。广远副总经理翁继强，广远本部各相关部室、各航运企业、岸产事业部、金桥学院“红树林”工程相关负责人参加会议。会议针对新时期员工教育培训工作特点，把握后金融危机时代特征，结合广远改革发展稳定需要，对深入开展“红树林”工程工作进行了一次再动员、再部署和再落实。

（刘启清）

【召开安全事故约谈会】 针对中远航运的安全生产形势，2010年3月19日，广远召开安全事故约谈会。主谈人为广远副总经理翁继强，被谈人为中远航运副总经理郭福祥，参加人员有张建浩、刘建华、尤扬斌、陈望权、吴如松、周维民、温锐波、王涛、钱汉东。在约谈中，翁继强代表广远安委会对中远航运的安全管理工作提出具体要求。通过约谈，统一思想认识，牢固树立做好安全工作的信心，秉承专业精神和职业道德，同心同德，群策群力，维

护广远安全稳定局面和改革发展大局。

（刘启清）

【召开贯彻落实《国资委紧急视频会议》精神专题会】 2010年4月6日，广远召开贯彻落实《国资委紧急视频会议》精神专题会。专题会由副总经理翁继强主持。参加会议有广远领导，广远本部各部室、岸产事业部负责人，各投资控股企业主要负责人、主管安全领导和有关人员。在专题会上，广远副总经理陈炳立传达了国资委紧急视频会议及中远集团总裁魏家福讲话精神。会议就贯彻落实国资委紧急视频会议和魏家福讲话精神作了周密部署。

（刘启清）

【召开船员培训与安全专题研讨会】 2010年4月23日，广远召开船舶培训与安全专题会。会议由广远副总经理翁继强主持。参加会议的有航安部、党工部、工会、岸产事业部领导，各航运公司主管安全领导，教育中心领导及有关人员等16人。会议的主题为落实总经理徐惠兴关于船员培训的指示精神和中远集团安全督查组提出的意见。与会人员就做好船员培训的项目安排、培训计划、预期效果以及困难和建议等建言献策。会议强调，抓好教育培训是实现本质安全的根本途径，必须继续在船员履职培训上下工夫，以促进教育培训上水平、出品牌。（刘启清）

【召开节能减排工作专题会】 2010年5月5日，广远召开节能减排工作专题会议。会议由航安部总经理助理周维民主持。参加会议的有广远副总经理翁继强，广远各部门、单位相关人员。会上，节能办对“十一五”期间节能减排工作进行了总结，对近期工作提出了建议；党工部、岸产事业部和广远各航运公司做主题发言。会议讨论了交通运输部和中远集团低碳交通运输专项行动方案。会议还就如何做好2010年节能减排工作提出了具体要求。

（刘启清）

【召开防抗热带气旋专题工作会】 2010年5月11日，广远召开2010年防抗热带气旋专题工作会。会议由航安部总经理助理周维民主持。参加会议有广远副总经理翁继强，广远本部相关部门及下属航运公司有关人员。会议传达了2010年中远集团防抗全球热带气旋工作会会议精神，总结了2009年广远防抗热带气旋工作，指出了不足和存在问题。与会人员就防抗热带气旋的技术要领进行了研讨和交流，会议部署了2010年防抗热带气旋工作。（刘启清）

【召开航行安全案例分析和事故预防研讨会】 2010年8月5日，广远召开航行安全案例分析和事故预防研讨会。会议由航安部总经理助理周维民主持。参加人员有广远副总经理翁继强，广远下属各航运公司主管安全领导，海务、机务管理负责人，航安部人员。在会上，航安部通报和分析了2007 年以来船舶安全事故。中远航运、中远远达、中远南方分别就如何预防碰撞事故、如何做好防海盗和PSC 检查工作、如何加强隐患排查预防火灾事故做了交流发言。省远洋、中远鞍钢就做好沿海航行和货物监管做了交流发言。翁继强在会上部署了下半年航行安全的主要工作。

（刘启清）

【召开亚运安保和节日期间安全工作专题布置会】 2010年9月20日，广远召开亚运安保和节日期间安全工作专题布置会。会议由航安部总经理助理周维民主持。广远副总经理翁继强，广远本部各部室、岸产事业部总经理，中远航运、中远远达、中远南方主管安全领导，中远航运船员管理部党委书记，省远洋总经理，岸产企业主管安全工作领导共24人参加了会议。会议传达了上级主管部门下发的安全文件和广远领导的批示，对亚运会、中秋节和国庆节期间企业安全保卫方面的相关工作作了具体部署。（刘启清）

【开展“安全生产年”活动】 2010年，根据中远集团深入开展“安全生产年”活动方案，广远制定下发了《2010年安全生产年活动内容细化分解表》。广远各单位、各部门按《分解表》的要求，将“三项行动”（安全生产监督检查行动、安全生产隐患排查行动、安全生产宣传教育行动）和“三项建设”（安全生产规章制度建设、安全生产保障投入建设、安全生产执行力建设）的措施落到实处。是年，广远安全生产形势保持稳定。（刘启清）

【开展“安全生产月”活动】 2010年5月31日，广远召开了“安全生产月”活动动员大会。会议由广远纪委书记、工会主席马宗梅主持。广远本部、广远所属各航运公司、岸产企业等200余人参加了大会。会上，广远副总经理翁继强传达了上级关于开展“安全生产月”活动通知精神，并详细解读了广远2010年“安全生产月”活动方案。会上，广远党委书记刘书田作了动员报告。动员会后，广远按照上级主管部门有关“安全生产月”活动的部署，结合广远实际，围绕“安全发展，预防为主”的主题，广泛深入宣传学习国家有关安全生产法律法规、安全生产知识、安全规章制度，增强船岸员工安全意识，开展隐患排查治理，进行应急演练，抓好阶段性安全工作。通过上述一系列工作，广远“安全生产月”活动取得良好效果。（刘启清）

【安全管理状况评估】 2010年，航安部根据《广远公司安全现状评估实施细则》，组织对广远下属各单位2010年安全管理工作进行全面考核评估，针对认定的风险，提出改进措施，促进广远下属各单位安全生产责任制的落实。（刘启清）

【海务工作概况】 2010年，广远认真贯彻落实中远集团2010年安全工作指导意见，始终坚持“安全是压倒一切的工作，是群众满意的工程”的安全理念，围绕季节性安全和“四大战役”（雾航战役、防台战役、冬防战役、沿海航行和进出港安全战役）这条主线，按照“五个早”（早研究、早动员、早布置、早检查、早落实）要求，先后组织召开了“安全例会暨船舶春季安全生产专题会”、“防抗热带气旋专题工作会”、“确保航行安全紧急专题会”、“冬季安全生产专题布置会”，研究部署安全工作，求真务实，从源头抓起，从体系入手，以加强隐患排查整改为载体，以强化现场管理检查为手段，进一步严肃值班纪律，整顿驾驶作风，加强事故预防，加强过程跟踪，加强风险控制，取得明显效果。在日常管理工作中，突出过程控制，加强过程跟踪，强化专人管理，提高监控水平。是年，广远

安委办共发出安全预警提示11份，会同广远各投资控股航运公司跟踪指导受台风影响船舶71艘次，大风浪影响船180艘次，进出港828艘次，雾航193艘次。广远全年没有发生事故险情，安全风险控制明显加强，没有发生上报等级海损事故，与2009年发生3起航行安全小事故，同比减少3起，事故没有造成人员伤亡和污染。是年，广远安全整改工作取得重要进展，事故数量和损失明显减少。（王涛）

【应急管理工作】 2010年，广远按照上级部门及中远集团相关文件的工作要求，扎实开展安全生产和应急“双基”（基层、基础）建设活动，系统地修改和完善了相关的应急预案，并在“安全生产月”期间，集中开展应急演练，特别强调重在“练”，而不是“演”。广远所属各航运公司根据船舶经营的航线、货载和人员配备等情况，针对船员在以往应急处理过程中暴露出来技能严重不足的问题，从知识、技能和程序多方面开展训练，以达到真实的改进效果。与此同时，船舶举行各种应急演练，特别是从实战出发，加强了船舶防海盗应急演习，切实提高防范海盗劫持船舶的能力。岸产企业也分别结合各自实际，开展应急演习，增强应急意识，提高处置突发事件的实际能力。（王涛）

【机务安全管理工作概况】 2010年，广远机务安全管理工作认真贯彻中远集团制定的老龄船舶管理规定和要求，全面落实广远年初工作会议下达的安全管理目标和成本控制目标，紧紧围绕着提高经济效益这个中心，抓住确保船舶安全、机务安全两条主线，以提高机务管理水平为突破口，扎扎实实地开展工作，取得了一定的成效。

是年，广远下属航运企业认真对船舶的技术状况进行评估，深入开展隐患排查，船舶定期自查自纠，机务主管定期对船舶进行检查考核，并对船舶存在的缺陷进行分析，制定纠正措施，限期整改，从而达到持续改进、不断完善的目的，确保全年机务安全工作形势平稳，没有发生上等级机损、污染和船舶滞留事故，为构建平安和谐新广远作出了贡献。（钱汉东）

【PSC工作概况】 2010年，各备忘录地区相继开展了专项行动，随着一些新公约的生效，国际上的PSC检查更趋严格，检查范围及检查频度不断扩大。在这种新形势下，广远保持清醒的头脑，找差距，找根源，抓落实，抓整改，从总体上保持了较好的港口国检查记录。是年，广远所属各投资控股航运企业总受检332艘次，无缺陷批注250艘次，无缺陷批注率75.3%。其中，中远航运总受检237艘次，无缺陷批注166艘次，无缺陷批注率70.04%；中远远达总受检40艘次，无缺陷批注39艘次，无缺陷批注率97.5%；中远南方总受检55艘次，无缺陷批注45艘次，无缺陷批注率81.82%，无滞留船舶。是年，广远船舶共被批注缺陷334项。其中，中远航运船舶批注缺陷290项、中远远达船舶批注缺陷12项、中远南方船舶批注缺陷32项，上述缺陷都得到及时整改。此外，中远航运和中远远达分别各有1艘船舶在比利时安特卫普港和澳大利亚GERALDTON港给批注了多项“30码”，船舶被滞留。

广远PSC工作主要做法：1. 从加强公约的学习理解方面入手，各下属航运公司

与船级社合作，举办研讨会，加深对新实施的公约理解。2. 加强监督跟踪指导，根据不同船舶的特点，对抵国外PSC检查高风险地区的船舶，尤其是老旧船，企业主管人员密切跟踪船舶动态，及时提醒并指导船舶提前做好迎检准备，发现问题及时报告。3. 航安部每周召开安全管理例会，集中在家机务、海务人员定期汇报各自上船检查的情况，及时采取措施。4. 在国内开航前，主动邀请CCS工作人员上船协助，进行开航前安全检查并整改，在抵达国外港口，视条件和情况请CCS验船师现场指导协助PSC受检船舶，提高PSC检查无批注通过率。5. 邀请中远驻外机构上船协助指导， 并在船舶抵港前按本港PSC的检查注意事项发船， 船舶对照进行自查自纠， 需岸基支持的项目及时与企业沟通，提前安排船岸共同努力，消除设备缺陷等影响检查的因素，确保船舶顺利地通过一次又一次的在澳洲和欧美等高要求、高标准国家的检查。是年，广远系统机务、海务总管登轮现场检查230艘次，及时消除船舶存在的缺陷。6. 加强体系管理维护，提高员工执行力。广远所属各航运公司通过自查、内审、请船员到企业对员工进行体系活动审核等有益的活动，细化船舶体系管理，及时完善操作须知和工作程序，不断提高企业员工的执行力，提高管理水平。7. 加强船舶设备维护保养，确保关键设备的完好率。广远船舶老旧船舶占比率很高，达70%以上，但在PSC检查过程中，关键设备的缺陷批注较少。

（钱汉东）

【加强老龄船舶评估工作】 2010年，广远加强对老龄船舶的评估工作。中远航运高度重视对老龄船技术状况的调查，对船舶存在的缺陷进行跟踪处理和整改，并充分利用船舶厂修的机会消除船舶存在的缺陷，尤其是消除船舶结构上存在的隐患和缺陷，对于影响船舶结构安全的缺陷通过航修的方式及时纠正。完成年度厂修30多艘次。其中，检验10艘次，特别检验18艘次，新船保修3艘次，全部进行了安全技术状况评估，并给每艘船舶建立了评估技术档案，制定了详细的缺陷整改计划，按照体系的要求，逐项跟踪落实。

中远远达管理16艘船舶。其中，老旧船舶3艘（“白沙岭”轮船龄26年、“金沙岭”轮船龄20年、“金牛岭”轮船龄18年）。对这3艘船老旧船进行年度安全技术状况评估和风险评估，查找风险源26处，投入维修资金550万元。对装载原木的船舶，每个航次卸空后，加强对船舶货舱等的检查，发现问题及时解决，确保船舶适航适货。

中远南方在体系文件中规定每半年对船体结构、水舱进行检查，每年对船壳和压载水舱进行保养，有效地抑制了船体结构的腐蚀速度，确保了船舶航行安全和正常生产。通过对现有小“江”字号老旧船状况的评估，安排“雅江”轮退役，对仍保持营运的船舶加大投入。（钱汉东）

【加强防污染工作】 2010年，在国际上对船舶安全、防污染的要求日益严格，检查面越来越广，频度越来越密的情况下，广远系统各航运企业各船舶管理部门把船舶防污染工作作为安全工作的重中之重，深入细致地研究港口国对船舶防污染方面的要求、规定和检查尺度，有针对性地进行指导与跟踪监督，并结合节能减排工

作一起来抓，有针对性地采取预防措施，取得良好效果。主要工作如下：1. 加强船岸员工防污染教育和培训，提高防污染意识和操作技能。2. 及时传达国际上有关污染事故的经验教训，以引起船岸员工的重视。3. 船舶定期组织溢油演习和训练，提高船员对发生油污事故的应急反应能力。4. 加强船舶及设备的维护，确保船体结构强度和机电设备的正常运转，尤其是防污染设备保持完好。5. 定期对船舶防污器材的状况、数量、存放地点进行核查，发现问题及时整改，确保防污器材完好和充足。严格按照安全管理体系的相关程序和须知进行防污染操作和管理，确保在装卸货油、加装燃润油时采取相应防污染措施到位。6. 严格按公约、法规和港口国主管当局的规定对污油水、垃圾等污染物进行处理和记录。7. 加强对抵港船舶进行防污染检查，并及时提出整改要求。

（钱汉东）

【节能减排工作】 2010年，航安部按照年初制定的节能减排资金投入计划，主要在技改方面增加资金量，并认真做好各项节能减排工作，取得了显著成效：完成能耗指标1.2361吨标准煤/万元，与2005年基数（1.2989吨标准煤/万元）相比下降4.84%，与2009年基数（1.402吨标准煤/万元）同比下降了11.83%；能源消耗了55.18万吨标准煤，节约能源使用量（综合能耗与2005年综合能耗下降比率折算数）为2.8万吨标准煤。二氧化硫排放了2.1908万吨，超过2005年（1.8005万吨）22%。低硫油使用9427吨，减少排放二氧化硫约173.5吨。（钱汉东）

【节能技术进步和节能技改实施概况】 2010年，广远节能技术取得明显进步，节能技改实施情况良好。其主要表现在：1. 给合适的船舶加装燃油研磨机，提高燃油利用效率。2. 使用电控定时、旋流喷雾式气缸油注入新技术。3. 积极使用无凸轮电喷主机。4. 在推进新型纳米技术的燃油添加剂JM－1方面加大力度。5. 对合适的船舶进行润滑油柜扩容改造，增大根据油价选择加油港口和加油数量的灵活性，降低润滑油成本。6. 对老旧船舶的主机气缸油润滑剂量进行科学跟踪调试，实行精益管理。7. 岸产企业积极开展技术节能，成效显著。（钱汉东）

【劳动安全工作概况】 2010年，广远劳动安全管理工作始终坚持“以人为本、生命至上”的方针，不断加强劳动安全的宣传教育和监督管理工作，加大员工培训和安全投入力度，完善劳动安全管理机制。全年共发生统计口径内工伤事故8起，轻伤8人，无死亡和重伤事故，完成中远集团下达的劳动安全管理指标。（林举德）

【成立船舶劳动安全QC小组】 2010年4月2日，广远为进一步做好劳动安全管理工作，针对近年船舶工伤事故出现多发的势头，由航安部牵头负责，公司工会、广远所属各航运公司派员参与成立了劳动安全QC小组。小组根据QC管理的原理，分析近年工伤事故高发的症结、确定主因、制定针对性的对策/措施，对遏制船舶工伤事故的高发势头起到了应有作用。（林举德）

【安全保卫工作概况】 2010年，广远治安保卫工作认真贯彻“预防为主、单位负

责、突出重点、保障安全”的方针，建立健全各级岗位责任制，层层抓落实，加强安全保卫宣传教育、培训，不断提高员工防范意识、技能，进一步完善各项规章制度，落实各项防范措施；积极认真开展隐患排查，及时化解矛盾和不稳定因素，消除隐患；做好节假日值守，维护单位内部稳定，圆满完成第七届国际海运（中国）年会、亚运会、亚残运会安保任务；加大防海盗调查研究，认真抓好船舶海盗器材的配备和“安全舱”建设，开展船岸防海盗应急演练，积极推进防海盗教材编写工作，不断增强预控能力。全年，没有发生船舶被海盗劫持事件，没有发生火灾、爆炸、凶杀、毒品走私、组织偷渡等重大刑事案件，船岸治安形势稳定。

是年，广远武装、交通战备工作按照上级军事机关和交通战备部门的部署，认真抓好队伍的组织整顿、教育、训练工作，圆满完成上级下达的训练任务。与此同时，航安部广泛开展《动员法》的宣传及贯彻落实，做好船舶运力调查及有关实力登记、统计，积极开展拥军优属活动，加强正规化建设，不断提高国防后备力量建设水平。（温锐波　伍英华）

【广远办公大楼举行消防演习】 2010年6月18日，广远在办公大楼举行消防演习。广远本部、中远远达、中远航运船员管理部、远洋宾馆等员工共有350多人参加了演习。演习内容主要为讲解有关消防器材的性能及使用，疏散路线，以及广远机关与远洋宾馆消防应急指挥、协调等。通过演习，进一步提高了员工的消防意识和自防自救能力。（伍英华）

【组织国防交通保障队伍训练】 2010年9月28日，广远组织70名保障队伍人员在停靠黄埔造船厂的“金旺岭”轮展开人员集结、防海盗、救生等课目演练。10月20～23日，组织80名保障队伍人员在江门市江海区人武部训练基地集训，进行业务理论学习、国家安全形势、爱国主义等教育以及队列训练。（伍英华）

【参加亚运会、亚残运会期间安保执勤工作】 2010年11月1日至12月20日，在亚运会、亚残运会期间，航安部按照广州警备区、越秀区人武部的部署，在物业公司、远洋宾馆、远洋酒店的大力支持配合下，抽选7名基干民兵负责淘金东路铁路隧道安保执勤工作。参加执勤民兵不怕风吹雨打，发扬连续作战的精神，坚守岗位，圆满完成了安保执勤任务。（伍英华）

【中远集团派员对广远防海盗工作进行督察】 2010年1月22日，由中远集团安监部总经理陈正杰带领的防海盗督察组，对广远防海盗工作进行督查。督察组听取了广远、中远航运、中远远达的汇报，并对下一步工作进行了交流、研讨。督察组对广远的防海盗工作给予了充分肯定，并提出了建议和要求。（温锐波　伍英华）

【召开防海盗工作专题会】 2010年1月28日，广远召开防海盗工作专题会。会议由广远副总经理翁继强主持。中远航运、中远远达、中远南方、金桥学院主管安全领导和保安主管，广远航安部、党工部、工会等有关人员共15人参加会议。会议介绍了中远集团防海盗工作督查情况，解读了中远集团安监部总经理陈正杰的讲话精神，对广远的防海盗工作进行了全面的评估分析，并研究讨论了船舶防海盗距离远、中、近的防范措施，船舶全方位的防海盗工作过程及撤退机舱条件、应急方案、防海盗工作培训、经费等问题。

（刘启清）

【建立船舶保安信息系统】 2010年4月1日，航安部为加强船舶防海盗工作，根据广远领导的指示精神，在信息中心的大力协助下，建立了广远船舶保安信息系统，并正式运行。（林举德）

【交通运输部就船舶设置防海盗“安全舱”进行调研】 2010年6月8日，由交通运输部公安局牵头，组织交通运输部通信信息中心、船级社、船东协会、中远集团安监部等有关人员，到广远对船舶“安全舱”设置和防海盗器械配备进行调研。广远副总经理翁继强，航安部、中远航运、中远远达主管领导和保安官等参加了研讨会。会上，广远及广远系统各航运公司介绍了防海盗的主要做法和措施。会后，调研人员前往文冲船厂参观、了解正在厂修的“安新江”轮防海盗“安全舱”设置以及器械配备等情况。（伍英华）

【建立防抗海盗“六道防线”】 2010年，为有效应对当前海盗猖獗袭击状况，广远在实践基础上总结了船舶防抗海盗“六道防线”。第一道防线：日常监视——船舶进入海盗活动区域时，必须高度重视加强防海盗值班工作。第二道防线：全船戒备——在船舶附近发现可疑海盗行踪时，全船立即进入高度戒备状态。第三道防线：警示警告——一旦发现可疑船只靠近船舶，全体船员在甲板集合，对靠近船舶进行警示，必要时可使用皮龙喷水和发射钛雷。第四道防线：登轮抵抗——在船舷边设置刺网、高压皮龙等障碍物以抵御海盗登轮。第五道防线：甲板反击——如果海盗登轮，在生活区建立屏障区，例如拆除通道舷梯，在驾驶台使用啤酒瓶等阻止海盗进入生活区。第六道防线：堡垒固守——如果海盗冲破生活区，在船舶某一密闭区建立屏蔽室，能抵御海盗48小时的攻击，等待海军或其他力量救援。（周维民）

【召开船舶防海盗“安全舱”建设专题会】 2010年12月10日，广远召开船舶防海盗“安全舱”建设专题会。在会上，航安部介绍了公司船舶“安全舱”建设情况，中远航运、中远远达、中远南方汇报了“安全舱”建设进展情况和下一步计划。会议提出重点解决好“安全舱”的技术问题。广远总经理徐惠兴针对全球范围内海盗活动日益猖獗以及近期海盗袭击、劫持商船的新情况，结合广远防海盗工作实际，对加快推进“安全舱”建设，作了指示。广远副总经理翁继强对加强落实“安全舱”建设提出了具体要求。

（林举德　伍英华）

【防海盗工作取得明显实效】 2010年，

广远航行亚丁湾、索马里以东、西非拉格斯港口附近海域的船舶数量多、航速慢、干舷低，防海盗工作责任更大、困难更多。面对严峻局面，广远坚持防海盗工作“以防为主，拒海盗于船舷之外”的基本原则，坚持“早发现、早预警、早报告、早采取行动”的防海盗工作思路，切实抓好防海盗的系统工程，梳理并构建防海盗的多道防线，结合工作实际，严把防海盗的各个关口，想方设法坚决阻止海盗登轮。

在这场防抗海盗的特殊斗争中，广大船员表现得特别勇敢，平时认真准备、积极演练，在海盗出没海区严阵以待；遭遇海盗袭击时，将个人安危置之度外，成功粉碎海盗劫船的图谋，涌现了“乐从”轮、“泰安口”轮等先进典型，受到上级领导的高度肯定。船员的英勇事迹为广远后续防海盗工作积累了宝贵的实战经验和精神财富，充分表明广远船员是一支训练有素、敢打硬仗的队伍，是一支忠于职守、爱国奉献的队伍。（周维民）

【总结防海盗工作经验】 2010年12月，广远对全年船舶防海盗工作的经验作了总结，主要经验有：1. 坚持船舶防海盗工作“三大纪律”。①船舶航行亚丁湾，必须参加海军护航。②船舶进入防海盗重点监控区域前后，必须做好防海盗一切准备工作，停止一切非紧急的维修保养工作，加强防海盗值班。③船舶挂靠西非拉各斯港口，禁止船舶在港口100海里范围内漂航或锚泊，靠泊期间，聘请当地武装警察协助护船。

2. 筑好船舶防海盗工作“六道防线”。3. 加强船舶防海盗“六个一”建设，即：一本书（《船舶防海盗培训教程》）、一个系统（船舶安保信息系统）、一套装备（个人装备）、一张网（防海盗网）、一个炮（钛雷）、一个舱（安全舱）。4. 抓好船舶防海盗“八道关口”，即：派人关、培训关、器材关、航线关、演练关、值班关、识别关、撤离关。（周维民）

航海学会工作

【召开学术会议】 2010年5月27日，航海学会海洋船舶驾驶专业委员会在广远召开“气象海洋环境与船舶航行安全”论文集座谈会。会议由海洋船舶驾驶专业委员会顾问、原广远海监室主任孙凤羽主持。广州地区航海界部分老前辈、专家、教授10多人出席会议。海洋驾驶专业委员会主任、广远总经理徐惠兴到会并作讲话。10月15～19日，航海学会海洋船舶驾驶专业委员会在甘肃省兰州市召开“船舶航泊安全技术与海上实践”学术研讨会。会议由海洋船舶驾驶专业委员会秘书长、原广远海监室副主任徐明辉主持。出席本次学术研讨会的有委员、顾问、论文作者和航海工作者16人。会上共宣读和交流论文12篇。（刘启清）

【出版论文集】 2010年，航海学会海洋船舶驾驶专业委员会出版论文集五集。其中，《航海技术论文选集》（第一集）刊登论文85篇，该论文集由广远总经理徐惠兴担任主编。《航海技术论文选集》（第二集）刊登论文85篇，该论文集由广远总经理徐惠兴担任主编。《气象海洋环境与船舶航行安全论文集》刊登论文83篇，该论文集由广远党委书记刘书田担任主编。《船舶航海技术研究论文集》刊登论文59篇，该论文集由中国航海学会海洋船舶驾驶专业委员会高级顾问、中远集团总裁魏家福担任主编。《船舶航海技术实践论文集》刊登论文59篇，该论文集由广远总经理徐惠兴担任主编。（刘启清）

第三节　发展规划投资管理

【发展部简介】　发展部是广远战略发展与策划、投资决策管理、企业研发和综合管理的职能部门。主要职能是负责广远发展战略、产业发展规划、资本运作、投资公司管理、项目决策管理、经营管理指标考核、企业环境研究管理、科研管理等事务以及广远本部的企业管理工作；负责企业管理相关数据统计、分析、评估；负责主持广远船舶更新改造和船舶买卖等可行性研究；负责组织广远航运经营的市场营销策划；负责广远资本运营策划和投融资项目的实施；负责广远投资者关系管理、广远信息披露；负责广远各投资航运企业的董事会管理工作。管理信息技术中心。

2010年，发展部下设企业管理单元、资本运营投资单元、发展规划单元3个管理职能部门。

时任总经理谭力，总经理助理张庆华。资本运营投资单元业务经理任鑫，企业管理单元业务经理谢小梅，发展规划单元经理张新伟。员工19人。（王平）

【发展部工作概况】　2010年，发展部以科学发展观为指导，认真贯彻落实广远年初制定的工作方针和工作思路，全体员工爱岗敬业，开拓创新，做了大量卓有成效的工作。

在深化体制改革，完成优化股权结构、理顺资产关系方面，发展部作为广远深化体制改革项目的主协调人及综合组的执行部门，主要负责重大问题沟通中远集团和中介机构，完成了项目跟踪、进度协调等工作，完成了中远航运股权无偿划拨的工作，完成了福建捷安股权重组，协助中远航运开展配股项目，开展中远营港股权转让工作，开展收购天星公司所持境内公司（东海大厦、远洋宾馆、省远洋）股权项目工作，开展中远南方、中远航运香港公司、越洋船务增资工作等。

在船队结构调整方面，发展部协助广远系统各航运企业完成4艘27000吨多用途船、2艘59000吨沥青船和6艘32000吨木材船的接船任务，协助相关部门完成16艘老旧船的退役工作，并认真做好其他造船管理工作。

在开展细化市场研究方面，发展部根据航运市场形势，围绕广远现有船队的经营、发展战略、市场开发、租船经营等方面，进行了航运市场研究、特种多用途船细化市场研究、沥青船项目研究、木材船项目研究，并取得了一批研究成果。此外，发展部还深入开展调研活动，认真组织专题会议和撰写各种会议材料，完成多篇研发材料的撰写。

在强化企业经营管理方面，发展部加强对广远下属投资航运企业的管理及

考核，完成了相关企业责任书的制订和签订；加强监督、管理董事会工作及适时召开董事会会议，加强企业信息库建设，完成广远“十二五”发展规划的编制工作。

在QC小组管理工作方面，发展部积极运用QC小组活动的科学方法，深入持久开展QC小组活动，持续地进行质量改进、安全管理、技术改造、项目创新、节能减排、降本增效，提高用户满意度，创造企业名牌等，有力地推进企业的持续发展。是年，本质量年度QC小组活动创造经济效益330万元，节省成本2600多万元。同时，在两个文明建设方面取得一批无形成果，一大批QC小组被评为省、部级优秀QC小组，为企业创造了荣誉。是年，发展部总经理谭力被评为广东省QC小组活动优秀领导者，黎清被评为广东省QC小组活动优秀推进者，杨涛、王玉生、邱进宗被评为广州市QC小组活动优秀推进者。广远首次被评为“全国质量管理小组活动优秀企业”。（王平）

资本运营

【资本运营投资单元工作概况】 2010年，资本运营投资单元积极投入深化改革工作，围绕深化改革、优化股权结构、理顺资产关系等方面开展相关工作。完成中远航运股权无偿划拨过户，协助中远航运开展配股项目，完成福建捷安股权重组，开展中远营港股权转让，收购天星公司所持境内公司股权项目（东海大厦、远洋宾馆、省远洋），开展广远及天星公司对越洋船务、中远航运香港公司、中远南方的增资工作，大富酒店清算、香港中远酒店股权、远洋酒店股权划拨以及远洋宾馆装修项目的可行性研究等工作，并取得较好成效。（王平）

【广远深化体制改革项目】 2010年初，广远结合深化改革项目的实际情况，对改革项目方案进行了调整，该方案于1月29日获得中远集团总裁办公会审议通过。在项目进入中期以后，发展部作为项目的主协调人及综合组的执行部门，主要负责重大问题沟通中远集团和中介机构的项目跟踪、进度协调等工作，完成《关于调整广远改制范围的请示》、《关于广远公司U项目方案的请示》、《关于广远改制及U项目相关事宜的请示》等主要文件申报。（王平　任鑫）

【完成中远航运股权无偿划拨过户工作】 按照中远集团的战略部署，2010年3月1日，发展部向国资委递交关于广远所持中远航运股权无偿划拨过户给中远集团的申请书。6月17日，在获得国资委同意后，中国证券登记结算公司上海分公司划拨交割登记完毕，广远所持有的656880888股（占比50.13%）中远航运股权划拨工作全部完成。（王平　任鑫）

【协助中远航运开展配股项目】 2010年，发展部配合中远航运开展配股项目的立项、尽职调查及协助完成配股说明书等文件的修改审阅等，该项目进展顺利。（王平　任鑫）

【完成福建捷安股权重组】 2010年，为解决福建捷安的生存和发展问题，经双方股东协商，由福建轮船总公司对福建捷安进行增资取得控股地位。增资完成后，福建轮船总公司持有福建捷安51%的股权，广远股权降为49%。福建捷安于2月完成工商变更，股权重组完成。

（王平 任鑫）

【开展中营公司股权转让工作】 2010年，受金融危机影响，中远营港从2009年年初进入歇业状态。为清理中营股权，8月，在前期清算思路的基础上，调整为股权转让方式并获中远集团批复。在发展部的协助下，项目开展了挂牌操作。

（王平 任鑫）

【收购天星公司所持境内公司股权项目工作】 2010年，发展部完成广远收购天星公司所持东海大厦、远洋宾馆的股权。收购完成后，东海大厦、远洋宾馆成为广远的全资子公司，同时开展广州远洋投资管理公司收购天星所持有的省远洋股权的工作。（王平 任鑫）

【协助广远、天星公司对越洋船务增资工作】 2010年，发展部协助广远及天星公司对越洋船务进行增资工作。该项目取得中远集团批复，并顺利完成。增资由原股东按各自所持股比增资，增资完成后，广远仍持有16%的股权，天星仍持有10%的股权。（王平 任鑫）

【协助中远航运香港公司增资工作】 2010年，为提高船队整体实力，提升中远航运香港公司市场竞争力，中远航运拟对香港公司增资9720万美元。发展部积极协助中远航运开展该项目审批等工作，促使增资工作顺利进行。（王平 任鑫）

【协助中远南方增资工作】 2010年，为做强沥青船队，打造特种液货运输船队的目标，广远拟对中远南方增资。发展部协助做好有关呈报等工作。该项目获中远集团批复，增资工作圆满完成。

（王平 任鑫）

【协助对大富酒店清算、香港中远酒店管理有限公司股权以及远洋酒店股权划拨工作】 2010年，发展部为配合广远深化改革项目，协助岸产事业部对大富酒店清算、香港中远酒店股权以及远洋酒店股权划拨等岸产企业股权的优化工作。

（王平 任鑫）

【开展广州远洋宾馆装修项目的“可研”工作】 2010年，广远新办公大楼——广州远洋大厦建成后，现广远旧办公大楼将交予远洋宾馆经营。远洋宾馆拟对其进行装修改造。发展部负责该项目的立项上报工作，委托中介机构出具可行性研究报告，使项目顺利进行。（王平 任鑫）

企业管理

【企业管理单元工作概况】 2010年，企业管理单元进一步规范经营管理，加强了广远各投资航运企业的管理及考核，完成相关企业责任书的制订和签订；加强监督、管理董事会工作及适时召开董事会会议；加强企业信息库建设等。是年，因全球金融危机的影响，中远集团暂停了上报新造船及二手船投资计划，而批准了广远16艘船的退役计划。广远按原定计划完成了一批新造船接船项目和旧船的退役出售工作；完成4艘老旧沥青船使用的香港方便

旗船单船公司的注销工作；进一步规范经营管理，加强了广远各投资航运企业的管理及考核，完成相关企业责任书的制订和签订；加强监督、管理董事会工作及适时召开董事会会议；加强企业信息库建设；积极运用QC小组活动的科学方法，深入持久开展QC小组活动，持续地进行质量改进、安全管理、技术改造、项目创新、节能减排、降本增效、提高用户满意度、创造名牌等。通过上述工作，推进了企业的持续发展。是年，广远在连续6年取得国优QC小组荣誉基础上，首次获得了“全国质量管理小组活动优秀企业”荣誉称号。此外，发展部按照中远集团的要求，完成了广远“十二五”科技发展（创新）规划的制定工作。（王平）

【完成买造船项目】 2010年，发展部完成4艘27000吨多用途船、2艘5900吨沥青船和6艘32000吨木材船的新造船接船项目，完成16艘老旧船的退役工作。

（王平　谢小梅）

【买造船管理工作】 2010年，发展部完成4艘老旧沥青船使用的香港方便旗船单船公司的注销工作；完成新造8艘木材船和4艘新造沥青船从巴拿马单船公司更换到香港单船公司的注册登记、建造合同变更工作，大多数船舶完成注册及证书变更、贷款合同变更。经中远集团批复同意，原相应的巴拿马单船公司办理了注销手续。

（王平　谢小梅）

【编写简报、月报等工作】 2010年，发展部每月编写买造船工作简报、船舶市场情况月报等，报给相关领导部门。发展部关注船舶市场行情走势，为每季度的经济成本分析会提供船舶市场资料；组织召开广远买造船工作会议，并及时下发会议纪要。（王平　谢小梅）

【做好投资管理的分析】 2010年，发展部完成2010年度广远投资计划的分解、下达工作，以及月度投资计划完成情况的汇总；每月做好各投资单位的非船舶投资计划完成情况的汇总及统计月报和统计分析；每月向中远集团书面汇报广远《经营业绩责任书》的完成情况；开展广远境外直接投资经营活动分析、统计及境外企业年检工作；完成国有控股上市公司监测系统中的中远航运相关数据填报。（王平　谢小梅）

【综合统计工作】 2010年，发展部根据中远集团以及广远相关部门的要求，及时收集、统计、上报广远科技创新数据（快报和年报）。按时完成固定资产投资数据（年）报、《固定资产投资项目调查问卷》、广州市国民经济和社会发展十一五规划调查问卷以及《广远2010年固定资产投资统计网》等表报广州市越秀区统计局工作；按要求完成国家统计局广州企业调查队下达的“企业景气调查”季报和年报报表（网上报送）的报送工作，连续3年获得企业景气（国家统计局广州企业调查队）和采购经理调查（国家统计局）工作先进奖荣誉；根据国家统计局下达《非制造业采购经理调查问卷》工作，年度内通过网上直报国家统计局的采购经理调查问卷（月、季、年报）报表。

（王平　谢小梅）

【企业相关协会联络工作】 2010年，发展部按时完成广远参加的中国交通企业管理协会，广东省、广州市质量协会以及广东省企业联合会等部门相关信息了解和会员义务相关的联络工作。

（王平　谢小梅）

【计量管理工作】 2010年，发展部认真贯彻国家计量法令法规，及时将相关信息上传下达，保持与广东省计量协会、交通运输部计量管理部门的联系和会员义务信息联络工作。（王平　谢小梅）

【加强投资航运企业的管理工作】 2010年，发展部进一步规范经营管理，加强广远各投资航运企业的管理及考核，完成相关企业责任书的制订和签订；加强监督、管理董事会工作及适时召开董事会会议；加强企业信息库建设等。

（王平　谢小梅）

【签订责任书】 2010年，发展部共完成广远下属三家全资企业和岸产事业部《企业负责人年度经营业绩考核责任书》的制订和签订。（王平　谢小梅）

【引入EVA等指标】 2010年，发展部为切实提高企业科学决策水平，更好地实现股东价值，根据中远集团对广远2010年度考核工作的相关要求，首次引入EVA“经济增加值”指标，以替代“净资产收益率”指标并组织广远领导、广远各部室负责人、业绩考核相关人员，以及广远各全资控股航运企业、岸产企业党政负责人、财务负责人参加中远集团EVA考核视频培训会，并分层级、有针对性地推进EVA考核工作。此外，为鼓励中远远达压缩船期，提高船舶营运效率，发展部对其增加“西非港口平均在港停时”指标；为不断提高中远南方沥青船舶自营方式的经营水平，发展部对其增加“自营船业务”指标。（王平　谢小梅）

【企业信息库建设】 2010年，发展部在人力资源部/组织部、监督部/审计部、岸产事业部的大力配合下，及时更新完善系统相关数据信息，加强了企业信息库建设。（王平　谢小梅）

【召开董事会会议】 2010年，发展部共组织召开广远各投资航运企业董事会议10次，及时搜集董事会议案资料、各职能部门反馈意见，进行了董事会会前的准备和会务等一系列工作，并对董事会决议执行情况进行跟踪。（王平　谢小梅）

【董事会日常管理】 2010年，发展部为完善和履行董事会监督机制，根据广远所属单位各董事会经营状况，加强对董事会的日常管理工作，处理广远各投资航运公司董事会提交给广远董事通讯审签的董事会决议、提交董事审议的议案以及广远各投资航运公司总经理提交的需要其董事长（通常是广远领导）双签的日常生产经营中的重要事项报告。（王平　谢小梅）

【调整广远在港注册单船公司董事会成员】 2010年，发展部根据在港注册单船公司的董事会成员中境外成员人数需超过董事会成员总人数的1/2的相关要求，适时调整广远在港注册20家单船公司董事会成员。（王平　谢小梅）

【全球契约、可持续发展工作】 2010年，中远集团对全球契约、可持续发展报告所需数据和资料、素材的收集、培训以及汇编、修改工作改为以视频会议的形式进行，并且该年度全球契约、可持续发展报告需要搜集、统计的相关数据的难度和工作量都较2009年有所增加，由2009年的560项增加到2010年的750多项，其数据和素材资料内容涉及面更加广泛，项目划分、分类更加细致。发展部对全球契约、可持续发展工作高度重视，年初即启动了此项工作，从发出通知、收集整理及校对数据，到完成数据的录入，历时4个月，收集整理了风险评估、人权、环保、反腐败、劳工、环境以及综合类等各方面的报告所需文字、图片和音像素材。此外，特别增加了企业保护儿童方面的内容。是年，发展部组织人员参加中远集团召集的全球契约、可持续发展报告编写相关视频会议及培训共4次，广远参加人员达40人次，是历年来参加人数最多的一年。是年，发展部在相关人员的共同努力下，克服各种困难，按时完成了2010年全球契约、可持续发展报告相关工作。

（王平　谢小梅）

【科技创新工作】 2010年，发展部按照中远集团的要求，担任编写广远“十二五”科技发展（创新）规划的制定工作。由于是首次编写广远企业科技发展（创新）规划，没有相应的经验和资料可以借鉴，编写难度较大。发展部根据规划制定了具体要求，广泛征求广远各部门、各单位的意见和建议，结合广远生产经营、管理的实际需求以及广远自身发展的能力等实际情况（包括技术创新能力和经费承担能力），较好地完成了广远“十二五”科技发展（创新）规划的编制工作，并按时上报中远集团。

（王平　谢小梅）

【“汽车船配载系统（二期）”开发工作】 2010年，发展部监督、检查、协调由广远负责的中远集团科技开发项目“汽车船配载系统（二期）”开发进程。发展部带领广远负责该项目开发工作的相关人员，前往该项目开发协作单位大连海事大学，就开发部分的工作情况进行调研，听取有关的汇报和演示，并就项目开发进程中所遇到的问题进行了协调，为该项目顺利完成开发工作提供了必要的帮助，使该项目于是年底顺利完成。

（王平　谢小梅）

【配合相关部门进行科技调研】 2010年，发展部配合中远集团相关部门，协助由国资委、科技部委托的专家和相关人员组成的“关于中远集团服务型企业创新和评价调研”调研组，完成了对广远以及下属企业的专题调研工作。

（王平　谢小梅）

【参加中远集团科技开发项目验收】 2010年，发展部应中远集团相关部门邀请，派出人员以专家组成员身份参加由青岛远洋船员职业学院承担的中远集团科技开发项目的项目验收工作。

（王平　谢小梅）

【企业调查报表情况】 2010年，发展部根据国家统计局广州调查队《企业景气调查制度》、《关于开展广州市企业对当前

经济形势判断调查的通知》和《广州市企业景气调查工作考核评比（暂行）办法》等要求，在2010年内实施和完成了《企业对当前经济形势判断调查问卷》报送国家统计局广州调查队任务；完成了《企业景气调查问卷》的2009年年报和2010年各季度、年度定期报表的报送任务；完成了《非制造业采购经理调查问卷》的2009年年报、2010年每月的定时报表报送国家统计局的任务。广远由于以上景气调查报表任务完成较好，荣获国家统计局广州调查队颁发的“2010年度企业景气调查统计工作先进奖”荣誉证书。（黎清）

QC 管 理

【QC管理创佳绩】 2010年，发展部积极运用QC小组活动的科学方法，深入持久开展QC小组活动，持续地进行质量改进、安全管理、技术改造、项目创新、节能减排、降本增效、提高用户满意度、创造名牌，推进了企业持续发展。通过QC活动，本质量年度创造经济效益330多万元，节省成本费用2600多万元。同时，在确保安全、技术创新、项目改造、提高管理水平、提高客户满意度、精神文明建设等方面取得了一定成果。获得的各级别优秀名次包括广远级达标QC成果23个、广州市级优秀QC成果14个（参加发表中获得4个羊城杯奖，是广远开展QC活动以来获市级发表成绩最好的一次）、中远集团级6个、广东省级7个、交通运输部级5个、全国优秀成果1个。广远开展QC活动20多年来，首次获得“全国质量管理小组活动优秀企业”荣誉。在开展QC小组活动中，还涌现了一批QC小组活动优秀领导者、优秀推进者和QC活动积极分子。

（王平　谢小梅）

【QC基础推进工作】 2010年1月，发展部组织了广远注册的QC小组骨干成员、公司QC成果评审组成员、各单位QC活动推进员代表共50人进行了QC专题培训；对注册的QC小组除培训指导外，还到现场了解情况和利用信件、电话等方法进行咨询指导，年度内指导QC小组活动50多人次、发放QC培训材料100多份；组织派出12名QC推进员，参加交通运输部、广东省和广州市级诊断师培训以充实QC诊断师队伍；组织带队参加交通运输部、广东省、广州市QC成果发表、交流、工作会议6场次。

（王平　谢小梅）

【QC成果发表评审及申报工作】 2009～2010质量年度，广远注册活动的QC小组有25个，收集活动成果24篇。发展部对以上收集QC成果材料进行确认，并提出各小组成果稿件如何修改的反馈意见进行限期整理，组织公司级QC成果的发表和评审，评选出2010年度广远级达标QC成果23个。推荐申报中远集团级QC成果6个（分配名额5个），申报省级QC成果6个（分配名额4个）、申报市级QC成果14个、申报交通运输部级QC成果4个（由中远集团推荐），申报省、市级QC小组活动优秀推进者5名等相关书面成果材料的编写、整理、呈批、申报等相关工作都按时完成。

发展部在推荐申报参加交通运输部级、广东省级、广州市级发表的14个成果中，对发表小组的成果材料申报及演示文稿（PPT）的整理制作上，经过多次修改和发表技能的反复演练达10场次，对QC

成果材料整理修改和发表演练做了大量工作，使发表成果的质量水平得到明显提升。（王平 谢小梅）

【广远QC小组获奖一览表】 2010年，广远QC活动成果获奖名单如下表：

注册号广远QC	获奖级别	小组名称	项目课题名	组长、副组长
200912	广远	金桥学院轮机系QC小组	节省实习材料，降低教学成本	杨烨、黄海波
200913	广远、中远、市、省	东海大厦餐厅项目QC小组	提高餐厅经营毛利率	何向宁、姬宝文
200914	广远、中远、市、省、部	天河远洋酒店工程部QC小组	降低桑拿区取暖费用	温武伦、田新民
200915	广远	建设实业QC小组	提升服务水平，调升物业管理费	阮智铭、莫宏伟
200916	广远、中远、市、省、部、国优	物业公司安全QC小组	降低小区发案次数	吕英翼、周中奇
200917	广远	通导公司设备控制QC小组	改进航行灯的主备控制装置	陈初阳、杨飞
200918	广远	海运公司技术工程部QC小组	木材绑扎立柱制造安装业务开发	韩峰、林振生
209116	广远	物业公司黄埔管理处QC小组	降低空调耗能量	任紫侠、刘海夫
200919	广远、市、省	中远南方安全QC小组	解决沥青船膨胀节易破裂难题	梁杰、丁亚明
200920	广远	远洋宾馆工程部QC小组	改用大堂节能照明灯	汪在波、黄树旭
200921	广远、中远、市、省、部	信息技术中心QC小组	提高船员管理业务规范化	梁碧泰、杨涛
200922	广远、市	中远航运船员管理部船员一处QC小组	提高三副、三管轮适岗英语持证率	林光柱、徐琦武
200923	广远	中远航运船员管理部船员三处QC小组	减少待派船员人数	李锐源、黄春生
200924	广远、中远、市、省、部	中远航运船员管理部船员业务处QC小组	提高外派船员租金回收率	尤扬斌、邱进宗
200925	广远、市	中远航运船员管理部党工处QC小组	提高协作船员的满意度	林耀强、尤扬斌
200926	广远	中远航运船员管理部船员综合监督检查QC小组	灵活运用船员培训平台	段蜡春、崔一立

（续上表）

注册号广远QC	获奖级别	小组名称	项目课题名	组长、副组长
200927	广远	中远航运船员管理部船员一处“乐同”轮QC小组	提高舱容利用率	石广义、左川
200928	广远、市	中远航运船员管理部船员二处QC小组	提高协助船员业务技能	陆润洪、李国才
200929	广远	中远航运船员管理部船员三处“木兰湾”轮QC小组	提高每月安全活动的效率和质量	于顺明、王平
200931	广远、市	广东中远船务公司共享QC小组	提高管加工产能	姜林、林芳锋
200932	广远、市	广东中远船务公司越改越进步QC小组	降低设计差错率	庄瑞民、陈剑亮
200933	广远、中远、市、部	广东中远船务公司船体提高QC小组	提高57000吨散货船钢材利用率	庄瑞民、王仁刚
200934	广远、市、省、	广东中远船务公司电老虎QC小组	降低机舱灯管月更换率	刘世明、游勇
200935	广远、市	广东中远船务公司资料管理QC小组	缩短技术资料的查找时间	潘安国、吴兴武
广东省QC小组活动优秀领导者谭力、广东省QC小组活动优秀推进者黎清				
广州市QC 小组活动优秀推进者杨涛、王玉生、邱进宗				
说明： 1. 获奖级别栏“广远”即广远级达标的QC小组奖；“中远”即中远集团级；“市”即广州市级；“省”即广东省级；“部”即交通运输部级；“国优”即全国优秀QC小组奖。 2. 获奖项目分别有：创成果奖小组1个，广远级成果达标小组23个、中远集团级小组6个，广州市级小组14个，广东省级小组7个，交通运输部级小组5个，国优成果小组1个，获个人奖3项。 3. 广东中远船务公司的QC小组由广远发展部统一管理，故也列入此表。				

（黎清）

【提高餐厅经营毛利率QC课题成果】 2010年，东海大厦餐厅项目QC小组，围绕“提高餐厅经营毛利率”的课题，针对东海吧餐厅毛利率偏低的问题，找出造成毛利率偏低的症结及主要原因，实行了一系列提高餐厅收入的措施。主要包括增设餐饮项目、拓展客源、丰富宣传渠道、提高食物出品质量、增设设备等。经过努力超额完成预定的目标，使东海吧餐厅2009年3～12月经营毛利率提升至46.60%。其中，7～12月平均经营毛利率达到49.91%，与2008年同比增长9.33%的好成绩。（方志斌　黎清）

【降低桑拿区取暖费用QC课题成果】 2010年，广州远洋酒店工程部QC小组，围绕

"降低桑拿区取暖费用"主题活动，利用现有系统，坚持少投入多产出的原则，根据室外温度的变化，改造热泵制暖系统投入营运以后，成功将大、小系统脱离（分开），有效地控制了运行成本，达到降耗的目的。热泵取暖比原来每天可节约费用528元，年取暖时间按70天计算，总计年节约费用36960元，总投入为20380元，在40天内收回成本，完成了小组目标。

（田新民　黎清）

【降低小区发案次数QC课题成果】 2010年，物业公司安全QC小组，围绕"降低小区发案次数"的课题活动，根据广远安委会下达年安全考核指标，为了住户安全和谐稳定以及为保障维护广远航运主业大后方的安全稳定，该小组实行一系列改善措施。通过控制保安员年龄段、加强全方位实时监控力度、加强物防力度，全年仅发生住宅被盗案件5次，比目标值7次减少了2次，比2009年（活动前）11次减少了6次，圆满实现了QC课题目标。

（叶伟安　黎清）

【解决沥青船膨胀节易破裂难题QC课题成果】 2010年，中远南方安全QC小组，围绕新造"湾"字号船舶在营运中，发现货油罐卸货管路出口处的膨胀节容易破裂，造成罐内的沥青大量泄露到干隔舱内，造成货损货差，并给船舶安全造成一定威胁的情况，安全QC小组寻找出一个可行的解决办法，经过9个月的攻关努力，克服困难，解决了膨胀节泄漏沥青的难题，确保了船舶、人员的安全以及船舶的顺利营运，完成了小组预定目标。

（丁亚明　黎清）

【提高船员管理业务规范化QC课题成果】 2010年，信息中心QC小组，围绕中远航运全流程化体系，为了快速查询和录入业务流程实时监控，在实际管理中遇到的难题，QC小组成员开展了活动。经过现状调查、要因分析、要因确认、对策实施等多个环节努力，实现了该流程快速查询、录入业务和实时监控操作，有效地解决了该公司管理层在操作中的难题，为企业节省了上千万元资金，完成了小组预定目标。（王粤宁　黎清）

【提高三副、三管轮适岗英语持证率QC课题成果】 2010年，中远航运船员管理部船员一处QC小组，围绕"提高三副、三管轮适岗英语持证率"课题开展活动，针对三副、三管轮适岗英语持证率较低的问题，组织实施了8次活动。根据课题的内容，制定对策。经过努力，实现三副适岗英语持证率从原来的22%提高到73%，三管轮适岗英语持证率从原来的26%提高至74%，完成了小组预定目标。

（黄超文　黎清）

【提高外派船员租金回收率QC课题成果】 2010年，中远航运船员管理部业务处QC小组，围绕"提高外派船员租金回收率"课题开展活动，力争当年外派船员租金回收率达到99.5%。小组成立后，按照制定计划、现状分析、设定目标、分析原因、确定要因、制定对策、对策实施等努力后，外派船员租金回收率达到100%，完成了小组预期的目标。（葛晓红　黎清）

【提高协作船员的满意度QC课题成果】 2010年，中远航运船员管理部党工处QC小组，围绕“提高协作船员的满意度”课题活动，针对协作船员的实操能力满意度和综合满意度分别为53.3%和74.1%较低问题开展攻关，运用QC方法，按设定目标实施：加强水手工艺培训、加强机工工艺培训、编制经验介绍材料。通过开展活动，协作船员实操能力满意度和综合满意度分别提高到83.8%和87.8%，达到和超过了小组目标。（罗小光　黎清）

【提高协助船员业务技能QC课题成果】 2010年，中远航运船员管理部船员二处QC小组，围绕“提高协助船员业务技能”课题→设定目标→提出并确定最佳方案→制定对策→按对策实施展开活动。通过努力使船员二处491名协作船员中的96%，熟练掌握了业务技能，实现了小组制定目标。（李志　黎清）

【提高管加工产能QC课题成果】 2010年，广东中远船务共享QC小组，围绕“提高管加工产能”课题，运用QC工具，制定详细活动计划，分析了管加工产能低下的主要原因，制定对策并有效实施活动。小组从加强员工技能及工艺培训、制定工艺流程管理制度、建立管件数据库系统、调整车间的设备及工作平台合理移位等方面着手，有效地提高了管加工产能。活动后的产能提高了58%，为企业创造了较好的经济效益，直接经济效益80多万元，间接经济效益200多万元，达到了预期目标。（文俊峰　黎清）

【降低设计差错率QC课题成果】 2010年，广东中远船务越改越进步QC小组，围绕“降低设计差错率”课题，引入最新的设计软件和生产管理软件，制定严格规范的出图标准，减少人为差错；加强与现场人员的交流，及时把问题反馈到后续船的图纸上，并把错误汇总后重点处理。活动前后修改单数量与首制船时相比有了大幅度降低，其中N219船比N155船减少了95份修改单，生产设计修改单为42份，满足和完成了小组目标。（文俊峰　黎清）

【提高57000吨散货船钢材利用率QC课题成果】 2010年，广东中远船务船体提高QC小组，围绕“提高57000吨散货船钢材利用率”的课题，针对首制57000吨散货船钢材利用率低的问题，找出了主要原因，并采取了一系列改善措施。主要包括优化板缝布置、增加板材规格、减少余料产生、加强余料管理、加强与物资及施工部门的沟通等等。小组经过齐心协力超额完成预定的目标，使广东中远船务后续船N226的钢材利用率提高到85.88%，比首制船提高2.88个百分点，节约钢材272.58吨，约109万余元，完成了小组制定的目标。（文俊峰　黎清）

【降低机舱灯管月更换率QC课题成果】 2010年，广东中远船务电老虎QC小组，围绕“降低机舱灯管月更换率”课题，运用科学的QC方法，分析出了灯管损坏率过高的原因，并做出了对策表，实施对策，最终达到了设定的目标。通过这次QC活动，小组成员更加了解了QC活动的程序，学到了更多的QC工具和方法，培养了运用科学的方法解决问题的能力，完成了小组预定目标。（文俊峰　黎清）

【缩短技术资料的查找时间QC课题成

果】　2010年，广东中远船务资料管理QC小组，围绕“缩短技术资料的查找时间”课题展开活动，通过对组员的专业知识培训，提高他们的业务能力，深刻认识资料整理过程的各个环节，了解各个科室图纸的联系，并及时地总结整理经验。在确保整理质量的前提下，本着合理布局资料室，按类别、内容、标识、图纸，统一信息来源等原则，对各类图纸的整理进行优化改进，缩短了资料的查找时间。从活动前的6分钟到活动后的1.5分钟，大大缩短了查找的时间，完成了小组预定目标。

（文俊峰　黎清）

发展规划

【发展规划单元工作概况】　2010年，发展部根据国内外航运市场形势，围绕广远现有船队的经营、发展战略、市场开发、租船经营等方面进行特种船市场专题研究。按照广远的工作部署和发展部的工作计划，开展细分市场专题项目研究，认真完成了各项专题研究课题，如航运市场研究、特种多用途船细化市场研究、沥青船项目研究、木材船项目研究等专题调研及撰写调研报告。此外，深入开展调研活动，认真组织专题会议和撰写各种会议材料，完成多篇研发刊物的计划，如：积极协助广远各经营单位提供信息咨询服务；配合中远集团服务创新考评调研；完成中远集团分技术中心工作；协助中远集团主办第七届国际海运（中国）年会会务工作；完成编写研发刊物《决策参考》16期，其中4期上报中远集团；完成编写研发刊物《国际航运资讯》45期；完成《广州远洋》杂志特约稿8篇；完成《国际干散货指数》相关数据的收集编发，全年共计完成264期；深入开展相关调研活动，完成调研报告《关于中鞍公司的调研报告》、《赴泰国调研报告》2篇；组织人员赴海口协助中远南方硫磺船项目的研究，完成了可行性报告；赴广远三家主要航运公司进行市场调研，完成中远集团航运市场研讨会材料；完成“十二五”发展规划的编制工作；全面深化开展精益管理，把精益管理推广作为工作的重中之重，不断完善已有的制度、规定、方法，取得了良好成效。为总结近年来广远精益管理工作，推广精益亮点，发展部按广远领导指示于2010年12月16日，在广州南沙汽车码头主持召开了广远精益管理推广现场会，会议圆满成功，达到了预期效果。　（王平）

【进行特种多用途船细分市场研究】　2010年，发展部加强特种多用途船市场方面的研究，按照计划完成了《2010年下半年及明年特种多用途船市场走势分析与展望》、《2010年未来航运市场分析和预测》、《2010年特种多用途船市场回顾与展望》、《特种多用途船市场逐渐回暖》等4篇研究分析报告。（王平　张新伟）

【进行沥青船项目研究】　2010年，沥青船市场稳定发展。发展部重点协助中远南方开展几个大项目的可行性分析，完成了《散装液体硫磺项目可行性报告》、《5000吨内外兼营沥青船项目可行性研究报告》、《关于长期租入一艘万吨级沥青船的报告》等几个专项报告。

（王平　张新伟）

【进行木材船项目研究】　2010年，发展部加强了对木材船项目的研究，共完成《决策参考》4期并上报中远集团，分别为《关于加蓬原木出口政策调整对中远远达的影响分析报告》、《远达西非地区非生产性停时分析》、《西非诸国未来木材出口政策趋势》、《2009～2010年中国原木进口分析及预测》。此外，协助中远远达完成了《45000吨木材船项目可行性研究报告》。（王平　张新伟）

【进行航运市场研究】　2010年，航运市场从低位中开始复苏，波动较大，发展部为了使企业领导更好地把握市场脉搏，以《决策参考》的形式完成了《近期航运走势分析及预测》、《2010年下半年特种航运市场走势分析》等市场分析报告，及时提供给企业领导决策参考。（王平　张新伟）

【协助中远集团完成每月大调度会汇报材料】　2010年，发展部为配合中远集团每月召开的中远集团大调度会议，注意研究杂货运价和市场走势，整理出汇报材料上报中远集团研发中心，共编汇《杂货运价走势及市场综述》（月报）12期。（王平　张新伟）

【协助广远各经营单位提供信息咨询服务】　2010年，发展部协助沥青船、木材船等项目的发展，广开信息渠道，根据需要情况，如每日航运指数、市场报告以及租船报告等定期不定期开展特定内容的研究，为相关经营单位提供海关数据、关键市场信息等。（王平　张新伟）

【组织专题会议和撰写各种会议材料】
2010年，发展部根据广远有关会议要求，参与了航运经营管理人员座谈会、经济成本分析会等专题会议。参与撰写有关专题会议的报告、广远经济成本分析会、中远集团年中及年末航运市场研讨会等材料。同时，发展部准备了年中航运市场研讨会PPT、年终航运市场研讨会广远PPT、广远每季度经济成本分析会发展部的PPT等，并协助上述相关会议撰写会议材料或提供相关资料。（王平　张新伟）

【配合中远集团服务创新考评调研】
2010年，发展部根据中远集团关于服务创新及EVA绩效考核评价调研的要求，协助完成了相关调研资料的准备工作，并做好中远集团对广远调研的接待和配合工作，使中远集团调研组对广远相关工作有了全面深入的了解。此外，发展部为监事会第十九办来广远调研提供了相关资料。（王平　张新伟）

【完成中远集团分技术中心工作】　2010年，发展部研发部门作为中远集团研发中心的分技术中心之一，每季度上报一次《广远技术分中心工作情况汇报》，同时努力完成中远集团层面的4篇《决策参考》报告。（王平　张新伟）

【完成编写研发刊物《决策参考》】
《决策参考》作为发展部研发部门的不定期刊物，为企业领导和各相关部门提供参考服务，对广远航运经营起着举足轻重的作用。2010年，发展部共编发《决策参考》16期，多次受到广远领导的表扬。（王平　张新伟）

【完成编写研发刊物《国际航运资讯》】

《国际航运资讯》是发展部研发部门的定期刊物，每周编发一期。2010年，发展部共编辑45期，完成年度计划。

（王平　张新伟）

【完成《广州远洋》杂志特约稿】 2010年，发展部完成《广州远洋》杂志特约稿，共撰写“航运市场分析”8篇，刊登在《广州远洋》杂志论坛上，让更多的船员和员工了解航运市场走势。

（王平　张新伟）

【完成相关数据的收集编发】 2010年，发展部完成《国际干散货指数》每工作日的收集、编写和发布，全年共完成264期。其中包括BDI、BCI、BPI、BSI等指数、原油和燃油价格等数据的收集、录入、绘图等工作；每周完成一期《一周市场综述》报告，全年共完成46期。

（王平　张新伟）

【深入开展相关调研活动】 2010年，发展部深入开展相关调研活动，全年共完成《关于中鞍公司的调研报告》、《赴泰国调研报告》2篇调研报告；组织人员赴海口中远南方调研，协助参与硫磺船项目的研究，完成了可行性报告。是年，发展部还赴中远航运、中远远达、中远南方三家航运公司进行市场调研，完成中远集团航运市场研讨会材料。（王平　张新伟）

【完成“十二五”发展规划的编制工作】 2010年，发展部把制定符合企业实际发展需要的“十二五”发展规划，作为落实科学发展观、战胜金融危机、实现可持续发展的重要措施和保障。为了做好广远“十二五”发展规划编制工作，发展部组织召开了“十二五”发展规划编制工作动员会暨研讨会，在企业规划编制领导小组的指导下，分析广远各部室和各下属单位上报的材料，根据广远的实际编制了广远“十二五”发展规划，并多次进行修改完善，经广远领导批准后，上报中远集团。

（王平　张新伟）

精益管理

【全面深化开展精益管理】 2010年，发展部认真总结近几年来精益管理工作中的组织体系、方法体系、激励机制体系和成功经验，不断完善已有的制度、规定、方法等，并根据各单位（部门）自身特点和经营情况，逐步建立起覆盖企业、各单位（部门）、船舶等一线生产业务单元的精益管理工作长效机制，切实做到精益管理工作开展的持续有效。与此同时，发展部把精益管理推广作为工作的重中之重，强调以点带面，落实到明确的理念和具体的亮点上，并取得了良好成效。

（王平　张新伟）

【主持召开精益管理现场推广会】 为总结近年来广远精益管理工作，推广精益亮点，同时按照中共十七届五中全会通过的国家“十二五”发展规划，并结合中远集团和广远发展战略及工作重点，对下一步精益管理工作进行部署，广远于2010年12月16日在广州南沙汽车码头召开了精益管理推广现场会。推广会由广远精益管理工作小组主持。

发展部总经理谭力代表广远精益管理工作小组对2010年的推广工作做了全面总

结。会上，与会代表参观了汽车船“常发口”轮并认真听取了该轮开展精益管理的具体做法。中远航运、中远远达、中远南方、岸产事业部和广远本部做了精益管理项目的精彩讲解。广远副总经理陈炳立对此次的推广现场会作了总结讲话，并对后续工作的开展提出了具体意见。

（王平）

【精益管理主要成果】 2010年，发展部认真回顾总结广远五年来开展精益管理所取得的成效。广远自2006年实施精益管理活动以来，通过2006年进行亮点工程和普及推广，2007～2008年狠抓与经营管理相关两个20%，2009年成本控制和对标管理、2010年的精益管理推广。一年上一个台阶，实现了精益管理思想融入企业文化。经统计，2006～2009年度广远船岸共申报亮点项目944项，可直接量化效益超过69512万元。2010年重点实施的11项推广项目，可直接量化效益超过2842万元。广远的精益管理工作，在金融海啸导致的全球航运市场不太景气的背景下，为企业可持续发展做出了积极贡献。（王平）

第四节　财务管理

【财金部简介】 财金部是广远财务会计工作的主管部门。主要职责是根据国家法律和中远集团的规章制度完成广远的财务会计工作。具体负责制定广远财务、会计核算管理制度；负责组织广远的会计核算、资金管理、税务、会计检查和监督、财务预算、财务分析，组织年度会计决算；负责编制年度财务报告；负责编制年、季、月度种类财务会计报表；负责税金的申报和缴纳，申领和保管发票，配合加强会计档案的管理工作；负责保管库存现金，保管有关印章和支票；负责投资项目资金的来源、投资项目财务分析和投资项目风险预测进行审核和监控，对投资分析提供测算基础财务数据；按照广远财务委派负责人管理办法，配合完成对财务委派负责人的选拔、考核和日常管理等。

财金部机构设置有资金管理业务单元、财务管理业务单元、会计核算业务单元3个管理职能模块。

时任总经理佟文华，总经理助理邓伟荣。资金管理业务经理叶苑群，财务管理业务经理林曦，会计核算业务经理张美琴。员工20人（含退休返聘2人）。（林曦）

【财金部工作概况】 2010年，财金部坚持以科学发展观统领全局，坚决贯彻执行中远集团“强创新，调结构，抓机遇，精管理”的战略部署，以改革和调整为工作主基调，按照中远集团财务工作会议部署“扎实工作、服务大局”的重点工作任务，结合广远2010年工作总体思路和发展战略，坚持财务集中管理，加大制度建设，加强制度执行力，创新财务工作，主动服务于生产经营大局，积极推进企业深化改革，为广远的可持续发展提供了有力的财务支持。

2010年，财金部进一步开拓融资渠道，统筹安排资金，服务于主业发展，通过融资需求捆绑议价，使广远下属航运

企业及广远新办公大楼——广州远洋大厦建设项目均以基准利率下浮的优惠条件取得银行贷款；完成2009年度广远年终决算工作、汇算清缴工作、《企业年度工作报告》填报工作；加强成本控制，经广远办公会批准下达2010年行政经费计划，每月进行精益管理，通过对标评比，使行政经费按预算进度控制使用，比2009年同期有了大幅度减少；按时完成2010年年中调整财务预算报表的编报工作；顺利完成2011年财务预算编制工作；提高快报说明的分析质量，深入挖掘财务数据中反映的经营状况，为广远领导决策提供及时准确的信息，财务快报工作受到中远集团通报表扬；提高经济分析质量，分析后金融危机形势下的航运市场特点和机遇，为企业经营决策服务；积极参与企业深化改革，配合中介完成改制时点的审计、评估工作，配合完成后续审计报告、资产评估报告的审核工作，评估报告的备案工作，完成改制涉及的广远所有公司的股权划拨、产权变更及账务处理工作，完成改制资产评估的调账工作；加强财务人员会计队伍建设，加强岗位技术培训和继续再教育培训；配合做好委派财务负责人的日常业务管理工作。是年，广远荣获中远集团“2009年度财务决算先进单位”、“2009年度财务快报先进单位”称号，张美琴获得中远集团“2009年度优秀财务工作者”称号。（林曦）

【推进企业深化改革项目】 2010年，财金部根据广远深化改革的总体安排，在中介协助下，完成广远投资管理公司1月31日、广远改制范围内2月28日两个时点的单家和合并财务报表的编制工作，组织和安排会计师事务所进驻现场审计，组织安排资产评估公司进驻现场进行资产评估，审核沟通审计报告及资产评估报告；对中远航运、广远投资管理公司无偿划拨给中远集团进行账务处理；完成资产评估调账的所有资产、股权账务处理；完成深化改革项目所需的船舶划拨的涉税测算、资产评估、备案工作；按照深化改革的要求，全面清理房产，配合广远房产部门推进广远土地房产确权办证、账务调整、合同理顺及存量房处置工作，完成72套房产无偿划转至投资管理公司的账务处理，协助房产部共处置房产178宗，收取处置房产价款，进行账务处理；清理了大量历史往来账项；完成改制增资验资工作等。（林曦　张美琴）

【做好统筹安排资金工作】 2010年，财金部根据企业强化资金集中管理，统筹安排调配资金的发展战略目标，加强了投资企业的分红管理，改变海外代理结算模式，加强海外备用金管理，严格资金收支计划，优化资金使用效率；强化融资管理，降低资金成本；采用系统内融资需求统一捆绑议价方式，确保多项融资工作取得了较为优惠的融资成本。（林曦）

【做好经济分析工作】 2010年，财金部认真总结每一季度的生产经营情况，分析后金融危机形势下的航运市场特点和机遇。针对每季度的运输收入、运输成本、期租水平、运输净利等各项财务指标，分别进行同比、环比、因素分析等科学分析法，并深入挖掘财务数据，对航运企业分船舶类型、分航线经营情况进行比较分析，为企业精益管理进行航运固定费用的对标分析，为企业决策部门经营决策提供

可靠的数据依据。在企业深化改革推进期间，财金部以股权变化后的经济主体为测算基点，不断测算各经济主体的经营效益情况及成本控制情况，为企业深化改革的推进提供了良好的决策依据。（林曦）

【加强财会队伍建设】 2010年，财金部组织了多项财务业务培训，主要有：组织委派广远下属各企业财务负责人参加总会计师培训班学习；配合中远集团的整体部署，先后派人参加中远集团SAP项目组工作培训；参加广东省财政厅举办的财务人员继续再教育培训；在财会队伍内部中开展财会业务研讨，针对在改制过程中存在的预算、考核、资产管理、会计处理及涉税问题进行学习讨论。通过上述一系列的业务培训，提高了财会人员的业务水平。

（林曦）

资金管理

【资金管理单元工作概况】 2010年，资金管理单元严格执行“三重一大”中对资金管理方面的要求，防范资金风险、储备发展资金，把资金管理作为日常财务管理的核心，以提高资金使用效率为出发点，加强现金流量分析预测，将现金流量管理贯穿于企业管理的各个环节，加快各投资单位分红款的催收，高度重视企业的支付风险和资产流动性风险，完善广远大额资金调动和支付管理办法；根据广远整体发展规划，开拓多种融资渠道，完成广远新办公大楼——广州远洋大厦的融资工作；做好广远系统的资金集中管理，加强资金统一调度；密切关注汇率和利率的变化趋势，减少财务费用开支；加强银行与企业的联系，推行委贷业务，利用不同的贷款组合降低企业的资金成本；严格执行全面预算管理制度制定的各项行计划、指标。

（叶苑群）

【调整融资授信及债务计划，完成2010年融资计划】 2009年，金融危机对航运企业造成了极大的冲击，经营效益下滑明显，为确保资金不断链，财金部积极与各银行金融机构洽谈银行授信。2010年，虽然航运市场有所回暖，但并未真正好转，经常出现反复。因此，资金管理单元继续加强银企合作，做好融资授信工作。是年，资金管理单元为广远取得银行授信折合32亿元。结合广远深化改革项目，对未来资金需求及融资形势作充分调研，保证投资计划顺利开展，严格按融资计划的项目内容与规定的标准予以落实。与此同时，保持广远2010年良好的负债结构，在控制规模基础上，完成了2010年融资计划。（黄聪力)

【做好月度资金计划工作】 2010年，为强化资金管理，用好资金，资金管理单元从拓宽融资渠道，加强采购资金、应收账款管理及强化全面预算管理等方面来缓解资金紧张的压力，做好资金收支计划、按月跟踪企业应收账款回收情况，按计划支付企业开支项目，并结合2010年总体市场环境预测、企业自身经营效益预测，对全年现金流情况按月进行分析，做好资金统筹安排工作。

（叶苑群）

【及时做好结汇工作】 广远作为航运企业，其收入主要为美元结算。2010年，在

中远集团防范人民币升值风险的总体指导思想下，广远根据自身经营、外汇结算的实际情况，对广远系统各航运企业美元及时进行结汇、争取以美元贷款进行对外结算，保留美元债务、降低人民币债务的方式。是年，在人民币较大升幅情况下，经资金管理单元和广远各航运企业的共同努力，广远防范人民币升值风险取得一定成效。（叶苑群）

【完善内控制度，切实保证资金安全】 2010年，资金管理单元严格执行“三重一大”中对资金管理方面的要求，完善资金管理，严格按照高度重视企业的支付风险和资产流动性风险；以加强内控制度建设为切入点，进一步强化资金管理，完善内控制度，不断完善广远大额资金调动和支付管理办法，修订了现金及费用支付权限的管理办法，有效地防控了资金风险，加强对广远下属公司资金检查，保证资金的安全。（叶苑群）

【加强下属公司银行账户管理工作】 2010年，资金管理单元按照中远集团要求各企业加强资金集中管理，全面进行银行账户自查工作，做好各项资金管理工作。广远对于下属企业新增开户，提出必须有实际的业务需求，确实无其他可代替的银行账户，避免了一边清理一边增加账户的情况出现。（龙志聪）

【防范经营及税务风险，探讨境外经营平台模式】 2010年4月，为了防范经营及税务风险，财金部、监督部/审计部、航安部、发展部等职能部门联合成立了船舶跨境经营研究小组。10月，广远与中远航运联合对跨境经营风险进行调研，形成了《关于广远跨境经营风险管理的研究报告》，中远集团对该报告的研究结果给予肯定。是年，广远境外船舶更改船籍及单船公司注册地更改工作基本完成。（叶苑群）

综合财务

【财务管理单元工作概况】 2010年，财务管理单元主要完成以下工作：完成企业的年中预算调整报表编制工作，完成2011年预算编制工作；编制每月财务快报和经济分析；完成每季度经营效益情况分析；对广远本部及投资企业的投资项目进行财务监督和审核；完成广远本部固定资产投资计划和固定资产清查的管理工作，对在建工程和固定资产进行相关监督管理，协助广远有关职能部门完成相关项目小组工作；按照改制步骤完成广远及所属企业、广远投资及所属企业、中远航运的企业产权变更登记等工作；推进深化改革，进行房产账务清理，收取存量房处置收入；配合广远改制工作时间表，完成改制时点的评估、备案工作，完成资产评估调账工作；配合广远有关部门，加强对委派财务负责人的管理；精益管理严控成本，每月进行机关行政经费的对标分析；加强财务人员培训等。（林曦）

【提高财务快报质量和时效】 2010年，财金部加强提高财务快报质量和时效性，对广远下属单位的快报质量严格把关，对出现的问题进行良好的沟通和督促整改。同时，通过提高快报说明的分析质量，深入挖掘财务数据中反映的经营状况，为广

远领导决策及时提供了信息。是年，广远荣获中远集团“2009年度财务快报先进单位”。（徐臣涛）

【严控成本，精益对标】 2010年，财务管理单元根据广远领导要求，以严控成本为目标，结合改制内部机构调整，完成了2010年度的行政经费计划和福利费计划的下发。根据2009年计划和实际开支情况，在2010年下发的行政经费中，各部门均按比例下降一定幅度，紧缩行政开支，降本增效。同时，按照企业精益管理工作的安排，每月对广远各部门行政经费实际开支进行统计对标，控制行政经费按进度使用。是年，通过对标评比的精益管理，广远行政经费按预算进度控制使用，比2009年同期有了大幅度节约。（徐臣涛）

【完成2010年年中调整财务预算报表编制】 2010年6月，财务管理单元根据中远集团《关于做好中远集团 2010年年中调整财务预算编报工作的通知》要求，对2010年的财务预算指标进行了客观的调整和修正，充分发挥有效应对后金融危机的财务管理，推动企业综合经营管理水平的提高。7月，财务管理单元完成了年中调整财务预算报表编制工作，并报广远预算管理委员会审议通过。（徐臣涛）

【编报广远2011年财务预算】 2010年10月，财务管理单元根据中远集团《关于做好中远集团 2010 年财务预算编报工作的通知》要求，结合广远的实际情况，在继续上报广远大合并预算报表同时，按照广远改制后的实体架构，将预算拆分为广远、广远投资管理公司和中远航运三家分别进行编报。财务管理单元通过有效组织和准备，加强对市场数据收集和分析，进一步明确职能部门职责，谨慎预测资金状况，充分考虑改制影响因素，贯彻精益管理，合理确定成本费用开支，顺利完成了2011年财务预算的编报工作，并经广远预算管理委员会的讨论通过。上报中远集团后，中远集团财务部与广远财金部进行了电话约谈，中远集团财务部对广远财务预算工作表示满意。（廖上林）

【配合改制完成资产评估工作】 2010年3月，财务管理单元以2月28日为改制时点，配合中通诚资产的评估公司完成了对广远本部改制现场资产的评估工作，在评估过程中出现的问题经不断与评估公司沟通协调，于4月形成广远改制的评估报告。7月2日，评估报告获得中远集团备案批准。

（翁哲）

【完成广远下属企业改制产权变更工作】 2010年，财务管理单元根据企业深化改革的需要，对广远所属部分企业进行了股权结构调整，完成了对福建捷安的注销；完成了对远洋宾馆、东海大厦变更股东的产权变更（广远收购天星公司股份）；中远航运因认股权证行权使得实收资本增加，因海运公司、深圳远洋、广州中货退出使得国有出资人及出资比例变动的产权变更；完成了上海中远航运新设登记；完成了建设实业、远洋酒店、酒店管理、物业公司、大富酒店、省远洋股权无偿划转至广远投资管理公司；完成了广远投资管理公司组织形式由有限公司更正为国有企业；完成了广远改制产权变更、中远航运股权划拨中远集团产权变更、广远投资管

理公司级次变更等多项产权变更工作，有力地配合了广远改制项目顺利开展。

（翁哲）

【完成广远改制评估调账工作】 2010年，广远改制资产评估经中远集团备案批准后，评估涉及的资产调账规模庞大，房屋建筑物、投资性房地产、无形资产、电子设备、船舶机器设备等均需进行调账。受财务SAP系统限制，在该系统调账不能满足广远经营管理和税务征收的需要，财金部在中远集团SAP组的技术支持下，对SAP系统的资产模块进行了改造，经一个月时间调试，基本能够满足广远的评估调账要求。11月16日，财金部组织4人突击小组赴京，在中远集团SAP组专家指导下进行了大规模的评估调账工作，经昼夜奋战，于11月21日凌晨圆满完成了资产类评估调账工作。（林曦）

【开展固定资产清查和清理】 2010年12月，财金部根据《广州远洋运输公司固定资产管理办法》的要求，为了核实固定资产的数量、质量、性能以及归属部门，保证固定资产账、卡、物相符，并结合搬迁广远新办公大楼——广州远洋大厦做彻底清查，财金部联合总经办下发了《关于开展2010年固定资产清查的通知》。广远各单位按文件要求进行固定资产自查盘点，财金部也对资产评估调账后的账、卡、物进行梳理核对，最后形成固定资产清查报告，提出清查中存在的问题，保证了资产的安全性和完整性。（翁哲）

【协助完成房产无偿划拨和存量房挂牌处置工作】 2010年，财金部根据广远深化改革的要求，全面规范企业房产管理，并加快存量房的处置工作。财金部配合企业房产部门，协调推进广远土地房产确权办证、账务调整、合同理顺及房产处置工作。完成了72套房产无偿划转至投资管理公司的账务处理。同时，协助房产部推进广远存量房的处置工作，共处置房产178宗，并及时收取处置房产价款，进行账务处理。（翁哲）

【加强财务委派人员管理】 2010年，财金部根据中远集团加强对财务委派负责人管理的要求，不断总结经验、完善程序，逐步形成制度；加强了委派负责人日常管理，及时向中远集团或各相关职能部门提交各委派负责人的意见和建议及需解决的问题，定时反馈，形成良好机制；加强财务专业考核工作管理，配合岸产事业部门到所属岸产企业进行干部考核。同时，加强财务管理人才深层次建设，协助组织广远下属企业财务负责人参加中远集团举办的总会计师培训班的学习。在改制过程中，还针对存在的财务问题举办各种财务工作培训班，分别就预算管理、资产管理等问题进行学习研讨。通过上述一系列工作，提升了财务人员队伍工作能力和业务水平。（林曦）

会计核算

【会计核算单元工作概况】 2010年，会计核算单元做了大量富有成效的工作。主要有：完成2009年度广远年终决算工作、汇算清缴工作、《企业年度工作报告》填报工作、部署2010年广远年终决算工作及2010年所得税汇算清缴工作；加强与税务等政府主管部门的公关工作，合理、合法、科学地进行税务筹划工作；参与广远改制的有关工作，完成2月28日改制审计等工作；指导广远下属企业会计核算工作；完善会计档案保管工作；协助监督部/审计部完成国家审计署对广远的审计工作；完成清理历史遗留账务等工作。

（张美琴）

【完成2009年度年终决算工作】 2010年1～4月，会计核算单元根据中远集团财务部《关于做好中远集团2009 年度财务决算工作的通知》的有关要求，按时完成了2009年度财务决算工作及后续针对管理建议书的整改工作等。（张美琴）

【做好2010年年终决算工作部署】 2010年，财金部按照中远集团2010年年终决算工作会议精神，为保证广远系统2010年度的财务决算工作顺利进行，组织召开广远系统2010年度财务决算布置会，传达中远集团决算会精神，下发中远集团决算要求文件，并征求广远下属企业关于如何做好决算工作的建议；由财金部牵头，联合各部室做好《企业年度工作报告》的汇编工作，并按时上报中远集团；与会计师事务所、税务师事务所联系，结合企业实际，完成2010年度广远系统的财务预审、终审工作，以及税务的预审、终审工作；布置广远系统内久其系统期初数核查，保证决算系统数据的正确性；审核广远各下属企业决算报表，严格遵守中远集团决算工作要求，保证广远各下属企业的财务报表质量；制定广远本部财务决算工作计划表及责任书，把任务落实在每个单元，将责任落实在每个人。（张美琴）

【协助完成审计署审计检查工作】 2010年，财金部协助广远监督部/审计部完成国家审计署要求提供的大量资料；回答现场审计人员的提问和咨询；整理和编制现场审计人员要求的各项资料（包括一些表格和说明等）；及时向中远集团汇报本部门的审计情况等。同时，根据中远集团有关“边审边改”的要求，制订了《广州远洋运输公司船舶运输成本预估管理制度（试行）》，从制度上规范了广远各航运企业船舶运输成本工作和审计事项及时进行账务处理的工作。（卢鸿程）

【加强税务政策的学习和研究】 2010年，会计核算单元加强对财政部、国家税务总局出台的税务政策和文件的学习研究，适时跟踪有关政策及文件精神，对广远经营管理有影响的内容及时提供广远领导或相关部门，为企业经营管理合法、合规提供依据。根据广州市税务局关于2010年开始实行新版发票的规定，完成了广远本部的新版发票的开具和管理工作。同时，还指导广远投资管理公司完成了新版发票的申办工作；配合中远集团完成财务系统升级的基本资料数据统计采集工作，完成2009年度所得税纳税申报资料的统计收集工作；完成广远本部劳动力中介许可证的申领工作；根据新营业税法对航运企业运输收入的新规定，梳理企业业务流程，争取最大限度的国家政策的支持。

（蓝坤明）

【进一步规范会计档案管理工作】 2010年，会计核算单元加强对会计档案的管理，打印、整理、装订了2009年度的账本。根据企业档案管理的要求，将全部账本

移交给档案管理中心存档；完成了整理、装订2009年度的凭证，并完成全部凭证上架工作；协助会计师事务所、税务师事务所年终财务审计提供凭证的调阅工作；协助国家审计署审计提供、整理凭证等工作，保证了档案完整和安全。（王玲）

第五节 人力资源管理

【人力资源部/组织部简介】 2010年，人力资源部/组织部接受广远党委和行政的双重领导，行政职能向总经理负责，组织工作向党委负责。主要职能是负责人力资源的总体规划、广远管理权限内员工的招聘、调配、培训、培养及绩效考核；管理广远劳动用工合同、劳动工资、员工外派、退休审核、机构设置、职能分配和编制制定工作；负责组织制订并实施企业员工岗位目标绩效考核制度和本部奖励制度；负责管理广远本部内退、待岗、下岗人员；负责党的组织建设和统战工作；负责管理离退休服务中心、劳动保险统筹中心、档案管理中心，3个挂靠中心。

人力资源部/组织部下设员工管理单元、薪酬管理单元、组织管理单元、档案管理中心、劳动保险统筹中心、离退休服务中心。

时任总经理、组织部部长黎光葵，总经理助理郑深恩。员工管理业务经理吴思，薪酬管理业务经理张丛，组织管理业务经理周佐成。档案管理中心主任徐鹰。劳动保险统筹中心主任叶勇，主任助理苏志刚（3~12月）、邝占罗。离退休服务中心主任谢汉波。员工41人。

（吴思）

【人力资源部/组织部工作概况】 2010年，人力资源部/组织部围绕广远战略重点，主要完成了以下几项重点工作：1. 做好战略性人力资源管理工作，根据企业的发展战略和深化改革的需要，开展好人力资源队伍建设，加强员工的培训培养，加强内部机构的优化等工作；2. 做好日常人事管理工作，做好员工调配和动态管理，加强员工工资管理，做好员工招聘和劳动关系管理等工作；3. 做好党建组织工作，深入学习中远集团党组下发的关于党建工作的指示，建设学习型党组织，加强党性修养，扎实开展创先争优活动，开展“三大机制”建设调研，加强企业党建工作等三项重点工作，进一步提升企业党建工作的科学化水平；4. 做好服务窗口工作，不断提升服务水平，为企业员工提供优质的档案、户口、社保、离退休管理等各类服务。

2010年，人力资源部/组织部认真做好人力资源管理工作，抓好人才队伍建设，对广远系统航运公司党组织负责人、中远航运船员管理部的党政负责人进行了岗位轮换；完成了广远改制职工安置方案的制订与实施；成立了广远后勤服务中心、教育中心和广州远洋大厦项目部，妥善安排好相关员工；积极做好企业深化改革相关人事工作，加大了船员管理改革后续处理工作的力度；根据企业深化改革的需要，组织设计了广远后勤服务中心、教育中心薪酬制度，并在人员未增加的情况下完成了上述两个中心的工资日常管理工作；根据中远集团的统一部署，稳步推进企业年金工作，完成了补充养老保险的清理移交工作、年金方案草拟及多项测算工作，为下一步企业年金的实施打下了坚实的基础；持续进行薪酬制度改进，加强薪酬制度的激励与约束机制建设。

2010年，档案中心落实《中远集团创建国家高技能人才培养示范基地工作方案》提出的各项任务，加强职业技能鉴定规章、制度建设；积极推进技能人才评价，促进技能人才快速成长；精心组织、严格考核，做好技师的鉴定及申报材料的准备、上报和评审工作。是年，有3名员工破格评审为高级技师，实现广远成立49年来零的突破。

2010年，离退休服务中心扎实做好“三委一室”（党工委、管委会、关工委和活动室）工作，重点抓好老干部的“二项待遇”（生活和政治待遇）和“三项建设”（支部建设、思政建设和自身队伍建设），做好常规性服务和企业退休统一管理工作，力保和谐稳定；扎实做好关工委工作。

2010年，保险中心认真履行社保职责，积极开展创建文明示范窗口活动，为职工多办实事、做好事。通过不懈的努力在申请统一执行北京市基本养老保险政策的问题上获得解决和顺利实施，以及为企业争取了政府拨付的援企稳岗补贴734万元等，促进和谐企业的建设，充分发挥了社会保险的保障功能，为企业安全发展保驾护航，为建设“百年广远”、企业抗击金融海啸作出了贡献。按照国家地方政策法规，顺利开展基本养老、基本医疗、工伤、生育、失业等五项社会保险，以及中远集团员工因公交通意外伤害保险、补充养老保险、企业年金、员工计划生育等工作。（阮亦欢）

【广州远洋运输有限公司负责人任职】 2010年8月，中远集团任命徐惠兴为广州远洋运输有限公司法人代表、执行董事、总经理，刘书田为广州远洋运输有限公司监事。（吴思）

【陈炳立挂职】 2010年1月，中远（集团）总公司聘任陈炳立为广州远洋运输公司副总经理（挂职）。挂职时间1年。（吴思）

【刘雪亮任职】 2010年10月，中远集团任命刘雪亮为广州远洋运输公司总会计师。（吴思）

【广远投资管理公司负责人任职】 2010年12月，中远集团任命徐惠兴为广远投资管理公司法人代表、总经理。（吴思）

【广远改制的员工安置工作】 鉴于广远从全民所有制企业改制为公司制企业，广州远洋运输有限公司制订了员工安置方案，并于2010年6月召开员工代表大会，通过了员工安置方案。9月，广州远洋运输公司下发并实施了《广远公司改制职工安置方案》，以代替继续履行的方式为员工安置的基本方式。（吴思）

【调整企业非常设机构】 2010年，广远为适应企业机构改革和人员变动的需要，确保各项工作正常运作，对非常设机构进行了调整，新成立了土地房产处置领导小

组和工作小组、广远开展工程建设领域专项治理工作协调小组、广远/中航办公室搬迁工作小组、广州远洋第七届国际海运（中国）年会筹备工作领导小组和工作小组、广远“小金库”专项治理工作领导机构、档案库房改造工程工作机构，调整了广远经营管理委员会的成员。（吴思）

【成立土地房产处置领导小组和工作小组】 根据广远整体工作规划的需要，为利于房产处置工作在符合国家法规和有关规定的前提下稳妥、高效推进，2010年1月，广远成立了广远土地房产处置领导小组和工作小组，并为此下发了相关通知，对领导小组和工作小组的职责进行了明确规定。（吴思）

【成立开展工程建设领域突出问题专项治理工作协调小组】 为加强对广远工程建设领域突出问题专项治理工作的领导，2010年1月，广远成立了广远开展工程建设领域突出问题专项治理工作协调小组及其下设办公室，并为此下发了相关通知，对协调小组和办公室的职责进行了明确规定。（吴思）

【成立“小金库”专项治理工作领导机构】 为了加强对“小金库”专项治理工作的组织领导，2010年8月，广远成立了“小金库”专项治理工作领导小组及其下设的办公室，并为此下发了相关通知，对领导小组和办公室的职责进行了明确规定。（吴思）

员工管理

【员工管理单元工作概况】 2010年，员工管理单元认真做好人力资源管理工作，努力提升管理水平。主要工作有：抓好人才队伍建设，对广远系统航运企业党组织负责人、中远航运船员管理部的党政负责人进行了岗位轮换；完成了广远改制职工安置方案的制订与实施；成立了广远后勤服务中心、教育中心和广州远洋大厦项目部，妥善安排好相关的员工；积极做好企业深化改革相关人事工作等，加大了船员管理改革后续处理工作的力度。

完成广远系统航运企业党委/党总支书记、党工部主要负责人和中远航运船舶管理部党政负责人的岗位轮换工作。对宾馆酒店业的总经理进行了岗位轮换，聘任了通导公司的副总经理。完成了岸产企业领导班子成员的新一轮聘任工作。制订了《广远公司十二五人才发展规划》和《广远公司中长期人才发展规划》。按计划完成广远本部员工的月度考核和年度考核，并公布了考核优秀名单。完成2人次试用期满的考核工作。

对南海包装厂转让后派出人员进行了安置，调整了工会和保险中心的人员编制，对中远鞍钢和越洋公司选派了业务人员。完成9批“三个三百”培训的人员选派工作。推荐新一批常驻外派后备人选；组织企业员工培训10次，培训人数405名，员工个培36人次。

认真做好广远改制所涉及的企业员工安置工作，召开物业公司、金桥学院、建设实业的职工代表大会，顺利通过了物业公司、金桥学院、建设实业的员工安置办法。广远成立了后勤服务中心、教育中心和广州远洋大厦项目部，并明确其党组织的设立，保证了存续公司的顺利划拨。通过竞聘上岗完成了广远后勤中心和教育中心的人员招聘问题，并完成了广远后勤中心119名、教育中心79名员工劳动合同的理顺工作和工资转回广远发放工作。

指导、协助做好船员管理改革后续处理工作，解除或终止了49名船员的劳动合同；完成陆地78人劳动合同续签工作；完成残疾人就业年度审核和劳动年度审核工作；顺利完成第二代残疾人证的换证工作；配合街道做好企业残疾员工的跟踪管理工作；认真细致做好日常人事管理工作。（吴思）

【宾馆酒店业领导班子成员交流】 2010年2月，为了推进岸产宾馆酒店业领导班子成员的交流，广远对远洋宾馆、远洋酒店、东海大厦的领导成员进行了岗位交流。（吴思）

【中层党群干部交流】 2010年3～4月，为了推进中层管理人员特别是党群干部的交流，广远对中远远达、中远南方、党工部主要负责人和中远航运船舶管理部党政负责人进行了岗位交流。（吴思）

【对下属个别单位领导成员进行调整】 2010年5月，广远对通导公司的副总经理进行了任命。11月调整了广远党工部的负责人。（吴思）

【援藏干部赴藏工作】 2010年8月，中远集团第六批援藏干部叶勇赴西藏开始了为期一年半的援藏工作。援藏工作期间，叶勇挂职担任西藏昌都地区洛隆县常务副县长。广远选派的第五批援藏干部王珂于8月从西藏回到广州，结束了为期一年半的援藏工作。（吴思）

【选派扶贫干部】 2010年10月，广远根据广东省扶贫管理机构的要求，要向定点扶贫点派一名驻村干部。为此，广远在岸产企业开展了扶贫干部的选拔工作，按照组织动员、自愿报名、初步筛选、体检、确定人选的程序进行，经广远党委同意，确定张光裕为定点扶贫驻村干部。定点扶贫驻村干部于11月到任。（吴思）

【做好相关企业的职工安置工作】 2010年3月，物业公司、金桥学院、建设实业召开职工代表大会，通过了物业公司、金桥学院、建设实业的员工安置办法。广远成立了后勤服务中心、教育中心和广州远洋大厦项目部，对应接收物业公司、金桥学院和建设实业的员工，并明确其党组织的设立，保证了存续公司的顺利划拨。广远通过竞聘上岗完成了后勤中心和教育中心的人员招聘问题，并完成了后勤中心119名、教育中心79名员工劳动合同的理顺工作和工资转回广远发放工作。（吴思）

【保险中心岗位调整】 2010年2月，根据工作需要，广远保险中心的岗位设置进行调整，增设了一名保险中心主任助理，并于当月完成了该岗位的人员聘任。（吴思）

【上报《中远集团中长期人才发展规划（2010～2020）》调研材料】 2010年，广远根据中远集团《关于上报〈中远集团中长期人才发展规划（2010~2020年）〉

调研材料的通知》要求，着眼于企业人力资源现状及中长期发展规划对人力资源的总体需求，为实现企业整体经营目标及企业整体发展战略提供人力资源方面的保证与服务，草拟了《广远公司中长期人才发展规划（2010~2020年）调研材料》并上报中远集团。（阮亦欢）

【广远本部员工聘期满考核】 2010年12月，广远对本部员工进行了聘期满考核。其中，业务经理及以下员工的考核直接由各部门直接组织。通过考核评出年度考试优秀员工业务经理11名，一般员工12名。（吴思）

【举办QC管理知识培训班】 2010年1月9日，广远专门组织了一期有骨干、推进员、评审员等60多人参加的QC知识培训班，邀请广州市质量协会副秘书长、国家级资深咨询师季进讲课。通过培训，增强了QC小组骨干、推进员、评审员的相关知识，提高了成果编写技术、程序要求、成果案例分析的操作水平，从而推进企业QC活动的开展。（钟新勇）

【举办财务知识培训班】 2010年3月，广远组织了一期财务知识培训班，共有31位从事财务工作的员工参加了为期3天的培训。培训邀请广州雷鸣企业管理顾问公司资深专家授课。授课专家认真讲解了企业改制中常见的财务问题及应对方法，同时结合企业改制过程中遇到和可能遇到的财务问题进行深入分析，并结合实际与参培员工进行了详细的研讨。通过培训，提高参加培训人员在企业改造过程中正确处理各种财务问题的能力。（钟新勇）

【举办纪检监察业务培训班】 2010年12月，广远专门组织一期纪检监察业务培训班。广远本部和所属企业纪检监察人员共39人参加。培训班就当前反腐倡廉形势和具体的业务操作、工作技巧等问题对从业员工进行学习、研讨。通过培训学习，使参加培训人员更好地理解政策，提高认识，进一步掌握工作技巧和方法，促进了企业纪检监察各项工作的提高。（钟新勇）

【南海包装厂人员安排】 2010年3月，南海包装厂海洋包装材料厂转让后，广远对派往南海包装厂的3名员工重新工作安排。其中，安排在岸产企业1人，广远本部1人，退休1人。（吴思）

【新员工招聘】 2010年，广远共招聘新员工97名，均为高等院校水上专业毕业生。（阮亦欢）

【与违纪船员解除劳动合同】 2010年，广远依据国家相关劳动法律法规和《中远集团远洋船员管理办法》，分别与18名违纪船员单方解除了劳动合同。（吴思）

【荣获安排残疾人就业工作先进单位】 2010年，广远荣获2010年中央驻穗企业、省属单位超比例安排残疾人就业工作先进单位。（赵卫）

【解除及终止劳动合同】 2010年，广远依据国家相关劳动法律法规，办理解除或协议终止劳动合同人员59人。其中，解除劳动合同43人（单方解除24人，协议解除1人，违纪解除18人），协议终止劳动合同16人。（赵卫）

薪酬管理

【薪酬管理单元工作概况】 2010年，薪酬管理单元紧密围绕航运主业发展需要，为广远航运全资及控股企业董事会决策提供工资分配方面的理论帮助与数据支持，为中远航运、中远远达、中远南方、省远洋等单位的广远方董事提供了建议或意见。根据广远深化改革的需要，理顺了广远后勤服务中心、教育中心薪酬管理。（张丛）

【后勤服务中心、教育中心薪酬管理】 2010年4月1日，经广远党委、总经理办公会审议通过，广远设立后勤服务中心、教育中心。薪酬管理单元为配合企业深化改革工作需要，理顺后勤服务中心、教育中心薪酬管理体系，制定了后勤服务中心、教育中心薪酬管理制度，并负责后勤服务中心、教育中心的薪酬日常管理工作。（张丛）

【征求船员工资调整意见】 2010年10月，中远集团下发了《关于中远集团远洋船员在航工资收入指导标准调整方案征求意见的通知》，提出2011年远洋船员在航工资收入指导标准调整的初步方案，并向各远洋运输公司征求修改意见。薪酬管理单元在征求广远系统内各航运公司意见后，结合广远船队特点，于10月25日向中远集团提出了修改意见。（张丛）

【2009年度个税申报】 2010年1～2月，薪酬管理单元与财金部密切配合，为员工提供收入统计数据查询，协助年收入达到个税申报标准的员工做好2009年度个税申报工作。（张丛）

【劳动工资管理】 2010年7月8日，薪酬管理单元向中远集团人力资源部上报了《广远公司2010年度工资总额计划》，统筹安排广远系统内各单位工资总额使用计划。在广远统一管理下，广远各单位工资总额使用合理、有序，有力地保障了生产经营的开展。（张丛）

【地方劳动综合统计报表】 2010年，广远按广州市统计局的要求，遵循在地统计的原则，按在地统计过渡期统计报表继续实行“双轨制”报送的要求，做好地方劳动综合统计报表报送工作。广远填报本企业报表上报到区统计局，及督促所属基层单位向所在区统计局报送季度、年度劳资报表；广远填报本企业报表，并收集审核汇总所属基层单位的季度、年度劳资报表报送到广州市统计局，完成广州市布置的劳动工资统计报表上报工作。（陈慧华）

【完成上级要求的劳资统计报表】 2010年，广远根据中远集团的统一部署，做好中远集团布置的劳资统计工作，完成《交通行业二〇一〇年劳动工资统计年报》、《中远集团二〇一〇年人工成本统计年报》及《中远（集团）总公司各直属单位劳动工资统计季度报表》等上报工作。（陈慧华）

【地方劳资统计报表网上报送工作】 2010年每季末，广远按广州市统计局的要求，通知所属单位做好地方劳资统计报表网上报送工作。广远驻穗单位劳资统计季度、年度报表全部在《广州市宏观经济数据库

采集平台》报送，完成地方劳资统计报表网上报送工作。（陈慧华）

【**薪酬调查工作**】 2010年 9月28日，广远布置落实国务院国资委对各中央企业薪酬情况进行调查的有关工作，完成本部及20家基层单位《中远集团2010年国资委系统监管企业职工薪酬调查问卷表》统计上报工作，完成国资委开展的监管企业薪酬调查问卷的调查上报工作。（陈慧华）

【**福利费调查工作**】 2010年11月17日，广远布置落实国务院国资委对各中央企业的福利情况进行调查的有关工作，做好广远本部及20家基层单位2008年、2009年《职工补贴及其他福利信息报表》统计上报工作，完成国资委开展的中央企业福利情况调查上报工作。（陈慧华）

【**劳资统计日常管理**】 2010年，薪酬管理单元每月收集在职员工人数、工资总额使用情况统计月报，整理15家单位180张报表。其中，主要有劳动年审和残联年审、财务财税年审、财务决算报表、财务预算报表、党务报表、工会报表、生产统计报表、人事统计报表、发展部报表，提供劳资数据或协作有关单位填写报表。

（陈慧华）

【**固定资产管理工作**】 2010年，薪酬管理单元完成填报本部门《投资完成情况简表》、《中远集团2010年非船舶投资调整计划表》、《中远集团2010年非船舶投资调整计划表》、《中远集团2010年非船舶投资建议计划表》及2010年固定资产清查工作。（陈慧华）

档案管理

【**档案中心工作概况**】 2010年，档案中心积极推进技能人才评价，促进技能人才快速成长；精心组织、严格考核，做好技师的鉴定及申报材料的准备、上报和评审工作。是年，有3名员工破格评审为高级技师，这是广远成立49年来零的突破。完成技师培训和鉴定20人，鉴定成绩合格为20人。其中，10名水手长、10名机工长。召开广远技师，船舶高、中级工评审会，评议通过22人，推荐其参加中远集团技师评审。其中，14名水手长和8名机工长。评议通过148人，推荐其参加中远集团船舶高、中级工认定。其中，船舶水手高级工50人，船舶水手中级工51人，船舶机工高级工18人，船舶机工中级工29人。填写上报《2010年中央企业技能人才培养有关情况调查表》。

2010年，档案中心办理全日制正规院校大中专毕业生专业技术职务任职资格初次认定5人。参加交通运输部船舶高级系列评审2人，评审通过高级船长2人；参加中远集团专业技术职务评审10人，评审通过高级政工师1人，高级工程师2人，高级会计师2人，政工师1人，讲师4人。广远专业技术职务评委会评审通过工程师4人。组织广远人员参加专业技术职务答辩5人。修改广远专业技术职务人员信息库800人次。办理专业技术职务任职资格证书97本。发放广远本部高级专业技术人员14人职称津贴；完成2010年度广远本部高级专业技术人员14人书费报销审核工作。

是年，档案中心认真贯彻执行《全国人口普查条例》及《第六次全国人口普查方案》的有关规定，按时保质完成有关人

口普查的工作任务。其中，为全国第六次人口普查发、收信15000封；抄写、更正、普查各种表格20000余份，处理各类信件25000余封。（徐鹰）

【档案整理工作】 2010年，档案中心进一步加大《档案法》的宣传教育工作力度，在实施《企业档案工作规范》上下工夫。档案人员依法治档的意识明显增强，把档案法制化建设抓好做实。坚持把依法治档、服务航运工作作为搞好档案工作的核心来抓，健全档案机构和组织，完善档案规章制度，实现档案管理现代化，努力开发利用档案信息资源，实现档案工作年度目标。认真抓好档案各项基础业务工作，保证各类档案收集齐全，进一步提高档案的归档率，对企业各类档案进行全文扫描，按标准化进行录入。是年，接收档案文件1189件、合同档案938件、接收5艘新船技术档案126盒，7308份，并进行了盖档案号章、起钉，整理装订、目录翻译处理、电脑录入、上架排列等整理工作。接收会计档案533卷（其中，账册120册、凭证413卷），账册扫描录入进入档案管理服务器，全部会计档案排列上架。接收航运技术统计档案75卷、照片档案18卷820张、实物档案9件；声像档案10卷201张光盘；旧印模档案12卷299枚；房改档案9133卷；解除合同档案274卷；产权证书档案3件，接收归档人事档案资料4250件、干部人事档案337卷，职称档案97卷。以上档案经整理后录入进入档案库，增加了广远档案库存率。办理移交转递160卷干部人事档案，职称档案33卷，完成837卷退休及其他人员档案的转库工作。（甘光荣）

【接收基层单位档案】 2010年12月，档案中心组织档案人员前往黄埔接收档案，重点对通导公司及其子公司远通的会计档案的收集清理工作，对历年的档案进行逐张、逐份、按照账册、凭证进行分类和编号，认真清点、校对验收，有效地保护企业档案资产，防止因机构变更造成档案的流失。（甘光荣）

【围绕民生做好档案接收工作】 2010年，档案中心坚持以人为本，把关注民生、服务民生作为突破口，民生档案管理工作取得显著成效。现场检查、清点和接收了住房补贴档案9133卷，解除劳动合同档案274卷，劳保档案204份。上述档案收集齐全、整理规范，达到标准化。

（徐鹰）

【全面部署档案安全保障体系建设工作】 2010年，档案中心全面部署档案安全保障体系建设工作，完成的主要工作有：1. 认真贯彻落实全国档案安全体系建设工作会议精神，确保企业档案安全，召开了档案安全工作会议，共有50位专兼职档案工作人员参加。 2. 全力确保档案安全度汛。 5月以来，一场有气象记录以来历史同期最强雨持续袭击广州大地，持续的强降水导致洪水泛滥，城区内多处严重内涝，各处险情告急，灾情也使一些地区和部门的档案在水灾中受到水浸等损害。档案中心积极行动，全力做好档案安全度汛工作。尽管广州遭遇百年一遇的大雨，但广远全系统未发生一起档案水毁水淹事故。

（徐鹰）

【科技、文书档案利用情况】 2010年，

档案中心注重档案服务工作质量，充分发挥档案人员的服务创新意识，变过去的被动服务为现在的主动服务，编制了各种检索工具，从库房的档案借阅工作走向社会查找利用工作，从被动等利用者上门查阅到主动为企业各项经济活动服务。是年，档案中心利用借阅档案3048卷次、15280件次、1950人次。全年档案利用工作直接或间接产生经济效益达7837.19万元（含船舶减少港口停时，土地确权、存量房处置出让益价，产权纠纷，追收账款，报建出租增值，基建维修等）。（甘光荣）

【档案编研工作】 2010年，档案中心续编《广州远洋运输公司历届领导任职时间》、《历年来船舶发生重大事件登记表》、《处分人员名单》、《机关干部任免名单》、《广远组织机构沿革》、《文件归档情况说明》、《大事记》、《全宗简介》、《集体授奖登记簿》、《个人立功受奖》、《历年各种会议索引》、《红线图、四至图、报建资料索引》、《文号档案号对照表》等。（甘光荣）

【档案库房管理】 2010年，档案中心每天对各库房进行系统检查，重点检查防盗、防火、防光、防潮、防尘、防高温、防虫、防鼠等“八防”工作，针对南方多雨潮湿天气及时调整库房温湿度，全年进行库房通风、抽湿、清洁780次；调节档案库房温湿度登记1042次。（甘光荣）

【档案管理人员培训工作】 2010年，档案中心坚持“走出去”、“请进来”的培训理念，不断培训和提高专兼职档案人员的管理水平，加快了档案现代化建设所急需人才，全年培训124人次。

（甘光荣）

【档案管理业务指导工作】 2010年，档案中心组织召开广远系统档案工作会议，特邀请广东省档案局业务督导处的领导参加，为广远的档案工作人员进行业务授课、现场答疑。与此同时，对基层单位的档案工作进行组织检查和指导，拟写和转发各类档案管理方面的通知15次。

（徐鹰）

【档案管理成果】 2010年，广东省档案局对2010年度省直单位档案工作进行年度评估，广远档案中心被确定为优秀等级。

（甘光荣）

【档案宣传工作】 广远自2006年起连续5年被广东省档案局评为优秀单位。为充分利用、宣传广远的档案工作、树立广远的良好形象，2010年，档案中心积极组织稿件，首次在由广东省档案局（馆）主编的《广东企业档案》（2010年第四期），全面介绍广远的档案工作，共撰写文字稿件3篇，图片15张。其中，《卷首语》以主管广远档案工作的党委书记刘书田署名发表。（徐鹰）

【人事档案管理工作】 2010年，档案中心接收人事档案共322卷。其中，人力资源部/组织部和中远航运转来的新职工档案95卷；离退休中心转来死亡职工劳保档案204卷；金桥学院、供应公司转来退休职工档案17卷；大富酒店转来职工档案6卷。

是年，档案中心接收各种材料2650份，并对这些材料进行归类、归档。其

中，较为重要或数量大的有职工解除或终止劳动关系证明书271份、船员适岗资格审批表765份、职工入党材料562份、员工退养和退休审批表492份。

新建人事档案322卷。对新接收的人事档案进行编号、名册登记、电脑数据录入和入库。转出转递人事档案182卷。按照调档函通知单的要求，把对方的所有档案材料转出。按国家一级标准整理人事档案435卷。（陈嫦兰）

【人事档案的利用】 2010年，档案中心利用人事档案情况：提供人事档案查阅共738份（包括广远本部、基层单位、公证处、海事部门等单位），提供人事档案借阅共397份，复印522页档案材料供有关单位使用。（陈嫦兰）

【人事档案日常管理工作】 2010年，档案中心认真做好人事档案工作。1. 录入人事档案信息815个，输入人事档案目录335卷次。2. 接受广远退休、退养、死亡、解除和终止劳动关系等职工档案转库共517份，在名册、电脑系统中更改档案号码，并把档案袋破旧的更换为新的787个。3. 接受广远下属基层单位转回广远的档案共23卷，对这些档案进行杀虫消毒，先放杀虫药，再把这些档案密封、封存，重新编号、入册、录入信息、然后再入库。4. 修改人事档案名册信息597个，修改人事档案电脑系统信息数据597个。（陈嫦兰）

【高级技师鉴定】 2010年，档案中心落实《中远集团创建国家高技能人才培养示范基地工作方案》提出的各项任务，加强职业技能鉴定规章、制度建设，积极推进技能人才评价，促进技能人才快速成长。与此同时，精心组织、严格考核，做好高级技师的鉴定及申报材料的准备、上报和评审工作。（徐鹰）

【推荐交通运输部航海学会专家人选】 2010年，档案中心根据中国航海学会《关于推荐航海领域专家人才库人选的通知》的要求，对照推荐条件，经广远领导研究决定，推荐总经理徐惠兴等26名员工为航海领域专家人才库人选。并整理推荐专家人选材料26份。（徐鹰）

【专业技术职务人员管理】 2010年，档案中心发放广远本部高级专业技术人员14人职称津贴；完成广远本部高级专业技术人员14人书费报销审核工作。（徐鹰）

【户口管理工作】 2010年，广远随父母迁入户口8人；大学生入户57人。档案中心办理市外迁移户籍证明寄出152份，迁出户口257份，寄出户口98份，办身份证55份，寄、发出身份证39份，交回公安局旧身份证98份，借户口登记结婚169人次，办理户籍证明152份，复印户口卡2971份，寄户口复印件382份，借户口办理因私护照426人次，借户口办理购买房子165份（次），死亡注销户15人，交民政部门火化证15份，申报企业员工家属小孩户迁材料6份，到公安部门更正身份证重码6人。

（陈献平）

劳动保险管理

【保险中心工作概况】 2010年，保险中心（含北京中远社会保险管理中心广州分

中心，简称广州分中心。与广远保险中心为一套人员两块牌子）做的主要工作有：各参保单位人员增减、单位内部人员流动的社会保险台账管理，采集各单位参保人员的上年度工资性收入，申报核定参保人员各险种的缴费基数，征缴各参保单位的各项社会保险费用。参保人员的退休办理、退休养老金核发，离退休人员基本养老金的调整和按月发放。离职人员的基本养老保险关系转移。参保人员的参保登记和动态变更、定点医院更改等个人基本信息修改，参保人员医疗费用的审核与结算，广远属下各航运公司船舶购药费用、船员国外就医费用（500美元以下免赔部分）、船员上船体检费用的审核与结算，职工体检费用的审核与结算，参保人员个人医保卡发放和注资工作，退休人员异地安置的接收和转出工作。离休干部、职工供养亲属的医疗费用报销。工伤职工治疗工伤医疗费用的审核、申报、发放工作，工伤人员的伤残评审和待遇发放，工伤职工伤残津贴和供养亲属抚恤金的调整和发放工作。生育女职工的产前检查和生育医疗费用的审核、申报、发放，以及落实发放生育女职工的生育保险待遇。失业人员的失业保险待遇申报工作。职工补充养老保险的到期支付和理赔工作。年度新增职工的因工交通意外伤害保险费的征缴。启动企业年金的准备工作。职工的计划生育日常管理工作。做好社会保险和计划生育政策的宣传工作。

（苏志刚　李日宝）

【参保人员台账管理】 2010年，广远系统内基本养老保险参保人员平均人数为在职5334人、退休8419人、离休93人；医疗保险在职5334人、退休8419人；工伤生育失业保险在职5334人。是年，参保人员增加111人、调离266人、在职死亡12人、退休死亡78人、离休死亡4人、办理退休520人、内部调动221人。是年，保险中心做好1212人的社会保险台账变化以及信息变更管理。

（刁海静）

【养老保险数据并轨】 2010年1月，中远集团养老保险数据并轨北京市，全部纳入北京市社保中心四险系统管理。中远养老保险实行四险系统和中远集团劳动保险管理信息系统并行管理，北京市社保部门为中远参保职工养老保险数据承担最终责任，16年（1994～2010年）的企业参保记录转变为政府对参保人员的承诺。

（李日宝）

【统一执行北京市养老保险政策】 2010年8月，北京市人力资源和社会保障局印发《关于中远集团统一规范驻粤、驻沪企业养老保险政策有关问题的复函》，中远驻粤单位统一执行北京市养老保险政策，中远单位不再执行京外地方养老保险政策。本次调整共计为中远驻穗单位2877名退休人员重新核定并补发养老金，补发金额6592万元，人均增加养老金945元/月。

（李日宝）

【保留养老金调整额】 2010年10月，保险中心按京人社养函【2010】170号文规定，2006年7月以后退休基本养老金按北京市183号令政策规定计算，对2009年12月底以前的广东养老金调整数额予以保留。这次调整涉及人数2723人，人均月养老金为3740.15元。

（陈卓驹）

【退休人员基本养老金调整】 2010年3月，根据广东省《关于2010年度调整省直参保企业退休人员基本养老金及有关事项的通知》，调整2009年12月31日前已按规定领取基本养老金的退休人员基本养老金，从2010年1月1日起计发。广远符合基本养老金调整条件的退休人员有8369人。调整前，人均月基本养老金为2885.41元；调整后，人均月基本养老金为3089.50元，每月人均基本养老金增加额为204.05元，增幅为7.07%。（陈卓驹）

【加发过渡性养老金】 2010年9月，按京人社养函【2010】170号文规定，执行广东省社保局《关于省直参保企业离退休人员加发过渡性养老金有关事宜的通知》，给2006年6月30日以前的离退休人员从2009年1月1日起增发过渡性养老金（该项补贴的性质，是解决广东新、老计发办法出现倒挂问题的过渡补贴）。此次调整涉及离退休人员5927人，人均月养老金从3235.67元增加到3335.67元，增幅接近3%。（陈卓驹）

【养老保险关系转移接续】 自1994年1月开始建立职工基本养老保险关系以来，与广远终止劳动关系的各类人员共有2300多人。由于国家社保政策不完善，部分离职人员的社保转移接续问题一直没有解决。经过有关部门的共同努力，原国家劳动和社会保障部养老司于2009年3月10日签发了《关于印发研究解决原中远驻粤企业职工养老保险关系转续问题会议纪要的函》，确定以“特事特办、个案解决”的方式解决中远驻粤企业离职人员的养老保险关系转移接续工作。按这一要求完成了250人的养老保险关系转续工作，人力资源和社会保障部、财政部颁发了《城镇企业职工基本养老保险关系转移接续暂行办法的通知》，明确了参保人员在全国范围内的养老保险关系转移接续办法，按这一办法完成了30多人的养老保险关系转续工作。

（李日宝）

【信息化建设】 2010年1月11～14日，广州分中心参加了中远集团劳险中心在青岛船员学院组织的“中远集团劳动保险系统一期一阶段（SIMIS1.1）培训暨中远集团劳动保险系统2010年一季度系统内部培训”，全面系统地了解了北京市社会保险现行政策及规定、退休审批工作流程、工龄政策要点、企业版退休核准系统、SIMIS用户管理子系统、公共业务子系统、退审工作流程、基金管理子系统、医疗子系统新增功能等。1月20日，SIMIS系统正式启用。（刁海静）

【缴费工资采集】 2010年4月，根据《关于申报2010年度社会保险缴费工资的通知》的要求，为及时上报社会保险缴费工资，广州分中心及广远下属各参保单位认真采集职工收入。由于人员复杂，系统内调动比较频繁，针对这种情况，广州分中心对中远系统内部调动人员其调动前后所属单位的收入（外派人员除外）进行了合并，确保职工收入真实准确，从而保证了2010年度各项保险基金的正常缴纳。（刁海静）

【缴费基数和比例】 2010年度，职工基本养老、基本医疗、工伤、生育保险缴费基数的封顶值为2009年北京市职工月平均工资4037元的300%，即12111元。职工基本养老保险缴费基数保底值为2009年北京

市职工月平均工资4037元的40%，即1615元。职工基本医疗保险缴费基数保底值为2009年北京市职工月平均工资4037元的60%，即2422元。职工工伤、生育保险缴费基数保底值为2010年北京市职工最低工资标准960元。2010年，职工失业保险缴费基数的封顶值为2008年广州市城镇单位职工月平均工资3780元的300%，即11340元。2010年1～6月，保底值为2008年广州市企业职工月最低工资标准，即860元。2010年7～12月，保底值为2009年广州市企业职工月最低工资标准，即1100元。单位和个人缴纳基本养老保险费比例分别为20%和8%。单位和个人缴纳基本医疗保险费比例分别为9%和2%；单位缴纳大额医疗费用互助资金为1%；职工及退休人员个人缴纳大额医疗互助资金的标准为每月3元；单位缴纳补充医疗保险费比例为4%。单位缴纳工伤、生育保险费比例分别为0.8%和0.2%。单位缴纳失业保险费比例为0.2%；个人缴纳失业保险费比例为0.1%；农民合同工，只缴纳单位部分，个人部分免缴。（刁海静）

【基本养老保险补缴】 2010年8月，广州分中心根据《关于统一规范驻粤企业基本养老保险政策补缴操作有关问题的通知》要求，对涉及广远及其下属单位7821人的原养老保险缴费基数进行重新核定。经过筛选，对需要补缴养老保险费的6618人的补缴数据上报至集团劳险中心并经北京市四险系统完成校验，并如期将单位和个人的应补缴费用共计66494445.64元上缴至中远集团劳险中心指定账户，顺利完成广东和北京两地社保规费的比对及补缴工作。（刁海静）

【医疗保险参保登记与基本信息维护】 2010年，广州分中心全面负责基本医疗保险广远参保单位和个人信息采集、参保登记、审核，定点医院变更（参保人每年5月份可申请变更）、人员动态变更等信息变更维护。参加北京市基本医疗保险的参保人员均须按要求填写《参加社会保险人员情况登记表》并寄或送到广州分中心。广州分中心医保专管员负责将参保登记表资料录入中远劳动保险管理信息系统，并打印北京市医疗保险手册、办理医保卡发给参保人，参保人才能享受医疗保险待遇。2010年，录入新参保人员情况登记表97人，定点医院更改457人次。人员动态调整：退休519人、死亡88人、辞职249人、系统内调动349人次、增员97人，身份证号码修改25人次，办理报销地点变更170人次，接收异地安置人员22人次，定点医院目录整理5546个。（邝占罗）

【医保政策宣传】 2010年，广州分中心在对外开放的广州远洋网站宣传北京医保政策和集团的相关政策，特别是当年的新政策和政策指南、问答、门诊特殊病、特困救助、医疗救济、新版药品目录、定点医院等内容。特别提醒参保人：在广州地区（广州分中心）报销医疗费用是按广东省基本医疗保险/工伤保险/生育保险药品目录（2010版）和诊疗目录来审核报销的。所以，必须使用广东省医保药品目录（2010版）和诊疗目录范围的药品、检查和治疗项目，才能报销医疗费用并享受医保的优惠政策。上述药品目录和诊疗目录可登陆广远网站查询：广州远洋→新闻资讯→劳动保险→医疗保险，可查到相关信息。网址:http://www.coscogz.com.cn/bxxc/

index.htm。如果在广州的定点医院或专科医院看门诊或住院时必须告诉医生，本人是异地参保，使用广东医保可以报销的药品、检查和治疗项目，医疗费用才能报销。（邝占罗）

【北京医保政策调整】 2010年，北京市人力资源和社会保障局为进一步提高北京市医疗保险待遇水平，减轻个人就医负担，下发了《关于调整职工基本医疗保险和城镇居民大病医疗保险最高支付限额有关问题的通知》，主要是自2010年5月1日起调整医疗保险最高支付限额与报销比例。具体调整如下：

1. 参加城镇职工基本医疗保险的在职职工和退休人员基本医疗保险统筹基金最高支付限额调整为10万元，住院大额医疗互助资金最高支付限额调整为20万元。（注：基本医疗保险统筹基金是支付参保人住院（包括门诊特殊病）发生的属医保负担的医疗费用，当支付住院费用超过最高支付限额10万元之后转由住院大额医疗互助资金支付，大额医疗互助资金最高支付限额20万元。年度内基本医疗保险最高支付30万元（比调整前多13万元）。

住院（包括门诊特殊病）最高支付限额	调整前	调整后
基本医疗保险统筹基金最高支付限额	7万元	10万元
大额医疗互助资金最高支付限额	10万元	20万元
自然年度内医保最高支付限额合计	17万元	30万元

2. 参加城镇职工基本医疗保险的人员，住院（包括门诊特殊病）发生的超过基本医疗保险统筹基金最高支付限额以上，大额医疗互助资金最高支付限额以下的医疗费用，在职职工报销比例调整为85%，退休人员报销比例调整为90%（含退休人员统一补充医疗保险。其中，住院大额医疗互助资金报销比例调整为80%）。住院（包括门诊特殊病）发生的属医保负担的医疗费用超过10万元之后，在职职工报销比例由70%调整为85%，退休人员报销比例由85%调整为90%。

项目	>10万元住院（包括门诊特殊病）	调整前	调整后	最高限额
在职职工	大额医疗互助资金支付报销比例	70%	80%	20万元
退休人员	大额医疗互助资金支付报销比例	85%	90%	20万元

3. 在职职工在本市社区卫生服务机构就医，门诊大额医疗互助资金报销比例调整为90%；在本市社区卫生服务机构以外的其他定点医疗机构就医，门诊大额医疗互助资金报销比例调整为70%。（注：在职职工在北京市社区卫生服务机构就医，门诊大额医疗互助资金报销比例由50%调整为90%；在北京市社区卫生服务机构以外的其他定点医疗机构就医，门诊大额医疗互助资金报销比例由50%调整为70%。）

项目	门诊大额医疗互助资金报销比例	调整前	调整后	执行地区
在职职工	北京市社区卫生服务机构就医	50%	90%	北京市
在职职工	其他定点医疗机构就医	50%	70%	其他地区

4. 70岁以下退休人员在本市社区卫

生服务机构就医，门诊医疗费用报销比例调整为90%（含退休人员统一补充医疗保险。其中，门诊大额医疗互助资金报销比例调整为80%）。

5. 参保人员2010年5月1日前发生的门诊和住院医疗费用按原规定执行，2010年5月1日后发生的门诊和住院医疗费用按本规定执行。

此次政策调整进一步提高了北京市医保待遇水平，减轻了参保人的就医负担，充分体现了北京市对广大参保人员（含广远员工）的关怀；这次政策调整促进中远集团企业补充医疗保险进一步发挥作用，更进一步提高职工医保待遇水平，减轻职工就医负担。 （邝占罗）

【中远集团医保政策调整】 中远集团为了进一步发挥企业补充医疗的作用，减轻职工个人医疗负担，让中远职工更多地享受到集团改革发展的成果，针对医疗费用报销起付标准和门诊报销个人负担比例较多的问题，从2010年5月1日起，再次调整企业补充医疗保险支付范围和报销比例，所需费用由中远集团企业补充医疗保险基金负担。

1. 调整门诊报销起付标准：①在职人员起付标准1800元。其中，个人负担900元，另外900元由企业补充医疗保险报销90%，个人负担10%；②退休人员起付标准1300元。其中，个人负担650元，另外650元由企业补充医疗保险报销90%，个人负担10%。

人员类别	起付标准（元）		起付标准降低部分（元）	
	调整前	调整后	企业补充负担	个人负担
在职职工	1800	900	810（90%）	90（10%）
退休人员	1300	650	585（90%）	65（10%）

2. 调整住院报销起付标准：①在职和退休人员报销首次住院医疗费的起付标准1300元。其中，个人负担650元，另外650元由企业补充医疗保险报销90%，个人负担10%；

年度内首次住院	起付标准（元）		起付标准降低部分（元）	
人员类别	调整前	调整后	企业补充负担	个人负担
在职职工、退休人员	1300	650	585（90%）	65（10%）

②再次或多次住院的起付标准650元，由企业补充医疗保险报销90%，个人负担10%。

年度内>=2次住院	起付标准（元）		起付标准降低部分（元）	
人员类别	调整前	调整后	企业补充负担	个人负担
在职职工、退休人员	650	65	585	0

［注：调整起付标准后，在自然年度内门（急）诊累计医疗费用在职职工超过900元、退休人员超过650元，以及单次住院医疗费用超过650元，便可以办理费用报销。］

3. 调整门诊报销比例：①在职人员门诊费用报销个人负担比例由原来的15%调整为5%；②退休人员门诊费用报销个人负担比例由原来的7.5%调整为3%。

人员类别	调整前个人负担比例	调整后个人负担比例
在职职工	15%	5%
退休人员	7.5%	3%

4. 执行时间：①2010年5月1日前已办理医疗费用报销的，已报销的费用仍执行原规定，不再办理退费或改报手续；②2010年5月1日前未办理报销的，医疗费用报销按调整后的规定执行。

5. 停止个人账户补贴：根据国家财政部有关企业补充医疗保险基金不得用于建立职工个人账户或补贴的规定，从2010年5月1日起，停止执行目前中远集团退休人员个人账户补贴办法。

退休人员	北京市支付个人账户月标准	中远补贴月标准（本次取消）
70岁以内	100元	20元
70岁以上	110元	30元

按国家有关规定不实行退休人员个人账户补贴后，虽然退休人员划入个人账户的钱每人每月少了20元~30元，但此次的调整中远集团以补贴的形式降低了住院和门诊报销的起付标准，个人负担大幅减少；降低了门诊费用报销个人负担比例，个人负担减少了50%以上。本次政策调整充分体现了中远集团企业补充医疗保险在完善中远系统职工医疗保险制度、减轻职工个人医疗负担上起到的重要作用。

（邝占罗）

【广州医保政策调整】 2010年，广州市人力资源和社会保障局、广州市财政局联合下发《关于调整广州市基本医疗保险有关待遇标准及个人医疗账户支付范围的通知》第三款规定：参保人员使用基本医疗保险乙类药品、特殊诊疗项目及特殊医用材料，个人先自付费用比例作如下调整：1. 使用《广东省基本医疗保险药品目录》范围中的乙类药品，个人先自付费用比例调整为5%。2. 使用《广东省城镇职工基本医疗保险诊疗项目范围》中基本医疗保险基金支付部分费用的诊疗项目，个人先自付费用比例调整为：治疗项目10%；检查项目15%；可单独收费的一次性医用材料10%；安装各种人造器官和体内置放材料20%。自2010年11月1日起施行。

北京市人力资源和社会保障局“京劳社医复[2008]55号”批复同意中远京外单位职工在执行当地医保药品目录时，同种药品执行北京市医保目录标准。“京人社函[2009]69号”批复同意中远京外单位职工在执行当地医保诊疗目录时，诊疗目录相同的项目可按北京市医保诊疗目录标准执行。根据以上文件精神，广州分中心在医疗费用报销审核时，在执行当地医保药品目录和诊疗目录时，与北京市医保药品目录和诊疗目录相同的项目，如果广州医保是乙类、北京医保是甲类的，则按北京市医保药品目录和诊疗目录执行；同属乙类的药品目录和诊疗项目需要个人部分负担的，其个人负担比例高于北京市的，也按北京市的药品目录和诊疗目录规定的个人负担比例执行。

广州医保政策调整对广远系统参保人员来说是最大受益者：1. 冠状动脉架桥术，血管、肾、角膜器官移植术，高压氧治疗等乙类治疗费个人先自付从20%调到10%，经颅多普勒血流图（TCD）等乙类检查费个人先自付从30%调到15%，上述

乙类治疗和检查费，北京医保是属甲类，就不用个人先自付。2. 核磁共振、CT、ECT、彩色B超、彩色多普勒、动脉造影等乙类检查个人先自付30%调到15%。冠脉造影、支架置入术、射频消融术、体外碎石、介入治疗、加速器治疗等乙类治疗费需个人先自付从20%调到10%。上述乙类检查、治疗，按北京医保规定只需个人先自付8%。3. 500元以下的属于医保报销范围的材料规定个人先自付从30%调至10%，按北京医保规定少于500元的属于医保报销范围的材料就不需个人先自付。4. 人造器官和体内置放材料个人先自付从50%调至20%，而北京医保规定是个人先自付30%。广远执行广州医保诊疗目录规定，只需个人先自付20%。（邝占罗）

【广东药品目录调整】 2010年，广东省人力资源和社会保障厅下发《关于印发〈广东省基本医疗保险、工伤保险和生育保险药品目录（2010年版）〉的通知》（以下简称《2010年版药品目录》）和《广东省基本医疗保险普通门诊统筹用药范围》（以下简称《省门诊用药》）。《2010年版药品目录》有甲类药品503种，乙类药品2044种，民族药48种，仅限工伤保险基金准予支付费用的西药24种，中成药6种，仅限生育保险基金准予支付费用的西药5种。《省门诊用药》中有大部分药品与《2010年版药品目录》相同。为保护广远职工利益，减少参保人的负担，广州分中心根据上述两个目录及时核对、调整《广东省基本医疗保险和工伤保险药品目录2004年版》，从2010年12月1日起执行《2010年版药品目录》。（邝占罗）

【医疗费用报销】 2010年，通过北京医保政策调整、广州医保政策调整、中远集团医保政策调整，大大提高了职工的医保待遇水平。中远集团职工的医疗待遇越来越高，个人负担越来越少。医疗费用报销时，职工门诊起付标准由1800元调至900元、退休人员门诊起付标准由1300元调至650元，住院起付标准由1300元调至650元，起付标准的差额由中远集团补充医疗保险基金负担90%、个人负担10%。基本医疗保险报销后，在职职工个人负担比例由15%调至5%，退休人员个人负担比例由7.5%调至3%，其个人负担比例差额部分由中远集团补充医疗保险基金负担。另外，基本医疗保险目录内乙类（含药品、诊疗项目）、超限额医用材料应由个人负担的个人先自付部分，中远集团补充医疗保险再按50%报销。

上述医保政策调整后，医疗费报销水平以三级医院为例，扣除起付标准和乙类先自付及自费项目后，属医保范围的4.2万元以下的门诊医疗费用，个人只负担3%～5%左右。属医保范围的42万元以下的住院医疗费用个人只负担3%～5%左右。

在医疗费用报销的过程中，广州分中心加强医保管理，落实双审制度。严格执行中远集团医保的要求，对医疗报销票据实行双人双审制，严格把关，对审核有问题或怀疑有问题的医疗费用实行登记和查处或退回处理，查处了一些虚假发票及一些非医保定点医院就医的发票，减少了医保基金损失，确保医保基金安全。

2010年，保险中心完成医疗费用收单、录入、审核费用单据3848人次，单据业务数59181份，费用51286047.45

		乙类药品		诊疗项目		
		调整前	调整后	项目	调整前 个人先自付比例	调整后 个人先自付比例
普通住院、 门特项目、 普通门诊	个人先自付费用比例	10%	5%	治疗项目	20%	10%
				检查项目	30%	15%
				一次性医用材料	30%	10%
				人造器官和 体内置放材料	50%	20%

元，报销金额41539015.13元。其中，门诊费用报销2594人次，单据业务数56770份，医疗费用16513909元，报销金额12190842.3元；住院报销1067人次，单据1555份，医疗费用22150788.82元，报销金额18365239.34元；三特病报销181人次，单据850份，医疗费用12616929.04元，报销金额10978796.54元；计划生育6人次，单据6份，医疗费用4420.59元，报销金额4136.95元。医疗费用报销与2009相比：报销人数增长28%，业务数增长38%，医疗费用增长37.27%，报销金额支出增长43.25%。

（邝占罗）

【医疗救济】 2010年，广远根据《中远集团企业补充医疗保险管理暂行办法》和《中远集团企业补充医疗保险下拨资金管理暂行办法》，结合公司实际，制定了《广远企业补充医疗保险医疗救济管理办法》，自2009年1月1日起执行。

广远企业补充医疗保险医疗救济条件：1. 享受中远集团特困医疗救助后，参保人员因患大病或患慢性病个人负担的医疗费用过重，本人经济状况无力承担的医疗费用；2. 参保人员发生心脏移植、肝脏移植、肝肾联合移植等未列入医保范围的重大疾病手术的住院医疗费用（不含移植组织源及特需床位费用）；3. 参保人员住院因危急重症抢救时或三特病患者使用报销地区医保目录外的治疗性自费药品费用、因输血而产生的输血互助金（凭医院出具的证明）；4. 参保人员超过门诊或住院（含三特病、家庭病床）医疗费用最高支付限额标准以上符合医保规定的医疗费用；5. 在北京市基本医疗保险目录范围内，但不在报销地区基本医疗保险目录范围内，需要参保人员个人负担的医疗费用；6. 其他规定的医疗费用。

广远企业补充医疗保险医疗救济起付标准：一个自然年度内，符合上述规定的医疗费用，在岗职工累计超过2万元，内退员工和退休人员累计超过0.8万元，其他人员（包括待岗及因各种原因不能上船工作的船员）累计超过0.5万元。医疗救济比例：一个自然年度内，超过起付标准以上部分，符合上述办法第五条第一款规定的医疗费用，按50%比例救济。医疗救济最高限额：一个自然年度内，不限定救济次数，已按比例救济的医疗费用不能再救济，最高救济限额5万元。

2010年3月，广州分中心报销完2009年度的医疗费用后，给符合医疗救济的参保人66人（在职2人，退休58人）共发放医疗救济金518312元。其中，特困救助后医疗救济157782元、器官移植医疗救济50000元、住院及三特病医疗救济239007元、超

医保最高支付限额医疗救济26001元、其他医疗救济45522元。（邝占罗）

【在船医疗】 2010年，广州分中心根据《中远集团远洋船员在船医疗管理暂行规定》和《广州远洋运输公司远洋船员在船医疗管理办法》，全年审核结算广远系统各航运公司在船医疗费用：船舶购药271船次，结算船舶购药费1562300.31元（其中，中远航运船舶购药201船次，结算船舶购药1176009.55元；中远远达船舶购药34船次，结算船舶购药费194455.10元；中远南方船舶购药24船次，结算船舶购药费130557.66元；中鞍航运船舶购药6船次，结算船舶购药费27204.10元；省远洋船舶购药6船次，结算船舶购药费34073.90元）。船员国外就医22人次，国外就医医疗费47630.26元；上船体检2670人次，体检费用558382.7元。上船体检费用中有266734元在“在船医疗包干费用”中列支；291648.7元在职工健康体检费用中列支。是年，在船医疗给广远系统各航运企业共节省生产成本216.83万元。（邝占罗）

【职工健康体检】 根据《中远集团职工健康体检工作管理暂行办法》，职工健康体检工作主要由广州分中心负责管理，负责修订职工健康体检工作管理实施办法，统一管理广远系统职工健康体检工作。广州分中心委托广远综合门诊部、广远离退休服务中心和各基层单位组织职工进行2010年度职工健康体检。2010年体检总人数10598人。其中，在职职工4539人（男4001人、女538人），退休人员6059人（男5965人、女94人）。总费用5004388.06元，人均472.20元。

2010年度体检结果分析：脂肪肝、高血脂、高血糖、高尿酸血症、肝胆道疾病所占比例较高，说明与职工生活水平普遍提高，饮食结构不合理，社会应酬多，缺乏身体锻炼等有很大关系。另外，体检查出一位患有危及生命的胸主动脉瘤的职工，经住院手术治疗安置血管支架后，解除了危及生命的隐患。每年通过健康体检，使职工有病能及时发现和治疗，消除隐患。（邝占罗）

【工伤（亡）认定与工伤评残】 2010年，广远劳动鉴定委员会先后3次召开会议，认定船员工伤15人，工伤残疾等级初评10人，并通过中远集团职工劳动能力鉴定及伤残评审委员会、北京市劳动鉴定中心认定。（杨树沛）

【工伤保险待遇计发】 2010年，保险中心按月计发享受工伤保险待遇共887人次；计发2009年度经中远集团评定、北京市劳鉴委认定工伤残疾的15人一次性伤残补助金528375.44元；计发工伤职工2人工伤护理费33100.2元；计发伤残职工等9人定期伤残津贴费153406.52元；审核、报销工伤医疗费48人次，支付614993.6元；计算、申报45名工亡职工的58名供养直系亲属抚恤金1076519.7元。计算、申报4人一次性工亡补助金826320元，丧葬补助金115230元。（杨树沛）

【调整工伤保险定期待遇】 按照中远集团《关于中远集团2009年调整工伤职工伤残津贴的通知》，对2009 年12 月31 日以前，按月领取伤残津贴（不包括已经办理退休手续后按月领取基本养老金的伤残一级至六级工伤职工）、生活护理费的工伤职工以及按月领取供养亲属抚恤金的工亡职工供养亲属，自2010年1月1日起进行待遇调整。

1. 伤残津贴调整标准：伤残一级的每人每月在原伤残津贴标准的基础上增加290元；伤残二级的每人每月在原伤残津贴标准的基础上增加280元；伤残三级的每人每月在原伤残津贴标准的基础上增加270元；伤残四级的每人每月在原伤残津贴标准的基础上增加260元；伤残五级、六级的每人每月在原伤残津贴标准的基础上增加210元。

2. 生活护理费调整标准：以领取生活护理费职工单位所在地2009年社会月平均工资为基数（以地级以上地区政府公布的统计数据为依据），按照《中远集团职工工伤保险实施办法（试行）》规定的核发比例进行调整。

3. 供养亲属抚恤金调整标准：以工亡人员原单位所在地2009年社会平均工资为基数（以地级以上地区政府公布的统计数据为依据），按照《中远集团职工工伤保险实施办法（试行）》规定的核发比例进行调整。（杨树沛）

【生育保险】 2010年，按照中远集团《关于进一步完善中远集团职工生育保险待遇申报审批制度的通知》和《关于调整中远集团职工生育津贴计算办法的通知》规定，保险中心对2名生育女工落实生育保险待遇。共计发生育保险基金57960.54元。其中，产前检查费3448.79元、生育费1824.75元、生育保险津贴52687元。

（杨树沛）

【失业保险金领取】 2010年，保险中心根据穗劳社函[2003]214号文的有关规定，协助51名失业人员办理领取失业保险金手续。（林仕东）

【计划生育工作】 2010年，保险中心出具各种计生证明96人次；给职工未满14周岁的独生子女（广远船员107人、本部50人）共计157人，发放“六一”玩具费12560元；完成本部男职工包括待定岗、待岗、退养男职工计划生育年审工作。

（陈瑞芬）

【员工因公交通意外伤害保险参保】 2010年，保险中心根据《中远集团员工因公交通意外伤害保险管理暂行办法》的规定，分两批上报104名新增员工参加中远集团员工因公交通意外伤害保险，每人缴纳保险费200元。（林仕东）

离退休管理

【离退休服务中心工作概况】 2010年，离退休服务中心坚持以人为本，注重管理，完善服务。截至2010年12月31日，离退休人员总数8729名。其中，离休干部90人（另代管1人），退休人员8639人，含代管中远航运退休人员692人。年度新接收退休人员531人，协助办理离退休人员后事83次。所做的具体工作有：

1. 日常的慰问扶助工作。对广西、江西等省市的因暴雨洪涝等灾害性天气导致的受灾离退休人员及时通过电话了解慰问，将情况报告广远工会后为4户遭受严重灾害退休人员发放了特困补助共15400元；探望广州病员363人次；为生活困难的离退休人员申请、发放补助473人次115292元、

特困补助10人21200元；发放亚运残疾人补助37人18500元；按月发放离休干部遗孀补助19人共117420元；办理供养直系亲属丧葬补助费49人。

2. 发放离退休人员各项福利待遇。春节慰问金7973人，劳模（先进）春节慰问金45人，起义（北归）船员生活补贴18人，居住北方人员冬季取暖费1495人，防暑降温费7969人，中秋慰问金8005人，书报费8026人，省内活动费6695人，外地管委会活动费2664人，新办退休纪念品费213人，生日费8076人，未参加外疗的离休干部营养费90人，老干部订报费103人，老干活动证费108人等。

3. 组织开展活动。组织500名离退休女员工“迎亚运、庆三八”登白云山活动；先后组织离休干部共209人次到番禺南粤苑、广州市花城广场参观活动。安排16名退休人员参加广东省海员工会组织的“新广州一日游”活动。

4. 医疗保健工作。组织6108人体检并建立健康档案；办理住院借款486人次；审核离休干部巡诊药费270人次；申办退休人员医疗救济31人次；办理救助卡960人次。

5. 完成其他事务性工作及临时任务。协助广远企业年金的前期工作，参与有关起草、修改材料、统筹外项目的统计、费用测算等相关事宜。新增天河北活动室一间；对天河北、小北高层、滨江西活动室进行装修，添置家具和活动器材；为年度生活困难补贴发放而查核了345位退休军转干部的部队任职情况；办理出具各类证明（材料）152份；处理后事83宗。

（胡伟民）

【节日走访慰问离退休人员】 2010年，离退休中心在重大节日期间以多种形式走访慰问离退休人员。其中，在远洋宾馆莱茵河厅举行广远公司离退休人员2010年春节团拜会；元旦、春节走访慰问了离退休老干部（含离休遗孀）、远洋创始时期人员、原香港招商局起义（北归）船员、劳模（先进）及特困人员等762人次；春节、“八一”节慰问复转退伤残军人20人次；老人节给234名高龄老人进行送温暖活动。

（胡伟民）

【推进统一执行北京市基本养老保险政策】 2010年，在广远实现统一执行北京市基本养老保险政策工作过程中，离退休中心配合企业做好维稳工作，采取了召开座谈会，下到重点宿舍区或家访老同志听取意见，及时处理离退休员工的来电、信访和群体上访，撰写《离退休情况反映》等多项措施。为巩固社保关系转移北京的成果，针对早期退休人员不平衡心理的出现，离退休中心派员先后到丹东、海门、邓州、长沙实地了解情况，进行释疑解惑工作。（胡伟民）

【离退休党建工作】 2010年，离退休中心党工委开展了创建学习型党组织和创先争优活动，下发《开展以“创建学习型党支部、争当红色老人”为主题的创先争优活动》、《在离退休党员中开展“读

书·思考·进步”专题读书活动》文件；召开4次党工委扩大会；进行了党工委成员调整及20个党支部的换届；组织党支部书记政策业务培训、参加专题党课及形势教育专题报告；编印3期学习资料；发放了“七一”党员座谈费；2次下拨党支部活动经费；全年按规定完成党费收缴工作；转移组织关系92人；办理子女入党、任职政审73件。（胡伟民）

【成立丹东等4个离退休管理委员会】 为适应新形势下离退休管理服务工作的要求，离退休中心于2010年11月分别在辽宁丹东、江苏海门、河南邓州和湖南长沙4城市成立了离退休管理委员会。至此，广远离退休管理委员会增至34个，另有3个联络点。（胡伟民）

【关工委工作】 2010年，广远关心下一代工作委员会完成了各二级关工委辖内学生情况摸底及建档；协办了“第七届广州青少年集邮论坛”及“穗—澳青少年夏令营”活动；组织40多名中学生参观新广东博物馆。（胡伟民）

第六节　信息技术中心

【信息技术中心简介】 信息技术中心（以下简称信息中心）于2001年8月6日成立，是广远信息化及通信管理职能部门，属于企业内部核算单位。信息中心主要职责是负责参与和配合广远的信息系统建设规划的制定并负责实施；负责广远信息系统和网络通信的开发、建设和维护；负责和确保广远船岸通信畅通稳定；授权负责广远计算机、通信等设备及有关设施的统一管理（包括软硬件引进、开发和维护）。

信息中心设置应用开发部、市场拓展与软件事业部、通信管理与船舶资讯部、系统运行部、综合管理部5个部。

时任主任杨涛，副主任张筱玲、刘韶昶。应用开发部经理张筱玲（兼）、副经理梁璧泰，市场拓展与软件事业部经理张帆，通信管理与船舶资讯部副经理曾宪民（主持工作），系统运行部经理陈维宣、副经理杜笑洋，综合管理部经理庄逸川。员工42人。（杨涛）

【信息中心工作概况】 2010年，信息中心坚持以科学发展观统领全局，坚决贯彻执行广远的战略部署，以信息化建设为手段，以改革创新为工作主线，深化改革，和谐发展，全力保证广远及下属各企业的信息化建设工作的顺利推进。信息中心全体员工求真务实，开拓进取，在产品研发、深化改革、提高效率、信息安全、QC小组活动等方面都取得了优秀的成绩，为广远全面、健康、可持续发展发挥了应有的作用。

在信息化建设方面，全面提升了船员管理和航运管理系统的效率和质量，做好船舶管理系统的开发准备工作，航运企业的信息一体化管理模式初具规模；贯彻执行广远的战略部署，积极研发汽车运输船配载系统；完成了过渡期人事系统的研发工作，天星公司财务系统适应性改造工作以及中远集团调度数据上报的接口开发工作，中远南方、省远洋、越洋船务、中远

日邮、厦门远洋、大连远洋等单位的系统维护工作。

在计算机和通信管理方面，坚持“技术创新，优质服务”，做好广远计算机软硬件系统日常维护，确保网络、通信畅通，为信息保驾护航，完成广远新办公大楼——广州远洋大厦的网络系统规划和设计及招投标工作；完成广远新办公大楼——广州远洋大厦会议系统的规划、设计、招投标工作和广远新办公大楼——广州远洋大厦的网络系统工程建设（弱电二期）、会议系统工程建设（弱电三期）以及相关网络专线、电话专线的开通和调试等各项相关工作。（杨涛）

【完成广远新办公大楼——广州远洋大厦弱电工程】 2010年，信息中心制订了广远新办公大楼——广州远洋大厦的弱电方案，同时根据广远新办公大楼——广州远洋大厦对弱电的要求，制定了详细的计算机机房建设方案及要求、机房环境及其设备的选型方案、计算机及会议系统网络布线设计方案，完成了通讯系统方案的确定、会议系统方案的筛选。为保证各项工程的工作进度及质量，信息中心派出专人常驻现场，及时与项目的出资方及承包方沟通，从而保证了工程的顺利进行。信息中心为配合部分单位的搬迁工作，积极测试系统设备，对运行环境进行了整体规划及设置，保证了搬迁单位计算机网络及通讯系统的通畅。（刘韶昶）

【完成海运年会信息化工作】 2010年11月，广远成功协办了第七届国际海运（中国）年会。信息中心作为第七届国际海运（中国）年会技术组的主要成员，配合中远集团年会工作小组完成了在会场布置、登记注册、音响视频、网络服务、多媒体查询终端等方面工作，实现“零差错”，保证了年会的顺利召开。（庄逸川）

应用开发

【应用开发部工作概况】 2010年，应用开发部依照本部门的工作职能，并结合广远改革的整体安排以及用户的实际需求，除了完成日常的软件维护工作外，陆续完成了中远航运的船员管理系统的正式上线、中远集团调度数据上报的接口开发、过渡期人事系统的开发等任务。同时，还完成了对中远航运的航运管理系统的修改，使之更满足了经营业务的需求。

（张筱玲）

【中远航运航运管理系统的修改】 2010年5月，应用开发部根据财政部、国家税务总局关于《中华人民共和国境内单位或者个人提供的国际运输劳务免征营业税》的通知，对中远航运的航运管理系统的税金功能进行了修改。6月，根据中远航运的业务需求及财务接口需求，对航运管理系统的航次预估、航次结算、航次预测等模块进行了功能性修改及完善，增加了多时段天成本的航次成本计算、预估与预测、航次任务及运输收入的关联等功能。

（周志权）

【中远集团调度数据上报的接口开发】 2010年4月19～21日，中远集团在北京召开了中远海运生产综合管理系统推广协调会，会议要求中远集团下属各二级航运企业按照所规定的数据接口上报调度数据。

应用开发部根据中远集团的要求，在广远航运管理系统和中航航运管理系统，开发了中远集团调度数据上报的接口，并配合中远集团进行了约3个月的异地调试工作。10月，中远集团派员指导广远进行现场实施，并正式上线运行。（何旭健）

【过渡期人事系统的开发】 2010年3月，根据广远的要求，信息中心需要提供一套改革后岸基人员的人事系统（包含人事、薪酬）。经过信息中心评估后决定采取两步走的措施：先提供一套过渡期的人事系统，未来再根据实际需求考虑开发或采购新的人事系统。过渡期的人事系统将广远正在使用的人事管理系统、劳资管理系统、工资管理系统、公积金管理系统、计生管理系统进行了整合；将过去的分散在不同系统的用户认证更改为全新的域用户帐号验证的方式，并采取针对菜单授权的方式。经过信息中心员工近3个月的努力，过渡期的人事系统开发整合完成，于6月提交用户试用。（朱玉峰）

【完善中远航运船员管理系统】 中远航运船员管理系统于2010年1月1日正式上线。为保证该系统数据的正确性，旧系统将同时运行，以便核对数据。在信息中心相关工作人员和用户的通力合作下，船员管理系统于6月1日开始独立运行，正式进入船员管理业务流程化阶段。在其后的时间里，又增加了路费模块，同时为机构改革调整了程序，并于12月底进行了第一次船员收入统计。（梁壁泰）

市场拓展与软件开发

【软件事业部工作概况】 2010年，软件事业部的工作重点主要在于为中远航运、广远下属全资、合资航运公司信息化建设服务、参与中远航运船员管理系统的维护以及科研技术储备工作。在科研技术储备工作中，软件事业部根据中远集团战发部及广远科研部门的要求，针对中远日邮公司汽车船配载模拟工作，进行了深度、高度的研发，与大连海事大学合作对船舶配载过程中的船舶稳性及强度进行了计算，为船舶在配载过程中的安全性提供了科学的依据及指导。软件事业部把对中远航运船员管理系统的维护工作作为工作重点，在整个维护工作中起到了协调、沟通的作用。是年，软件事业部还完成了中远集团、省远洋、越洋船务、中航投资有限公司、中远日邮公司、中发航运、中远鞍钢、香港寰宇船务公司、福建捷安、中远南方等16家公司的软件应用系统的日常维护工作。（张帆）

【汽车船配载系统（二期）开发及测试】 由软件事业部牵头组织开发的汽车中远运输船配载系统一期于2008年开发完成并投入使用，解决了汽车船配载所需的船图文件制作、甲板舱内平面图与车辆配载信息平面示意图叠加、配载报表输出、尾跳标高和船舶吃水与对装卸港潮高要求的计算等问题。但对于船舶稳性与强度的计算未做考虑，而稳性及强度计算正式船舶装载时关键得安全指标。在研讨现有汽车运输船配载系统后，信息中心与大连海事大学航海学院合作开发“广远汽车运输船配载系统二期”项目，并于2009年10月签订

了合作开发合同。经过一年的开发，系统基本成型。由于汽车船配载技术领域比较空白，很多计算方法都需要反复测试和摸索，项目组在投入了大量的精力人力。期间，软件事业部还派人到大连海事大学学习、研讨阶段成果。2010年5月，软件事业部克服了算法的复杂性等困难，完成了系统的开发。（张帆）

【航运财务管理系统维护工作】 软件事业部自主开发的航运财务管理系统在中远南方、中远远达、天星公司、越洋船务、省远洋、中鞍航运、福建捷安、香港寰宇船务公司多家公司投入使用。2010年，软件事业部在负责日常维护、适应性功能修改和完善、年底结账以及年度决算的基础上，完成了涉及天星公司、中远南方、中远远达三家航运企业境外包括“平海湾”、“安海湾”、“星海湾”、“宁海湾”、“中远井冈山”、“中远太行山”、“中远昆仑山”、“中远武夷山”、“金广岭”、“金远岭”、“金兴岭”、“金旺岭”轮共12个单船公司从巴拿马公司到香港公司的账套转换工作。（张朝辉）

【中远船舶报文发送与接收系统升级和维护工作】 中远船舶报文发送及接收系统在中远集团所有二级公司应用多年。2010年，软件事业部仍负责其维护工作，并针对船员使用习惯和反馈比较频繁的问题制作了升级版本，从而保证了岸上与船舶之间发送系统正常运行和报文数据的准确率。（陈奕）

系统运行

【运维部工作概况】 2010年，运维部参与广远新办公大楼——广州远洋大厦的建设工作，完成广州远洋大厦的网络系统规划和设计及招投标工作以及会议系统的规划、设计、招投标工作。在此期间，运维部完成广州远洋大厦的网络系统工程建设（弱电二期）、会议系统工程建设（弱电三期）的各项相关工作，以及相关网络专线、电话专线的开通和调试等各项相关工作。是年，运维部为实现广州远洋大厦和远洋宾馆两地之间网络的高速连接，完成了网络通信波分复用设备的选型、购买、安装和调试，通过在租用的电信裸光纤上面架设波分复用设备，实现了两地之间的网络通信达到千兆光纤的连接速率，从而实现两地之间网络的高速连接，使得广州远洋大厦的网络系统通信连接的性能得到较大提高。运维部为配合广远的改革工作，做好计算机网络系统的各项调整准备工作；进一步完善广州远洋大厦的计算机系统及机房的搬迁计划，努力做好搬迁准备工作。此外，运维部还为中远航运船员系统准备相应的后台系统环境和开发环境；完成中远航运船员部、中远远达共40套电脑的升级和系统安装、数据迁移等工作。是年，运维部完成RS6000小型机操作系统和系统软件进行调优，对系统的性能、故障进行分析并排除；完成中远航运船员管理系统软件在小型机上的日常维护等工作；完成对IBM高速激光打印机Infoprint 3000的日常维护；采用各种技术手段为企业内部OA系统用户清除计算机木马病毒，保证系统正常运转；升级更新了“广远电脑系统安装光盘”，极大地方便

广远用户电脑系统的安装和使用。

（陈维宣）

通信管理

【通信部工作概况】 2010年，通信部坚持“技术创新，优质服务”方针，认真履行和发挥通信管理职能作用，在广远船舶信息化建设和机关、船岸通信工作过程中，收发各类电报6210份，电报发送投递质量实现无差错；电话转接坚持落实服务承诺措施，为用户提供优质的通信服务。

逐步有效地推进广远新办公大楼——广州远洋大厦的通信工程施工计划。通信部根据广远提出的搬迁计划，分别在2010年10月中旬赶在广州亚运会开幕之前落实广州电信专线100M城域网、裸光纤、4条2M E1数字中继电路及备份电路，广州新联通专线1条2M E1数字中继电路及一条4M城域网备份电路及程控电话交换机的安装及调试，为广远日后顺利搬迁入广州远洋大厦，提供了可靠的通信保障。

（曾宪民）

【开展“文明窗口”活动】 2010年，通信部深入开展“文明窗口”活动，落实服务承诺，狠抓服务质量。通信部在完成日常业务和管理工作的同时，把“文明窗口”建设工作中落实承诺服务作为常抓不懈的一项重要工作，有针对性地召开经理及管理人员会议，分析承诺服务存在的问题及制定改进措施，做好现场管理和督促工作，把服务工作做好，切实做到领导满意、员工满意、自己满意。是年，通信部为广远职工交缴住宅、手机费用1168人/次；为职工办理固话、手机等业务124人/次。对电话转接和电报收发投递工作进行了抽查，抽查结果表明：整个服务质量符合服务承诺标准，得到用户的充分肯定。

（曾宪民）

【综合部工作概况】 2010年，综合部协调信息中心各部门之间的工作关系，加强和改进管理工作，做好后勤服务工作，确保信息中心内部事务及各项工作的正常运行。综合部作为信息中心和广远各部门的联系人和主要沟通渠道，圆满地完成了广远布置的各项工作；完善落实了管理办法及相关制度；做好计算机设备等资产投资计划和计算机设备维修计划的控制和实施；做好信息系统各类合同及文件的保管和归档工作。

（庄逸川）

第五章
党 群 工 作

第一节　党委工作

【中共广州远洋运输公司委员会简介】 中共广州远洋运输公司委员会（以下简称广远党委）隶属中远集团党组，挂靠广东省直属机关工作委员会，实行双重领导。2010年，党委领导班子由刘书田、徐惠兴、马宗梅、翁继强4人组成。广远党委下设党工部、人力资源部/组织部、纪委等工作部门。是年，广远本部及所属党委9个，党工委2个，党总支10个，党支部220个，党员5978人。

时任党委书记刘书田，党委副书记徐惠兴，纪委书记马宗梅。（曾晓平）

【广远党委工作概况】 2010年，广远党委在中远集团党组和广东省直工委的正确领导下，认真学习领会中共十七大和十七届四中、五中全会精神，全面贯彻落实科学发展观，坚持以改革创新精神加强和改进党建思想政治工作，充分发挥党组织政治核心作用，为企业完成全年各项工作任务提供了坚强保障。1. 坚持学习研究，认真抓好党员干部思想政治学习，全面推进创建学习型党组织活动，大力加强党建思想政治研究，理论武装工作取得新成效；2. 坚持固本强基，扎实推进基层党组织创先争优活动，深入开展"抓落实促发展"党建主题实践活动，大力加强以"三大机制"建设为核心的党建工作创新，基层党组织战斗力得到新提升；3. 坚持调整提高，坚决贯彻干部选拔任用监督制度，稳步推进干部调整交流工作，大力加强员工教育培训，干部人才队伍呈现新面貌；4. 坚持和谐创建，稳步推进深化改革工作，着力加强安全文化建设，持续推动两个文明创新，改革发展稳定工作取得新成果；5. 坚持惩防并举，扎实推进惩防腐败体系建设，有序开展纪检监察审计工作，大力强化监督检查和效能监察，反腐倡廉建设形成新格局；6. 坚持以人为本，切实加强工会和共青团组织建设，开创党群共建工作新局面。（曾晓平）

【李东序一行来广远调研】 2010年1月12～14日，国务院驻中远集团监事会主席李东序一行7人，在中远集团总会计师孙月英的陪同下来广远调研指导工作。为此，广远于12日召开生产经营工作汇报会，向李东序一行汇报工作。会上，李东序听取了广远总经理徐惠兴、党委书记刘书田关于广远近年来生产经营和党建工作的情况汇报。李东序指出，广远改革发展的思路清晰，目标明确，其对广远2010年以改革调整为发展主线，抓住航运市场调整期机遇，及时进行运力补充和船队结构调整的工作思路表示肯定，对广远党建工作中始终坚持"三个不动摇"（始终坚持"支部建在船上"不动摇，始终坚持配备船舶政委制度不动摇，始终坚持思想政治工作生命线地位不动摇）的做法给予了高度评价，明确表示这是一条成功经验，很有借鉴性。孙月英在会上作了讲话，指出广远是中远的摇篮，但老企业历史包袱大，遗留的问题也比较多，其对广远近年来在经营创效和大力发展的基础上，解决历史遗

留问题所做的大量工作给予了充分肯定，并用“改革不丢传统，创新不失稳重”概括了广远的改革推进工作。14日，李东序一行来到南沙港龙穴岛集装箱码头，登上中远航运“常发口”轮慰问考察，听取了该轮船长蔡万群关于船舶经营、安全管理等工作的汇报，并到装货现场参观了汽车船的装载和绑扎过程，叮嘱船员们务必做好安全工作。李东序一行在穗期间，还听取了中远航运的管理工作和财务状况的汇报，并与广远和中远航运相关职能部门负责人进行了座谈。（曾晓平）

【开展“抓落实促发展”主题实践活动】

2010 年3月，广远党委为贯彻中共广东省委十届六次全会和中共中央政治局委员、广东省省委书记汪洋关于2010年的工作要求，在全系统开展“抓落实促发展”主题实践活动。广远开展的“抓落实促发展”主题实践活动，得到属下各级党组织的认真实施，坚持解放思想、真抓实干、廉洁从业、艰苦奋斗，并突出广远特色，取得七个方面的成效：1. 落实经营创效促发展，紧紧围绕效益目标，充分发挥党建思想政治工作的独特优势，调动各方力量，凝聚集体智慧，狠抓了各项经营管理目标的落实；2. 落实深化改革促发展，牢固树立责任感和使命感，把思想和行动统一到改革发展的中心任务上来，自觉拥护、支持和参与企业改革发展；3. 落实安全生产促发展，围绕“四大战役”这条主线，突出抓好航行安全和防海盗劫持两个重点，大力加强了安全管理“软文化”建设和制度建设，巩固了“红树林”工程成果；4. 落实党建创新促发展，重点推进了党建动力、职工思想状况常态分析、精神文明建设任务书考核“三大机制”建设。同时，大力创新拓展党建工作的方式途径和范围领域，开展以争创“四强”党组织和“四优”共产党员为主要内容的创先争优活动；5. 落实和谐稳定促发展，帮助基层一线解决了生产经营和改革发展中遇到的问题，深入开展扶贫帮困和“送温暖”活动，准确掌握了员工的心理动态，化解了各类矛盾纠纷；6. 落实廉洁从业促发展，落实了党风廉政建设责任制，加强了以构建惩防体系为重点的反腐倡廉建设，全面推进了惩防体系融入经营管理；7. 落实深化学习促发展，开展了创建学习型党组织活动，引导党员干部争当学习标兵，加强调查研究，提高了推动工作和解决问题的能力。（曾晓平）

【成立推进“三大机制”建设工作机构】

2010年4月，广远党委成立了推进“三大机制”建设工作机构，设有指导协调组和党建动力机制、职工思想状态分析机制、精神文明建设任务与考核等三个工作小组。党委书记刘书田任协调组组长，纪委书记、工会主席马宗梅任副组长，广远本部党群部室负责人及部分下属企业党组织负责人为组员。（曾晓平）

【部署开展争创“四强四优”活动】

2010年4月，广远党委认真贯彻落实中共中央和上级党组织文件精神，专门就深入开展争创“四强四优”活动进行了研究部署，提出了具体的工作任务和目标要求，并下发通知，在全系统船岸各级基层党组织中广泛开展争创“四强四优”活动。

（曾晓平）

【开展“扶贫济困党旗红，共建和谐当先锋”活动】 从2010年7月起，广远党委开展“扶贫济困党旗红，共建和谐当先锋”主题实践活动。这次活动以党支部为单位，以“扶贫济困党旗红，共建和谐当先锋”为主题，突显远洋企业特色，召开了一次专题组织生活会，发动广大共产党员积极响应广东省直工委倡议：“献出一份爱心、共建和谐广东”，为广东省贫困地区进行捐款。广远党委坚持自愿捐助、量力而行的原则，提示不得以确定数额、下达指标等方法摊派捐款，不得从工资强行扣款，不得进行攀比，不得把捐款多少与日常考核挂钩，坚决防止把扶贫济困这件好事办坏。在这次活动中，各单位党组织积极行动，充分发挥了党组织的政治核心作用，切实按照中共广东省委组织部提出的“五个带头”（带头捐款捐物，带头走访慰问，带头促发展促和谐，带头办好事实事，带头做好宣传教育），弘扬广远党建优良传统。广远按照中共广东省委“规划到户、责任到人”扶贫工作安排，挂钩扶贫点设于广东省兴宁市坭陂镇东兴村，捐款将统一重点用于广远扶贫挂钩贫困农村建设，欢迎党员和群众监督。

（曾晓平）

【召开2010年度党员领导干部专题民主生活会暨述廉议廉会议】 2010年9月3日，广远党委召开了2010年度党员领导干部专题民主生活会暨述廉议廉会议。会议的主题是认真学习贯彻《中国共产党党员领导干部廉洁从政若干准则》，严格遵守干部选拔任用四项监督制度，大力加强领导人员党性修养和作风建设，结合开展创先争优活动，进一步提升领导班子整体素质，树立领导班子良好作风形象，为全面打造“资本广远”提供领导保障。会议由党委书记刘书田主持。广远党委全体成员、纪委全体成员、广远本部各职能部门负责人、广远工会代表、民主党派人士代表和部分职工代表共23人出席了会议。中远集团党组成员、副总裁许立荣等上级领导到会指导。会议严格按照中共中央和中远集团党组确定的主题和述廉议廉会议的程序进行。与会党员代表、职工代表、无党派人士代表对广远领导班子的廉洁从业情况进行了无记名民主测评。党委领导班子全体成员紧紧围绕会议主题，分别汇报了一年来贯彻落实《党员领导干部廉洁从政若干准则》、遵守干部选拔任用工作四项监督制度的学习情况和工作情况，并结合抓好广远改革发展、经营管理、安全生产、和谐稳定、干部队伍建设等主要工作，汇报了个人遵守执行廉洁从业的主要情况。党委班子成员在发言中，认真对照领导人员廉洁从业若干规定，深刻剖析了自身存在的问题和不足，深入开展思想交流和沟通，畅谈对加强领导班子作风建设、推进广远科学可持续发展的意见，并就如何进一步抓好问题的整改落实等达成了一致意见。会上，许立荣代表中远集团党组和中远集团领导班子讲话，指出广远领导班子在领导职数少、工作任务重、经营压力大的情况下，丝毫没有减弱对民主生活会的重视程度，严格按照中远集团党组确定的会议主题和规定的会议程序，充分做好会前准备工作，广泛征求党员干部意见，认真准备个人发言提纲，积极开展思想沟通交流，切实抓好整改落实措施，整个会议准备充分，程序完备，主题鲜明，重点突出，交流顺畅，整改有力，卓有成效，达

到了预期目的。通过本次会议，广远领导班子进一步加深了对党员领导干部廉洁从业的认识，增强了抓好企业改革发展、生产经营、安全管理、和谐稳定和领导班子自身建设的自觉性和坚定性。

（曾晓平）

【举办建设学习型党组织专题党课】 2010年9月13日，广远党委举行建设学习型党组织专题党课，邀请广东省委党校副校长程扬作题为《建设学习型组织，创建智慧型企业》的专题讲座。党课由党委书记刘书田主持。广远党委中心组全体成员，驻广州地区二级单位党组织领导班子成员，广远机关、中远远达、中远航运管理船员部、海运公司、远洋宾馆全体党员及入党积极分子共280余人参加了专题党课学习。（曾晓平）

【党委工作部简介】 党委工作部（以下简称党工部）是广远党委党务工作的日常办事机构及团员青年工作的专业管理部门。主要职责是负责监督广远党委决议、决定的贯彻执行；负责管理文秘、日常事务；负责广远本部机关党委工作和广远共青团工作；负责广远思想政治工作、精神文明建设、企业文化建设；负责政研会工作；负责广远内部宣传和对外企业形象宣传；协助做好业务宣传工作；负责编辑出版《广州远洋》杂志。

时任部长姚勇（1～3月），部长助理章晓彤（1～10月）、王珂（11～12月）。团委书记王茜，《广州远洋》编辑部主任王雷。员工10人。（曾晓平）

【党委工作部工作概况】 2010年，党委工作部认真贯彻上级组织和广远党委的部署，扎实做好党委办公室、机关党建、宣传思想政治教育、企业文化建设及共青团建设等各项工作，较好地发挥了党委参谋助手作用。1. 认真负责做好办公室日常工作，精心做好党委公文材料撰写、文件处理、公文管理归档工作及信访工作；2. 突出重点协助做好广远党建工作，协助开展“抓落实促发展”党建主题实践活动和创先争优活动，扎实推进学习型党组织建设和“三大机制”建设，认真做好机关党建工作；3. 紧贴实际抓好宣传思想政治工作和精神文明建设，持续推进实施“红树林”工程，积极开展员工形势任务教育和职工专题读书活动，配合抓好和谐企业建设；4. 与时俱进抓好企业文化建设，改进《广州远洋》杂志版式结构，升级《广州远洋》图片版，改进制作技术手段，做好广远品牌形象宣传和对外宣传报道；5. 创新加强青年队伍建设，深化创新青年思想政治教育和创新创效活动，创新开展富有特色的主题实践活动，开展广远2009年度“青年文明号”和“青年岗位能手”的评选、表彰活动，积极推进团建工作创新，大力加强共青团建设。（曾晓平）

【公文处理工作】 2010年，党委工作部认真做好党委公文处理工作，全年共起草撰写党委领导各类讲话材料30份，起草广远党字号公文13份，印发广远党函6份；编报中远集团信息43条，被采用41条；全年共收外部公文612份，共整理盖印归档文件212份；完成2009年文件归档工作，未发生任何文件丢失和泄密。（曾晓平）

【信访接待工作】 2010年，党委工作部

认真贯彻构建和谐广远要求，秉承“热情、依法、负责、奉献”信访工作方针，扎实做好职工群众信访接待工作。全年处理职工各类来信9次，接听来电12次，接待来访9批14人次，积极化解职工群众内部矛盾，并均予妥善处理，为构建和谐广远、维护企业稳定创造了良好条件。（曾晓平）

【《广州远洋》编辑部概况】 2010年，《广州远洋》编辑部主要做了以下工作：1. 按计划编辑出版《广州远洋》12期，约92万字；针对后金融危机时期形势，围绕企业中心工作，策划了“航线故事”，叙述广远航运主业的运作，表现员工的敬业和开拓精神；延续2009年“情动广远”专题，进一步贴近员工工作和生活，反映员工对企业的情感经历以及广远变迁发展的过程，完成“远洋老读者”、“春天里的广远”、“船员的家”、“先进船员”等专辑；对《广州远洋》栏目进行调整，增加“一网打尽”栏目，以简明的一两句话概括广远本月的重大新闻，扩大信息量，方便读者阅读；升级《广州远洋》图片版，改进制作技术手段，提高了发布效率和版面美观度，进一步增强读者阅读的便利性；做好《广州远洋》的发行、出版等编务工作，积极配合政府出版部门登记审查。2. 积极做好广远品牌形象宣传和对外宣传报道，在各社会报纸杂志刊发宣传广远的稿件80余篇；配合《中国远洋报》纪念中远成立49周年征文、《中国远洋》报800期特刊纪念等活动提供素材和稿件；在《中国远洋航务》刊登广告12期；与行业媒体和广州本地媒体保持紧密联系，加强沟通，提供稿件，中秋节期间与广州的交通线媒体进行了一次广泛的联系交流。3. 积极协助做好第七届国际海运（中国）年会的宣传及会务工作，在时间紧、工作量大的压力下，克服各种困难，较好地完成了协助媒体宣传报道年会、制作广远宣传片和形象画册、设计广远展台及会刊广告、收集展台资料及安排咨询人员、摄影摄像、冲晒照片和入册、会议资料校对印刷等工作。会议期间，拍照人员拍摄了近万张图片，摄像人员拍摄了14盒共2520分钟的录像带。4. 做好重要新闻的拍摄编辑工作，拍摄编辑录像片60则，在中远集团每月《中远报道》上片52则，制作了《中远航运2009年度十大新闻片》、《中远远达业务宣传片》、《中远南方业务宣传片》、两个版本的《广远形象片》。5. 充分发挥了宣传职能，与广远下属企业、其他部门加强协作，参与筹备广远——中远远达客户联谊会、中远南方客户联谊会，积极配合《中国远洋报》完成广州记者站年度核验，协助中远远达组织参加“安康杯”比赛的材料以及协助修改其业务画册，积极完成广远扶贫小组的宣传工作，做好精益管理现场推广会的筹备工作，给政委苗子培训班和基层通讯员进行新闻写作培训，积极参与广远新办公大楼——广州远洋大厦的布置，提出装修意见，并负责广远陈列馆橱窗的设计制作。6. 做好宣传网络的维护更新工作，及时更新《广州远洋》宣传网和外部网内容。

是年，《广州远洋》编辑部被评为广远和中远集团“文明示范”窗口，被继续认定为广东省直属机关“青年文明号”。

（王雷）

【深入学习中共十七届五中全会精神】 2010年，广远党委将学习贯彻中共十七届五中全会精神作为理论学习的重要任务，结合党员干部学习活动，迅速组织学习全会精神和全会审议通过的“十二五”规划《建议》。广远党委广泛利用简报、内刊和网络的载体刊登学习资料，采取集中学习与个人自学的方式，开展灵活多样的学习活动，提升了党员干部的理论素养。

（谢志达）

【推进学习型党组织建设】 2010年，广远党委紧紧围绕企业中心，按照科学理论武装、具有世界眼光、善于把握规律、富有创新精神的要求，采取切实有效的措施，大力开展学习型党组织建设。广远各级党组织开展了“一个班子一个园地、一个支部一面旗帜、一名党员一个标杆”的“三个一”示范带头活动、“争建学习型党组织、争创学习型领导班子、争当学习型党员”的“三争”主题创建活动及“日阅一报、周学一文、月读一书”的经常性自学活动；召开了学习型党组织建设推进会，邀请中共广东省委党校副校长程扬开专题党课；并通过举办航海技能、计算机操作技能、安全技能等竞赛，将活动向船舶一线拓展，在企业上下掀起学习的新热潮。是年党委中心组以“当前国际国内政治经济发展形势”与“国际航运市场发展趋势”为学习重点，采取集中学习、分组讨论、网络自学等形式巩固经常学习制度，完成专题学习15次；先后选派8批共120名党员干部参加中远集团、省直工委等上级组织举办的培训班。通过上述活动，切实提高了领导干部政治理论水平以及经营管理、驾驭市场和规避风险的能力。广远推进学习型党组织建设的经验，入选《广东省直机关推进学习型党组织建设成果汇编》。

（谢志达）

【开展党建理论调研】 2010年，广远党委围绕企业改革发展，积极开展理论研讨和相关活动，先后开展了“党群共建创先争优，推动广远科学发展”理论研讨、“推进反腐倡廉建设科学化”理论研讨和“加强企业文化建设　共筑精神家园”理论研讨；重点加强金融危机背景下的党建形势任务和“党建动力机制”、“职工思想状况常态分析机制”、“精神文明任务书考核机制”的“三大机制”建设研究，深化了党员对相关理论和党的路线方针政策的认识。年底，广远党委召开了党建思想政治工作研究会暨工运理论研讨会，以持续的理论创新谋划各项工作，为新时期广远的党建工作提供了生动素材，创新丰富了实践经验与理论内涵。全年收到政研论文共28篇，表彰了优秀论文成果10篇。

（谢志达）

【开展专题读书活动】 2010年，广远连续三年开展“读书·思考·进步”专题读书活动，鼓励各单位“自选动作”创新活动形式。活动中，广远举办员工读书论坛，促进“职工书屋”建设深入开展；机关党委开展“读一本好书、促企业发展”活动，岸产事业部实行“每月荐书”，金桥学院设立“职工读书月”，物业公司举办“文化月读书活动”，供应公司开通员工电教系统等做法，都取得了良好的学习效果。全年，机关党委和各岸产单位累计发放各类读书补贴64600元；广远下属各航运企业坚持“送学上船”，向船舶发放各类学习书籍和党建刊物3780份，送出各类宣传资料和工作简讯50多期共80多万字，

营造了争当学习型员工、创建学习型党组织的浓厚氛围。 （谢志达）

【开展员工形势任务教育】 2010年，广远党委积极开展员工形势教育，主要内容有：1. 以形势任务教育为主导推动企业和谐发展，如组织员工收听收看“中国之声”专访中远集团党组书记张富生的节目，引导员工正确认识内外部发展形势，排除不良信息干扰，坚定发展信心；2. 推动中国特色社会主义理论体系深入基层、深入群众，如把《七个怎么看》作为必读书目之一，组织员工学习《七个怎么看》，结合专题读书活动，回答当前干部群众普遍关心的重大理论和现实问题；3. 加强员工综合素质教育，丰富员工知识结构，组织员工参加省直工委“科学技术现代进展”、“提升执行力”、“中国海权”、“自主创新”等系列讲座；4. 推动爱国主义教育活动的深入开展，组织学习宣传“双百”人物和吴大观等先进人物事迹，进一步弘扬时代典型人物的崇高精神，坚定员工贯彻落实科学发展观、建设和谐广远的决心和信心。 （谢志达）

【开展企业普法教育】 2010年，广远普法工作以深化改革，促进发展，保持稳定为主线，为打造“资本广远”、构建“和谐广远”，推进企业新一轮的跨越式发展提供保障。广远各部门坚持在法律法规和政策允许的范围内积极探索，借鉴成功转制企业的经验，解决好工作中的重点和难点问题，消除法律隐患。普法办以此为契机，下发《领导干部法制教育读本》等材料，围绕改革，组织船岸员工学习有关法律法规，使广远员工领会精神，统一思想，加深认识，有效地解决了企业改制中出现的问题和困难，减少和消除了改革发展的不和谐因素。 （谢志达）

【推进企业文化建设】 2010年，广远党委积极推进企业文化建设，主要内容有：1. 宣传弘扬广远船员忠于祖国、热爱远洋的光荣传统，协助中远集团党组调研“瑞昌海”轮、“乐从”轮防抗海盗事迹，以爱国主义精神引导员工认识到海盗可防可抗，切实做到坚定信念、立足自身、以我为主；2. 以学习宣传“21世纪交通文化建设研究与实践”系列丛书之《航海文化》为契机，引导员工认识企业文化在推动企业发展方面的能动作用，重视整合文化资源，完善建设机制；3. 营造企业积极向上的和谐氛围，如组织员工参与“做文明有礼中国人”网上签名等活动，努力建设具有广远特色的和谐文化。 （谢志达）

【开展创先争优活动】 2010年，广远党委按照中共广东省委和中远集团党组的部署，坚持以船舶和基层党组织为重点，在各级党组织中深入开展创先争优活动。广远党委抓住开展创先争优活动契机，以传统“三学一创”活动为载体，以争创“四好”领导班子和“四强”党组织、争做“四优”共产党员和“四优”党务工作者为内容，对进一步发挥企业党组织政治核心作用、战斗堡垒作用和党员先锋模范作用作出了部署，把“华铜海”精神融入到新时期的创先争优中去，结合创建“平安之旅”、“安全生产月”、实施“红树林”工程、推动“精益改进”与“亲情祝安全”等群众性活动，在广大党员中引起了强烈反响，扩大了党群共建的工作格局，充分调动了各项工作中党员、群众的积极性和创造性。

广远党委按照中远集团党组“推动科学发展、促进社会和谐、服务人民群众、加强基层组织”的要求，分类指导属下基层党组织创新开展活动。活动中，各单位、各船舶把创先争优作为服务中心工作的有力推手，与船岸员工诉求相融合，与企业船舶工作相结合。如，航运企业党组织融入中心抓健全机制，推进航次效益与船员奖励挂钩，调动广大船员的主动性和积极性；海运公司党员带头研讨业务破难题；远洋酒店党总支开展“微笑大使”活动争优秀；东海大厦党总支开展“绿色经营”冲业绩等等。各船舶支部则带领全体船员弘扬“华铜海”精神，真抓实干奋力拼搏。如，“凤凰松”轮开展“以一流的管理创造显著业绩”活动；“白沙岭”轮拓宽思路争当“红树林”标兵；“木兰湾”轮以澳检为契机提升船舶效能，连续8次“无缺陷”通过PSC检查；“乐从”、“泰安口”轮等8艘船舶更在党支部的坚强领导下，成功击退武装海盗的多次袭击，得到了交通运输部、中远集团等上级组织的充分肯定。（谢志达）

【提升党建工作科学化水平】 2010年，广远党委在中远集团党组的指导下，大力推动探索适合企业实际的“党建动力机制、职工思想状况常态分析机制、精神文明任务书考核机制”的建设工作，进一步规范和促进了党建工作的科学化、制度化建设。广远出台了加强党员教育培训工作意见，有序完成改制职工安置工作，党员干部队伍呈现新风貌；严格按照深化改革进度，同步完成教育中心、后勤服务中心、广州远洋酒店项目部等三个新设机构的党组织设置，明确了广远改制后党建工作的整体格局。广远党委全年共发展新党员300多名，进一步改善了党员队伍结构，增强了党员队伍综合素质。（谢志达）

【推进干部人才队伍建设】 2010年，广远党委贯彻落实干部选拔任用工作4项监督制度，扎实推动中层干部、基层领导班子岗位轮换和交流任职，先后完成党委工作部、中远航运船员管理部、中远远达、中远南方、远洋酒店、东海大厦等部门和单位党政负责人的轮岗轮换，调整充实了远洋宾馆、通导公司等岸产企业领导班子；有序推进干部人才队伍建设，完成广远工会、保险中心、南海包装厂等部门和单位的人员补充、调整和安置工作，充实了中鞍航运、越洋船务等航运企业的经营管理力量，推荐了新一批常驻外派人选。全年共提升200多名干部船员。（谢志达）

【做好政策宣传解释工作】 2010年，广远党委围绕推进实施改制等工作，加强思想政治工作和企业文化建设，深入细致做好政策宣传解释工作，并积极创造条件推进解决历史遗留问题，各项工作得到船岸员工的大力支持和拥护，改革发展稳定保持良好态势。是年，广远顺利推进岸产企业改制，三个新设机构顺利运转；6月份，连续两次成功召开专题职代会，讨论通过广远职工统一执行北京市养老保险政策和广远改制为公司制企业的有关决议方案，彻底解决了困扰广远多年的离退休职工养老保险待遇差别问题，切实为职工群众办实事，做好事，和谐企业建设迈上新台阶，为下一步全面打造“资本广远”奠

定了坚实基础。（谢志达）

【推进安全文化建设】 2010年，广远党委重视企业安全文化建设，把“平安之旅”作为“惠民利民”重要工作来抓，取得了良好效果：1. 发挥了“广远十大安全理念”文化指导作用，突出航行安全、防海盗劫持“两大重点”强化安全管理；2. 加强了安全意识教育，抓好船员培训，编写210多万字的《海务资料汇编》，以及防海盗形势任务宣传教育教材，得到各方好评；3. 开展了安全生产“双基”建设合理化建议活动，动员员工献计献策，最大限度地遏制安全事故发生。广远全年安全形势稳定，被评为全国“安全生产月”活动优秀单位；中远远达被中国海事局评为“安全诚信公司”，连续3年获深圳港籍航运公司安全管理A级评定；中远南方被授予海南省“年度航运企业管理先进单位”荣誉称号；“泰安口”轮等12艘船舶被授予“安全诚信船舶”称号；“康盛口”轮、“乐锦”轮被评为“全国水运系统安全优秀船舶”。（谢志达）

【开展“迎亚运”活动】 2010年，第十六届亚洲运动会在广州举办。广远党委以此为契机，按照中共广东省委“迎接亚运会，创造新生活”的要求，营造良好氛围，组织员工开展文化活动迎接盛会。如，召开“保障亚运、服务亚运”专题组织生活会，开展“亚运先锋行动”主题实践活动，引导党员群众在迎亚运活动中创先进、争优秀。活动中，广远团委组织开展了“绿色亚运，全民运动”趣味登山活动；物业公司将“企业文化月”融入“我运动，我健康，我快乐”职工健身中；东海大厦开展“迎亚运、提服务、树新风”员工职业技能竞赛；远洋宾馆结合迎亚工作部署开展“安全百日行”和“征集文明寄语”活动等。通过以上这些活动，既提高了员工的文明素质，又切实营造了迎亚运、树新风、促和谐的良好氛围。（谢志达）

【开展“三学一创”活动】 2010年，广远党委在中远集团党组和省直工委的正确领导下，认真学习领会中共十七大和十七届四中、五中全会精神，全面贯彻落实科学发展观，坚持以改革创新精神加强和改进党建思想政治工作，充分发挥“三学一创”活动载体作用，加强两个文明建设，构建和谐企业，凝聚企业力量，取得显著成效。为表彰先进，树立典型，在各单位推荐、自荐的基础上，广远对2010年度“三学一创”活动情况进行了综合评审，经广远“三学一创”活动领导小组审核批准，评选出4个双文明建设先进单位：中远航运、中远远达、中远南方、建设实业；13艘学习“华铜海”先进船舶：“康盛口”、“泰安口”、“大富”、“乐里”、“乐宜”、“乐从”、“乐盛”、“安宁江”、“富裕山”、“白沙岭”、“瑞昌海”、“亚龙湾”、“木兰湾”轮。其中，评选出连续5年学习“华铜海”先进船舶4艘：“康盛口”、“泰安口”、“乐里”、“白沙岭”轮；连续三年学习“华铜海”先进船舶3艘：“乐宜”、“大富”、“木兰湾”轮。优质服务外派集体标兵1艘：“毓骐海”轮；文明示范窗口4个：广远本部《广州远洋》编辑部、中远航运财金部船员财务处、金桥学院船员培训报到处、物业公司沙园管理处。（谢志达）

【新闻媒体对广远的重要报道】 2010年，广远党委共在社会媒体发布宣传稿件80余篇，树立广远良好的社会形象，宣传企业的建设成果。《中国远洋报》在头版刊发了13篇广远的稿件，如《中远航运半潜船开拓海上油田工作平台运输业务》、《广远新型专业木材运输船投入使用》等，以突出的位置报道广远的生产业务情况；大篇幅刊登的《为了远航归来船员及时吃上新鲜蔬菜》、《“丈夫担千斤，我担八百”》、《在“海员之家”过中秋》、《和谐的“木兰湾”轮》等，对广远打造以人为本的企业文化进行了报道；《“木兰湾”轮让船员培训“三贴近”》、《为青年船员搭建成长的舞台》、《让“职工书屋”成为员工成长进步的加油站》等，对广远大力开展“红树林”工程进行了介绍。其中，《“海上堡垒”是怎样建成的》，以专版的形式对广远的船员队伍建设成果进行了深入透析；《广州远洋运输公司安全大检查扎实推进》、《中远航运“乐从”轮成功应对海盗》、《中远航运“安泽江”轮成功击退海盗》等，报道了广远的安全工作，《亚丁湾上鱼水情》、《中远航运慰问海军护航编队》，则反映了在亚丁湾海盗肆虐之际，船员与我国护航海军的军民情深；《抓基层，强根基，练内功》等，对船舶党建工作进行了深入报道；《广远公司制订节能减排实施方案降低综合能耗》等，宣传了广远厉行精益管理、节能减排。此外，《中国远洋报》还刊登了部分广远员工的党建论文、文艺作品和摄影作品等，展现了广远员工良好的精神面貌。《中国水运报》以《倾力打造西非精品航线》、《“三大亮点”凸显低碳效应》为题，对广远的生产经营和节能减排工作作了大篇幅专题报道。《中国远洋航务》刊登了广远广泛开展业务营销、打造“特”字品牌等经营活动的情况。此外，《中国交通报》、部分行业网站等也刊登了报道广远的文章。 （王雷）

【机关党委简介】 机关党委负责广远机关党的建设、思想政治工作和精神文明建设，根据广远党委的中心工作，制定机关党组织的工作计划；负责机关党员的教育、管理和监督；负责审批下属党支部的换届、改选和党组织的发展工作。2010年，机关党委有党支部12个，党员233名。机关党委由朱航员、林旭东、姚勇（1～3月）、谭力、黎光葵、王珂（11～12月）组成。

时任机关党委副书记、机关纪委书记姚勇（党工部部长兼，1～3月）、王珂（党工部部长助理兼，11～12月），3～11月机关党委工作由黎光葵临时主持。

（曾晓平）

【机关党委工作概况】 2010年，机关党委按照广远党委要求，认真加强机关党建工作，深入开展机关党员专题读书活动。全年接转组织关系49人次；发函调信7封，回外单位函调信1封；全年共收缴党费162365元；预备党员转正2人，参加入党积极分子培训班2人，发放各类学习资料、刊物约1千多本。评出优秀专题读书活动支部3个；评出读书活动一等奖1个，二等奖2个，三等奖3个，优秀奖6个。（曾晓平）

组织党建工作

【组织模块工作概况】 2010年，广远党

委组织部门做了大量富有成效的工作。主要有：1. 积极开展创建“四好”领导班子活动，评选出11个符合“四好”条件的领导班子。2. 围绕企业中心工作和改革发展大局，制定下发了《广远公司党委关于贯彻落实〈2009～2013年全国党员教育培训工作规划〉的实施意见》。广远所属（含代管）13个基层党组织认真学习贯彻《党员领导干部廉洁从政若干准则》和干部选拔任用工作4项监督制度，切实加强领导人员党性修养和作风建设，结合开展创先争优活动，先后召开了民主生活会暨述廉议廉会议，会议总体评价良好以上，达到了预期目的。3. 认真组织，深入开展创先争优活动，成立了创先争优活动领导小组，制定了《创先争优活动实施方案》，全面贯彻落实中共十七大和中共十七届四中、五中全会精神，深入学习实践科学发展观，活动以“奋力拼搏安全效益、立足本职创先争优”为主题，以改革创新精神加强和改进企业党组织的自身建设，努力提升党建工作科学化水平，充分发挥党组织的政治核心作用，为后金融危机时期广远科学发展提供坚强保证。4. 在所辖党组织中开展了“扶贫济困党旗红，共建和谐当先锋”主题实践活动。活动以党支部为单位，以突显远洋企业特色，召开专题组织生活会，发动广大共产党员积极响应广东省直工委倡议“献出一份爱心、共建和谐广东”，为广东省贫困地区进行捐款，共收到捐款96000元，计划用于广远挂钩扶贫点广东省兴宁市坭陂镇东兴村党支部建设。5. 总结通报了发展党员工作和党费管理工作情况，完成了广远党委年度统计报表。全年发展新党员331名。6. 协助中远集团党组完成了“三大机制”建设有关问题的专题调研。（周佐成）

【党员基本情况统计】 2010年12月，组织部对2010年度广远党委直属党组织党员基本状况等进行了统计。

2010年度广远在册党员基本情况统计表

项目		党员数	其中在岗职工
总计		5978	3342
其中	预备党员	326	325
	女	343	204
	少数民族	63	41
年龄	35岁以下	1475	1458
	36岁至45岁	1048	1017
	46岁至54岁	715	634
	55岁至59岁	1001	232
	60岁以上	1739	1
入党时间	1937年7月6日以前	0	0
	1937年7月7日至1945年9月2日	9	0
	1945年9月3日至1949年9月	33	0

（续上表）

项 目		党员数	其中在岗职工
入党时间	1949年10月至1966年4月	493	0
	1966年5月至1976年10月	1599	132
	1976年11月至2002年10月	1853	1258
	2002年11月及以后	1991	1952
学历	研究生	86	82
	大学本科	1133	910
	大学专科	1463	1113
	中 专	1095	610
	高中、中技	993	585
	初中及以下	1208	42

（蔡主清）

【广远党委直属党组织概况】 2010年，广远党委下属党委8个（含代管）。其中，二级党委6个：广远本部机关党委、中远航运党委、中远远达党委、金桥学院党委、物业公司党委、广州中远船务工程公司党委（代管）；三级党委2个：中远航运船员管理部党委、中兴海陆工程有限公司党委（代管）。

下属党工委2个：岸产事业部党工委、离退休中心党工委。

下属党总支10个。其中，二级党总支8个：中远南方党总支、通导公司党总支、建设实业党总支、海运公司党总支、供应公司党总支、远洋宾馆党总支、远洋酒店党总支、招商局集团广州办事处党总支（代管）。三级党总支2个：大沙地离退休党总支、晓港离退休党总支。

下属党支部220个。其中，岸上119个（含代管31个，离退休支部21个），船舶101个（其中自营船舶96个，外派船舶5个）。 （周佐成）

【开展创建“四好”领导班子活动】 2010年，广远党委坚持开展以“政治素质好、经营业绩好、团结协作好、作风形象好”为主要内容的“四好”领导班子创建活动，把这项活动作为在新形势下加强基层单位领导班子建设、发挥党的政治核心作用的有效措施。经广远党委考核评比，确定中远航运、中远远达、中远南方、岸产事业部、建设实业、海运公司、供应公司、物业公司、远洋宾馆、远洋酒店、金桥学院等11个基层单位为2010年度“四好”领导班子达标单位，“四好”领导班子总数比2010年增加4个。 （周佐成）

【组织召开基层单位民主生活会】 2010年9～10月，在广远组织部指导下，广远党委所属各单位（含代管）党组织于9、10月份先后召开了党员领导干部专题民主生活会暨述廉议廉会议。是年，按要求召开会议的有岸产事业部、航运企业、岸产企业、代管单位等共13个单位。参加生活会的各单位党员领导干部共56人。列席会议的董事、监事、财务总监等共18人。这次基层的民主生活会以学习实践科学发展

观为主题，会议质量普遍较2009年有所提高，总体水平均在良好以上。（周佐成）

【**党组织换届工作**】 2010年，广远所属党组织有1个党委（广东中远船务工程有限公司党委）、有2个党总支（离退休中心大沙地党总支、离退休中心晓港党总支）和41个党支部任期届满。上述各党组织分别召开了党员大会或党代会进行了换届选举。（周佐成）

【**党员发展工作**】 2010年，广远各级党组织遵照中共中央组织部“坚持标准，保证质量，改善结构，慎重发展”的发展方针，加大发展党员工作力度，重点发展有文化、有理想的优秀青年、干部船员入党。按照《广州远洋运输公司2007～2010年发展党员工作规划》，全年共发展党员331名。其中，35岁及以下276名，占发展总数的83.39%；大专及以上文化程度166名，占发展总数的50.15%；生产一线295名（其中，船员党员268名），占发展总数的89.12%。

2010年度广远发展党员情况表

项目	发展党员数				年龄			学历			岗位		入党积极分子	申请入党人数	非党员员工数
	总数	女	少数民族	较2009年减少%	35岁及以下	36岁至59岁	60岁及以上	大专以上	中专高中	初中及以下	生产一线	其中船员			
总计	331	18	3	5.96	276	55	0	166	163	2	295	268	945	1181	9007

（蔡主清）

【**党员培训**】 2010年，广远党委组织部门组织了24名基层党支部书记及其他党务人员参加了中共广东省委组织部组织的“抓落实促发展”专题培训班；制定下发了《建设学习型党组织工作方案》，大力推进学习型党组织建设，举办了一次建设学习型党组织专题党课，邀请中共广东省委党校副校长程扬主讲；为中远航运船舶政委苗子培训班进行了船舶党务知识培训。（周佐成）

【**加强党员管理工作**】 2010年，广远各级党组织不断完善《中国共产党党务管理信息系统》，发挥其在日常党员管理和党内统计中的作用。是年，广远党委所属在册党员总数5978名，较2009年底5894名净增加84名；转属地管理99名党员，因工作调动转出153名党员，正常死亡31名党员，自行脱党1名，取消预备党员资格24名。全年发展331名党员；转入61名党员，进出相抵总数净增加党员84名。在退休人员中有99名党员转为属地化管理，属地化管理的退休人员党员数达3891名。（周佐成）

【**党费收缴管理情况**】 2010年，广远各级党组织认真落实新的党费缴纳标准，坚

持制度，严格管理，不断提高党费管理工作水平，党费收缴、使用和管理工作进一步制度化、规范化。是年，广远党委系统（含代管单位党组织，不含已转到属地管理的3891名党员，下同）共收入党费1586461.48元。其中，所属5978名党员交纳党费1555102.97元，比2009年增长了1.78%；党员人均月交纳党费21.62元，高于2009年的21.56元。其中，在职党员人均月交纳党费31.72元，与2009年持平；离退休党员人均月交纳党费6.30元；所属的18个基层党组织中有7个单位党员人均月交纳党费在50元以上。党费利息27189.00元，其他收入4169.51元。

2010年，广远党委共支出党费1467801.83元。其中，广远党委按规定比例（离退休党支部50%×70%，其他70%）上交省直工委1024851元，下拨基层党组织365313.91元。广远党委本级使用的77636.92元党费中，培训党员1200元，表彰先进35300元，订购党员读物40706元，其他430.92元。（周佐成）

广远党校

【中共广州远洋运输公司委员会党校简介】 中共广州远洋运输公司委员会党校（以下简称广远党校）主要担负广远船岸党员干部培训任务，培训对象为广远本部和广远下属基层党组织中层以上、中级专业技术职称以上党员干部、船舶政委、党员船长、轮机长、大副、大管轮等高级船员，以及广远本部、船舶及基层党支部书记、入党积极分子。

时任校长马宗梅（兼），副校长凌保平。员工2名。（陈明兆）

【广远党校工作概况】 2010年，广远党校根据广远党委的工作安排，完成了一期船舶政委苗子班培训任务，为学员提供教学教务管理、住宿、伙食安排等服务。此外，党校人员自行进修学习，努力提高自身素质和教学水平。（陈明兆）

【举办政委苗子培训班】 2010年11月10～30日，广远党校举办了中远航运2010年第一期船舶政委苗子培训班。参加培训学员20人。本期培训课程主要有：国际航运市场分析及中远航运发展规划、新形势下如何开展船舶思想政治工作及如何运用流程管理、如何提高船舶管理水平、如何加强船舶领导班子建设、当好船舶政委、防海盗工作经验交流、ISPS规则及船舶保安知识、解读中远集团船员管理条例及船员调配管理中应注意的事项、解读中共十七届五中全会精神、法规学习及案例分析、党支部书记职责及船舶党建、船舶共青团工作及青年思想政治工作、如何做好船员心理疏导及人文关怀等。通过20天的培训学习，船舶政委苗子班学员反映自身有了较大的提高，取得了良好的学习效果，同时，对党校的教学安排及住宿、伙食等后勤服务感到满意。（陈明兆）

第二节　纪委工作

【中共广州远洋运输公司纪律检查委员会简介】　中共广州远洋运输公司纪律检查委员会（以下简称广远纪委）是在广远党委领导下的纪律检查机关，受中远集团党组纪检组及中共广东省纪委派驻省经信委纪检组双重领导。主要职能是围绕广远经营创效中心工作，协助广远党委抓好党风廉政建设和反腐败工作，维护党的纪律和企业规章制度，保证党的路线方针政策的贯彻落实以及广远的健康可持续发展。

广远纪委下设监督部/审计部，对外保留检查室、审理室和审计室的牌子。

监督部/审计部的主要职能是开展党风教育和反腐倡廉教育，增强广大党员的党性修养，提高各级管理人员廉洁从业的意识和遵纪守法的自觉性，构筑拒腐防变的思想道德防线；发挥组织协调作用，完善各项反腐倡廉制度，健全企业内部监控机制，提高企业经营管理的制度化水平；开展监督检查、效能监察和审计监督，发挥专职监事和派出监事的监督作用，协调合资合营单位建立健全监事会并发挥监事会的职能作用，贯彻落实党的路线方针政策和企业规章制度，促进企业依法依规经营和管理人员廉洁从业，以及管理水平、运营效率的提高，确保国有资产的保值增值；做好信访举报、案件检查和审理工作，维护党员和职工群众的合法权益，对违反法律法规、党纪政纪行为严肃查处，营造企业风清气正、和谐稳定的内部环境。

时任纪委书记马宗梅，副书记朱航员。纪委委员马宗梅、朱航员、黎光葵、陈建钦、赖奕光、姚勇、林耀强。

时任监督部/审计部总经理朱航员（兼），监督部/审计部总经理助理张访苏。综合室主任余松亮、检查室主任郑意、审计室经理所春阁，经理助理沈仕乐、乔林。员工16人（另有专职监事1人，不列入部门编制）。　　　　（余松亮）

【纪检监察审计工作概况】　2010年，广远纪委和各直属单位纪检监察机构，充分发挥组织协调作用，围绕广远应对后金融危机经营战略目标，积极开展纪检监察审计监督工作，有力推进了企业反腐倡廉建设，为广远的和谐健康发展作出了积极贡献。

在制度方面，广远纪委从总结和推广中远航运惩防体系融入流程管理以及建设实业将惩防体系融入广远新办公大楼——广州远洋大厦建设项目管理两个方面深入推进惩防体系建设。广远系统各单位普遍从建立业务流程入手，进一步健全监督管理制度，并逐步深化对重要业务关键环节的风险评估和风险防控，规范权力运行和业务操作。全年新建、修订与惩防体系相关制度59个，工作流程146个，反腐倡廉制度化水平得到了进一步提高。

在教育方面，广远纪委重点部署开展了“每月一案”教育和以学习贯彻《中国共产党党员领导干部廉洁从政若干准则》专题党课、典型案例警示教育和廉洁理念征集等“七个一”为主要内容的廉洁从业

纪律教育月活动，进一步提高广大党员干部遵章守规、遵纪守法的自觉性，筑牢拒腐防变的思想道德防线。据统计，广远系统各单位组织学习《中国共产党党员领导干部廉洁从政若干准则》等党纪党规35场次，1394人次参加；开展警示、案例教育77场次，3481人次参加；共有12人次主动上缴礼品、有价证券，价值约2.5万元。

在监督方面，广远纪委重点加强了对“三重一大”、航运管理、财务管理、成本管理、贯彻落实《国有企业领导人员廉洁从业若干规定》、《中国共产党党员领导干部廉洁从政若干准则》、工程建设和“小金库”专项治理等方面的监督检查和效能监察，进一步促进了各单位规范经营、降本增效和领导干部廉洁从业。据统计，广远系统各级纪检监察组织全年共检查单位110个，进行209项监督，发现问题44个，提出整改建议124条，促进建立健全制度、流程151个；对5个单位的38个工程项目招投标活动的监督检查，直接节约成本159.11万元。

在审计方面，监督部/审计部在做好牵头配合国家审计署开展对中远集团总裁魏家福经济责任审计和财务收支审计工作以及整改工作的前提下，加班加点开展计划内的审计工作，全年完成8项综合审计工作及中远集团监督部下达的2项专项审计任务。其中，经济责任审计4项，投资收益审计1项，管理审计1项，投资控制及建设风险管理审计1项，船舶物料备件供应商管理风险审计1项，专项审计2项，共发现问题104个，提出并被采纳的审计意见和建议98条；完成船舶机务管理审计1585项，审计核减额301.58万元；完成基建审计31项， 审计金额 10182.81万元，节约建设资金1354.19万元。

在监事管理方面，广远派出监事在广远构建的大监督格局下，根据《公司法》所赋予的权利与义务，认真履行监事工作职责，积极努力开展工作，有效地推进了投资企业监事会的规范运作，强化了对投资企业各项招标工作的监管，促进了投资企业健康、安全和可持续发展，确保广远投资资产的保值增值。

（佘松亮　利惠玲　池锡锋）

纪检监察

【做好迎接审计署审计工作】 2010年，国家审计署受中共中央组织部委托对中远集团总裁魏家福进行经济责任和财务收支审计。国家审计署深圳特派办自3月进驻广远审计历时9个月。中远集团党组纪检组组长李云鹏和监督部梁冠球、李西贝等多位领导高度重视审计署对广远的审计工作，多次到广远指导、协调，并与审计组进行沟通。为做好迎审工作，广远分别成立了以总经理徐惠兴、党委书记刘书田为组长的迎审工作领导小组，和以纪委书记马宗梅为组长的迎审工作协调小组，并指定监督部/审计部为牵头部门，负责日常审计联络、协调、配合及后勤保障工作。广远先后召开了4场迎审部署会，开展了2次专项自查，向审计组提供各类资料360多批次，收到审计签证材料41份，召开配合审计协调会20余次，协助审计外调10多次，较好地配合审计署审计组完成了广远成立以来审计规格最高、时间最长、力度最大、涉及面最广、涉及问题最深的一次审计，受到了审计署深圳办审计组的充分肯定。按照中远集团领导指示精神和“边审边

改”的要求，广远整改工作小组召集相关部门和所属单位对审计签证材料逐份认真研究，制定整改方案，并切实加以落实。监督部/审计部对审计查出问题进行归类、分解并跟踪督促落实。广远各相关部门、单位注重从源头上进行整改，加强了基础管理，修订完善了印章管理规定、合同管理办法、财务管理办法等大批制度和流程。（余松亮　利惠玲）

【推进惩防腐败体系建设】 2010年，广远纪委从总结和推广中远航运惩防体系融入流程管理以及建设实业将惩防体系融入广远新办公大楼——广州远洋大厦建设项目管理两个方面深入推进惩防体系建设。广远系统各单位普遍从建立业务流程入手，进一步健全监督管理制度，并逐步深化对重要业务关键环节的风险评估和风险防控，将惩防体系的教育、制度、监督等各个要素注入业务流程中，把反腐倡廉教育和监督制约机制渗透到工程项目建设的全过程，保证了重要业务规范操作和企业依法依规经营，促进管理水平的提高和降本增效，有效防止了违法违纪行为的发生。是年，广远预防腐败能力进一步增强，廉洁从业形势保持平稳、健康，各级领导干部遵纪守法、廉洁自律，没有发生立案案件；反腐倡廉制度化水平进一步提高，全年新建、修订与惩防体系相关制度59个，工作流程146个。

是年，广远新办公大楼——广州远洋大厦审计小组和效能监察小组完成了大量装修、安装工程招投标及施工现场的监督工作。建设实业主动要求监督，并给予密切配合，使广远新办公大楼——广州远洋大厦项目交出了满意的答卷，整个建设项目实施顺利、操作规范、无安全事故和人员违纪，以相对较低的成本实现了相对较高的品质和收益。中远南方和通导公司加强内控机制建设，对重要业务操作进行内控评估，各新建、修订相关制度、流程超过30个，使经营管理迈上了制度化、规范化的轨道。远洋酒店注重经营管理关键环节的监督融入，完成了《流程体系》的撰编工作，入编流程覆盖了酒店经营管理各个方面，堵塞了管理漏洞。（余松亮）

【开展反腐倡廉教育】 2010年，广远纪委部署开展了“每月一案”教育、“廉洁从业纪律教育月”活动，以及《镜鉴——国有企业廉洁从业教育读本》专题教育，具有针对性和实效性。各级党组织采用中心组扩大学习等形式组织中层以上管理人员和重点岗位人员认真学习贯彻《中国共产党党员领导干部廉洁从政若干准则》（简称《廉政准则》）等党纪党规，准确领会和把握廉洁从业的新规定、新要求，并开展自查自纠，防范廉政风险。广远各直属单位纪检监察机构结合实际组织广大党员干部认真学习、剖析31个典型案例，观看《蛀虫透视》等3部警示教育片，并组织座谈讨论，以案为鉴，进一步提高广大党员干部遵章守规、遵纪守法的自觉性，筑牢拒腐防变的思想道德防线。据统计，广远系统各单位组织学习《廉政准则》等党纪党规35场次，1394人次参加，开展警示、案例教育77场次，3481人次参加；共有12人次主动上缴礼品、有价证券，价值约2.5万元。此外，还有许多单位和部门的领导干部主动退回礼品、礼金。

（余松亮）

【加强"三重一大"的监督检查】 2010年，监督部/审计部对广远各单位执行"三重一大"集体决策制度情况进行监督检查，重点检查"三重一大"论证的科学性、决策的合法性、操作的规范性以及手续的完备性，同时对人事、财务、基建房地产项目、物资采购、合同管理等业务执行"三重一大"规定的情况进行检查，共抽查了2项重大决策、3个重大项目、42名中层以上管理人员的任免、62笔共18078万元的大额度资金调动和使用情况，均符合"三重一大"规定。通过监督检查，进一步强化了企业内控监督和决策风险防范，促进了"三重一大"的规范运作，保证企业健康、科学、可持续发展。

（佘松亮）

【开展"小金库"专项治理】 2010年，监督部/审计部作为广远"小金库"专项治理工作小组主要成员，根据上级的指示精神，牵头组织开展"小金库"专项治理工作。在部署各部门、各单位开展全面自查自纠的基础上，广远由相关职能部门人员组成的4个检查组，对广远本部和12个基层单位进行了重点检查，针对隐匿收入设立"小金库"、虚列支出设立"小金库"、转移资产设立"小金库"、以其他形式设立"小金库"等4个方面11种主要表现形式逐项开展排查，不留死角，不走过场，检查面达到100%。同时还将不属于"小金库"范围但存在管理隐患的特殊管理资金或资产，也一并列入专项治理工作之中进行清理排查。

在"小金库"自查和检查过程中，广远建立和完善了"小金库"治理工作承诺制和公示制：广远领导班子与中远集团签署承诺书，广远本部部门长、属下单位党政一把手和财务总监共42人均跟广远党委及本企业董事会签订了承诺书，作出郑重承诺。各单位中层以上人员也都签订了承诺书。同时，将自查自纠的承诺书和"小金库"自查结果，以电子邮件等形式在广远内部进行公示，并提供举报电话和邮箱，欢迎职工群众举报和监督，确保自查自纠过程公开、结果公开。从检查情况看，各级领导都能遵守自己的承诺，不设"小金库"，严格遵守国家法律法规和各项财经纪律。对检查中发现的一些财务管理不规范、容易形成账外账的资金，广远成立专门工作小组，认真研究并抓好整改，进一步规范了业务操作，加强了财务管理，强化了内控机制，促进了企业依法依规经营。 （佘松亮　利惠玲）

【开展工程建设领域突出问题专项治理】 2010年，监督部/审计部制定了《广州远洋运输公司开展工程建设领域突出问题专项治理工作实施方案》，并部署组织各单位对照文件进行认真自查。与此同时，监督部/审计部对各单位工程专项治理情况开展了专项检查，共检查建设实业等5个单位38个工程项目招投标活动，审阅并督促修改招标文件38份，基建、装修工程、采购经济合同38份，招标金额8710.71万元，直接节约成本159.11万元。

是年，监督部/审计部认真做好广远新办公大楼——广州远洋大厦建设项目的专项监督检查工作：1. 对贯彻执行该项目《监督工作实施方案》、《管理办法》情况进行监督检查。2. 对该项目32个工程招投标进行监督检查，开展对投标单位资格预审、招标文件审阅、招投标现场及合同

签订的监督。3. 对该项目工程现场进行监督检查，发现问题及时提出整改要求。4. 对该项目工作人员遵守《国有企业领导人员廉洁从业若干规定》、员工廉洁承诺情况进行监督检查，并与多个施工单位、监理公司现场管理人员座谈，了解广远方工作人员在项目建设过程中的廉洁从业情况。通过监督检查和效能监察，保障了工程质量，有效控制了成本，规范了工程操作，有效预防了工程建设中违纪违法行为的发生。（佘松亮）

【加强对企业经营管理的监督检查】 2010年，监督部/审计部加强了对广远系统全资以及合资、合营航运企业和岸产企业经营管理的监督检查，对发现的问题或风险及时反馈，提出整改意见或建议，并形成效能监察情况报告。通过跟踪检查、督促整改，使被检查企业堵塞了漏洞，消除了隐患，加强了内部控制，提高了风险防范能力。此外，监督部/审计部还加强了对企业改制和产权转让的监督检查，派人参加广远房产处置工作组，参与有关房产处置方案的研究，深入了解情况，主动前移监督切入点，对房产处置各个关键环节进行监控。是年，监督部/审计部对广远五批房产在广州产权交易所公开挂牌转让拍卖现场进行监督，确保了国有资产的盘活和保值增值。（佘松亮）

【开展对领导人员廉洁从业情况的监督检查】 2010年，监督部/审计部组织开展对广远各级领导人员遵守廉洁从业规定情况的监督检查：1. 对贯彻落实《国有企业领导人员廉洁从业若干规定》、《中国共产党党员领导干部廉洁从政若干准则》进行监督检查，重点加强对经营管理关键环节中权力运行的日常监督。2. 对贯彻中远集团党组《关于做好2010年春节期间廉洁自律和厉行节约工作的通知》进行监督检查。监督部/审计部对广州地区12个二级单位的领导干部贯彻执行“两节”（元旦、春节）廉洁自律情况进行专项监督检查，进一步完善制度，堵塞管理漏洞，促进了《廉洁从业若干规定》、《廉政准则》的落实以及企业领导人员的廉洁从业。（佘松亮）

【加强信访调查和查办案件工作】 2010年，广远纪委坚持有案必查、查案必实、有错必纠、纠错必果的原则，保持严惩违法违纪行为、维护党纪政纪的严肃性和党员群众合法权益的高压态势。此外，发挥职能优势，承担主要调查工作，协调处理了4件疑难、复杂信访问题。广远党政一把手、纪委书记等主管领导落实包案责任，重大信访亲自接待、亲自协调、亲自督办，对来访人员做细致的疏导教育工作，防止矛盾激化，维护企业和谐稳定。是年，广远纪委共受理纪检监察信访5件，了结4件，了结率80%；受理初核2件，办结2件，办结率100%。没有立案案件。办结遗留案件1件。（佘松亮）

【加强纪检监察审计队伍建设】 2010年，广远纪委巩固“做党的忠诚卫士、当群众的贴心人”主题实践活动的成果，强化教育和管理，在广远系统内开展理论学习研讨活动和加强业务知识培训，切实提高纪检监察审计人员的政治思想素质和履职能力：1. 开展学习贯彻《关于加强和改进中央企业和中央金融机构纪检监察组织

建设的若干意见》的调研活动，并在广远纪检监察系统内组织开展了“科学促廉”主题理论研讨活动，精选8篇论文上报中远集团党组纪检组；2. 印发63份各地反腐倡廉先进经验交流材料，部署开展学习贯彻全国反腐倡廉创新经验交流会材料活动；3. 组织纪检监察审计人员参加中远集团、中国内部审计协会和广远等举办的业务培训共55人次，并利用开展监督检查、兼任合资合营企业监事等机会，加强实践锻炼，拓宽知识面，较好地提高了业务技能。（佘松亮）

审计监督

【开展境外投资平台经营管理及风险状况的审计】 2010年4月，监督部/审计部派出审计组对香港天星公司2009年度的经营管理及风险状况进行审计，提出了审计意见13项。广远领导对审计情况高度重视，在广远层面上成立了广远跨境经营风险管理小组。审计人员参与了广远跨境经营风险的分析研究，并联合广远财金部拟写了《广远跨境经营管理的风险分析报告》，提出了防范各类风险的整改意见，为广远公司跨境经营风险防范提供了决策依据。（利惠玲）

【编发审计工作简报】 2010年2月，监督部/审计部向广远投资控股航运公司及岸产企业编发了《广远审计工作简报》，将2009年度内部审计过程中发现的重要问题，以及部分内部控制管理比较好的做法，在广远系统内进行通报，供系统内各单位借鉴，促进了企业对存在问题的整改和完善工作。（利惠玲）

【自查编报内部审计发现问题的整改和实施效果】 2010年，监督部/审计部自查编报了2007～2009年中远集团对广远各单位审计监督所发现问题的整改和实施效果的情况表；自查编报了2007～2009年广远内部审计所发现问题的整改和实施效果的自查情况表。通过自查促进了内部审计发现问题的整改，提升了企业经营管理的整体水平。（利惠玲）

【开展工程建设项目审计】 2010年，监督部/审计部加强对工程建设关键环节的审计工作，注重事前审计和事中审计，在审计过程中及时提出改进意见，特别在广远新办公大楼——广州远洋大厦的建设过程中，为实现质优、价廉、健康、阳光的精品工程监督管理目标，内部审计提供了强有力的保障，从项目的监督制度和管理制度着手，帮助建设单位规范工程管理，提高投资效益，严格控制工程在质量、成本和防腐等方面的风险。

（利惠玲）

【加强对合资合营单位的审计监督】 2010年，监督部/审计部加强对广远合资合营单位的审计监督，联合中远物流监督部开展对广州广裕仓码有限公司投资收益的审计，对发现企业乱发奖金等问题提出了整改要求。是年，还开展了对中鞍航运“鞍山”轮2009年修理费的专项审计，节约修理费70多万元。另外，通过参加董事会和监事会，对广远合资合营单位进行监督检查，对存在的问题和风险，提出整改意见和要求，为广远合资合营单位的健康发展提供了保障服务。（利惠玲）

【加强对系统内机务审计人员的培训】 2010年，监督部/审计部把提高航运企业机务审计人员业务水平作为内部审计的一项重要工作，通过把机务管理人员在工作中遇到的难点作为课题，把在机务管理审计中发现的问题作为教材；以开展机务审计工作为培训平台，加大了广远系统内机务审计人员的培训力度，帮助航运企业举办机务审计培训班4场。通过培训，促进了航运企业机务审计和机务管理水平的提高。（利惠玲）

【促进内部审计转型】 2010年，监督部/审计部针对广远下属投资企业负责人变动的实际情况，按照中远集团规定的离任必审原则，调整了工作计划及重点，以经济责任审计为基础，向内控审计、管理审计和风险审计延伸，加强了不同类型审计的融合，充分发挥了内部审计对规范企业经营管理的作用。其中，对天星公司和东海大厦开展的审计以财务收支为基础，进行了管理和风险审计，提出了19项审计意见和建议，取得了较为明显的效果。通过对企业内控的有效监督，促进了企业内控制度的建立和完善，提高了企业管理水平，有效地降低了企业的各类风险。

（利惠玲）

【开展船舶物料备件供应管理的关键点和风险点审计】 2010年，监督部/审计部开展了船舶物料备件供应管理的风险审计工作，对广远系统内的航运企业在船舶物料备件采购过程中存在的问题和薄弱环节，进行了认真的梳理和界定，提出了整改意见和建议10项。其中，促进完善规章制度或操作细则3项。促进了广远各下属航运公司对船舶物料备件供应中的关键点和风险点的管理，修改完善了相关制度和操作细则，有效地防范了船舶物料备件供应链上的各类风险。（利惠玲）

监事管理

【推进投资企业监事会的规范运作】 2010年，为规范监事会运作，监督部/审计部通过提案，督促广远投资企业监事机构制订监事会的议事规则；严格按监事会议事规则运作，派出监事，认真履职，每年召开1～2次监事会会议，坚决贯彻执行广远的投资意图，维护广远的合法权益，积极提出建设性意见。是年，设置监事会的11家广远投资企业，除了4家特殊情况外，其余7家均按既定程序召开监事会会议。广远派出监事在会上提出合理化建议21项，促进了投资企业健康、安全和可持续发展。监事会会议所议事项及会议决议按要求形成《会议纪要》，并由出席会议的监事签名确认。《会议纪要》由监督部/审计部归档留存，以备查核。（池锡锋）

【强化对投资企业招标工作的监督】 2010年，广远各投资企业因发展需要，工程项目招标活动频繁，除了建设实业负责的广远新办公大楼——广州远洋大厦建设项目外，还有远洋宾馆的大楼装修改造、远洋酒店的立体停车库工程等重大工程项目招标。为保证各工程项目招标工作规范运作，广远派出监事认真履行监事职责，特别关注各工程项目招标工作的全过程及业务细节，督促投资企业严格按规定程序操作，确保不出任何纰漏。广远派往建设实业、远洋宾馆、远洋酒店的监事，均作为企业各项投资项目招标工作监督小组成员，出席企业所有的招标工作会议，对包括广远新办公大楼——广州远洋大厦的室内装修、智能化网络、外墙装饰、办公设备采购安装等31个工程项目和远洋宾馆8至14楼装修改造设计、施工招标代理、电机改造工程项目，以及远洋酒店的空气源热泵、客房自来水管改造、立体停车库等项目的工程招标全过程及其相关业务细节进行严密监控。由于措施得当，监控到位，使涉及金额总数达9200万元的各项工程招标工作顺利进行，没有发生违法违纪行为。（池锡锋）

第三节　工会工作

【中国海员工会广州远洋运输公司委员会简介】　中国海员工会广州远洋运输公司委员会（以下简称广远工会），隶属于中国海员工会中国远洋运输集团委员会，同时归属中国海员工会广东省委员会属地化管理。广远工会在广远党委和上级工会的领导下，贯彻执行党的路线方针政策，依照《工会法》开展工作。其主要职责是履行工会的组织维护、参与、建设、教育四大职能，搞好民主管理、民主监督，积极组织职工参政议政，代表和维护职工民主权利；负责广远职代会、工代会的组织筹备以及闭会期间的日常工作；负责组织对职工进行思想政治、道德法制等教育，协助有关部门做好职工素质提升工作；负责组织职工开展群众性的劳动竞赛、合理化建议活动；负责监督检查国家有关劳动保护、安全技术、职工卫生等法律、法规、条例的贯彻执行情况，维护职工的合法权益；组织会员广泛开展健康有益的文体活动，积极配合搞好职工的生活福利，负责困难职工的帮扶工作，帮助困难职工解决实际困难；组织开展建设“职工之家”活动，增强企业凝聚力和向心力；指导和参与做好职工工伤、死亡事故的调查和善后处理工作，以及劳动争议调解工作，维护企业和谐稳定；负责广远工会的组织建设，充分发挥广远基层工会组织的作用，发展工会会员，努力加强职工队伍建设。

2010年，广远工会管辖14个基层工会，会员8094人。其中，女会员238人。广远工会委员21人，常委9人，经审委员3人。广远工会设办公室。

时任工会主席马宗梅（兼），副主席符雄，办公室主任蔡兆聪。员工6人。

（蔡兆聪）

【工会工作概况】　2010年，广远工会在广远党委和上级工会的正确领导和关心支持下，全面实践科学发展观，紧紧围绕安全、效益、稳定、和谐这一中心，进一步落实全心全意依靠职工办企业根本方针，以“服务大局、全力创效、建功立业”活动为重要平台，以维护职工合法权益为根本任务，动员职工与企业共度时艰，在拼搏效益、保障安全、维护稳定等方面充分发挥工会的作用，双文明建设取得较好成绩，为企业全面实现各项工作目标作出了应有贡献，得到上级机关、企业党政领导和广大职工的肯定。是年，广远先后荣获

“广东省厂务公开民主管理先进单位”、“中央企业职工技能竞赛先进单位”荣誉称号；“康盛口”轮荣获“全国模范职工小家”荣誉称号；“木兰湾”轮荣获“广东省工人先锋号”荣誉称号；中远远达安技部荣获“全国‘安康杯’竞赛优胜班组”荣誉称号；船长陈建军被授予“金锚奖”荣誉称号；马朝辉、何鹏辉、黄红亮等3人被授予“全国技术能手”和“全国青年岗位能手”荣誉称号；供应公司罗雪英荣获“中央企业先进职工标兵”荣誉称号。（蔡兆聪）

综合协调

【办公室工作概况】 2010年，办公室制定下发了《广州远洋运输公司工会2010年工作要点》，对广远工会全年工作进行了部署；协助广远工会领导组织召开了广远工会八届十次全委会暨2010年工作会、广远工会八届十一次全委（扩大）会；配合做好广远第十二届五次、六次职代会的各项筹备工作；协助工会领导抓好“安全在我身边，降本增效从我做起”、合理化建议、岗位练兵、技术比武、技能竞赛等群众性活动的开展，组织开展好“我为节能减排做一件实事”成果征集评选活动、全国应急安全知识竞赛；配合做好2010年广远职工安全知识总竞赛、2010年广远职工计算机基本知识和操作技能总竞赛的各项组织工作；协助工会领导抓好“职工书屋”建设活动的开展，组织好给基层、职工送书活动；制定下发了《关于深化职工之家（小家）建设充分发挥工会组织应有作用实施意见》，明确“建家”活动目标和工作制度；认真做好各项工会财务预决算工作；认真抓好工会信息和工运理论研究工作，联合广远党工部做好企业2010年政研会暨工运理论研讨会的组织工作，全年出版《广远工会信息》书面版6期，电子版12期，上报广东省海员工会、中远集团工会的信息30篇，评选表彰了一批工会信息工作先进典型，增强了信息的时效性，加强了工会信息的沟通交流。（蔡兆聪）

【廖汝捷一行莅临广远指导工作】 2010年5月17日，广东省总工会党组成员、纪检组组长廖汝捷，省海员工会主席郭开农及办公室主任周士超一行3人莅临广远调研指导工作。广远工会为此专门召开了座谈会。在交谈中，广远党委书记刘书田向廖汝捷一行汇报了广远的发展历史、经营特点、船队结构、船员工作和生活条件等方面情况，介绍了船员家属工作为船员家庭排忧解难取得的显著成效，为维护企业稳定发挥了不可替代的作用。刘书田的汇报使廖汝捷一行对广远有了更深的了解，其十分敬佩远洋船员奉献中国远洋运输事业的高尚情操，赞扬远洋船员家属默默支持丈夫在船工作、竭尽全力服务企业发展、服务职工利益的博大情怀。

座谈会上，广远纪委书记、工会主席马宗梅向廖汝捷一行汇报了广远发展历程中的经典事例和工会工作的基本情况。马宗梅说，广远自成立以来，从一车一船起步，滚动发展起家，开创了多个第一。49年来，多次圆满完成国家交给广远的经济、政治运输任务。在谈到企业工会工作时，马宗梅从工会组织建设、民主管理、厂务公开、帮扶工作、职工文体等方面作了汇报。廖汝捷在会上高度赞扬广远工会工作扎实，有企业特色，并表示通过走访调研，对广远和

广远工会工作有了更深刻的认识，深受启发。（米军喜）

【马朝辉等获“全国技术能手”荣誉称号】 2010年11月，国资委、人力资源和社会保障部联合表彰奖励了一批在2009年中央企业职工技能大赛船舶水手、船舶机工决赛中取得优异成绩的个人和优秀组织单位。中航船员马朝辉、何鹏辉、黄红亮等3人在此次表彰中获得了“全国技术能手”和“全国青年岗位能手”荣誉称号；陈赞金、梁仕慧等2人获得了“中央企业技术能手”荣誉称号。（米军喜）

【一批先进集体获上级表彰】 2010年上半年，中华全国总工会、广东省总工会先后表彰了一批先进集体和个人。其中，中远航运“康盛口”轮获“全国模范职工小家”称号；中远远达安技部获“全国‘安康杯’竞赛优胜班组”称号；广远获“广东省厂务公开民主管理先进单位”称号；中远南方“木兰湾”轮获“广东省工人先锋号”称号。（米军喜）

【陈建军获“金锚奖”荣誉称号】 2010年8月4日，中国海员建设工会表彰一批先进个人。其中，中航船长陈建军被中国海员建设工会授予“金锚奖”。

（米军喜）

【召开广远工会八届十次全委会暨2010年工作会】 2010年3月5日，广远召开八届十次全委会暨2010年工作会。广远工会委员，基层单位工会主席、副主席共30多人参加了会议。会议由工会副主席符雄主持。会议总结了2009年工会工作，对2010年工作进行了部署，表彰了一批先进工会。广远党委书记刘书田，纪委书记、工会主席马宗梅出席会议并作了讲话，对与会人员提出了新的要求。（米军喜）

【召开广远工会八届十一次全委（扩大）会】 2010年9月11日，广远工会召开八届十一次全委（扩大）会，广远工会委员、基层单位工会主要负责人30人参加了会议。会议由工会副主席符雄主持。会议总结了2010年以来的工会工作，对下一阶段的工会工作进行了部署，修改了《关于进一步建设“职工之家（小家）”，充分发挥工会组织应有作用实施意见（讨论稿）》。广东省海员工会主席康盛忠，广远党委书记刘书田，纪委书记、工会主席马宗梅出席会议并作了讲话，对下一步工会工作提出了要求。（米军喜）

【举办职工计算机基本操作技能总决赛】 2010年4月27日，为提高职工业务技能增添企业成立49周年节日气氛，广远在远洋宾馆举办2010年职工计算机基本操作技能总决赛。广东省海员工会副主席陈小翠、主管林朝霞，广远党委书记刘书田、副总经理翁继强，纪委书记、工会主席马宗梅，广远系统驻穗单位“红树林”工程主管领导、工会主席，广远本部、中远远达职工，中远航运船员以及部分基层单位职工，共200多人参加了活动。陈小翠、翁继强在开幕式上分别作了致词和动员，肯定了举行总决赛的意义，并预祝广远职工计算机基本操作技能总决赛圆满成功。

本次总决赛共有8支代表队参加，比赛内容以计算机、网络基本操作技能知识为主。经过必答题、抢答题、风险题和附

加赛4个环节的比赛，广远本部代表队勇夺总决赛第一名，岸产企业代表三队夺得第二名，中航船员代表队和岸产企业代表一队并列第三名，中远航运代表队、中远远达代表队、岸产企业代表二队、岸产企业代表四队获得优胜奖；王一凡、冯剑群、孙浩、韩苑君、李思露、方志斌、董华晨、卓斯涛等8名选手获得总决赛优秀选手奖。广远机关党委、岸产事业部、中远航运、中远远达荣获优秀组织奖。

（米军喜）

【一批班组（船舶）获“工人先锋号”荣誉称号】 2010年12月1日，中国海员建设工会表彰了一批为中国交通建设作出突出贡献的先进单位和基层班组。其中，建设实业“Ⅰ1-4”项目组，“大富”、“乐从”、“瑞昌海”轮等4个班组（船舶）被授予2009至2010年度全国交通建设系统“工人先锋号”荣誉称号。（米军喜）

【广远工会财务工作获好评】 2010年6月7日，广东省海员工会召开2009年度省海员系统财务专题工作会。广东省总工会党组成员、纪检组组长廖汝捷，财务部部长田紫光，广东省海员工会主席郭开农及海员系统工会主席、财务主管人员共40多人参加了会议。会议总结了2009年度省海员工会财务工作和对各单位财务工作进行考核评定，并对2010年工会财务工作进行了全面部署。会上，广远工会副主席符雄作了《完善机制，加强管理，充分发挥工会财务工作的保障作用》的发言，介绍了广远工会财务工作的经验和做法，得到了与会人员的好评。与此同时，广远工会财务被大会评为“广东省海员工会财会工作竞赛评比特等奖”。（关雨标）

【广远工会被评为省海员系统工会信息工作先进单位】 2010年1月18日，广东省海员工会表彰了一批2009年度信息工作成绩突出的单位和个人。其中，广远工会连续3年获得省海员系统工会信息工作先进单位称号，米军喜连续3年获得省海员系统工会信息工作先进个人称号。（米军喜）

【表彰达标模范工会、达标先进工会】 2010年2月25日，广远工会表彰了一批2009年度模范工会、达标先进工会。其中，建设实业工会、海运公司工会被授予广远2009年度达标模范工会；中远航运工会、中远远达工会、供应公司工会、金桥学院工会被授予广远2009年度达标先进工会。（米军喜）

【召开工会信息、女工工作暨机关工会工作会】 2010年12月30日，广远工会组织召开了2010年工会信息、女工工作暨机关工会工作会。广远系统驻穗单位女工委全体委员、工会信息员、广远各部室工会主席及委员共60多人参加了会议。会议由广远女工委副主任李惠霞主持。会议总结了2010年广远工会信息工作，并对下一步工作作了部署。会上，表彰了一批工会信息先进单位和优秀信息员。（米军喜）

【表彰一批工会信息工作先进集体和个人】 2010年12月1日，广远工会表彰了一批在工会信息工作方面取得显著成绩的先进集体和个人。其中，中远远达工会、远洋宾馆工会、远洋酒店工会、中远航运船员管理部工会、“泰安口”轮工会、“木兰湾”轮工会等6个单位被授予2009～2010年度“工会信息工作先进单位”称号；王平、具石华、廖大勇、周幸忠、尹志刚、吴乾辉、吴江波、夏丹、黄志云、吴帼眉等10名员工被授予2009～2010年度“优秀信息员”称号。 （米军喜）

民主管理

【承办广东省厂务公开联席会第一次会议】 2010年1月14日，广远工会承办的广东省厂务公开民主管理联席会第一次会议暨广远厂务公开民主管理工作汇报会在远洋宾馆国际会议厅召开。中共广东省纪委副书记梁万里，省纪委常委、省监察厅副厅长秦通海，中共广东省委组织部副厅级组织员郑轲，广东省总工会党组成员、巡视员孔祥鸿，省总工会领导肖建葵，省纪委、省委组织部、省监察厅、省教育厅、省卫生厅、省国资委、省工商联、省总工会有关处室（部）等成员单位分管领导，以及广远党委书记刘书田，纪委书记、工会主席马宗梅和有关部门负责人共30多人出席了会议。会议由广东省人大常委会副主任、省总工会主席邓维龙主持。会议传达学习全国厂务公开民主管理工作汇报会精神，听取了刘书田关于广远企务公开民主管理的工作汇报，并对2010年广东省厂务公开民主管理工作进行部署。会上，邓维龙作了讲话，肯定了广远企务公开工作取得的成绩，并祝广远在新的征途中取得更大成绩。 （米军喜）

【广远获广东省厂务公开民主管理先进单位】 2010年4月29日，中共广东省纪委、省委组织部、省国资委、省总工会、省工商联等五家单位联合表彰了一批在厂务公开民主管理工作中涌现出来的先进单位。其中，广远荣获“广东省厂务公开民主管理先进单位”称号。 （米军喜）

【召开广远十二届五次职代会】 2010年6月11日，广远召开第十二届五次职代会。出席会议的有正式代表185人，特邀代表15人，列席代表6人。会议并增选了30名离退休人员为正式代表。广远本着精益管理、降低成本的原则，将预备会与正式大会合并召开。会议听取了人力资源部/组织部总经理黎光葵关于广远职工基本养老保险统一执行北京市政策的说明及工作情况。审议通过《关于广远公司职工基本养老保险统一批行北京市政策》。会议仅用半天时间就完成会议各项议程。

会议认为，基本养老保险政策的改革和调整，对广远以及中远驻粤企业职工退休基本养老金水平将产生影响，事关广远系统职工的切身利益，办成这件事，既解决广远的历史难题，又为全体职工办件大好事。广远总经理徐惠兴、党委书记刘书田在会上分别作了讲话。 （米军喜）

【召开广远十二届六次职代会】 2010年6月30日，广远召开十二届六次职代会。144名正式代表、6名特邀代表、11名列席代表参加了会议。会议听取发展部总经理谭力关于广远改制情况汇报，并通过了广远改

制职工安置方案。会上，广远总经理徐惠兴、党委书记刘书田分别作了讲话。

大会通过机构改革和职工统筹安置等一系列事项：如广远从全民所有制企业改为公司制企业，并承接原广远的权利和义务；按改制企业的要求，重新制定公司名称、章程、注册资本、规章制度；设立董事会、执行董事、监事机构；中远集团将对广远增资；设立广州远洋投资管理公司，继续管理剥离企业的载体；广远二级企业的广编工转签劳动合同等等。（米军喜）

组织宣传及文体活动

【包长春等领导莅临物业公司检查指导】 2010年10月25日，中华全国总工会宣教部巡视员包长春、宣教部文体处处长崔志民组成的中华全国总工会“职工书屋”检查组，在广东省总工会宣教部副部长周四根和广东省海员工会主席康盛忠、办公室主任周士超陪同下，莅临广远下属单位物业公司检查工作。物业公司为此召开了汇报会。会议由广远工会副主席符雄主持。物业公司领导班子成员、职工代表共18人参加了汇报会。在汇报会上，岸产事业部党工部书记陈建钦致欢迎词，物业公司工会主席吕英翼向检查组汇报了“职工书屋”建设情况。包长春在会上作了讲话，介绍了中华全国总工会开展“职工书屋”建设和长三角、珠三角等地区开展活动的情况，并指出建设好“职工书屋”是提升职工队伍素质、也是企业发展的必然要求。会上，物业公司5名职工汇报了在开展“职工书屋”建设活动中的亲身感受、工作体会和在活动中的受益情况。周四根对物业公司“职工书屋”建设工作给予了充分肯定。会后，检查组参观了物业公司“职工书屋”的陈设、设施、开展活动图片、资料等成果展示。（米军喜）

【一批表演作品在中远集团“职工文化月”活动获奖】 2010年9月18日，中远集团第四届“职工文化月”主题活动“同舟共济保增长、建功立业促发展”职工优秀作品展在厦门小白鹭剧场顺利落下帷幕。国务院国资委群工局领导，厦门市总工会领导，中远集团党委书记张富生、工会主席许立荣，中远职工艺术总监、中波公司总经理孙敏，中远集团各二级单位党委书记、工会主席，驻闽单位负责人、职工代表，各参赛队领队、演员共300多人参加了活动。来自中远系统共15支代表队参加了本次活动，参赛作品有情景剧、小品、诗朗诵、独唱，共26个节目。其中，广远管升、赵新、白涛、吴卫锋、唐海涛、李超等6名职工主演的情景剧《飞越亚丁湾》获得最佳表演奖和最佳创作奖；吴卫锋自创自演的配乐诗朗诵《平安结》获得最佳表演奖；广远荣获优秀组织奖。

（米军喜）

【召开广远党建政研会暨工运理论研讨会】 2010年11月27日，广远党工部、工会联合召开广远2010年党建政研会暨工运理论研讨会。广远党群部室负责人，各全资和控股企业党组织主要负责人，基层单位工会主席，广远政研会、工运理论研究会理事，部分优秀论文作者共40多人参加了会议。广远党委书记刘书田，广东省海员工会主席康盛忠、办公室主任周士超参加会议并作了讲话。会议由广远纪委书记、工会主席马宗梅主持。会议传达学习了中共十七届五中全会精神和中远集团六届五次政研会精神。与会人员对后金融危机时期企业发展、思想政治工作、工会工作面临的新情况和党建带动工建、工建服务党建，进行了积极探讨、交流。会上，中远航运党委、中远远达党委、中远南方党总支、供应公司党总支、中远航运船员部工会和建设实业工会等6家单位交流了党建、工建工作先进经验。会议表彰了一批优秀党建政研理论和工运理论优秀研讨成果。会上，康盛忠就推进党工共建创先争优活动提出要求。刘书田作了讲话，对下一步党工共建工作提出了具体要求。

（米军喜）

【表彰一批优秀工运理论研讨论文作者】 2010年1月27日，广远工会表彰了一批在开展工运理论研讨课题活动中取得较好成绩的先进集体和个人。其中，广远机关工会《运用网络加强职工思想政治教育的几点思考》、黄志云《浅谈新时期下如何做好企业帮扶解困工作》获得一等奖；具石华《发挥工会组织的重要作用，积极推进企业科学发展》、罗小光《对加强新形势下船员队伍建设的思考及建议》、中远南方工会《船舶工会组织如何发挥在安全生产中的作用》、黄捷《如何加强工会自身建设的研究与探索》获得二等奖；中远航运工会《把职工民主管理融入现代企业管理的探讨》、通导公司工会《把握形势，求新务实，做有为有位工会》、远洋宾馆工会《如何发挥女职工在企业中的地位与作用》、东海大厦工会《工会在提高职工的创新能力中大有作为》、远洋酒店工会《基层工会在维权中的作用、任务及实现的途径》、张光裕《适应改革大局，推进人力资源管理新局面》获得三等奖。此次开展理论研讨课题共收集论文33篇，内容包括企业经营管理与安全生产、职工队伍建设与思想政治工作、工会建设与发展等方面。（米军喜）

【文体协会表彰一批先进集体和个人】 2010年1月28日，广远文体协会表彰了一批为促进企业文化建设、丰富职工文化生活、提升企业知名度和影响力取得较好成绩的集体和个人。其中，授予登山分会、书法美术摄影分会、海洋文学分会为2009年度先进分会称号；授予戴世华、许耀启、梁树添、梁星池、王春林、徐鹰、蔡主清、莫结鹏、郭汝花、辜嘉鸿、庄逸川、张新伟、田穗军、黄伟丽、黄聪力、周全、吴卫峰、赵新、米军喜、刘新源、曾晓平、梁宇等为企业文体协会2009年度优秀会员称号。（米军喜）

【举办工会培训学习班】 2010年10月15日，广远工会举办一期以创建“学习型工会组织，争当知识型工会干部”为主题的工会干部培训班。培训班特邀广东省总工会干部学校教授何沿讲授如何加强工会组织建设，更好地为企业服务，为职工服务。培训学习班由广远工会副主席符雄主持。广远工会委员、专职工会干部、广远本部各部室工会主席、广远驻穗各全资和控股企业工会委员以及分管工会工作的人员共60多人参加了培训。培训学习上，符雄代表工会对参训人员一年来的工作表示了充分肯定，并对下一步工会工作提出了要求。（米军喜）

【召开广远文体协会五届八次理事（扩

大）会】　2010年2月26日，广远文体协会召开五届八次理事（扩大）会。会议由文体协会副会长凌保平主持。广远文体协会理事、各分会主要负责人共30多人参加了会议。会议总结回顾2009年文体协会工作情况，部署2010年工作，讨论研究广远成立49周年系列活动事宜；表彰了一批先进分会及优秀会员；审议下达了文体协会及各分会2010年经费指标。广远工会副主席符雄出席会议并作讲话，对文体协会2009年以来的工作表示肯定，并对今后工作提出了要求。（米军喜）

【开展系列文体活动庆祝广远成立49周年】　2010年4月上旬，广远工会组织开展了一系列庆祝广远成立49周年文体活动。主要有：1. 4月11日，乒乓球分会在广州华泰宾馆俱乐部组织举办庆祝广远成立49周年"海运—埃尔夫杯"乒乓球会员大赛，70多名会员参与了比赛；2. 从4月12～19日，棋牌分会在广远大楼举办庆祝广远成立49周年拖拉机大赛，9个单位共16对选手参加了比赛；3. 4月24～28日，篮球分会在广州体工队篮球场举办了篮球友谊赛，与花都区街道篮球队、黄埔海关篮球队进行友谊赛；4. 4月22日，体育舞蹈分会在远洋宾馆举办庆祝广远成立49周年舞会，共有50余名会员参加了活动；5. 登山分会组织会员参观华南植物园，共有 70名会员参加了活动；6. 海洋文学分会出版了《海洋文学》第16期；7. 足球分会、羽毛球分会、集邮收藏分会、书法摄影分会、演出分会分别采用座谈、培训、采风等形式进行了庆祝活动。

（米军喜）

【海洋文学分会举办作品座谈会】　2010年5月7日，海洋文学分会在远洋酒店举行第16期《海洋文学》获奖作品作者座谈会，来自广远本部、航运企业、岸产企业等单位的文学骨干和获奖代表20多人参加了会议。海洋文学分会会长吕英翼、省直《跨越》杂志主编胡杏、作家朱华燕等人出席了会议。会议由广远工会副主席符雄主持。会议就海洋文学题材的创作、心得体会进行了交流。胡杏、朱华燕向与会者谈了各自从事文学创作的经验和体会，共同分享文学创作的欢乐与喜悦、忧伤与痛苦。朱华燕向大家赠送了其创作的散文诗集《彼岸的歌声》，表达对大家的鼓励和期望。会上，吕英翼对第16期《海洋文学》杂志的出版、评审工作进行了简单的总结，并对分会下一步工作进行了部署；符雄在会上作了发言。会上还为第16期《海洋文学》获奖作品代表进行了颁奖，向一直关心支持文学分会和广远工会工作的老会员赠送了精美的纪念品。

（米军喜）

生产劳保和送温暖

【张富生新春率团慰问广远职工】　2010年2月4～6日，中远集团党组书记张富生率领由党组工作部部长傅向阳、副部长辛加和，工会副主席陈永生、办公室主任周祥勇，中远集运工会主席房迪坤组成的中远集团春节慰问组莅临广远，对广远及其他中远驻穗单位进行走访慰问。

2月5日，在广远中层以上管理人员会议上，张富生充分肯定了广远近年来在企业改革发展上取得的成绩，指出广远认真贯彻中远集团的部署和要求，在企业建设和发展上做了大量工作，增强了企业经营创效能力，提高了综合管理水平，船队结构、安全形势保持平稳。张富生并对广远党建思想政治工作作了充分肯定。会后，慰问组一行看望了广远航安部、岸产事业部、中远航运的职工。晚上，张富生参加中远航运2010年新春联欢并讲话，他指出，中远航运的发展历程是深化改革、加强管理、不断创造新业绩的历程，它为中远集团打造“资本中远”发挥了积极作用，为股东创造了很好的效益，特别是在金融危机的冲击下，中远航运奋发努力，取得了优异的成绩。

2月4～6日，中远集团慰问组看望广远离退休老领导，并对中远系统的船员职工进行了亲切慰问。（米军喜）

【陈宗文率团到“祥云口”轮进行主题教育活动】 2010年12月17日，广东省总工会常务副主席陈宗文率领广东省总工会领导班子和省总工会机关干部80多人，在广远纪委书记、工会主席马宗梅的陪同下，到停靠在南沙龙穴岛黄埔造船厂的中远航运新造半潜船“祥云口”轮开展主题教育活动。

“祥云口”轮船员为省总工会领导的到来，在甲板上举行了简单而热烈的欢迎仪式。在欢迎仪式上，马宗梅在致欢迎辞中介绍了广远近50年的发展历程、企业规模、创效能力以及精神文明建设等方面取得的成绩。马宗梅表示，广东省总工会将主题教育活动安排在“祥云口”轮，充分体现了广东省总工会、省海员工会对广远、中远航运和“祥云口”轮的关心和支持，这必将为广远今后做好各项工作提供强大的动力。陈宗文致辞，充分肯定了广远近50年来取得的成就，希望广远今后再接再厉，创造更大辉煌，为国家远洋运输事业发展作出更大的贡献。其间，“祥云口”轮船长向陈宗文一行介绍了“祥云口”轮建造和技术特点等情况。陈宗文听取介绍后表示，“祥云口”轮所包含的科学技术、制造工艺，充分展示了“大工业”、“大企业”的魅力所在，相信在优质运力的支持下，广远、中远航运的经营能够领先市场，效益蒸蒸日上。欢迎仪式结束后，省总工会领导分批参观了“祥云口”轮，对该轮的先进装备和技术，以及中远航运船员良好的精神面貌给予了充分肯定。（米军喜）

【廖汝捷一行慰问船员】 2010年12月14日，广东省总工会党组成员、纪检组长廖汝捷，广东省海员工会主席康盛忠一行，在广远纪委书记、工会主席马宗梅的陪同下，到南沙龙穴岛黄埔船厂和沙仔岛汽车码头亲切慰问新型半潜船“祥云口”轮、汽车船“常发口”轮的船员和船舶监造人员，并与船员合影留念。

慰问组一行登上具有“亚洲第一船”称号的现代化大型半潜船“祥云口”轮时，受到了全体船员和监造组成员的热烈欢迎。在欢迎仪式上，廖汝捷对船员和监造组人员的工作给予了充分肯定，并代表广东省总工会、省海员工会表示亲切慰问。马宗梅向船员和监造组人员介绍了此次省总工会、省海员工会领导慰问生产一线船员的重大意义，表示上级工会领导亲临生产一线慰问广大船员职工，充分体现了以人为本的理念，是真心关爱船员的实际行动。随后，“祥云口”轮船长向领导们详细介绍了船舶情况，并带领大家参观了驾驶台和船员生活区。

慰问组一行离开“祥云口”轮后，不

顾旅途劳累，又到沙仔岛的广州南沙汽车码头，看望停靠在码头边的“常发口”轮船员。在船上，慰问组与船舶领导进行了亲切座谈，详细询问了船舶目前的运行状况和船员们的工作生活情况，并送上了慰问金。会上，廖汝捷作了讲话，对船员发扬中国船员特别能吃苦、特别能战斗，战胜各种困难，为祖国争光的优良传统给予了充分肯定。“常发口”轮船长、政委代表全体船员作了发言，对各级工会领导的关爱深表感谢，并表示要努力做好本职工作，确保船舶安全生产，积极工作，创造一流船舶。（米军喜）

【马宗梅一行慰问金桥学院教职工】 2010年9月9日，在第26个教师节来临之际，广远纪委书记、工会主席马宗梅，副主席符雄，岸产事业部总经理王玉生一行到金桥学院看望慰问全体教职工，并与学院部分教职工举行了座谈会。座谈会由金桥学院党委书记凌保平主持。座谈会上，马宗梅代表广远领导班子向金桥学院全体教师职工致以节日的问候，并送上慰问信和慰问金，马宗梅充分肯定了学院在船员业务技能、防海盗培训等方面取得的成绩，对学院今后的工作提出了殷切希望。王玉生宣读了慰问信。金桥学院工会主席郭智谋宣读了表彰优秀教师和优秀班主任的决定。金桥学院院长涂幕欧作了表态发言。（米军喜）

【马宗梅在厦门看望慰问当地船员及家属】 2010年9月18日，在中秋、国庆双节日来临之际，广远纪委书记、工会主席马宗梅，副主席符雄利用到厦门参加中远集团第四届“职工文化月”活动之机，召开了座谈会，与厦门地区船员及家属共庆中秋和国庆。

在座谈会上，马宗梅仔细询问了每一位船员及家属情况，认真听取了大家提出的意见和建议，并向大家表示节日的问候和敬意。马宗梅从广远近年来的发展和所取得的成就，广远未来的发展方向，以及广远关心广大职工，为提高职工待遇所做的种种努力等方面的问题，向大家作了详细的解说。（陈月欣）

【广远成立扶贫济困专项基金】 2010年9月29日，中远慈善基金会广远扶贫济困专项基金举行成立仪式。中远慈善基金会职能部门主要负责人中远集团党工部副部长辛加和、财务部副总经理严敏，广远纪委书记、工会主席马宗梅、广远本部职能部门负责人、各全资和控股企业工会负责人以及广远扶贫工作小组成员共36人出席了成立仪式。仪式由广远人力资源部/组织部总经理黎光葵主持。在成立仪式上，严敏宣读了中远慈善基金会关于广远设立扶贫济困专项基金的批复。广远工会副主席、扶贫工作小组副组长符雄介绍了广远设立扶贫济困专项基金主要情况和下一步工作部署。广远根据中共广东省委、省政府《关于扶贫开发“规划到户责任到人”工作的实施意见》成立了扶贫工作领导小组，建立了规章制度，按照中共广东省委、省政府安排，广远承担了广东兴宁市坭陂镇东兴村的对口扶贫任务，并先后开展了贫困户慰问，资助了村文化室，赠送了电脑和文化用品。辛加和、马宗梅在仪式上分别作了讲话，就如何用好扶贫济困专项基金、抓好对口扶贫工作提出了要求。（米军喜）

【广远领导春节期间开展慰问活动】 2010年春节期间，广远领导对劳模、离退休人员、已故船岸职工困难家庭、患病职工开展慰问活动，给船岸职工带去温暖和新春的美好祝福。1月27日，副总经理翁继强看望了离休老领导朱汉雄的遗孀孟敏和退休船长刘铁军；2月2日，总经理徐惠兴慰问了退休老领导郑兰勋、叶广威，以及陈广伦、陈彰威的遗孀等；2月8日，党委书记刘书田慰问了退休船舶政委、全国五一劳动奖章获得者肖健池，及离休干部李增亭遗孀周兰；2月9日，纪委书记、工会主席马宗梅慰问了原政治部主任周志诚遗孀郑瑛，及退休轮机长钟华星等。

（米军喜）

【刘书田率队到东兴村调研】 2010年3月6日，由广远党委书记刘书田，纪委书记、工会主席马宗梅率领的广远工会干部一行30多人，前往广东省兴宁市泥陂镇东兴村进行扶贫工作现场调研。

东兴村是广远对口扶贫开发“规划到户，责任到人”工程扶贫村。该村现有住户317户，村民1562人，人均占地0.45亩，经济收入主要靠农业生产。由于地处山区，经济基础较为落后。

刘书田一行在中共兴宁市委常委、宣传部长罗利娜以及兴宁市扶贫办、泥陂镇领导的陪同下，就对口扶贫工作作了现场调研。其间，刘书田向当地领导介绍了广远整体情况，以及此次调研的目的与意义。刘书田说，梅州人杰地灵、民风纯朴，既是老一辈无产阶级革命家叶剑英元帅的故居，也是广东省扶贫工作的重点地区。此次调研，既可以让广远工会干部有感性认识，为以后开展好扶贫工作打下基础，同时，也让我们广大工会干部更理性地接受社会责任教育，学习当地人民重视文化教育和吃苦耐劳的精神。罗利娜代表中共兴宁市委、市政府对刘书田一行深入现场走访调研，为扶贫点送温暖、送希望、送信心，开展对口扶贫工作表示衷心的感谢，并介绍了当地发展概况及扶贫工作设想。随后，刘书田一行与村干部、村民代表进行了座谈，并走访慰问了部分贫困户。在座谈会上，马宗梅作了讲话。会后，全体调研人员在东兴村现场举办了“献爱心”募捐活动，共捐款5600元。

（米军喜）

【为灾区捐款捐物】 2010年，青海玉树发生7.1级地震，造成了重大的人员伤亡和财产损失。灾情牵动着广远职工和远在大洋航行船员的心，广大职工积极捐款捐物，为灾区提供力所能及的援助。其中，中远航运还倡议船岸员工开展募捐活动，船岸2782人捐款506418元；广远“金广岭”轮在船舶领导和共产党员的带动下开展捐款活动，仅半个小时就募捐4200元；广远本部职工米军喜等人，通过天涯网迅速向灾区捐献御寒衣物100多件。

（米军喜）

【中远集团工会领导率队看望船员及家属】 2010年12月8日，中远集团工会副主席陈永生、办公室主任周祥勇，中远集装箱运输有限公司、大连远洋运输公司、青岛远洋运输公司、中远散货运输有限公司、中远渤海公司的工会领导一行，在广远工会副主席符雄的陪同下，看望烟台地区广远船员及家属。广远烟台船员家属站为此召开了座谈会。在座谈会上，陈永

生、符雄分别作了讲话。陈永生对烟台家属站这几年来的工作给予了充分的肯定和表扬，并对当前国际海运形势、船舶安全生产、船员的工作生活情况向大家作了介绍，加深了船员家属对广远的发展、船员工作生活情况的了解。符雄对广大船员家属的支持给予了充分肯定。随后，符雄陪同陈永生看望了退休老职工隋运芝等。

（王晓军）

【广远工会领导看望大连船员家属】 2010年11月18日，广远工会副主席符雄受广远纪委书记、工会主席马宗梅的委托，代表工会到广远大连船员家属站看望大连地区的船员家属代表、部分离退休职工及住院船员，带去了广远领导的亲切关怀。其间，符雄与部分船员及其家属召开座谈会。会上，符雄作了讲话，对船员家属站的工作给予了充分肯定，同时介绍了企业情况，并征求大家的意见和建议。与会船员及其家属踊跃发言，符雄对大家提出的建议认真记录，能当场答复的当场答复，不能当场答复的，表示回去研究后尽快答复并落实。（张凯舟）

【召开帮扶评审工作会】 2010年9月26日，广远召开帮扶中心评审工作会。广远困难职工帮扶中心领导小组成员及相关部室人员共13人参加了会议。会议由广远工会副主席符雄主持。会议总结回顾了广远2009年10月至2010年9月期间三项基金使用情况，审议了本年度困难职工申请高教助学、特困定期补助、一次性大额救助人员名单，并对原来定期补助人员进行了年审。会议审议通过了特困定期补助人员年审名单、2010年特困职工申请高教助学名单、2010年困难职工申请一次性救助名单等，并对海运公司张梅申请定期补助改为一次性救助的决定。会上，广远纪委书记、工会主席马宗梅作了讲话，对帮扶中心自成立以来的工作给予肯定。（黄宜振）

【承办广东省海员系统工会干部2010年迎春联欢会】 2010年1月22日，由广东省海员工会主办，广远工会承办的省海员系统工会干部2010年迎春联欢会在远洋酒店举行。广东省总工会领导肖建葵，广东省海员工会主席卢晓露，广远党委书记刘书田，广远纪委书记、工会主席马宗梅以及省海员系统工会干部共160多人参加了迎春联欢会活动。会上，肖建葵、刘书田分别致欢迎词；卢晓露总结了2009年省海员系统工会工作，并对2010年工会工作作了部署。随后，广远、南海救助局、广东省联合电子收费公司等单位的员工在联欢会上表演了精彩的文艺节目。（米军喜）

【广远举行2010年迎春团拜会】 2010年2月8日，广远在远洋宾馆举行广远2010年迎春团拜会。广远领导，广远本部、中远远达全体员工，广远下属各企业的领导班子、工会主席，参股企业广远派出的主要负责人共400人参加了团拜会。广远总经理徐惠兴在团拜会上致辞，介绍了广远的总体经营情况，指出2009年在金融危机的猛烈冲击下，航运市场陷入低迷，广远经营面临巨大的困境，但在中远集团的正确领导和支持下，迎难而上、拼搏进取、勇克时艰，仍然保持了总体盈利，这一成绩来之不易，是全体员工奋斗的结果。徐惠兴又向全体广远人致以亲切的新春问候和衷心的感谢。会后举行了迎春员工

文艺汇演。（米军喜）

【组织劳模、优秀船舶领导进行疗休养活动】 2010年6月21～26日，广远工会组织了一批在职劳模、优秀船舶领导及家属共21人赴海南博鳌进行疗休养活动。其间，大家游览和观赏了祖国宝岛的美丽风光，参观了博鳌论坛永久会址，走访了中远南方，并与该企业员工进行了座谈。（黄宜振）

【"康盛口"、"乐锦"轮获"安全优秀船舶"称号】 2010年，中国海员建设工会和交通运输部交通安全委员会授予中远集团12艘船舶、7个班组全国水运系统安全优秀船舶、安全优秀班组称号。其中，广远"康盛口"、"乐锦"轮2艘船舶荣获"全国水运系统安全优秀船舶"称号。（米军喜）

【举行安全知识总决赛】 2010年6月29日，广远组织了2010年安全知识总决赛。比赛前，广远副总经理翁继强对广远"安全生产月"活动进行了总结，指出活动取得了阶段性的成果，达到了预期的目的。会上，组织了"百人安全签名"活动，让员工对本职岗位安全工作作出承诺。随后，安全知识总决赛拉开了帷幕。来自船舶和岸基的8支队伍参加了总决赛。经过5轮激烈角逐，中远远达、中远南方、中远航运船员三队分别夺取了总决赛的第一、第二、第三名。同时，还评选出张竹玲、张志明、韩兴海、王赛、韩苑君、孙敬辉、常艳琪、周涛等8名优秀选手。广远本部、中远航运、中远远达员工，广远下属企业安全主管领导、工会主席、船员代表，岸产企业员工代表共400人参加了活动。（米军喜）

【青岛船员家属站召开安全座谈会】 2010年12月11日，青岛船员家属站召开了"亲情祝安全"活动座谈会。船员家属及船员共16人参加了座谈会。会上，青岛船员家属站站长崔钦枰作了发言。其谈到船员的工作很特殊，责任重大，不求船员挣大钱，只求船员做好安全工作，有了船舶、船员的安全，才有船员家庭的幸福。船长金吉谟代表在职船员作了发言，感谢家属们多年来对船员的支持和体谅，减少了船员的后顾之忧，使船员安心在船上工作。会上，与会船员和家属们就索马里防海盗、节能减排、船舶安全等事项进行了交流。（崔钦枰）

女工工作

【一批船员家属站和船员家属受表彰】 2010年1月15日，中远集团授予80名船员家属为"中远集团优秀船员家属"荣誉称号；10名船员家属联络站站长为"中远集团优秀船员家属联络站站长"荣誉称号；20个船员家属联络站为"中远集团先进船员家属联络站"荣誉称号。其中，广远张华英、刘玉琴、陈桂平、苏翠琼、杨玉香、王玉琴、李宁、徐梦君、于小南、刘萍、沈素荔、鲍秀君、韩珊、朱冬梅、潘成萍、冼秀琼等16名船员家属被评为"中远集团优秀船员家属"；李秀芳、徐文凤等2名广远船员家属被评为"中远集团优秀船员家属联络站站长"；青岛、兴宁、丹东、天津等4个广远船员家属联络站被评为"中远集团先进船员家属联络站"。

（米军喜）

【为女员工办理安康保险】 2010年4月8日，广远为430名在职女员工办理了续保安康保险工作，保险总额共44790元。其中，续保251人，新参保179人。新参保人数比2007年增幅71%。 （武建军）

【组织开展“三八”妇女节活动】 2010年3月9日、11日，为庆祝“三八”国际劳动妇女节100周年，广远工会女工委先后组织两批女员工到香江野生动物园、中山詹园、孙中山故居等地参观游览。来自广远本部、待岗内退女员工及广远下属企业的女工委员共100多人参加了活动。通过参观游览，使女员工增加了见闻，促进了身心健康。 （武建军）

【举办员工养生保健知识讲座】 2010年8月23日，广远女工委在广远本部举办了员工养生保健知识讲座，特聘广州老人大学经络保健顾问、高级针灸推拿师龚瑞华老师讲授养生保健知识。来自广远本部和广远下属企业员工共140人参加了讲座。知识讲座由广远工会副主席符雄主持。讲座内容丰富精彩，受到了与会广大员工的欢迎。 （武建军）

第四节 共青团工作

【共青团广州远洋运输公司委员会简介】 共青团广州远洋运输有限公司委员会（以下简称广远团委）在广远党委和上级团组织领导下，负责广远共青团工作。2010年，广远28岁以下青年2726人，团员总数592人（其中，院校学生团员131人）。广远团委所辖机关、基层、船舶团委6个、团总支6个、团支部108个（其中，船舶团支部100个）。主要职能是在广远党委工作部的领导下，全面贯彻落实党的路线方针政策和广远党委、上级团组织的指示、决定；制订广远共青团工作方针和工作计划，并组织贯彻执行；加强团的组织建设，督促落实团内生活的各项制度，组织召开广远团代会，指导下属各级团组织的换届选举工作，协助有关部门配备好各级团组织的专、兼职团干部，做好团员的发展、推优等工作，依时收缴团费，按照有关规定控制团费和活动经费的使用调拨；做好团员、青年思想政治工作，组织学习培训，不断提高团员、青年的思想素质和业务素质，提高团干部的组织能力和领导能力；团结带领广大团员、青年深入开展“创建青年文明号，争当青年岗位能手”、“创建青年安全生产示范岗”、“青年创新创效”及“创建五四红旗团组织”等主题活动，并进行总结表彰；深入基层、船舶调查研究，及时准确把握和反映团员青年的思想、要求；结合企业和团员、青年的特点，开展有益身心的文体活动，活跃青年文化生活。

时任团委书记王茜。 （王茜）

【团委工作概况】 2010年，广远共青团工作以邓小平理论、“三个代表”重要思想为指导，全面贯彻落实科学发展观和中共十七大、十七届四中、五中全会、团十六届三中全会精神，按照广远党委和上级团组织的工作部署和要求，坚持“融入中心、进入管理、服务企业、服务青年”，不断巩固和扩大团建试点工作成果，以提升团建工作科学化水平为目标，大力加强共青团能力建设，充分发挥共青团组织优势，团结凝聚广大团员青年力量，为推动后金融危机时期广远科学发展作出了积极贡献。（王茜）

【举办2010年船员青年拓展培训】 2010年3月20日，广远团委在广州黄埔军事博览中心举办了一期“继承远洋传统，弘扬‘五四’精神，争当时代先锋”为主题的船员青年户外拓展培训。来自2010年第一期院校预分生和“驾通合一”学习班的船员青年共62名参加了培训。培训中，学员们在教官的指导下，先后进行了“同步前进”、“信任背投”、“高V合力前进”、“翻越毕业墙”等项目训练，并参观了黄埔军校。在整个培训过程中，船员青年都非常认真、投入，积极挑战、超越自我，表现出严明的纪律和良好的精神风貌。此外，为了进一步推进团建创新，积极探索和创新船舶团组织设置方式，进一步增强团组织的覆盖面和影响力，在两个学习班开班前，成立了“2010年第一期院校预分生”班和“驾通合一”班两个临时团支部。在拓展培训开始前，广远团委书记王茜和中远航运团委书记谢伟明向两个临时团支部书记授予团旗。（王茜）

【《船岸家信系统》项目获青年创新创效大赛铜奖】 2010年3月30日，“神华杯”第二届中央企业青年创新奖表彰大会在国资委隆重召开。会上，广远团委选送的《船岸家信系统》项目获铜奖。《船岸家信系统》项目代表在国资委主会场参加了会议，广远20多名青年参加了广远分会场的视频会议。（王茜）

【发动青年员工为灾区捐款】 2010年4月2日，广远团委按照中远集团团委《关于组织开展“情系灾区，传递爱心——我为灾区捐献一瓶水”活动的通知》，组织下属企业各级团组织和青年员工，向灾区人民献爱心，在短短两天时间里，共收到船岸员工捐款25937.4元。（王茜）

【召开试点工作总结会】 2010年6月4日，广远团委召开了基层组织建设和基层工作试点工作总结会，各基层单位团组织负责人共12人参加了会议。会议对试点工作情况进行了总结、交流，对下阶段的团工作和活动进行了布置、讨论。会上，中远航运、岸产事业部等单位对探索适用于上市公司的团员青年管理模式——“项目经营”、开展船岸结对子帮扶共建活动、推广成立临时团支部、加强对基层团组织对标指导等创新做法进行了汇报交流。（王茜）

【组织团员青年参观广东科学中心】 2010年5月4日，广远团委组织48名团员青年到广东科学中心。在参观活动中，大家先后参观了实验与发现、交通世界、数码世界、飞天之梦、绿色家园、人与健康、感知与思维、数字家庭等展馆，体验了科普实验室和数字家庭演示。通过参观学习，增强了团员青年的科技视野和创新意识。

（王茜）

【组织开展“千号助千村”扶贫慰问活动】 2010年7月30日至8月1日，广远团

委为贯彻落实上级团组织《关于组织动员全省青年文明号集体投身“千号助千村”行动的通知》精神，组织部分青年“文明号”成员、团员青年骨干共30人赴广远对口扶贫点兴宁市坭陂镇东兴村开展了扶贫慰问活动。扶贫工作小组副组长、人力资源部/组织部总经理黎光葵带队并全程参加了本次团活动。扶贫慰问活动受到坭陂镇的热烈欢迎和接待，主管扶贫工作的坭陂镇副镇长陈永文、镇党委委员、驻东兴村领导、镇团委书记等有关人员与广远的团员青年进行了座谈，分别介绍了坭陂镇的总体情况、团工作情况及东兴村扶贫工作的主要情况。黎光葵就广远对口扶贫工作的进展等情况与对方进行了交流，并就下一步如何开展好扶贫的各项工作交换了意见。团委书记王茜结合“千号助千村”活动谈了广远团委扶贫帮困的想法和意见，并在23户特困户中选定5户作为结对子帮扶的试点，拟重点从帮助小孩完成学业等方面进行助学帮困。座谈结束后，广远团员青年进行了现场捐款，并走访5户结对子家庭，送上慰问金，留下了联系方式。（王茜）

【蔡连财参加中央企业“身边的榜样”事迹报告会】 2010年9月13～17日，中央企业团工委在上海浦东干部学院举办了中央企业集团级团委书记培训班，广远蔡连财为参加培训班的中央企业70余名团委书记做了“身边的榜样”事迹报告。蔡连财的报告内容翔实、事迹感人，语言生动流畅，表现落落大方，丰富的图片和视频资料令人震撼，得到了中央企业团工委领导的充分肯定。会后，各中央企业团委书记纷纷与蔡连财进行交流。蔡连财的事迹报告充分展现了广远青年船长的青春风采，为企业赢得了荣誉。（王茜）

【开展“绿色亚运，全民运动”趣味登山活动】 2010年9月17日，广远团委在广州白云山组织开展“绿色亚运，全民运动”趣味登山活动。来自广远本部、基层及船舶的68名团员青年参加了活动。活动以宣传绿色亚运，响应全民运动为主题，以定向越野、趣味登山的形式进行。在经过2个小时的攀登后，全体人员到达山顶公园，进行了活动总结和分享。团委组织的这次登山活动，使参与者既饱览了风景、放宽了心情，又锻炼了体能、磨炼了意志，在团队的协作中加强了沟通、交流，增进了友谊。（王茜）

【举办2010年团干部业务培训班】 2010年12月3日，广远团委举办了一期团干部业务培训班。广远团委委员、各基层团委（总支）书记及团员青年骨干共35人参加了培训。培训班请广东省青年干部学院培训处副处长谭洪文授课。谭洪文围绕“共青团活动策划与组织”主题，对共青团工作的主要内容作了生动、详细的讲解，并结合实际，对如何创新地开展企业团活动作了精彩的辅导，取得了很好的培训效果。（王茜）

【一批先进集体和个人受上级组织表彰】 2010年，广远部分团组织和团员青年获上级团组织表彰。其中，岸产事业部团委被授予“第十批中央企业五四红旗团委创建单位”称号，冯剑群获“2009年度中央企业青年岗位能手”称号；物业公司团总支获“广东省五四红旗团（总）支部”称号，何鹏辉被评为广东省优秀共青团员，罗小光被评为广东省优秀共青团干部；“富裕山”轮、“大强”轮、“瑞昌海”轮、远洋宾馆房口部、物业公司经营部客户服务小组被授予“2008～2009年度中远集团青年文明号”称号，肖华、叶观峰、陈建水、刘志勇、邹勇光、袁宏图被授予“2008～2009年度中远集团青年岗位能手”称号；“乐宜”轮、“湘江”轮、“天王星”轮、通导公司市场部、物业公司黄埔管理处保安班被授予“2008～2009年度中远集团青年安全生产示范岗”称号。

（王茜）

第六章
航运投资企业

第一节　中远航运股份有限公司

【中远航运股份有限公司简介】 中远航运股份有限公司（以下简称中远航运）成立于1999年12月8日，由广远作为主发起人，联合广远海运服务公司（以下简称海运公司）、中国广州外轮代理公司（以下简称广州外代）、深圳远洋运输股份有限公司（以下简称深远）和广州中远国际货运有限公司（以下简称广州中货）共同发起设立的股份有限公司。

中远航运成立时的股本为23000万元。其中，广远以其所属主要从事远洋特种运输的25艘船舶经评估确认后的经营性净资产29095.09万元出资，海运公司以现金850万元出资，广州外代以现金350万元出资，深远以现金300万元出资，广州中货以现金200万元出资。经国家财政部以财管字[1999]348号文批准，各发起人投入该公司的净资产及现金共计30795.09万元，同意按1:0.7469比例折为股本23000万股（每股面值1元），分别由广远持有21731万股，占总股本的94.48%；广州外代持有261万股，占总股本的1.13%。上述股权性质均界定为国有法人股。海运公司持有635万股，占总股本的2.76%；深远持有224万股，占总股本的0.97%；广州中货持有149万股，占总股本的0.65%。上述股权性质均界定为法人股。未折股部分7795.09万元计入“资本公积”。中远航运于2002年4月3日向社会公众发行人民币普通股13000万股。同年4月18日，其A股股票（名称：中远航运，代码：600428）在上海证券交易所挂牌上市。

2010年，中远航运注册资金1690446393元，拥有各类多用途船、杂货船、重吊船、半潜船、滚装船和汽车船共61艘，平均船龄18.6年，计116.74万载重吨。中远航运以特种杂货远洋运输和沿海运输为主业，以杂货远洋运输市场中超长、超重、超大件、不适箱以及有特殊运载、装卸要求的货载运输为主要细分市场，向客户提供定期及非定期运输班轮服务。其主要经营远东——孟加拉、印度、东南亚、缅甸、波斯湾、红海、地中海、欧洲、美洲、非洲航线，形成全球范围的特种杂货远洋运输经营网络。

中远航运下设总经理办公室、人力资源部、投资发展部、财务资金部、安全质量部、航运经营部、船舶管理部、船员管理部和驻大连、青岛、厦门、湛江办事处、连云港代表处以及天津中远航运有限公司（以下简称天津中远航运）、上海中远航运有限公司（以下简称上海中远航运）、中远日邮汽车船运输有限公司（以下简称中远日邮）、中远航运（香港）投资发展有限公司（以下简称中远航运香港公司）。

中远航运设董事会、监事会。时任董事长许立荣，副董事长兼党委书记徐惠兴，副董事长刘书田，董事翁继强、韩国敏、郭京；独立董事金立佐、谭劲松、汪亦兵。监事会主席马宗梅，监事於世成，内部职工监事洪建春、张卓雁、方志伟。首席执行官（以下称CEO）韩国敏，党委副书记兼常务副总经理赖奕光，首席运营官（以下称COO）郭京，副总经理杜俊明、郭福祥，副总经理兼财务总监林敬伟，董事会秘书薛俊东，首席执行官助理董宇航。公司共有在职员工3960人。其中，岸基管理人员358人，船员3602人，平均年龄在40岁以内。（赖海燕）

【中远航运工作概况】 2010年，是中远航运面对后金融危机时期“机遇与挑战并存”，力促发展的关键一年。是年，随着世界经济的复苏，世界贸易得到恢复性的增长，国际航运市场需求逐步回升，呈现出新兴国家经济需求快速增长的势头，给特种杂货船运输带来了前所未有的发展机遇。中远航运深入贯彻落实科学发展观，认真贯彻落实中共十七大精神，在中远集团等上级领导及全体股东的关心支持下，在董事会的正确决策下，高管班子带领全体船岸员工，紧抓机遇，克服油价不断攀升、防抗海盗成本增加等不利因素的影响，朝着“打造全球特种船运输最强综合竞争力”的战略目标，以“安全、效益、发展、改革”为重点，团结拼搏，开拓创新，在船队结构调整、完善营销体制、资本运作项目、安全经营管理等方面取得了卓有成效的成绩。全年完成货运量807.8万吨，比2009年减少4.6%；周转量515.82亿吨海里，比2009年增加13.7 %。实现营业收入44.06亿元，与2009同比增长12.95%；实现营业利润3.6亿元，比2009年上升338.77%；实现归属于母公司的净利润3.4亿元，比2009年上升150.89%。基本每股收益0.26元（见下表）。超额完成了董事会下达的效益目标，企业综合竞争力得到了进一步加强。

一、中远航运2010年主要财务数据

单位：元人民币

项　　目	金　　额
营业利润	360258705.51
利润总额	417598704.90
归属于上市公司股东的净利润	339953999.45
归属于上市公司股东的扣除非经常性损益后的净利润	298641665.33
经营活动产生的现金流量净额	597594180.85

二、中远航运2009~2010年主要财务数据和指标对照

单位：元人民币

主要财务指标	2010年	2009年	本年比上年增减（%）
营业收入	4,406779235.39	3901589083.65	12.95
利润总额	417598704.90	127733094.96	226.93
归属于上市公司股东的净利润	339953999.45	135500112.89	150.89
归属于上市公司股东的扣除非经常性损益的净利润	298641665.33	87143485.97	242.70

（续上表）

主要财务指标	2010年	2009年	本年比上年增减（%）
经营活动产生的现金流量净额	597594180.85	161649348.97	269.69
总资产	10119696323.14	7328227625.46	38.09
所有者权益（或股东权益）	4523428052.12	4233376458.71	6.85
基本每股收益（元/股）	0.26	0.10	150.89
稀释每股收益（元/股）	0.26	0.10	150.89
扣除非经常性损益后的基本每股收益（元/股）	0.23	0.07	242.70
加权平均净资产收益率（%）	7.72	3.15	增加4.57个百分点
扣除非经常性损益后的加权平均净资产收益率（%）	6.78	2.03	增加4.75个百分点
每股经营活动产生的现金流量净额（元/股）	0.46	0.12	269.69
	2010年末	2009年末	本期末比上年同期末增减（%）
归属于上市公司股东的每股净资产（元/股）	3.45	3.23	6.85

2010年，中远航运主要工作有如下特点:

一、提高航运经营质量，大幅提升经营效益。中远航运坚持“以市场为导向，以客户为中心、以效益为目标”的经营思路，加大市场开发力度，采取各项有效措施，不断提高航运经营质量，全年实现利润总额4.2亿元，与2009年同比增长227%。特别是波斯湾红海航线，经营人员只有5名，实现利润2亿元以上；租入船19个航次，创效2600万元以上；签署COA合同100万立方米以上；加强日韩市场的拓展，市场份额不断扩大。该航线最多一月开出9班船，每月完成近20个航次，占公司总运力的1/4，创造出不菲的经营效益。

加大客户拜访力度，与多个大客户签订了战略合作协议。其中，分别与中石油技术开发公司、中钢货运公司、广西中信物流公司、鹿特丹港集团、中货总公司及大连中货6家签署了战略合作协议；配合中远集团战略目标，由中远集团出面与中国二重、北方公司、华菱集团及中国铁建4家签署了战略合作协议。

提升运价水平，实现年初确定的运价目标。中远航运自2009年第4季度起积极推动运价上涨，各航线坚定不移地贯彻中远航运的年运价政策，利用2010年上半年市场复苏，抓住了运价上涨的最有利时机，最终实现了年初确定的运价目标。坚持不懈，客户推介力度不断加大。是年，中远航运分别在美国、日本、香港、大连、武汉、青岛召开6场客户推介会，共邀请168家客户，277人次到会。同时在上海、新加坡、欧洲安特卫普、美国休斯敦参加杂货展，到展台参观并参与洽谈的人数有几千人次。通过各种形式开展业务推介活动，极大地提升了企业在特种船运输市场上的影响力。

积极推进营销体制改革，构建全球营销网络。2010年3月，中远航运设立营销中心，实施市场营销职能整合，进一步强化了营销策划和组织能力。积极加强营销网络建设，在国外，先后与中远欧洲公司以及日、韩、欧美、南非、东南亚等中远驻外机构签署合作协议，建立海外营销网点20家；在国内，一方面加强对各市场部的管理和指挥，另一方面充分利用其遍布全国的263家网点进行揽货。全球营销网络建设初具规模，大大提高了回程货的经营效益。

加大新市场、新货种、新区域的开发力度。2010年，中远航运在欧美航线继续保持低迷的市场环境下，加大对美湾市场的开发力度，经过艰难开拓，成功开辟了北美航线，且初见成效。深入研究了风电设备、核电设备、驳船、游艇等重大件货源市场，为下一步的发展奠定了基础。中远航运在中远物流的密切合作下，成功拿下了上海电气伊拉克华事德投标项目。其在以欧洲线、营销中心为主的项目小组的不懈努力下，成功中标中电投土耳其阿特拉斯电站全程物流项目，这是中远航运第一次直接参入此项真正意义上的全程物流项目。该项目一期总货量45万立方米，二期总货量90万立方米，是中远航运成立以来货量最大的工程项目。

加大租船力度，放慢老旧船退役力度，确保经营效益的提高。2010年3月，中远航运根据市场变化和新造船运力交付进度，果断调整了策略，放慢了船舶退役节奏，使部分老旧船继续贡献利润；同时，加大了租船力度，租入船舶68艘次，144.4万载重吨。截止2010年底，租入船舶21艘次，56.8万载重吨。确保了全年中远航运经营效益的提高。全年完成了“黄山”、“碧江”、“桃江”、“富康口”、“安东江”、“赤云”、“橙云”、“庐山”轮等8艘船舶的退役工作。

二、加强船队结构调整，突现成本领先优势。2010年，中远航运召开了造船工作专题会，造船小组、监造小组认真落实“造好用、好开、好管的船”的会议精神，与船舶设计、船厂建造等技术人员紧密配合，完成了“大紫云”、“孔雀松”、“麒麟松”、“卧龙松”轮等4艘新接船工作；并根据“十二五”船队发展规划，响应中远集团总裁魏家福“买下午五点钟的鱼”的号召，抓住造船市场低位的有利时机，克服困难，高效推进，成功签署了10艘2.7万吨多用途船和8艘2.8万吨重吊船的造船合同。这两份合同的签定，成为中远集团2010年仅有的造船订单，也是金融危机以来中远集团批准的唯一两组造船项目，在全球多用途船和重吊船当年新签订单中所占比例超过40%，具有明显的成本领先优势。

三、推进资本运作项目，企业发展大有保障。2010年2月11日，中远航运在上海市洋山保税港区注册成立全资子公司——上海中远航运有限公司，投资总额2亿元，为利用上海打造国际航运中心的地位搭建了平台；中远航运配合中远集团和广远完成股权划转任务，由广远持股转为中远集团直接持股，收购广远7艘小“乐”字号船舶项目，为企业未来发展拓宽空间；成功发行6亿元中期票据，为船队发展融得了宝贵资金； 积极推进配股融资项目，经过艰苦的努力，在年底成功获得了证监会的批准。

四、强化企业安全管理，安全形势确

保平稳。2010年，中远航运高度重视安全管理工作，有效开展了“安全生产年”、“安全生产月”等活动、进一步强化各项安全管理措施，完善安全管理体系。全年防抗台100%成功；船舶没有发生重大海损事故、重大机损和污染事故、火灾爆炸事故、重大伤亡事故，有效减少了海损事故，大幅度降低了工伤事故，船舶安全面达99%。以三个免开不符合及连续6年第9次岸基活动审核免开不符合的好成绩通过了第三方审核，保证了全年安全形势的总体平稳。是年，亚丁湾和印度洋地区海盗活动日益猖獗，给船员和船舶安全构成极大威胁。在海盗防控方面，中远航运高度重视，船岸齐心协力，共筑六道防线，各项措施扎实有效，全年进行防海盗跟踪指导523艘次，共10艘次成功抗击海盗袭扰，特别是“乐从”、“泰安口”轮表现尤为突出，不但体现了中远航运各项防抗措施的积极效果，而且体现了全体船员临危不惧的品质和坚强无畏的作风。

五、加强信息系统开发，极大提高工作效率。2010年，中远航运进一步加强信息化建设，以全面流程管理理念开发的新船员管理系统于1月份正式运行，极大地提高了船员管理效率；同时，经过近两年的系统开发，中远航运预算系统也于10月27日上线运行。这是中远集团乃至国内第一家上线的全面预算管理系统，此系统的成功开发进一步强化其预算基础工作，提升管理水平；为规范关联方交易的统计，中远航运财务人员利用业余时间自行开发软件根据SAP挂账自动导入统计关联方交易的发生额及余额，既提高了统计的准确性、及时性，又极大地减少了统计工作量。

六、继续开拓融资渠道，降低成本效果显著。2010年，中远航运成本控制的理念深入人心，各部门团结协作，继续拓宽筹资渠道，采用各种方法，降低各项成本，效果显著。

财务资金部利用人民币与美元的存贷差及人民币汇率单边升值的预期，积极组织美元贷款，利用“存贷双高”的手段为公司创造了近2000万元的收益；协同投资发展部在银行间交易市场发行了6亿中期票据，成功抢在人民币利率进入上升通道前锁定了筹资成本，以2010年的利率水平测算，5年共节约财务费用5760万元；开拓思路，大力推进人民币跨境结算工作，利用境内外人民币对美元的汇率差，增资香港公司9720万美元，节约800万；另外，通过利用中远航运船舶固定资产折旧年限抵扣权证应缴纳所得税筹划获得税务机关认可，成功延迟缴纳企业所得税款7000多万元。

航运经营部积极与国外23家港口装卸公司谈判并签订了优惠协议，港口使费均有大幅下降。此外船舶垫料费用也有大幅下降；船舶保费下降了3%。航运经营部节约成本费用总计3500多万元。

船舶管理部主动加压，年初将部门预算降低10%，年度成本控制良好，积极采取节约汽缸油消耗、燃油批量等措施，节约成本1000万元以上。另外，买卖船舶主管经过多方努力，4艘退役船争取以二手船卖出，比卖废钢船多卖出1000多万元。船员管理部全年提升干部船员235名，举办船员培训班75个，培训1307人。将驾驶台资源管理与驾驶模拟器培训合二为一，年度举办11期培训班，培训176人，节约培训费159300元。并与海运公司联系，办理了

70人有效期3年的焊工证书，节省培训相关费用315000元；精心组织安排各培训班的开班与结束的时间衔接，安排延续培训339人，节省差旅费406800元。另外，加大了一年以上没上船船员清查处理力度，与177名船员解除或终止劳动合同，大大节约了人力资源成本。

七、加强两个文明建设，促进企业科学发展。中远航运党委认真贯彻中共十七大、十七大四中、五中全会精神，用科学理论武装船岸员工思想；充分发挥党纪工团的独特优势，在树立信心、凝聚力量、拼搏效益、维护稳定等方面做出应有贡献。充分发挥各基层党组织的战斗堡垒作用和广大共产党员的先锋模范作用，为企业科学发展提供强大的思想保证和组织支持，企业两个文明建设取得了丰硕成果。

积极开展创建学习型党组织工作。中远航运把推进学习型党组织建设与开展创建“四好”领导班子、“创先争优”及“抓落实促发展”主题实践的专题读书等活动结合起来，提高集中理论学习与研究的针对性和实效性。结合省直第三届“读书·思考·进步”专题活动，为中远航运党委学习中心组及各党支部购买学习图书，向岸基党员发放购书卡；利用培训讲座、播放电教片、发放电子版学习资料等多种形式加强党员知识培训；定期征集员工对公司及高管班子的意见，通过“五四”座谈会、单身俱乐部等各种活动加强高管与员工之间的沟通交流，促进思想的交流和解放。

加强领导班子建设。制定了“四好”领导班子创建实施方案，坚持民主集中制，利用党员领导班子专题民主生活会、党支部组织生活会等加强学习交流，认真开展批评与自我批评；班子成员经常深入一线，征求群众意见，与船岸员工交流谈心。中远航运高管全年分赴上海、天津及广州等地港口慰问靠港船舶20多艘次；为切实加强船舶防海盗的“六道防线”建设，党委副书记赖奕光6次到“乐同”、“祥云口”轮等船舶调研指导工作。中远航运领导班子被广大员工公认为是一个团结进取、开拓创新、真抓实干的领导班子。

强化人才队伍建设及加强机关人力资源规划。中远航运制定了岸基人力资源五年工作规划，强化人才队伍建设的系统性、持续性。积极查找骨干队伍建设薄弱环节和存在的主要问题，明确了公司人才队伍建设的工作重点。加强组织推进修订公司决策层、管理层业绩评价及薪酬激励方案；并根据董事会薪酬与考核委员工作会议的意见进行完善。完成了中远航运人力成本项目的梳理，初步规范了管理，推进岸基人事管理信息系统设计；优化航运经营人员配置，充实工程技术、港口船长和船员管理等人员7人，人员结构逐步合理化；推进具备条件的业务、职能板块轮岗制度，并最终实现制度化；与中远集团加强了沟通，增派年轻骨干员工常驻海外工作取得进展；通过各种培训、挂职、外派等途径，加强中远航运船岸员工的培训与教育，尽快培养适合特种船队发展需要的高素质船员，促进各类人才的全面成长；对中远航运船员后备系数进行专题论证，探讨建立船舶主要骨干船员提拔把关制度，保持无效船员淘汰力度；进一步加强船员队伍的建设，强化了船员管理部团队力量，并于9月份召开了船员工作专题会议，实施了船员管理职能的整合，推进了船员考核和激励机制的调整。同时，倡

导了“尊重船员、关爱船员”的号召，并积极落实各项措施。中远航运荣获广东省直机关委员会颁发的“2008～2010年度广东省直属机关精神文明建设”先进单位；涌现了一批先进基层党组织和优秀党员、党务工作者。中远航运在开展“抓落实促发展”主题实践活动中，各项措施扎实有效，成效显著，其“转变经济发展方式”的做法被广东省直工委选定为参加省直“抓落实促发展”成果汇报会的交流。积极参加广东省“扶贫济困党旗红，共建和谐当先锋”活动，组织岸基各党支部党员捐款49490元。

加强宣传思想工作和企业文化建设。及时组织船岸党员、群众学习贯彻科学发展观及中共中央有关文件精神，号召党员和员工积极投身公司改革发展，确保完成公司年度任务目标；利用“海上课堂”、“陆地课堂”、“网上课堂”等载体，以及《中远航运简讯》、《中远航运》等刊物，做好船岸员工思想教育工作；围绕公司改革、生产、管理中的重点工作，如成本控制、防海盗工作、船员管理系统实施等开展专题宣传，统一船员思想；做好企业对外宣传工作。如围绕新造船订造、新船投入营运、市场营销等工作，开展对外宣传报道，及时更新公司网站新闻106篇，并在《中国远洋报》、《中国远洋航务》等报刊、中远网、国资委网站等媒体刊登130篇次报道，中远集团报刊和中远集团信息报送稿件采用率居中远集团前列；制作中远航运2009年度十大新闻宣传片，修订编辑中远航运英文字幕版宣传片，为企业生产经营营造了良好的舆论环境；利用参加第七届国际海运（中国）年会、参加亚运会“亚洲之路”等大型活动，做好相应宣传，扩大公司品牌影响力；做好企业文化推进工作，结合中远航运实际，大力开展群众性文明创建活动，推动企业文化建设向纵深发展。利用新员工入职培训、船员培训、与兄弟单位交流等机会，传播中远航运优良企业文化，增强企业的凝聚力、向心力；利用杂志、公司网站、外部媒体等形式展示公司价值观和管理理念，塑造良好品牌形象；履行社会职责，参加社会公益活动，组织员工参加所在街道无偿献血活动，被评为“广州市2009年度无偿献血先进单位”；倡议船岸员工开展为青海玉树灾区募捐活动，船岸2782人捐款506418元。

大力开展反腐倡廉建设。积极开展以学习贯彻《廉政准则》等为重点的党纪法规教育，促进依法经营和廉洁从业；积极开展“小金库”专项治理工作，根据上级部署，中远航运制定并下发了“小金库”专项治理工作方案，各部门及下属公司认真开展“小金库”自查活动，进一步提升中远航运管理水平，防范各类风险；贯彻落实中纪委十七届四次全会精神和《中远集团建立健全惩治和预防腐败体系2008—2012年实施方案》，推进惩防体系建设；中远航运依托全面流程管理体系，不断完善中远航运惩防体系建设。是年，新建、修订体系文件40余份。另外，还不断健全内部风险评估制度，按照上级要求建立并运行内部控制体系，夯实基础，加强各项风险管控。

充分发挥工会、共青团的桥梁纽带作用。中远航运工会积极开展工会民主管理、建家活动、推优活动；开展劳动竞赛、合理化建议及各项群众体育文化等活动；继续做好员工生日、退休慰问、送温

暖工程及维护员工权益工作。“康盛口”轮荣获“全国模范职工之家”称号，“大富”、“乐从”轮荣获2009～2010年度全国交通建设系统“工人先锋号”称号。中远航运团委积极开展青年“号、手”创建、青年创新创效活动，创建学习型团组织、五四红旗团委活动；举办“五四”座谈会、青年拓展培训、迎亚运登山等活动；船员家信系统创新创效项目获中央企业青年创新创效成果铜奖；一批先进集体和个人受到中央企业团工委、中远集团团委、广东省直团工委和广远团委的表彰。

八、提高综合管理水平，资本市场享有盛誉。2010年，中远航运不断提高企业综合管理水平，以规范的公司治理、透明的信息披露和良好的投资者关系得到了监管部门、资本市场、媒体及相关独立研究机构的高度认可，享有一系列荣誉：在《董事会》杂志举办的中国上市公司第六届（2009年度）“金圆桌奖”评选中，获“优秀董事会奖”，董事会秘书薛俊东荣获《新财富》杂志举办的第六届“新财富金牌董秘”称号；由中国上市公司市值管理研究中心、证券时报、中央电视台等12家单位在北京联合举行的“中国证券市场20年回顾与展望暨第四届中国上市公司市值管理高峰论坛”上，中远航运荣获“中国证券市场20家最富社会责任感上市公司”提名奖，董事会秘书薛俊东荣获“2010年度中国最佳创富IR奖”；由中国公司治理评价暨颁奖委员会及中国公司治理网联合主办的2010年度中国上市公司治理评价中，中远航运荣获“最佳公司治理奖”；在证券时报社主办的2009年度中国上市公司价值百强评选活动中，董事会秘书薛俊东荣获“2009年度中国主板上市公司百佳董秘”称号；在上海证券时报社主办的2010年度“金治理·上市公司优秀董秘”评选活动中，董事会秘书薛俊东荣获“金治理·投资者关系公司董秘奖”；在上海证券交易所2009～2010年度上市公司董事会秘书考核中，中远航运董秘团队获“考核优秀团队”称号。这一系列荣誉称号的获得，使中远航运在资本市场的形象得到进一步提升。（赖海燕）

综合工作

【总经理办公室简介】 总经理办公室（以下简称总经理办）是中远航运综合协调工作的主管部门。主要职责是负责草拟中远航运的工作计划以及经营管理等方面的文件；负责中远航运会议的协调，组织安排高管人员办公会和其他专题会议，组织实施和督促检查会议决议的贯彻落实；负责中远航运电话、传真、邮件往来文件和公用邮件的收发、登记、流转以及归档工作；负责中远航运发文的审核、登记和印发工作；负责报刊书籍的订阅和收发；负责高管人员的行政、文书工作；负责中远航运日常接待工作；负责中远航运机要、保密工作；负责中远航运文书、科技、基建档案和其他声像资料的管理工

作；负责中远航运宣传报道、业务广告宣传工作，编辑《中远航运》和《中远航运简讯》工作；负责中远航运党建工作、思想政治工作、精神文明建设和企业文化建设；负责中远航运党委、纪委日常事务性工作并负责指导共青团工作；负责中远航运工商登记、组织机构代码登记、国际水运许可证年审、变更等事务管理；负责中远航运物业管理和后勤保障工作；负责中远航运岸基办公设备、办公用品、礼品和物业易耗品的采购、管理工作；负责中远航运车辆管理工作；负责清洁工、保安员、外驻工管理；负责企业精益管理工作；负责驻国内港口办事处（代表）的行政管理工作。时任总经理吴杰，副总经理孙雄。员工14人。（徐波）

【总经理办公室工作概况】 2010年，总经理办组织策划新春联欢晚会、主题党日活动、党员领导干部民主生活会，协助投资发展部召开董事会、监事会、股东大会。接待国资委驻中远监事会、交通运输部体系审核组、中远集团领导及各部门长、客户到中远航运参观访问、慰问和交流、调研人员105批410人次等活动。处理外来文件1472件，归档各类纸质档案75卷、电子档案65盘、实物档案8件，提供档案利用1101卷、1243份、600人次。以《中远航运》、《中远航运简讯》、《中远航运工作简报》和网站为平台，加大对企业改革发展、经营管理、安全、稳定、职业道德、先进典型的宣传教育工作。是年，整理编发周调度会纪要及各专题会议纪要62份，贯彻落实公司有关部署；编发《工作周报》48期，加强信息交流；出版《中远航运》6期，编辑《中远航运简讯》及简讯专刊84期，编辑《中远航运工作周报》52期；认真开展对外宣传报道，及时更新公司网站新闻98篇，并在《中国远洋报》、《中国远洋航务》、《中国水运报》、中远网、国资委网站等媒体刊登130篇次报道，中远集团报刊和中远集团信息报送稿件采用率居全中远集团前列。完成广远2009年年鉴中远航运部分，约7万多字。前台通过复核2009年度“省直青年文明号”，吴杰、廖再文被《中国远洋航务》和《中国远洋报》评为2010年度优秀通讯员。（徐波）

【李东序一行莅临中远航运调研指导工作】 2010年1月13日，国务院驻中远集团监事会主席李东序在中远集团总会计师孙月英陪同下莅临中远航运调研指导工作。中远航运CEO韩国敏和副总经理兼财务总监林敬伟分别代表公司向李东序一行汇报了企业经营管理工作和财务状况；常务副总赖奕光介绍了中远航运全面流程管理体系和惩防体系建设情况，并展示了按照全面流程管理理念最新开发成功的船员管理系统。（徐波）

【举行新春联欢会】 2010年2月5日，中远航运举行新春联欢。中远集团党组书记张富生率中远集团春节慰问组参加了新春联欢会。在联欢会上，张富生对中远航运成立十年来取得的成绩和2009年应对国际金融危机取得的成效给予了充分肯定，对中远航运为打造“资本中远”和实现中远集团“双盈利”目标作出的重要贡献表示感谢。在联欢会现场，张富生还连线靠泊阿联酋港口的“康盛口”轮，与船长通话，慰问全体船员，为中远航运船员送上

中远集团领导的祝福。广远总经理、中远航运副董事长徐惠兴，中远航运CEO韩国敏在联欢会上先后致辞。在联欢会上，员工及家属演出了精彩的文艺节目。

（徐波）

【韩国敏慰问“大富”轮船员】 2010年2月13日，当中国传统的新春佳节到来之际，CEO韩国敏冒着寒风雨雪登上了停靠在上海张华浜港作业的“大富”轮慰问全体船员。韩国敏首先向春节期间战斗在船舶一线的全体船员致以新春的慰问和由衷的祝福，对“大富”轮为企业安全、生产、效益所做出的贡献予以充分肯定。韩国敏还向船员们介绍了公司2009年生产经营情况以及公司未来的发展规划。（徐波）

【“康盛口”轮船员与中国海军特战队员共度春节】 2010年2月13日，当虎年农历除夕来临之际，“康盛口”轮抵达中国海军亚丁湾西行护航编队集结点A点。考虑到“康盛口”轮干舷特别低，防御海盗困难大的实际，中国海军护航编队特别安排用直升机向“康盛口”轮派遣4名海军特战队员和1名《解放军报》随军记者，随船护卫西行通过亚丁湾。海军特战队员上船，船员们特别高兴，纷纷用E-mail向家人报告，以让家人安心过年。“康盛口”轮船员在亚丁湾与随船护卫的中国海军特战队员并肩战斗，携手联防，同迎新年，度过了一个特别的春节。（徐波）

【参加美国RENEWABLE ENERGY WORLD N.A. 2010展】 2010年2月23～25日，“RENEWABLE ENERGY WORLD N.A. 2010”展会在美国AUSTIN举行。参展的有风能、水电、太阳能、生物发电等设备生产厂家、EPC、设计、基建和配套设备等相关企业约1000家。中远航运美洲航线经理杨健源代表中远航运参与展会，向一些设备生产、EPC和设计的企业进行推介中远航运的实力，并从中获取客户需求信息和合作商机。（徐波）

【召开增收节支动员大会】 2010年2月25日，中远航运召开2010年增收节支动员大会。中远航运在家高管人员和岸基员工共250多人参加了动员大会，各分公司、办事处员工通过电话会议形式参会。会上，CEO韩国敏就增收节支的重要意义和如何增收节支等问题做了重要阐释，常务副总经理赖奕光就如何贯彻落实会议精神提出几点要求。会议对2009年公司经济效益情况进行了分析；对金融危机爆发以来公司开展的“成本控制好点子”活动进行了总结，并表彰了5个最佳好点子；向2009年为公司生产经营工作做出突出贡献的两名员工颁发了荣誉金章。航运经营部、船舶管理部和船员管理部等部门领导代表本部门就2010年增收节支工作进行表态发言。

（徐波）

【梁建伟一行到中远航运调研】 2010年3月24日，广东海事局局长梁建伟、广州海事局局长谭永烈一行11人到中远航运调研。其间，梁建伟一行听取了CEO韩国敏和常务副总经理赖奕光所作的安全生产工作汇报，对中远航运依托全面流程管理进行安全管理和船员管理的特色做法表示高度认可。（徐波）

【签订10艘多用途船订单】 2010年3月

30日，中远航运与中船集团属下广州中船黄埔造船有限公司和江苏泰州口岸船舶有限公司签订了总数为10艘（含选择权行使生效）2.7万吨新型多用途船合同。按照合同规定，该批船舶将于2011年6月份起陆续交付。中远集团、中船集团、口岸船厂及相关单位领导60余人出席了签字仪式。中船集团总经理助理余宝山、广远总经理徐惠兴以及泰州口岸船舶有限公司董事长王俊则分别致辞表示祝贺。中远航运CEO韩国敏在签字仪式上指出，该项目是中远航运成立以来投资金额最大的单一投资项目，也是本次金融危机爆发后，全球多用途船和特种船领域规模最大的投资项目。金融危机爆发后，造船价格出现了大幅回落，中远航运抓住机遇，积极推进船队发展规划，这一项目的成功签署，充分显示了中远集团、中远航运发展特种船业务的信心和决心，展现了船东与船厂战略合作，相互支持，共同难关的重要成果，向市场表明了中远航运打造全球特种船运输综合竞争力最强的决心、勇气和实力。此次订造的10艘2.7万吨新型多用途船，是中远航运以原有4艘2.7万吨多用途船为基础，对船型和起吊能力进一步进行优化和提升，舱内有三层装货甲板，最大起吊能力达180吨，满足最新造船规范，是舱容利用率高、起吊能力强、节能环保的新型多用途船，将成为未来承运中国出口大型机械设备和工程机械的主力船型。

（徐波）

【情系玉树、共献爱心】 2010年4月21日，为了表达对青海玉树地震遇难同胞的深切哀悼，中远航运船岸全体员工通过各种方式举行哀悼活动。为全力支持灾区救灾和重建工作，中远航运积极响应国务院、国资委及中远集团号召，组织船岸员工开展向青海玉树灾区人民募捐活动，为灾区献上中远航运全体船岸员工的爱心。CEO韩国敏率先捐款3000元，随后公司高管及各部门长和员工们纷纷慷慨解囊，出差在外的员工也通过电话捐献爱心，船岸员工捐款超500000元。所有捐款由公司汇总后通过中远慈善基金会转至灾区。

（徐波）

【徐惠兴等慰问“凤凰松”轮船员】
2010年4月23日，广远总经理、中远航运副董事长徐惠兴，中远航运CEO韩国敏登上停泊在上海港张华浜码头的“凤凰松”轮慰问船员。在船上，徐惠兴、韩国敏听取了船舶领导的工作汇报，并在船长的陪同下巡查了全船，重点检查了锚机、吊货设备、甲板二氧化碳间、驾驶台、机舱等，对船舶设备保养到位，全船干净整洁，船舶、船员的良好风貌表示满意。徐惠兴代表中远航运感谢“凤凰松”轮全体船员对船舶的精心管理及取得的良好效益，并对进一步抓好船舶工作作了指示。韩国敏作了表态性发言，感谢徐惠兴以船长和管理者的经验体会发表的讲话；感谢船长、政委、轮机长为公司效益、船舶安全和防海盗工作作出的贡献，并对“凤凰松”轮今后各项工作提出了要求。（徐波）

【举办“五四”青年座谈会】 2010年5月4日，中远航运团委举行“五四”青年座谈会，岸基团员青年及船舶青年代表50人参加会议。CEO韩国敏，常务副总经理、党委副书记赖奕光，副总经理兼工会主席郭福祥等公司高管出席座谈会。座谈会上，与会团员青年就如何看待员工离职跳槽、如何提升岗位价值等话题开展了激烈的辩论。韩国敏向大家描绘了公司的发展蓝图，并对团员青年提出了殷切的希望。

（徐波）

【连续4年获优秀董事会奖】 2010年5月8日，由《董事会》杂志社主办的第六届（2009年度）中国上市公司董事会“金圆桌”奖颁奖盛典在北京嘉里中心隆重举行，中远航运获得了“优秀董事会”奖（中远航运自2006年至今连续4年获得“优秀董事会”奖）。中远航运驻北京首席代表黄金成代表中远航运上台接受中国公共经济研究会秘书长许正中颁奖。（徐波）

【韩国敏勉励2010届大学生船员】 2010年5月18日，CEO韩国敏看望了正在进行入职培训的2010届航海类大学毕业生船员，并与毕业生船员们进行亲切交谈，勉励毕业生船员树立信心，为公司实现发展战略目标发挥才干，开创美好的职业人生。韩国敏向大学生船员们介绍了公司的基本情况，强调中远航运提供给大学生船员们一个发挥才华的大舞台，大学生船员应立足长远，把握好航海职业生涯，开创美好的职业人生。参加本期入职培训的65名大学毕业生船员，分别来自大连海事大学、上海海事大学、武汉理工大学、集美大学等9所航海院校。从即日起，这些大学毕业生将陆续被派往中远航运船舶工作。

（徐波）

【召开2010年年中工作会】 2010年7月16日，中远航运在广州召开2010年年中工作会议。中远航运本部和控股公司、办事处业务经理以上主要管理人员60多人出席会议。在会上，各职能部门汇报了工作，对中远航运上半年经济效益及财务管理、航运经营、营销网络建设、营销体制改革、机务成本控制、安全管理及防海盗、船员管理、船队结构调整及资本运作等工作进行了研讨，同时提出了下一步工作举措。CEO韩国敏，常务副总经理赖奕光总结了上半年工作特点，并对下半年重点工作进行了部署。（徐波）

【“大华”轮慰问海军护航编队】 2010年值 “八一”建军节到来之际，“大华”轮代表中远航运，向在亚丁湾护航的中国海军赠送慰问品，表达中远船员对中国海军，特别是在亚丁湾护航的中国海军表示最亲切的节日慰问。

7月31日8:00时，“大华”轮抵达中国海军护航编队西行集合点A点准备通过亚丁湾。新型登陆舰“昆仑山”舰已在集合点游弋。由于当时涌浪较大，不安全，“大华”轮经与“昆仑山”舰商定到B点再送慰问品。8月2日9:00时，海军舰队结束本次护航后，“大华”轮慢慢向“昆仑山”舰靠拢。“昆仑山”舰派出2艘冲锋舟给“大华”轮送去水果。此时，“大华”轮船员情不自禁地高呼：“祖国万岁！人民海军万岁！”随后，“大华”轮船员将烟酒、饮料、瓜菜、鱼肉等30箱慰问品分别吊装到海军冲锋舟上，令在场的海军官兵激动不已。在冲锋舟徐徐离开“大华”轮时，人民海军官兵不停地挥手致意。在一片“辛苦了”、“一路平安”等问候声中依依惜别。10:40时，“大华”轮船长在高频中向护航海军再三表示致谢。

（徐波）

【郭京等拜访韩国客人】 2010年8月2～5日，COO郭京和中远集团运输部大客户管理室经理潘友全分别拜访了韩国锦湖韩亚集团的KOREA EXPRESS、现代集团的HYUNDAI LOGISTICS和LG集团的PANTOS等客户，宣传介绍中远各相关业务板块的基本情况，重点介绍中远航运在项目设备和重大件设备运输方面的实力和成功经验，并了解韩国相关市场，寻求与客户扩大深化合作的机会。（徐波）

【朱惠红一行参观“常发口”轮】 2010年8月11日，国家审计署深圳特派办副特派员朱惠红一行7人，在广远总经理、中远航运副董事长徐惠兴，广远纪委书记、工会主席，中远航运监事会主席马宗梅等人的陪同下，登上停靠在广州南沙港汽车船码头的“常发口”轮参观指导。朱惠红一行先后参观了船舶驾驶台、生活区、货舱等，现场观看了船舶装运“一汽丰田”轿车卸车的作业过程，并听取了船长有关船舶生产运输情况的汇报。朱惠红对中远航运船员昂扬的精神风貌印象深刻，对25年船龄的“常发口”轮所保持良好的船貌表示赞叹，并希望船舶继续抓好安全生产，为振兴中国汽车运输事业多作贡献，坚决完成党中央交给的各项任务。参观期间，徐惠兴代表广远和中远航运对审计署深圳特派办领导及驻广远审计工作组成员的辛勤工作表示感谢，并对做好今后的工作做了表态性发言。（徐波）

【上半年净利润同比增长54.43%】 2010年8月24日，中远航运发布了2010年上半年年报。年报显示，中远航运1～6月实现营业收入20.2899亿元，比2009年同期上升1.38%；实现营业利润1.52亿元，比2009同期上升87.47%；实现净利润1.458亿元，比2009年同期上升54.43%；基本每股收益0.11元。（徐波）

【与广州军区广州总医院联谊共建】 2010年8月25日，CEO韩国敏、常务副总经理赖奕光和副总经理郭福祥等8人专程来到广州军区广州总医院，与医院领导联谊共建。韩国敏向广州军区广州总医院院长刘坚赠送了“丹心圣手扶伤，军民鱼水情深”的锦旗，并与院方进行了座谈。此前，经过广州军区广州总医院的精心治疗和护理，在西非抗击海盗中受伤的中远航运“安泽江”轮船长刘新军和政委刘正芳分别于7月16日和8月23日出院。韩国敏代表中远航运对院方的高度重视和精心治疗表示感谢，并希望加强合作，共同进步。刘坚表示，中远航运“以人为本”的管理理念给院方留下了深刻印象，值得学习，总医院将发挥优势，继续为远洋船舶提供远程医疗会诊等支持。双方还就文明共建等话题进行了坦诚友好的交流。（徐波）

【召开船员管理专题会】 2010年9月16日，中远航运召开船员管理专题会，公司高管、各部门、子公司、办事处及部分船员代表60余人参加会议。会上，船员管理部、财务资金部、人力资源部等相关部门先后分析公司船员管理工作现状及存在问题，分析船员劳务成本情况，介绍船员考核办法和船员奖金激励机制的修订情况，并公布了船员管理职能整合实施方案。与会人员就进一步加强船员队伍建设、提高船员管理和服务水平建言献策，提出了意见和建议。（徐波）

【中远航运预算系统正式上线】 2010年10月27日，中远航运预算系统上线仪式在广州举行。中远集团总会计师孙月英、中远集团财务部副总经理蔡昀、中远网络（北京）公司副总经理曹永申，项目组顾问、IBM及SAP代表，中远航运高管、各部门负责人等30余人参加仪式。中远航运预算系统作为中远集团预算管理系统建设试点项目，经过近两年的系统开发、蓝图设计、仿真测试，已取得阶段性成果。孙月英对中远航运前期开展的卓有成效的工作表示充分肯定，认为中远航运预算系统是中远集团乃至国内第一家上线的全面预算管理系统。 （徐波）

【荣获2010年度中国上市公司“最佳公司治理奖”】 2011年10月30日，由南开大学公司治理研究中心及南开大学商学院主办的“2010中国公司治理指数”发布与研讨会在北京人民大会堂举行。会议发布了《2010年中国公司治理评价报告》，中远航运荣获2010年度中国上市公司“最佳公司治理奖”。南开大学公司治理研究中心作为中国公司治理研究的权威机构，于2002年研发了国内第一个“中国公司治理评价指标体系”，并于2003年开始连续八年推出中国公司治理指数和《中国公司治理评价报告》，被业内誉为反映中国上市公司治理状况的晴雨表。 （徐波）

【签订8艘28000吨多用途重吊船建造合同】 2010年10月31日，中远航运与南通中远川崎船舶工程有限公司在上海签订4艘28000吨多用途重吊船的建造合同；11月1日，中远航运在上海与上海船厂船舶有限公司签订4艘28000吨多用途重吊船的建造合同。中远航运CEO韩国敏及相关单位代表分别出席合同中远航运签字仪式。这8艘造船合同的签订，是中远航运实现“打造全球综合竞争力最强的特种船队”战略目标的重要一步。该船型设计先进，采用艏驾驶台、大舱口围、克令吊边置、连续甲板等设计方式，克令并吊起重能力达700吨，适合装载特种运输市场中的超长、超大、超重型货物。随着8艘28000吨多用途重吊船建造合同的签署，中远航运在全球特种船市场的地位将得到极大提升。 （徐波）

【徐祖远委派专人到机场迎接林洪强】 2010年11月25日，英勇抗击海盗受伤的“乐从”轮大厨林洪强在木匠张焰芳陪同下，安全抵达广州白云机场。受交通运输部副部长徐祖远委托，珠江航务管理局党组副书记刘丽扬、广东海事局通航管理处副处长张显平专程到机场迎接林洪强，并送上鲜花和慰问金。与此同时，中远航运船员管理部党委书记龚艳平、工会主席戴世华等人代表中远航运到机场迎接，并安排贵宾通道接机，启用白云机场的救护车和医护人员直接将林洪强送往广州军区广州总医院住院治疗。 （徐波）

【欢迎“泰安口”轮船员凯旋】 2010年11月28日，刚刚在阿拉伯海域遭遇海盗袭击成功脱险的“泰安口”轮14名公休船员回国。常务副总经理赖奕光率队到广州白云国际机场迎接。当晚，中远航运在远洋宾馆举行了隆重的欢迎仪式。广远党委书记、中远航运副董事长刘书田，广远纪委书记兼工会主席、中远航运监事会主席马宗梅，中远航运CEO韩国敏、常务副总经理赖奕光、副总经理郭福祥，以及相关部

门负责人参加了欢迎仪式。仪式由中远航运船员管理部党委书记龚艳平主持。中远航运保安官、安质部副总经理陈望权宣读了中远航运对“泰安口”轮全体船员的嘉奖令；韩国敏、刘书田向全体船员致以亲切慰问，盛赞“泰安口”轮船员是一支作风过硬、训练有素、沉着冷静、英勇无畏的胜利之师。“泰安口”轮政委李玉海代表船舶作了表态发言。（徐波）

【召开2011年工作务虚会】 2010年12月3日，中远航运2011年工作务虚会在广州召开。公司高管，各部室、子公司负责人及有关部门人员50余人参加会议。会上，公司各部门及单位进行了交流发言，对2010年部门工作进行了总结，并提出了2011年工作打算。与会人员还分组就10个关系公司安全效益及改革发展的重点问题进行了充分讨论，达成了共识。CEO韩国敏对2010年各项工作进行了简要回顾，并提出了2011年的初步打算。常务副总经理、党委副书记赖奕光就继续加强企业党建工作、深化创先争优活动、推进“三大机制”建设、创建学习型党组织等提出了要求。（徐波）

【韩国敏新年慰问“乐宜”轮】 2010年12月31日，2011年新年即将到来之际，CEO韩国敏登上停泊在上海港的“乐宜”轮慰问船员。韩国敏代表中远航运向在节日期间坚守岗位的广大船员致以亲切的问候和深深的祝福，并介绍了公司近期的经营状况和下一步的发展战略，并对船舶做好防海盗工作提出了要求。（徐波）

资本运作

【投资发展部简介】 投资发展部是中远航运战略规划与市场研究、生产经营统计分析、资本运营和投融资项目策划及实施、投资者关系管理和信息披露以及“三会”（股东大会、董事会、监事会）日常事务的主管部门。主要职责是负责中远航运发展战略规划、产业发展规划以及项目决策管理的工作；负责宏观经济环境、航运市场环境、资本市场信息的收集、整理、分析和预测；负责航运生产经营相关数据的统计、分析与评估；负责主持船舶更新改造和船舶买卖工作的可行性研究；负责投资管理和控股公司的归档管理；负责资本运营策划和投融资项目的策划、实施；负责投资者关系管理、信息披露、“三会”的日常事务以及与证券监管部门的沟通；负责对外宣传相关内容的审核及对证券媒体的宣传工作；负责日常法律事务。时任总经理董宇航。员工7人。（孙雄）

【投资发展部工作概况】 2010年，投资发展部积极推进中远航运配股融资项目，推进对中远航运香港公司的增资工作，会同财金部完成6亿中期票据的发行；协调做好大股东股权划转工作；制定公司“十二五”船队发展规划，参与公司的船队结构调整，完成七“小乐”字号多用途船的收购工作；积极推进成立海外公司的项目；跟进成立中远航运上海公司的各项事宜；做好市场研究工作，加强对竞争对手的分析及重点客户的跟踪；高质量完成“三会”组织工作；加强投资者关系维护及信息披露工作；做好常规性统计工作；

加强综合法律在日常经营中的风险预控作用。（孙雄）

【推进配股融资项目】 2010年，中远航运认真做好配股融资项目的论证、报批等各项工作，顺利推进了项目。中远航运配股申请在2010年获得证监会的通过。经中国证券监督管理委员会证监许可[2010]1844号文核准，中远航运向截至股权登记日2011年1月4日上海证券交易所收市后，在中国证券登记结算有限责任公司上海分公司登记在册的本公司全体股东，按照每股5.56元的价格以每10股配3股的比例配售，有效认购及增加的股份为380022768股，扣除相关发行费用后，募集资金净额为2098059298.39元。配股发行完成后，中远航运总股本为1690446393股。

（孙雄）

【推进对中远航运香港公司的增资工作】 2010年10月15日，中远航运根据公司配股工作和中远航运香港公司造船需要，积极推进对中远航运香港公司增资工作，并取得了中远集团、国家改革委员会和商务部的批文。经中远航运第四届董事会第十一次会议审议批准，中远航运向中远航运香港公司增资9720万美元，用于建造6艘2.7万吨多用途船项目。（孙雄）

【完成6亿中期票据的发行】 2010年4月，经中国银行间市场交易商协会注册，成功发行“中远航运股份有限公司2010年度第一期中期票据”。30日，募集资金全额到账。该期中期票据发行总额为6亿元，票据期限为5年，附息式固定利率计息方式，发行利率为4.48%（2.37%+211bp）。（孙雄）

【完成控股股东股份划转工作】 2010年3月1日，中远航运原控股股东广远与实际控制人中远集团签署了《股份划转协议书》，约定将广远所持有的中远航运656880888股无偿划转给中远集团。本次股权划转经国务院国资委国资产权[2010]257号文批复，并经中国证监会证监许可[2010]681号文批准，豁免中远集团要约收购义务。6月11日，转让双方完成上述股份过户的所有手续。本次股份转让完成后，中远航运控股股东及实际控制人同为中远集团。（孙雄）

【制定“十二五”船队发展规划】 2010年，中远航运制定“十二五”船队发展规划，并获得了中远集团的认可，为中远航运买造船工作的推进确定了方向和目标。中远航运还积极推进2.7万吨多用途船和2.8万吨重吊船新造船项目以及年度老旧船退役计划，船队结构得到了进一步调整改善。（孙雄）

【收购广远7艘多用途船】 2010年，中远航运根据发展需要，经公司2010年第一次临时股东大会审议批准及上级主管部门审批，收购了广远的“乐鼎”、“乐泰”、“乐昌”、“乐业”、“乐同”、“乐山”和“乐锦”轮等7艘多用途船。经资产评估，确定以评估值649427379.00 元为本次7艘船舶的收购价格。中远航运以自有资金向广远支付现金152381035.30 元，同时承接广远在中国农业银行、中国银行共计73193000 美元的贷款。根据收购协议，2010年9月8日24：00时，7艘多用途船统一

在船舶所在地完成交接。（孙雄）

【推进成立海外公司项目】 2010年，中远航运为提升企业海外揽货能力，促进特种船队特别是半潜船队的发展壮大，拟分别与中远欧洲公司和中远美洲公司在欧洲和美洲成立揽货公司，并将NMA作为合资的第三方。此项目正在顺利推进中。

（孙雄）

【成立上海中远航运有限公司】 经中远航运第四届董事会第八次会议批准，2010年2月11日，中远航运在上海市洋山保税港区注册成立全资子公司——上海中远航运有限公司（以下简称上海中远航运），投资总额2亿元。为了发挥上海中远航运在上海国际航运中心的经营管理平台功能，中远航运以评估价出售“安广江”轮等11艘多用途船予上海中远航运。

4月22日，上海中远航运在上海举行了简朴的开业揭牌仪式。中远集装箱运输有限公司副总经理韩成敏、广远总经理、中远航运副董事长徐惠兴，中远航运CEO韩国敏、副总经理杜俊明、林敬伟，上海中远航运总经理董宇航、常务副总经理戎文莹等参加了揭牌仪式。（孙雄）

【加强市场研究工作】 2010年，投资发展部做好市场研究工作，除了定期整理发布《杂货市场周报》、《项目信息周报》、《经营参考》等内部信息资料外，还重点关注对竞争对手的分析，持续跟踪研究中远航运竞争对手最新动态，供航运经营人员和公司高管参考。与此同时，投资发展部协助航运部对重点区域市场和重点客户进行了跟踪研究和专题分析。（孙雄）

【加强投资者关系工作】 2010年，中远航运为加强投资者关系工作，除董事会秘书及投资者关系团队外，CEO韩国敏、COO郭京以及财务总监林敬伟等高管人员也积极参与投资者关系工作，热情接待来访的每位投资者，积极开展一对一、一对多以及专题交流活动。中远航运在大连港举办投资者现场参观交流会，通过网上路演、电话会议等多种形式积极与中小投资者开展交流活动。为配合配股工作，中远航运开展了包括定期报告推介会、网络业绩说明会、现场见面会和多次的小型推介会，收效良好。此外，中远航运还参加了中信证券、瑞银证券、安信证券、国泰君安、国信证券、中金公司、兴业证券、长江证券、平安证券、招商证券、申万证券等国内机构组织的各类投资推介活动20余次，全年接待投资机构联合调研70余次。

（孙雄）

【做好经营生产统计工作】 2010年，投资发展部除按计划及要求完成常规统计工作外，还完成了大量的临时性统计工作。其中，主要有《燃油消耗及180等油种加油平均油价等信息和图表》、《燃油单耗分析》、《2009年度中远航运运输生产统计分析》等，并制作季度分析材料，成功组织季度经济效益分析会。（孙雄）

【做好综合法律工作】 2010年，投资发展部加强综合法律在日常经营中的风险预控作用。在做好船员租赁合同、船员改革后续解除劳动合同、答复日常法律咨询等工作的同时，进一步深化法律业务在公司日常经营方面的渗透，审核、对买造船合同、财务贷款合同进行严格的把关并参

与修改岸基员工劳动合同。此外，投资发展部还收集有代表性的案例供有关部门参考。是年，投资发展部共编辑5期《中远航运法律法规政策解读和案例分析》供公司管理层参阅。（孙雄）

【开展信息披露检查专项活动】 2010年，中远航运按照中国证监会、广东省证监局的要求，开展信息披露检查专项活动，全面、系统的梳理了公司信息披露的总体状况，检查评估信息披露制度的建立情况及执行效果，主动延伸检查评估了公司治理和内部控制制度情况，进一步推动公司健全信息披露管理制度，提升公司信息披露质量。是年，中远航运共发布了31份临时公告和定期报告。（孙雄）

【完成“三会”工作】 2010年，中远航运共召开8次董事会、4次监事会、1次年度股东大会和2次现场和网络相结合的临时股东大会。审议通过了公司配股、购买广远7艘小“乐”字号船舶，以及定期报告及买造船等事项。（孙雄）

【召开第四届董事会第八次会议】 2010年1月7日，中远航运第四届第八次董事会于以书面通讯表决的方式召开。会议审议通过《中远航运在上海洋山保税港区设立子公司的议案》、《向上海子公司出售“安广江”轮等11 艘船舶的议案》、《中远航运与银行签署授信协议的议案》。（孙雄）

【召开第四届董事会第九次会议】 2010年3月12日，中远航运第四届董事会第九次会议在珠海市召开，董事9人全部出席。公司部分监事、高管列席会议。会议由董事长许立荣主持。大会以书面记名表决方式逐项审议并通过18项决议：《中远航运2009 年度首席执行官工作报告》、《中远航运2009 年度董事会工作报告》、《中远航运2009 年度财务决算报告》、《中远航运2009 年度利润分配预案》、《中远航运2009 年年度报告及摘要》、《董事会关于公司2009 年度内部控制的自我评估报告》、《中远航运2009 年度社会责任报告》、《中远航运2009 年度独立董事述职报告》的议案；审议通过修改及制订公司相关制度的议案；审议通过《中远航运2009 年度审计工作总结》、《关于调整向广远租赁七艘多用途船租金标准的关联交易议案》、《关于公司符合配股资格的议案》、《关于公司本次配股方案的议案》、《关于本次配股募集资金投资项目可行性报告的议案》、《公司董事会关于前次募集资金使用情况说明的议案》、《关于本次配股前公司滚存的未分配利润的处置议案》、《关于提请股东大会授权董事会相关事宜的议案》、《关于召开中远航运2009 年年度股东大会的议案》。（孙雄）

【召开第四届董事会第十次会议】 2010年4月27日，中远航运第四届第十次董事会于以书面通讯表决的方式召开。会议审议通过《中远航运2010年第一季度报告全文及正文的议案》。（孙雄）

【召开第四届董事会第十一次会议】 2010年8月20日，中远航运第四届董事会第十一次会议在山东烟台召开，董事9人全部出席。公司部分监事、高管列席会议。会议

由董事长许立荣主持。大会以书面记名表决方式审议通过了7项决议：《中远航运2010年半年度报告及摘要》、《聘任中远航运2010年年审会计师事务所的议案》、《中远航运向中远航运（香港）投资发展有限公司增资9,720万美元的议案》、《关于收购广州远洋运输公司七艘多用途船的关联交易议案》、《中远航运与部分银行签署授信协议的议案》、《关于修订中远航运〈公司章程〉草案》、《关于召开中远航运2010年第一次临时股东大会的议案》。（孙雄）

【召开第四届董事会第十二次会议】 2010年10月26日，中远航运第四届第十二次董事会以书面通讯表决的方式召开，审议通过了4项决议：《中远航运2010年第三季度报告全文及正文的议案》、《香港子公司在中远川崎投资建造4艘2.8万吨重吊船的关联交易议案》、《中远日邮“富瀚口”轮退役的议案》、《关于中远航运召开2010年第二次临时股东大会的议案》。（孙雄）

【召开第四届董事会第十三次会议】 2010年11月18日，中远航运第四届第十三次董事会以书面通讯表决的方式召开，审议通过了2项决议：《中远航运成立审计监督部的议案》、《中远航运股份有限公司内部审计制度》的议案。（孙雄）

【召开第四届监事会第八次会议】 2010年4月27日，中远航运第四届监事会第八次会议以书面通讯表决的方式召开，审议通过《中远航运2010年第一季度报告全文及正文》的议案。（孙雄）

【召开2009年年度股东大会】 2010年6月22日，中远航运召开2009年度股东大会。会议采取现场投票和网络投票相结合的方式进行。出席本次会议的股东及授权委托代表169人，代表股数660593927股，占公司有表决权股份总数50.41%。其中，出席现场会议并参加现场投票的股东及股东代表5人，代表股份656995001股，占公司总股本的50.14%；其余通过上证所信息网络有限公司参加网络投票。本次会议由董事会召集，副董事长徐惠兴主持。公司部分董事、监事、高管出席会议。会议以记名投票表决方式审议通过了13项决议：《中远航运2009年度董事会工作报告》、《中远航运2009年度监事会工作报告》、《中远航运2009年度财务决算报告》、《中远航运2009年度利润分配预案》、《中远航运2009年年度报告及摘要》、《中远航运2009年度独立董事工作报告》、《中远航运股份有限公司财务管理办法》、《关于公司符合配股资格的议案》、《关于公司本次配股方案》、《关于本次配股募集资金投资项目可行性报告》、《公司董事会关于前次募集资金使用情况说明》、《关于本次配股前公司滚存的未分配利润的处置议案》、《关于提请股东大会授权董事会相关事宜的议案》。大会高票通过了配股方案。本次配股拟按照每10股不超过3股的比例向全体股东配售，预计可配股份数量不超过393127087股。最终的配股比例由董事会根据股东大会的授权，在发行前根据市场情况与保荐人/主承销商协商确定。本次配股募集的资金中，拟6.88亿元用于支付公司2艘5万吨半潜船剩余造船款项；拟投资不超过33亿元用于新建18艘多用途船和

重吊船，旨在把握当前买造船市场的有利时机，实现公司打造全球特种船运输领域最强综合竞争力的发展战略。作为公司控股股东，中远集团已获国资委批复同意，计划在此次配股时以现金全额认购应配股份。（孙雄）

【召开第四届监事会第九次会议】 2010年8月23日，中远航运召开第四届监事会第九次会议。监事5人全部出席。公司部分高管列席会议。会议由监事会主席马宗梅主持。会议以书面记名表决方式审议通过《中远航运2010年半年度报告及摘要》和《关于承债收购广州远洋运输公司七艘多用途船的关联交易议案》。（孙雄）

【召开2010年第一次临时股东大会】 2010年9月8日，中远航运召开2010年第一次临时股东大会。本次会议以现场方式举行，出席会议的股东及授权委托代表6人，代表股数689655540股，占公司有表决权股份总数52.63%。会议由董事会召集，副董事长刘书田主持，公司部分董事、监事、高管出席会议。大会以书面记名投票表决的方式审议通过《承债收购广州远洋运输公司七艘多用途船舶的关联交易议案》、《聘任中远航运2010年年审会计师事务所的议案》、《修订中远航运〈公司章程〉草案的特别决议》。（孙雄）

【召开第四届监事会第十次会议】 2010年10月26日，中远航运召开第四届监事会第十次会议。会议以书面通讯表决的方式审议通过《中远航运2010年第三季度报告全文及正文的议案》、《香港子公司在中远川崎投资建造4艘2.8万吨重吊船的关联交易议案》。（孙雄）

【召开2010年第二次临时股东大会】 2010年11月17日，中远航运召开第二次临时股东大会。本次股东大会采取现场投票和网络投票相结合的方式进行。本次会议由董事会召集，副董事长刘书田主持。公司部分董事、监事和高管出席现场会议。出席本次会议的股东及授权委托代表共295人，代表股数股774132862股，占公司总股本的59.07%。其中，出席现场会议并参加现场投票的股东及股东代表共9人，代表股份669910529股，占公司总股本的51.12%；其余通过上证所信息网络有限公司参加网络投票。会议以记名投票表决方式审议通过《关于审议香港子公司在中远川崎投资建造4艘2.8万吨重吊船的关联交易议案》。（孙雄）

航运经营

【航运经营部简介】 航运经营部是中远航运的生产经营、调度管理、保险理赔和航运市场开发、维护的主管部门。主要职责是负责贯彻执行国际和中国政府主管部门有关运输生产的政策和法规；负责船舶运输生产、船舶调度等业务；组织制订、完善和贯彻执行航运生产经营的规章制度；根据公司下达的利润指标、生产指标、安全经营指标，拟定生产计划并组织实施；对航运生产及管理状况进行分析，组织研究和总结各航线的经营情况，提出经营对策；负责市场调研、市场营销和业务拓展，拜访和维护客户，广揽货源；负责对企业所属船舶的指挥调度，根据货源和市场情况，优化运力投放，合理安排航

线和货载，保证货运质量和安全，提高经济效益；负责组织落实运费回收和港口使费的审核工作；负责船舶保险、货物理赔业务工作，协同各有关部门解决保险、理赔案件；负责指导船舶货物的装卸工作、督促船舶改进货运质量，调查处理货损事故；负责当船舶发生紧急情况（遇险或遇难）时，及时向公司有关领导报告，并在应急领导小组的指挥下，按《机关应急部署和程序》对船舶实施应急措施；负责指导和监督船舶进行安全运输生产，负责对危及船舶和人员安全的货物运输有否决权；对设备有严重问题可能危及船舶安全的船舶提出停航或改变用途、退役的建议；负责对危及人身安全的船岸设备、设施、生产场地等提出修理、整改以至停工或停产处理的建议和意见；对发生各类事故的有关责任人员提出处理建议。时任常务副总经理吴亮明（主持工作），副总经理陈楚明（1月1日～4月15日）、邱晓虹（1月1日～3月25日）、吴小明（3月25日～12月31日）。员工76人。（孙雄）

【航运经营部工作概况】 2010年，航运经营部贯彻执行中远航运“以市场为导向、以客户为中心、以效益为目标”的理念，面对航运市场低迷的局势，积极应对，努力拼搏，全力以赴开拓市场，提升效益，进一步完善相关协调和运作机制，加强航线间的协调和合作；加强市场开发和揽货工作，加大客户拜访力度，与多个大客户签订了战略合作协议；采取主动性的积极运价政策，提升运价水平；利用各种形式开展业务推介活动，努力提升公司在特种船市场上的影响力；成立营销中心，进一步完善市场营销体制，推进营销网络建设，与国内外多个网点签订了合作协议；加大租船力度，放慢老旧船退役力度，确保经营效益的提高；加大新市场、新货种、新港口的开发力度，美洲航线的开拓取得突破，深入研究风电设备、核电设备、驳船、游艇等重大件货源市场，为下一步的发展奠定了基础；加大客户管理工作力度，努力提高货运质量，提升公司品牌形象和市场声誉；加大经营成本控制力度，全年节省使费3500万元，垫绑料费用与2000年同比下降9%，保费支出与2000年同比下降3%。（孙雄）

【船队运力情况】 2010年，中远航运拥有和控制各类多用途船、杂货船、重吊船、半潜船、滚装船和汽车船共82艘，平均船龄18.7年，共173.52万载重吨。其中，中远航运自有船舶共61艘，平均船龄18.6年，共116.74万载重吨，与2009年同期相比，经营船舶数增加6艘，共36.9万载重吨。其中，中远航运自有船减少7艘，共减少1.7万载重吨，平均船龄与2000年同比降低了1.6年。中远航运全年新接自有船4艘，共11万载重吨，全年退役自有船11艘，12.73万载重吨。（孙雄）

【生产指标完成情况】 2010年，中远航运累计完成货运量807.75万吨（计费吨，下同），与2009年同比减少39.31万吨，降幅为4.6%；完成周转量515.82亿吨海里，与2009年同比增加62.34亿吨海里，增幅为13.7%；营运率96.6%，与2009年同比减少0.5%；航行率59.8%，与2009年同比持平；载重率63.9%，与2009年同比增加了5.7%，增幅为9.8%；船舶平均在港停时3.8天/艘次，与2009年同比增加0.3天/艘次；

燃油单耗6.7千克/千吨海里，与2009年同比减少1.3千克/千吨海里，降幅为16.3%。是年，中远航运实现营业收入4406779235.39元，比2009年同比上升12.95%；实现营业利润360258705.51元，与2009年同比上升338.77%；实现归属于母公司的净利润339953999.45元，与2009年同比上升150.89%。（孙雄）

【多用途船、杂货船经营概况】 2010年，中远航运自有多用途船、杂货船共49艘，计94.87万载重吨。其多用途和杂货船具有较强的规模优势，航线布局广，可为同一客户提供全球运输服务。随着航运市场逐步复苏，中远航运加大了租船经营力度，加强航线间合作配合，积极开发新航线、新市场和新货种和新客户，取得了较好的经营效益。是年，中远航运新接3艘多用途船，退役9艘老旧多用途船和杂货船，多用途船和杂货船运力同比减少3.26万载重吨，多用途和杂货船全年共实现营业收入3114450625.74元，占公司船队营业收入74.87%；实现营业利润295835492.13元，占船队营业利润67.38%。（孙雄）

【杂货船“衡山”轮第99航次创最高收入】 2010年6月，杂货船“衡山”轮第99航次在国内港口装载2.4万吨设备和钢材等货物驶往苏丹等港，营业收入965万元，毛利448万元，创下当年该船型单航次最高营业收入和最高盈利记录。（孙雄）

【多用途船“乐宜”轮第79航次创最高收入】 2010年8月，多用途船“乐宜”轮第79航次在国内港口装载3.5万吨设备和钢材等货物驶往德班和蒙巴萨港，营业收入2324万元，实现毛利1499万元，创下当年该船型单航次最高营业收入和最高盈利记录。（孙雄）

【多用途船“麒麟松”轮首航红海】 2010年9月15日，新造27000吨多用途船“麒麟松”轮在大连首航，装载长客至沙特轻轨项目24节车厢等设备开往红海。

（孙雄）

【半潜船经营概况】 2010年，中远航运拥有2艘半潜船，计4.08万载重吨，主要承运钻井平台、大型储油平台、集装箱桥吊等海上工程和大型机械设备。是年，由于受金融危机影响，上半年半潜船运输市场相对低迷。随着全球经济回暖带动能源需求的复苏，下半年逐步走出低谷，毛利率水平将逐步恢复正常。半潜船全年共实现营业收入222083952.20元，占船队营业收入5.34%。运输利润90477768.08元，占船队营业利润20.61%。（孙雄）

【半潜船“康盛口”轮在苏伊士成功装载超高平台】 2010年1月12日，半潜船“康盛口”轮在苏伊士成功装载Ahmed Rig海上石油平台运往Sharjah。该平台重10400吨，高130米，是迄今为止中远航运半潜船承运过的超高平台之一。（孙雄）

【半潜船“康盛口”轮第38航次创下单航次最高收入】 2010年3月底，半潜船“泰安口”轮第38航次装载4件货物（挖泥船、驳船等）重3900吨，从鹿特丹和摩尔曼斯克装到科尔萨克夫卸，创造3335万元营业收入，实现毛利2186万元，成为该船型营业收入和盈利最高的一个航次。

（孙雄）

【重吊船经营概况】 2010年，中远航运拥有6艘重吊船，计12.47万载重吨。是年，受金融危机滞后影响，上半年的重吊船运输市场相对低迷，随着全球基础建设、能源开发等陆续的投入，重吊船市场逐季快速反弹。重吊船全年创造了较好的经营效益。中远航运全年新接了2艘28000吨重吊船，运力增长5.6万载重吨。重吊船全年共实现营业收入386303923.41元，占船队营业收入9.29%；实现营业利润83714317.95元，占船队营业利润19.07%。

（孙雄）

【重吊船“大丹霞”轮在南通港再次成功吊装大型驳船】 2010年12月23日，28000吨重吊多用途船“大丹霞”轮在南通港再次成功吊装3艘大型驳船运往欧洲。该驳船长111米，宽11.45米，高5.5米，重900吨。这是该轮继首航后第二次装载大型驳船，也是中远航运重吊船第二次装载此类超长、超重、超大型货物。本次装载大型驳船，从装载技术方案设计到现场吊装及绑扎，均由中远航运工作人员自行完成，全部装载时间不到2.5天，比预计时间节约了一半。（孙雄）

【重吊船“大紫云”轮回程航次效益创新高】 2010年6~8月，新造2.8万吨多用途重吊船“大紫云”轮第2航次从欧洲回东南亚，装载货物3.7万计费吨，创效1039万元，创造了中运航运船舶回程航次效益历史新高。该轮在此航次从揽货、装运到卸货各环节中，船岸各方协调和谐，体现了海外营销网络在提升回程航次效益上的积极作用，以及新造船良好的创效能力。

（孙雄）

【重吊船“大紫云”轮第4航次创营业收入最高】 2010年10月，重吊船“大紫云”轮第4航次在中日韩三国港口装载3.5万吨钢材和设备等货物运往非洲LAGOS等港，营业收入2500万元，实现毛利1480万元，创下当年重吊船型单航次最高营业收入记录。（孙雄）

【汽车船经营概况】 2010年，中远航运拥有1艘汽车船，计1.17万载重吨。是年，国际汽车船运输市场开始从底部复苏，中国汽车出口同比大幅增长，但受运力供大于求的影响，运价总体回升乏力。为此，中远航运退役了2艘老旧汽车船。汽车船全年实现营业收入230437693.50元，占船队营业收入5.54%；营业利润-9961533.49元，占船队营业利润-2.27%。（孙雄）

【汽车船“FIONA 7”轮第168航次创最高效益】 2010年2月，中远日邮租入船“FIONA 7”轮（舱位租入）第168航次在上海港装载4420方车辆，驶往日本，营业收入876万元，毛利180万元，创下当年该船型单航次最高营业收入记录。

（孙雄）

【滚装船经营概况】 2010年，中远航运拥有3艘滚装船，计4.14万载重吨。滚装船全年实现营业收入206523298.63元，占船队营业收入4.96%；实现营业利润-21041664.22元，占船队营业利润-4.79%。（孙雄）

【滚装船“大西洋商人”轮第25航次创最高收入】 2010年6月，滚装船“大西洋商人”轮第25航次在天津新港装载2.3万吨设

备和钢材等货物前往科托努港，营业收入1299万元，毛利576万元，成为当年该船型营业收入最高的航次。（孙雄）

【远东——孟加拉航区的件杂货班轮运输概况】 2010年，根据各国港口代理的统计资料，中远航运在日本市场该航区件杂货班轮运输市场的占有率约为50%；在韩国市场该航区件杂货班轮运输市场的占有率约为60%；在中国市场该航区件杂货班轮运输的市场占有率约为80%。（孙雄）

【远东——非洲航区的件杂货班轮运输概况】 2010年，根据各国港口代理的统计资料，中远航运在日本市场该航区件杂货班轮运输的市场占有率约为90%；在韩国市场该航区件杂货班轮运输的市场占有率约为70%；在中国市场该航区件杂货班轮运输的市场占有率约为60%；在南非市场回程班轮运输的市场占有率约为30%。（孙雄）

【远东——美洲航区的件杂货班轮运输概况】 2010年，根据各国港口代理的统计资料，中远航运在中国出口南美西市场的占有率约在30%；在中国出口加勒比市场的占有率约40%；在南美回程鱼粉运输的市场占有率约为80%；在巴西回程石材运输的市场占有率约为60%。（孙雄）

【开辟北美航线】 2010年，中远航运在欧美航线持续低迷的市场环境下，迎难而上，加大对美湾市场的开发力度，成功开辟了北美航线。（孙雄）

【远东——波斯湾、红海航区件杂货班轮运输概况】 2010年，根据各国港口代理的统计资料，中远航运在中国出口该航区苏丹、吉布提地区件杂货班轮运输的市场占有率约为90%以上；中国出口该航区巴基斯坦、伊拉克地区件杂货班轮运输的市场占有率约为50%；波斯湾、红海回印度或东南亚地区的市场占有率约40%。（孙雄）

【远东——欧洲、地中海航区件杂货班轮运输概况】 2010年，根据各国港口代理的统计资料，中远航运在远东——欧洲杂货船市场出口市场设备货的占有率均约为60%；远东——欧洲杂货船市场出口市场钢材的占有率均约为25%；欧洲——远东杂货船市场进口市场的占有率均约为20%。（孙雄）

【远东——东南亚航区件杂货班轮运输概况】 2010年，根据各国港口代理的统计资料，中远航运在中国出口越南海防设备运输的市场占有率约为70%；中国出口缅甸件杂货运输的市场占有率约为85%；缅甸回中国原木运输的市场占有率约为80%。（孙雄）

【大项目开发实现新突破】 2010年，中远航运进一步加大了对大客户、大工程、大项目的开发力度。10月，中远航运成功中标上海电气伊拉克华事德项目。该项目一期、二期各45万立方，总货量90万立方，是中远航运成立以来揽取的单一项目货量最大的工程项目。（孙雄）

【首次中标全程物流项目】 2010年12月，中远航运成功中标中电投土耳其阿特

拉斯电站全程物流项目。这是中远航运第一次直接参与全程物流投标并成功中标的项目。该项目不但包括陆运段，而且还包括集装箱运输标段，是真正意义上的全程物流项目。中标该项目，是中远航运实现运输服务从“港到港”拓展到“门到门”运输的重要标志。（孙雄）

【构建全球营销网络】 2010年3月，中远航运设立营销中心，实施市场营销职能整合，进一步强化了公司营销策划和组织能力。年内，中远航运积极加强营销网络建设，先后与中远欧洲公司以及日、韩、欧美、南非、东南亚等中远驻外机构签署合作协议，建立海外营销网点数十家；在国内，一方面加强对各市场部的管理和指挥；另一方面充分利用中远货运遍布全国的263家网点为公司揽货。是年，中远航运全球营销网络建设初具雏形。（徐波）

【召开2010年第一季度市场营销例会】 2010年2月6日，中远航运召开了2010年第一季度市场营销例会。CEO韩国敏、COO郭京、副总经理杜俊明、CEO助理董宇航，航运经营部业务经理、调度人员和北京、天津、上海市场部人员及相关部门人员参加会议，中远日本公司、中远韩国公司有关人员列席了会议。会议由郭京主持。会议总结了2009年市场营销工作，研究了2010年营销策略、业务推介和大项目跟踪有关工作。韩国敏对2009年的市场营销工作给予了充分肯定，对2010年的市场营销工作提出了具体要求。（孙雄）

【成立营销中心】 2010年3月4日，中远航运公布了航运市场营销职能整合方案，在航线负责制的基础上，设立营销中心。营销中心整合各模块相应的营销职能，负责大客户开发与维护、市场开拓和营销管理工作，进一步构建中远航运市场营销管理体系，强化了公司营销策划和组织能力，明确了航线经营模块和市场部等主体的责、权、利，使得中远航运更加贴近客户、贴近市场，具有更强的市场应变能力。（孙雄）

【在“大中”轮举行业务推介会】 2010年1月29～30日，中远航运利用重吊船“大中”轮到日本东京国际码头装货的机会，在船上举行了2010年第一场业务推介会。日本的物流公司、电力公司、重大件设备制造商等有关行业的宾客40多人出席了推介会。中远日本公司社长张际庆，中远日本东方公司社长阿部雄藏和中远航运有关业务人员出席了推介会。推介会以重吊船、半潜船及新造船舶为主题，由中远航运业务人员作了主要经营业务、船队发展情况、船舶特点、优质服务、成功装载和运输重大件货物案例等有关业务介绍，受到与会人员的热烈欢迎，增加了中远航运的知名度。（孙雄）

【在美国休斯敦举办业务推介会】 2010年2月26日，中远航运在美国休斯敦绿点俱乐部举办小型业务推介会。北休斯敦工商会主席RIGGIE GRAY代表中远航运邀请了16家物流公司会员出席推介会，并主持会议。休斯敦港务局总经理JOHN MOSELEY先生和发展部经理RICARDO先生应邀参加了推介会。中远航运代表向与会者介绍了中远航运及船队发展情况，并就服务与协作进行了相互交流。（孙雄）

【召开2010年第二季度市场营销例会】 2010年4月9日，中远航运召开第二季度市场营销例会。公司高管、航运部业务调度、营销中心人员及有关部门人员40多人参加，本次会议还特别邀请了中远日本、韩国、台湾代理公司代表参加。会议总结了一季度营销工作，并对第二季度特种杂货市场进行了分析，中远海外机构人员在会上对当地市场进行了详细分析并提出揽货网络建设建议。会上，CEO韩国敏就第二季度营销工作做出了全面部署。（孙雄）

【加大客户推介力度】 2010年，中远航运分别在美国、日本、香港、大连、武汉、青岛召开6场客户推介会，共邀请168家客户，277人次到会。同时，在上海、新加坡、安特卫普、休斯敦参加杂货展，到中远航运展台参观并洽谈的客户人数达数千人次。（孙雄）

【在香港举行大型航运业务推介会】 2010年4月28日，中远航运在香港举行大型航运业务推介会。香港业界30余家企业50余名客户代表出席了会议。中远航运有关高管、航运经营部及中远航运香港公司等有关人员参加了推介会。CEO韩国敏在会上介绍了中远航运的未来发展展望，副总经理杜俊明作了以“真诚服务、提升价值、携手共赢”为主题的业务情况介绍，重点推介重吊船、半潜船及新造船舶。中远航运业务人员与到会的客户进行了互动和充分的沟通交流，场面气氛融洽、热烈。与会宾客均表示通过本次推介会，进一步加深了对中远航运的认识和了解，也表示了强烈的合作意向。（孙雄）

【在美国参加海洋工程技术展会】 2010年5月2～13日，中远航运为进一步展示特种船特别是半潜船运输品牌，拓展美洲特种杂货运输市场，在美国休斯敦参加了一年一度的海洋工程技术展会（OTC）。其间，航运经营部副总经理吴小明等拜访了部分半潜船客户，就航线开辟、市场开拓、业务合作等进行了有效的沟通与交流。中远航运通过参与OTC和拜访客户，进一步掌握了当前国际半潜船市场出现的新情况、新动态，展示了中远航运在海洋工程领域的运输实力与品牌形象，加强了与特种船客户间的交流与合作，为打开美洲特种船运输市场奠定了坚实的基础。（孙雄）

【参加第五届欧洲杂货运输展】 2010年5月18～20日，中远航运副总经理杜俊明带队参加了第五届欧洲杂货运输展。中远意大利公司、土耳其公司、西班牙公司、比利时公司、荷兰公司和英国公司等中远航运在欧洲的各营销网点均派出代表协助做好客户接待工作，在中远航运展台上进行业务宣传和推介。这次参会进一步加大了中远航运在国际市场尤其是欧洲市场的品牌宣传和业务拓展力度，加强了中远航运与客户的交流和沟通。本次展会后，中远航运代表团还对比利时、西班牙和德国地区的15家客户进行了走访。（孙雄）

【在大连举办大型业务推介会】 2010年7月26日，中远航运在大连市举办大型业务推介会。大连地区20余家单位40名客户代表应邀出席了会议。中远航运经营部及大连办事处等有关人员参加了推介会。CEO韩国敏在会上全面介绍了中远航运近年来发展

情况及营销方面的新举措。航运经营部常务副总经理吴亮明作了以“真诚服务、提升价值、携手共赢”为主题的业务推介，重点推介中远航运航线、重吊船、半潜船及新型多用途船和企业未来发展战略。中远航运业务人员与到会客户进行了互动。为了增加推介会的影响，中远航运经营部组织与会客户参观了挂靠大连港装运48台长客制造出口“沙特朝圣轻轨项目”机车的新型多用途船“凤凰松”轮。（孙雄）

【在武汉举行业务推介会】 2010年9月20日，中远航运在武汉举行业务推介会。CEO韩国敏、航运部常务副总经理吴亮明等与长江流域26家公司的40余客户进行了互动交流，使客户对中远航运船队发展、综合实力和专业服务有了更加清晰的认识，增强了目标客户与中远航运合作的信心。（孙雄）

【在青岛举行业务推介会】 2010年10月29日，中远航运在青岛举行山东地区业务推介会，共有60家公司100名客户代表参会。副总经理杜俊明、航运部常务副总经理吴亮明等人出席会议，并与到场的客户进行沟通交流。此次推介会充分展示了中远航运特种船运输方面的强大实力以及持续为客户提供的优质服务，进一步加深了客户对中远航运航线分布和船队发展情况的了解，增强了目标客户与中远航运合作的信心。（孙雄）

【推动海外营销网络建设】 2010年，在航运经营部的大力推进下，中远航运与20家海外机构签署业务合作协议，初步建立海外营销网络。这些网点的建立有利于进一步提高中远航运回程货的经营效益。（孙雄）

【与中远土耳其公司签署海外网点合作协议】 2010年1月21日，中远航运与中远土耳其公司在广州签署海外网点合作协议。这是中远航运成立以来与境外代理公司签署的首个海外网点合作协议。中远土耳其公司总经理王书毅与中远航运航运经营部常务副总经理吴亮明代表双方在协议书上签字。中远土耳其公司ERTAN先生以及中远航运经营部有关人员出席了签字仪式。（孙雄）

【与中远欧洲公司签署业务合作协议】 2010年3月15日，CEO韩国敏和中远欧洲有限公司总裁傅海潮分别代表双方签署业务合作协议。合作协议的签定，标志着中远航运依托中远集团全球网络，与中远欧洲公司所辖27个国家41个公司的全面业务合作正式启动。（孙雄）

【与中远东方株式会社签署业务合作协议】 2010年4月9日，中远航运与中远东方株式会社签署业务合作协议。中远航运航运经营部常务副总经理吴亮明和中远东方株式会社社长阿部雄藏分别在双方业务合作协议上签字。此举进一步加强了海外揽货网点及揽货能力建设，拓展中远航运在日本的业务。（孙雄）

【与中远韩国公司签署业务合作协议】 2010年4月13日，中远航运与中远韩国公司举行业务合作协议签字仪式。中远航运CEO韩国敏与中远韩国公司总经理龚上理分别在协议上签字。COO郭京、副总经理杜俊明以及航运部负责人和各航线业务经理出席了签字仪式。此举有利于加强中远航运海外揽货网点及揽货能力建设，进一步拓展与韩国的业务往来。（孙雄）

【与中远荷兰代理CROSS-OCEAN公司签署海外网点代理协议】 2010年11月10日，中远航运与中远荷兰代理CROSS-OCEAN公司签署了海外网点代理协议。中远航运COO郭京与CROSS-OCEAN公司董事总经理Peter J.den Breejen分别代表双方在协议上签字。中远荷兰公司总经理朱涛等出席了签字仪式。此次代理协议的签署，有利于进一步完善中远航运海外营销网络，促进西北欧客户市场的开发。

（孙雄）

【大力推动与客户的战略合作】 2010年，中远航运大力推动与客户及行业伙伴的战略合作，不断深化和密切与大客户及重要合作伙伴之间的关系。是年，中远航运与中石油技术开发公司、中钢货运公司、广西中信物流公司、鹿特丹港集团、中货总公司及大连中货等6家公司签署战略合作协议。同时，配合中远集团与4家单位签署战略合作协议。（孙雄）

【与中石油技术开发公司签署战略合作协议】 2010年6月10日，中远航运与中石油技术开发公司签署战略合作协议。中远航运COO郭京和中石油技术开发公司副总经理高京建分别代表本公司在协议上签字。

（孙雄）

【与大连中货签署战略合作协议】 2010年7月27日，CEO韩国敏带队赴大连中货进行业务交流，双方就未来如何利用大连中货在东北的网点为中远航运加大揽货力度进行了探讨，达成了加强合作的一致意见，并签署了战略合作协议。（孙雄）

【与广西中信国际物流有限公司签署战略合作协议】 2010年9月16日，中远航运与广西中信国际物流有限公司在柳州签署了战略合作协议。中远航运副总经理杜俊明和广西中信总经理任东分别代表本公司在协议上签字。双方还就未来的北部湾物流大通道建设等多方面合作达成共识。

（孙雄）

【与中钢国际货运有限公司签署长期战略合作协议】 2010年11月9日，中远航运与中钢国际货运有限公司在广州签署长期战略合作协议。中远航运副总经理杜俊明和中钢国际副总经理戚斌分别代表双方在协议上签字。中钢国际货运有限公司总经理蒋寒松、中远航运COO郭京及有关人员出席了签字仪式。本次长期战略合作协议的签署，有利于进一步深化双方的紧密合作。

（孙雄）

【与鹿特丹港签署合作备忘录】 2010年11月10日，中远航运与鹿特丹港签署合作备忘录。中远航运COO郭京与鹿特丹港总裁Hans Smits代表双方在备忘录上签字。鹿特丹港是欧洲第一大港，也是国际枢纽港口，随着双方合作备忘录的签署，标志着中远航运和鹿特丹港的合作不断深入发展。（孙雄）

【与中远国际货运有限公司签署业务合作协议】 2010年12月16日，中远航运与中

远国际货运有限公司在昆明签署业务合作协议。中远航运CEO韩国敏和中远货运总经理刘刚分别代表双方在协议上签字。中远集团副总裁、中远航运董事长许立荣，中远集团运输部总经理王海民、中远集运副总经理周琥及双方相关人员出席了签字仪式。此业务合作协议的签订，有利于进一步加强与中远货运的合作，利用其国内网点为中远航运提供揽货及代理方面的服务，进一步加大对国内市场的开发力度，提高中远航运对国内客户的服务能力。

（孙雄）

【解决“安宝江”轮事件】 2009年12月7日，“安宝江”轮在伊拉克UMM QASR港在由当地引水员引领离港途中，由于天气原因擦碰伊拉克海军军舰，随即被伊拉克海军扣留。由于伊拉克局势仍不明朗，形势复杂，事件解决面临诸多不利的局面。中远航运快速反应，尽最大努力，多方协调，派出了2个事故处理小组分别赴科威特和约旦开展相关工作，副总经理杜俊明带领的工作小组在约旦与伊拉克海军代表进行了3次艰苦谈判，最后终于与对方签订了和解协议，成功解决了“安宝江”轮事件。2010年4月5日，“安宝江”轮安全离港开航。

（孙雄）

船舶管理部

【船舶管理部简介】 船舶管理部是中远航运控制及代管船舶的设备技术、安全管理和岸基技术管理、物料备件管理、燃润油料管理、通讯导航管理、岸基技术支持管理的主管部门。主要负责船舶的航海安全技术指导和跟踪管理，以及船体、机电、通导、航海设备技术的维护和修理；负责船舶设备技术改造、更新以及设备技术状况跟踪管理；负责船舶买卖，新造船舶技术拟定、鉴定和建造技术监督；负责船舶备件、物料、燃油、润油的采购和船舶使用管理；负责指导船员做好船舶设备维护、维修、更新，确保船舶处于良好技术状态；负责指导船员做好设备安全管理，确保船舶安全运输顺利开展；负责指导船员做好船舶防污工作，尽职尽责保护海洋环境；负责收集国内外船舶管理和防止污染的公约法规、安全管理规范、标准，以及国际先进船舶管理技术资料等，提出相应的管理规范和技术要求、技术创新意见和建议。时任总经理赖奕光（兼），常务副总经理郭福祥（兼），副总经理（海务）张建浩，副总经理（机务）刘建华，副总经理（技术）吴必忠。员工68人。

（廖再文）

【船舶管理工作概况】 2010年，船舶管理部重点抓了以下工作：

1. 综合管理工作。严格执行《综合管理体系》，根据船队变化和船舶航经海区、港口复杂等特点，坚持各项管理工作早研究、早动员、早布置、早检查、早落实，突出重点抓好船舶海上航行安全、船舶技术管理和安全管理与指导。狠抓海务安全、机务安全、技术管理和监督，抓好岸基电脑网络设备维护和船舶通导设备维护、维修、技术指导及设备更新，抓好油料、物料、备件采购供应和船舶使用监督，抓好造船技术监督等各项管理工作，给船舶安全经营、顺利完成各项经营任务提供强有力的技术支持和安全技术保障。坚持自查为主，以跟踪、监督、检查、整

改为着力点的现场管理。通过开展精益管理、现场管理、内部控制等工作，提高船舶技术管理水平，保障船舶安全经营的顺利开展。全年没有发生海损、机损、污染、火灾和上等级的管理事故。

2. 安全体系管理工作。以ISO9001：2000、ISO14001：2004和OSHAS18000管理理念，践行“优质服务、守法经营、回报股东和回馈社会”的管理方针，积极承担社会责任，回馈社会；持续不断提高客户满意度，不断超越客户期望；出租船舶技术状况满足适航、适货标准，因船东责任退租率为零；持续降低船舶燃油消耗，不断提高船舶废旧物资综合利用水平。根据2010年7月1日生效的ISM修正案、国务院2010年3月1日生效的《防治船舶污染海洋环境管理条例》、欧盟2002/59/EC法令相关要求，以及这些公约法规的变化修改和完善船舶管理《操作规程》，确保船舶管理文件符合修改的公约法规和实际操作需要；有效改进质量管理体系，确保企业质量管理体系/职业健康安全管理体系、环境管理体系在部门及管理的所有船舶中有效运行，给船队有效落实企业的经营管理方针提供安全管理保障。

3. 海务管理工作。牢固树立“安全是天、安全是政治、安全是最大经济效益”的理念，以中远集团提出的“认清形势、把握机遇，迎接后金融危机时代带来的安全挑战”、“攻坚克难，严防死守，构筑防范重大事故的安全防线”的指示指导安全管理工作，研究规律、创新发展，加大安全投入、依靠科技进步，给船队安全经营提供安全技术保障。布置和组织船舶开展“安全生产年”、“安全生产月”活动、严厉打击非法违法生产经营建设行为专项行动、安全生产和应急“双基”建设活动、上海世博会和广州亚运会期间船舶安全检查专项活动、安全生产隐患排查治理专项行动以及各项季节性安全活动。如，春季雾航暨防止与渔船发生碰撞、夏季防抗台、秋季防火防爆及冬季大风浪航行安全活动；针对澳大利亚、巴黎备忘录、拉丁美洲等地区性PSC集中大检查，开展了船员作息时间专项检查行动、航行安全及船体结构及稳性等专项检查活动。认真贯彻上级关于防抗海盗的指示精神，布置落实到每一艘船舶，全年对航经亚丁湾海域的129艘次、航经索马里东岸和塞舌尔群岛附近海域的10艘次、航经西非特别是尼日利亚海域的60艘次船舶进行跟踪指导，确保了船舶和船员的安全。是年，指导船舶安全进出港口637艘次，指导新船长110人次，船舶进出港发生海损事故较2009年明显减少。跟踪指导船舶大风浪航行110艘次，雾航168艘次，确保了雾航安全。现场检查指导船舶189艘次，共查出海务和劳动安全方面的缺陷2100余项并督促船舶进行有效整改。跟踪全球20个热带气旋，指挥受影响船舶51艘次，值班806小时，通过绕航、滞航、抢风头、锚泊等方法，确保防抗台成功率100%，并最大限度地减少船舶受台风影响带来的损失。中远航运船舶全年没有发生重大海损事故、重大机损和污染事故、火灾爆炸事故，有效减少了海损事故。没有发生重大伤亡事故，大幅度降低了工伤事故。

4. 机务管理工作。2010年，管理船舶82艘173.5万总载重吨，平均船龄18.6年。机务管理认真执行中远航运安全管理体系的各项要求，严格按工作程序、操作须知进行船舶日常管理，严格遵守ISM管理

规则，按章精细管理，认真督促指导，船员积极配合与支持，全年未发生上等级的机损事故，确保了船舶主辅机电设备的正常运行，为船队的正常营运创造了良好的安全环境。根据船队中科技含量高、自动化程度高的新型半潜船、设备先进的重大吊与普通多用途船和杂货船等，设备技术超前先进与设备老化并存的船队现状，围绕船舶设备技术、安全管理和岸基技术支持，指导船员做好船舶设备维护、维修和安全管理，确保船舶处于良好技术状态，为船队的安全经营提供了技术保障。全年完成了34艘船舶厂修工程，机务总管认真组织和现场指导，使船舶设备得到及时的维护修理，从而保证了船舶在营运期内主辅机电设备、起货设备等关键设备正常使用，满足航运调度的使用需要。积极配合航运调度用船需要，及时调整船舶进厂修理时间和与船级社沟通办理船舶证书展期，保证了航运调度的用船。完成新造船舶“大紫云”、“孔雀松”、“麒麟松”、“卧龙松”轮4艘新接船舶和“安东江”、“富康口”、“桃江”、“碧江”、“黄山”、“富瀚口”、“赤云”、“庐山”、“橙云”、“黄云”、“华山”轮11艘船舶退役工作。跟踪新造黄海28000项目、口岸27000项目、50000半潜船项目和5000车位汽车船项目船舶的技术监督监造。船舶全年接受PSC、FSC检查共205艘次。其中，无缺陷批注140艘次，占受检船舶的68.3%。滞留船舶1艘次。工伤事故与2009年相比大幅度下降37.%。

全年完成厂修船舶34艘次。其中，特别检验厂修船舶18艘次，期间检验厂修船舶10艘次，新船保修3艘次；厂修计划5782万元，实际支出5562.1万元，占计划费用96.2%；计划总修期491天，实际使用459天，占计划的93.48%。及时跟踪和改进船舶各种设备存在的问题和缺陷，使之保持正常工作状态，全年经营管理船舶设备完好满足适航适货要求，船舶应急设备完好率100%。全年船队营运率97.1%；机务管理和船舶全年没有上等级机损、污染、海损、火灾、保安事件，有12艘船舶被交通运输部海事局评为安全诚信船舶。（廖再文）

【郭福祥率队慰问“天王星”轮】 “天王星”轮于2009年8月16日在距索马里沿岸约310海里处遭遇武装海盗袭击，全体船员在船长、政委的指挥下，与武装海盗斗智斗勇，成功挫败武装海盗多次枪炮进攻，保证了船员、船舶和货物的安全。2010年1月20日，中远航运副总经理兼船管部常务副总经理郭福祥率队慰问抗击海盗胜利返航广州的“天王星”轮全体船员。郭福祥高度赞扬“天王星”轮船员英勇抗击海盗的表现，代表中远航运高管对全体船员表示亲切的问候，并对船员继续做好防海盗和安全生产工作提出了要求。（廖再文）

【与海事局、船级社联合召开PSC检查工作研讨会】 2010年1月16日，中远航运与广州海事局、中国船级社广州分社、中国船级社福州分社及中国船级社实业公司广州分公司等在广州莲花山联合召开中远航运船舶管理暨2009年PSC检查工作研讨会。会议由中远航运副总经理郭福祥主持。广州海事局党委书记庄则平，中国船级社广州分社党委书记吴远杨、副总经理陈林龙、副总工程师张宇，中国船级社福州分社副总经理林祯快，中国船级社实业公司广州分公司总经理黄雄明、总经理

许明副等嘉宾应邀出席。中远航运常务副总经理赖奕光、船舶管理部、安质部、船员管理部人员共83人出席了研讨会。中远（香港）远洋集团总裁办副总经理严少波也应邀出席了研讨会。　　（廖再文）

【召开造船工作专题会】　2010年5月6日，中远航运召开造船工作专题会。中远航运高管韩国敏、赖奕光、郭福祥、薛俊东出席会议。高管们在听取了相关部门和各监造组关于新造船需求、设计、选厂、监理、使用、返修及存在的问题等方面工作汇报后，提出了新造船工作具体要求。会议号召，要动员公司一切资源，加强监造队伍建设，以高度的历史责任感、严谨的科学态度与完善的管理方法，打造“好用、好开、好管、好看”的船，努力实现公司船队结构调整愿景目标。

（徐波　廖再文）

【部署“安全生产月”活动】　2010年5月26日，中远航运安委办下发了以“安全发展，预防为主”主题的《中远航运2010年“安全生产月”活动方案》，开展活动的时间为2010年6月1～30日。方案确定了领导小组和办公室组织机构和人员名单，确定了开展“反三违”和“零事故月”、开展以航行安全和防海盗工作为重点的“安全生产月”督察工作、做好防范灾害性天气工作、加强应急演练提高应急能力、不断深化节能减排工作、“十个一”以及送安全文化等活动内容。　　（廖再文）

【召开第三季度安全工作例会】　2010年7月5日，中远航运安委会召开第三季度安全工作例会， CEO、安委会主任韩国敏等高管和参加周调度会的人员参加了会议。会议由副总经理郭福祥主持。会议总结了2010年上半年安全工作，部署了下半年安全工作。会议认为，在中远航运高管的正确领导下，经过船岸人员的不懈努力，尽管国际航运形势依然严峻，但企业上半年生产经营状况良好，实现了较大的赢利。会议明确提出了下半年工作任务和具体措施。　　（廖再文）

【部署冬季安全工作】　2010年10月23日，中远航运安委办下发了《关于做好冬季安全工作的以及转发中远集团关于开展安全生产和应急双基建设活动方案的通知》。《通知》转发了《广远公司冬季安全工作专题布置会纪要》、中远集团《关于开展安全生产和应急双基建设活动方案的通知》，以及中远航运贯彻落实国务院《关于进一步加强企业安全生产工作的通知》的工作任务分解表，并要求各船按照上级要求切实抓好冬季船舶安全工作。

（廖再文）

【多用途船“孔雀松”轮交付使用】　2010年2月1日，中远航运在江苏口岸船厂建造的27000吨多用途船“孔雀松”轮交付使用。中远集团、广远代表及中远航运CEO韩国敏，口岸船厂、船级社、船舶研究设计院等有关单位领导及嘉宾出席了交接仪式。“孔雀松”轮接船后，首航驶往南京、上海等地装载货物。（廖再文）

【多用途重吊船“大紫云”轮举行首航仪式】　2010年2月5日，中远航运在黄海船厂订造的第二艘多用途重吊船“大紫云”轮接船投入经营，并于2月6日在烟台港举

行首航仪式。烟台港、烟台海事局、烟台检验检疫局、烟台边防检查站、烟台引水站、烟台外代等单位领导，货主代表，《烟台日报》等媒体单位40多人出席了首航仪式，共同祝愿“大紫云”轮首航顺利。该轮在烟台港装载大批出口欧洲的设备、石材等货物首航欧洲。（廖再文）

【半潜船“1号船”出坞】 2010年5月20日，中远航运新造50000吨半潜船“1号船”出坞仪式在广州中船黄埔造船有限公司龙穴厂区隆重举行。广州中船黄埔造船有限公司总经理陈忠前致欢迎辞，广远副总经理翁继强、广州广船国际股份有限公司总经理韩广德和中船集团公司总经理助理余宝山分别在仪式上致辞。随着翁继强、中远航运常务副总经理赖奕光等领导剪彩的礼炮声，中远航运COO郭京等合上电闸，50000吨半潜船“1号船”徐徐出坞。（廖再文）

【赖奕光等上“关河口”轮检查工作】 2010年5月16日，中远航运常务副总经理赖奕光、船舶管理部副总经理刘建华、公司保安员陈望权等到“关河口”轮检查指导工作。赖奕光等就如何做好防海盗工作进行了调研指导，对该轮试装防海盗网加强对海盗登轮的控制，确保船员生命财产安全，增强船员防海盗的自信心表示赞赏，对加强船舶防海盗“六道防线”建设，进一步做好防海盗工作提出了指导意见。（廖再文）

【多用途船“麒麟松”轮接船】 2010年8月30日，中远航运在江苏泰州口岸船厂订造的27000吨多用途船“麒麟松”轮接船。“麒麟松”轮是中远航运2006年11月18日与江苏泰州口岸船厂订造4艘27000吨多用途船的第3艘。接船后，该轮于9月15日在大连装载长客至沙特轻轨项目24节车厢等设备货物首航开往红海。（廖再文）

【多用途重吊船“大玉霞”轮命名下水】 2010年10月9日，中远航运在山东黄海船厂建新造的28000吨多用途重吊船“大玉霞”轮命名下水。天津中远航运常务副总经理张秀河代表中远航运出席命名下水仪式。该轮单吊能力200吨，并吊能力400吨。（廖再文）

【多用途船“卧龙松”轮接船】 2010年11月25日，中远航运在江苏泰州口岸船厂订造的27000吨多用途船“卧龙松”轮接船投入经营。至此，中远航运在江苏泰州口岸船厂订造的4艘27000吨多用途船全部交付使用。此前“凤凰松”、“孔雀松”、“麒麟松”轮分别于2009年4月28日、2010年2月1日、8月30日接船。（廖再文）

【多用途重吊船“大翠云”轮命名下水】 2010年12月28日，中远航运新造28000吨多用途重吊船“大翠云”轮在山东黄海船厂命名下水。中远航运副总经理郭福祥伉俪出席下水仪式并为新船命名。该轮单吊能力200吨，并吊能力400吨。（廖再文）

【10艘小“乐”字号船起货设备恢复正常】 2010年，中远航运10艘小“乐”字号船舶的起货马达经常意外烧毁，造成严重的船期损失和增加修理成本。为彻底解决10艘小“乐”字号船起货设备的问题，船舶管理部技术人员成立专门技术攻

关小组，由中远航运常务副总赖奕光带领到船舶现场分析问题，研究解决办法。经过攻关小组的努力，有效地解决了10艘小“乐”字号船起货设备马达经常意外烧毁造成严重的难题，使10艘小“乐”字号船舶的起货设备恢复了正常使用。

（廖再文）

【调整船舶主机气缸油的使用定额】 2010年，船舶管理部认真落实企业降本增效措施，成立了船舶气缸油降耗项目小组，根据部分船舶在精益管理实践中总结的经验及公司机务管理人员的长期探索，重点开展了调整船舶气缸油的节能减排项目。经过半年多的摸查及技术评估，船舶管理部对船队中的“中、华、富、强”、“乐”、小“乐”轮等船型共18艘船舶实施调整主机气缸油的使用定额的措施。船舶管理部按照《船岸船舶润料管理规定》，为这些船舶拟定合理的气缸油油耗定额，并规定船舶遵照执行。是年，中远航运船队主机气缸油耗量得到了明显的控制，与2009年相比下降了15%，全年节约汽缸油成本约120万。这个项目被选为中远航运的精益管理成果在广远精益管理活动中推广，并受到广远的表彰。

（廖再文）

【多种途径节约创效】 2010年，船舶管理部在降本增效上取得了较好效果：1. 通过合理的加油选港，采取油价高的地方少加油，油价低的港口多加油的办法，节约了250万元润滑油差价费用；2. 在润滑油价格上涨前尽可能安排船舶在适当港口多加润滑油，节省了60万的润滑油费用；3. 燃油采购货比三家，使价格比市场平均价格低10美元/吨以上，节约了1000万以上；4. 买卖船主管经过多方努力，将计划退役中的4艘退役船争取以二手船卖出，比卖废钢船多卖出1000多万。另外，还有1艘以卖废钢的退役船，在交船时向买家多争取24万元补偿费。以上各项共节约1310多万元、增收1024多万元。

（廖再文）

【“橙云”轮勤维护设备增收节支】 “橙云”轮是艘老船，期租在外，机电设备出现的许多亟待解决的问题。但该轮长时间不能回国内，而在国外修理费用又太高。2010年，该轮船员不等不靠，充分发扬主人翁精神，并在中远航运机务主管的指导下克服困难搞维修，排除了一个又一个隐患，为船舶安全经营及顺利通过PSC检查创造了有利条件。如，该轮船员自己动手，解决了左船救生艇放艇架刹车装置刹车不灵问题，确保了PCS检查的顺利通过。又如，该轮在卡拉奇用大抓兜卸散装货时，有3台起货机的刹车线圈冷却风机在卸货振动中断轴损坏。中远航运机务主管同意该轮在当地寻找厂家修理。但当船员知道最低报价为1400美元后，船员却自己动手，克服困难，加班修复，既节省了修理费用，又免去了租家可能克扣的租金。

（廖再文）

【“富清山”轮自修主机透平】 2010年3月8日，“富清山”轮第76航次抵巴拿马前，透平转速下降1300转，辅助风机起动、排烟总管高温报警，主机转速被迫从原来的90rpm降至80rpm左右，船速从11.5节降至10.5节以下。3月10日，船抵巴拿马，轮机部船员利用过运河一天排队的仅有机会，根据中远航运机务主管的指示，

清洁检查废气锅炉、排气格栅、扫气箱（道），清洗空冷器，更换部分主油头、进排气等设备，在过运河后主机工况有所改善，但转速依然上不去。为此，修理主机透平势在必行。船到美国时，中远航运机务与厂家联系准备在美修理，但费用太高。船舶领导研究决定由船上择机自行解体透平，并得到了公司机务主管的认可。船在墨西哥坦皮科港进行装卸作业时，轮机部船员对主机透平进行了解体检修，经过连续2天一夜的奋战，抢在船舶完成装卸作业前完成了修理工作。经调试，主机工况良好。此举不仅节省了40万元的修理费，还节省了3～4天船期，并确保了船舶安全航行。 （廖再文）

【“安康江”轮船员紧急排除主机故障】

2010年4月25日凌晨2：45时，“安康江”轮值班大管轮例行检查发现主机透平喘振，主机第5缸的缸套及活塞冷却水高温报警，立即报告轮机长。轮机长与大管轮2人当即减速航行观察，确认主机透平喘振，运行不良。经报告船长，请示公司后立即停车吊缸。轮机人员冒着高温打开主机第5缸的扫气箱道门进行检查，发现活塞令断了，经拆卸缸头检查，又发现主机油头雾化不好，导致燃烧不良结炭，致使活塞令断了3根，再测量缸套有关数据正常。轮机长带领轮机部船员清理缸体、更换备件。船员们苦干了几个小时，装复第5缸后试车正常，船舶恢复正常航行。

（廖再文）

安全质量管理

【安全质量部简介】 安全质量部是中远航运综合管理体系，质量、环境职业健康安全全面流程管理体系，安全管理（船舶保安管理）体系、DOC（符合证明）的维护、有效运行、持续改进，以及船舶SMC、ISSC审核认证与维护和船舶机务、通导、物料、备件费用的审计，船舶安全管理及“三学一创”活动考核的主管部门。主要负责维护中远航运的综合管理体系，质量、环境职业健康安全全面流程管理体系，安全管理体系和船舶保安体系的有效性评价、内审、外审和管理复查工作、有效运行维护；负责体系文件按照国际公约、法规、标准和国内主管部门最新有效的法规和建议进行完善；负责检查、监督岸基和船舶执行中远航运安全管理体系、船舶保安方针的情况；负责指导和督促新接船舶有效建立安全管理体系和保安体系，包括组织内外审核、认证；负责组织实施公司（岸基）安全管理体系的内部审核、外部认证审核、DOC年度审核，组织实施船舶安全管理体系和船舶保安体系的内部审核、外部认证审核、DOC年审；负责协助指定人员和保安员收集安全管理体系和船舶保安体系运行的信息并提出改进建议；负责监督和验证岸基、船舶“不合格、事故和险情”纠正措施的实施效果；负责控制安全综合管理体系和船舶保安计划文件的签发、修改和发放；负责中远航运新聘、转岗员工对体系熟悉的培训；负责协助人力资源部对船员进行体系熟悉培训；负责对船舶修理、通导、物料和备件费用的审计；负责推动船舶开展“三学一创”活动，公司体系文件及其他文件的翻译工作。

时任总经理洪颖（兼企业指定人员，ISO9001、ISO14001管理者代表及

OHSAS18001管理者副代表）、副总经理陈望权（兼公司保安员）。员工10人。

（廖再文）

【安全质量部工作概况】 2010年，安全质量部以ISO9001/ISO14000和OSHAS18000管理概念，进一步完善“三标”体系，加强中远航运安全管理及船舶安全防污管理体系管理，加强全面流程管理体系建设。根据7月1日生效的ISM修正案、国务院3月1日生效的《防治船舶污染海洋环境管理条例》、欧盟2002/59/EC法令相关要求，修改《管理手册》、《安全管理程序》及《操作须知》等相关文件，进一步梳理、完善船员管理体系文件，为中远航运可持续性发展夯实基础。加强对船岸综合管理体系活动的督促和指导，维护企业综合管理体系及船舶安全/保安体系的有效运行和持续改进。组织岸基人员做好体系的内审外审工作，在交通运输部海事局SMS年度审核中，再一次以“免开不符合”项获得通过，连续6年获此殊荣。是年，安全质量部根据实际情况，结合新生效国际法规和强制性规定，全年共修改或新增体系文件共190个。其中，整理船员管理相关操作须知92个，使中远航运的体系文件更具覆盖性、符合性和适用性。安全质量部管理的71艘船舶，全部实施了ISM和ISPS内审。其中，完成SMC换证审核船舶16艘，完成ISSC换证审核18艘，完成新接船舶SMC及ISSC临时审核4艘，完成新接船舶SMC及ISSC初次审核4艘，中间SMC审核1艘。全年完成预定“年度船舶内审完成率≧100%；外审完成率＝95%”的指标，使所有船舶的SMC及ISSC证书都得到有效维护。全年共有246艘次船舶接受PSC/ISPS港口国检查，均获得顺利通过。对船舶的“不符合”项采取纠正措施，并进行验证审核关闭。对1959名船员、23名岸基人员进行船舶保安体系熟悉培训；对128名船长或政委进行船舶保安培训和保安工作谈话。全年完成编写4艘新船《船舶保安计划》，制定和完善《岸基船舶防海盗操作流程确认表》，明确岸基员工防海盗工作职责及操作流程；对船舶防偷渡工作跟踪指导372艘次，防海盗跟踪指导523艘次，测试船舶保安报警设备296艘次，给船舶发布保安信息通告12期。全年129艘次船舶航经亚丁湾海域，10艘次船舶航经索马里东岸和塞舌尔群岛附近海域、60艘次船舶航经西非特别是尼日利亚海域，指导35艘船舶在国外港口提高保安等级应对措施。其中，23艘次船舶在国外应港口国当局要求提升保安等级、10艘船舶遭到武装海盗不同程度的袭扰、7艘船舶成功击退武装海盗的袭击。中远航运与船舶进行联合演习69艘次；完成《船员防海盗培训教材》、《船舶防海盗操作须知》的编写、修改和完善工作，确立船舶防海盗“六道防线”，改进“钛雷”、研发“刀网”等防海盗器材，所有管理的船舶建立和完善了“第四道防线”。

2010年，中远航运完成认证机构对公司香港旗散装船和香港旗其他货种安全防污管理体系的初次审核，并获取其证书；完成“三标”包括内审、评估等工作，完成认证机构对中远航运“三标”体系的年度监督审核及ISO9001:2008版换版质量管理体系审核，并获取“三标”证书；完成中远航运DOC换证审核（包括代表船审核），并得到审核机关高度评价；完成并通过交通运输部海事局针对“安宝江”轮

碰撞事故的附加审核；组织岸基相关人员对上述三次外审提出的建议项对活动及文件进行评估，根据评估结果制定了整改措施并完成整改。按要求完成船舶现场修理费的审计，完成船管部船舶修理/采购账单的审计；建立安全质量部主管上船工作报告制度，并编制上船工作报告表，跟踪船舶存在问题的整改；建立岸基执行中远航运文件的监督跟踪文件夹，对船岸存在主要问题及整改进行跟踪监督。达到"五星旗DOC证书"、"巴拿马旗DOC"、"香港旗散/杂货船DOC"、"三标"证书及所管理的船舶SMC证书和ISSC证书外审通过率100%的预定指标。

2010年，安全质量部以全面流程管理为基础，强化各项管理制度的建设，根据情况变化和管理需要及时修改相关流程，按要求建立"三标体系"，使企业管理进一步规范化。全年发船文件8批次562份，船舶内审完成率为100%，外审完成率95%；全年船舶保安事件、船舶责任性保安事件（潜船偷渡、海盗劫船、毒品走私）为零，重大以上责任海、机损事故为零，重大以上责任人身伤亡事故、重大以上责任火灾事故为零，重大以上责任污染事故为零，重大以上责任货损货差事故为零。未接到客户的任何书面投诉。是年，船舶PSC滞留率低于同行业平均水平。

（廖再文）

【通过交通运输部海事局ISM外审】 2010年9月7～10日，交通运输部海事局ISM审核组以"免开不符合"项通过中远航运SMS年度审核。这是自2004年以来中远航运连续6年"免开不符合"项通过国家海事局ISM外审，这在国内航运业是前所未有。（廖再文）

【2010年度先进船舶】 2010年，中远航运各轮认真按照企业提出的船舶管理检查要求，进行自查自评，再经过中远航运学创活动小组综合评选，授予"乐里"、"乐从"、"安泽江"、"乐荣"、"康盛口"、"泰安口"、"大紫云"、"木兰湾"、"澎湖湾"、"金兴岭"轮等10艘船舶为达标模范船舶；授予"安涛江"、"孔雀松"、"天王星"、"乐和"、"乐山"、"乐泰"、"乐业"、"安宁江"、"丰顺山"、"衡山"、"大富"、"大丹霞"、"永盛"、"富清山"、"大鹏湾"、"宁海湾"、"金广岭"、"金远岭"、"太行山"、"宝安城"轮等20艘船舶为达标先进船舶。

是年，"康盛口"、"泰安口"、"大富"、"乐里"、"乐宜"、"乐从"、"乐盛"、"安宁江"、"富裕山"、"白沙岭"、"瑞昌海"、"亚龙湾"、"木兰湾"轮等13艘船舶被广远评为学习"华铜海"先进船舶。"瑞昌海"、"天王星"、"泰安口"、"安泽江"、"乐从"、"乐同"、"乐山"、"珍珠湾"轮等8艘船舶被中远集团评为防海盗工作先进船舶。（廖再文）

【"乐盛"轮等10艘船舶荣获"安全诚信船舶"称号】 2010年7月2日，交通运输部海事局下发了《关于授予"静安城"轮等120艘船舶为安全诚信船舶及曹勇国等133名船长为安全诚信船长的决定》。其中，中远航运"乐盛"、"乐民"、"乐锦"、"乐荣"、"乐泰"、"乐山"、"富阳山"、"富康山"、"富新山"、"富清山"轮荣获"安全诚信船舶"称号。

（廖再文）

【“安泽江”轮等6艘船舶防海盗工作受到表彰】 2010年12月31日，中国船东协会下发《关于表彰防范海盗、配合海军护航工作先进航运企业、船舶和个人的决定》。其中，中远航运“安泽江”、“乐从”、“泰安口”轮荣获防海盗“先进船舶”称号。

同日，中国船东协会又下发了《关于表扬防范海盗、配合海军护航工作先进航运企业和船舶的决定》。其中，中远航运“丰顺山”、“大华”、“乐昌”轮受到表扬。 （廖再文）

【2010 年安全管理体系有效性评价】 2010年8月2日，为迎接交通运输部海事局ISM审核组对中远航运安全管理体系进行年度审核，安质部组织中远航运高管及各部门领导参加了安全管理体系有效性评价活动，目的是确保中远航运安全管理体系的符合性、适宜性、充分性和有效性。体系有效性评价以ISM 规则，ISO9001:2008标准，ISO14001:2004 和OSHAS18000 标准，中远航运管理体系文件以及相关的安全法律法规为依据，通过体系有效评价，寻求不断改进的机会，满足国内外的强制性规定、ISO9001/ISO14001/OSHAS18001标准的要求，实现中远航运的方针和目标。交通运输部海事局ISM审核组通过对中远航运体系有效性评价，认为中远航运的安全管理体系可操作性强，在船岸得到了有效的实施和良好有效的运行，使企业的安全形势持续保持稳定的状态。（廖再文）

【“安泽江”轮成功击退武装海盗袭击】

2010年5月16日，“安泽江”轮抵达尼日利亚拉各斯，在0615N00323E位置等候次日上午进港。鉴于当地海盗活动猖獗，船舶领导按照中远航运的要求，认真组织船员加强防海盗措施，并随时启动防海盗预案。

当天晚上21:40时，2艘武装海盗快艇共10多名武装海盗偷袭“安泽江”轮。早有准备的船员立即启动防海盗预案，全体船员在船长、政委的领导下，临危不惧，与海盗展开了激烈的抵抗。抗击中，船长脚部、政委下额及胸部分别被海盗土枪击、擦伤，依然身先士卒率领船员英勇抗击。最终，在全体船员的奋力抗击下，把已强行登船的海盗驱赶离船，避免了船舶财产损失，保证了船员与船舶的安全。“安泽江”轮船员英勇抗击海盗的举动，受到了中远集团总裁魏家福等上级领导的高度赞扬，中远集团还专门给“安泽江”轮发了慰问电。 （廖再文）

【“乐从”轮船员击退海盗5次猖狂攻击】 2010年11月18日，“乐从”轮在印度洋西海域（船位：1225N/06632E）遭遇武装海盗袭击。中远航运接到船舶报告后立即启动应急预案，指导船员全力抗击。同时上报中远集团、广远领导、中远集团总调值班室和安全监督部，中国海上搜救中心请求支持和援助。“乐从”轮全体船员在船长、政委的指挥下，使用船上配备的消防水枪、抗海盗器材和船员自制各种器械与海盗激战持续1个多小时。武装海盗进攻时，离“乐从”轮船最近仅有2、3米，守在左、右舷的船员向近在咫尺的海盗猛扔方木、啤酒瓶、卸扣、卡拉母等。在1个多小时中，武装海盗连续5次发动猛烈进攻，全体船员紧密配合、毫不畏惧、顽强抵抗、英勇抗击，终于将企图强行登

轮的武装海盗拒之于船舷之外，保证了船员、船舶和货物的安全。“乐从”轮在抗击海盗中，大厨林洪强的大腿及小腹部多处被散弹不同程度击伤。中国海军护航舰队派5名队员随船护卫，并将受伤船员送安全港口治疗。

这次武装海盗袭击“乐从”轮，发射了4枚火箭弹，均未击中船体，但海盗的枪击造成船体中弹受损58处。其中，船上应急发电机水箱被击穿。激战中，船员共发射“钛雷”19枚、信号弹16枚/土枪弹30余发，向海盗扔去了大量的方木和酒瓶等，终于将海盗击退。

“乐从”轮船员成功击退海盗，充分体现了船岸紧密配合、全体船员顽强抵抗、毫不畏惧，面对海盗密集的火力凶猛扫射，敢于抗击，坚决把企图登船的海盗堵于船舶舷外，不惜一切代价阻止海盗登轮，表现出大无畏的革命精神。

（廖再文）

【“泰安口”轮船员安全脱险】 2010年11月20日，“泰安口”轮在阿拉伯海域（船位：2030N/06051E）遭遇武装海盗袭击。虽经全体船员奋力抵抗，但不能击退海盗。在此情况下，为避免船员伤亡，船舶按照防海盗应急程序，立即报告中远航运主管部门，并组织全体船员迅速撤入“安全舱”等待救援。中远航运获知“泰安口”轮情况后，立即启动应急程序，副董事长徐惠兴、CEO韩国敏等领导及各应急小组成员迅速到位组织指挥救援工作，并马上报告中远集团、广远、中远集团总调值班室和安全监督部、中国海上搜救中心等相关部门，请求支持和援助。中远集团总裁魏家福、党委书记张福生、副总裁张良等领导对营救“泰安口”轮船员及今后船舶防海盗工作分别作了指示和部署。根据魏家福的指示，广远领导和中远航运高管班子安排轮流值班，及时保持与中远集团总调和安全监督部的联系与沟通。在中远集团领导的正确指挥下，在党中央、国务院、中央军委及国家有关部委、军队有关部门的高度重视和中国海上搜救中心大力支持下，中国海军护航编队立即派出军舰火速驰援救助，“泰安口”轮全体船员于11月21日16:00时安全脱险。（廖再文）

【2010年度ISPS履约工作】 2010年，中远航运坚决贯彻执行中远集团和广远关于认真做好船舶保安工作和相关指示精神，紧密结合公司实际，通过实施全面流程管理，认真履约《国际船舶和港口设施保安规则》，船舶保安体系得到有效运行。特别是在海盗活动十分猖獗的情况下，中远航运始终坚持“自防自救”的原则，坚信“海盗不是不可防范”的理念，针对海盗活动的特点，盗变我变，不断完善应急预案，采取相应的防范措施，做好船舶防范海盗袭击工作，并取得了显著的成绩，为公司船舶营运创造了良好的安全环境。

（廖再文）

人力资源管理

【人力资源部简介】 人力资源部是中远航运人力资源规划、开发与管理，为企业战略目标的实施和长远发展提供人力资源支持的主管部门。主要职责是负责中远航运船岸员工人力资源规划、开发与管理；负责中远航运组织机构设置和调整，以及岗位职能设计、优化工作；负责中远航运管理权限内船岸员工的招聘与任用、培训与开发和劳动关系管理；负责建立、组织实施中远航运船岸员工的薪酬福利制度和岸基员工的绩效管理制度；负责中远航运船岸员工劳动保险统筹管理；负责岸基公司员工职称评聘管理工作；负责公司岸基员工因公出境管理工作；负责公司岸基员工计划生育管理工作；负责公司董事会薪酬与考核委员会工作小组工作。2010年9月16日，根据中远航运船员管理职能整合方案，人力资源部将船员人事主要管理职能划转至船员管理部。整合后，人力资源部关于船员管理职能主要有：审核船员人力资源规划和船员招聘计划，审核中远航运与协作中心、劳务中介合作协议，起草制定船员薪酬福利方案。人力资源部不再设置专门的船员人力资源管理业务单元，原人力资源部船员人事处相关岗位划转至船员管理部。时任总经理陈昆，副总经理陆启扬。员工7人。（徐波）

【人力资源部工作概况】 2010年，人力资源部围绕中远航运中心任务和发展战略开展工作，承优创新，以优化机构及人力资源配置、培训与开发、考核与激励、制度建设为重点，以求才、用才、育才、激才为主线，完善并执行人力资源管理新政策、机制，坚持推动中远航运人力资源管理从传统人事管理向现代企业人力资源管理的转变。是年，人力资源部认真履行部门职责，完成了公司人力资源中长期规划，起草、完善各项人事管理流程和修订机关员工岗位职责；加强人才引进及培养，及人员岗位配置的优化工作；组织制定新一期的公司董监事、高管层和机关员工工资方案；对员工工资福利管理清晰、规范，执行到位；逐步规范船员工资、福利项目的管理；加强人力成本管理控制，并取得较好的效果；完善公司绩效考核体系，在航运经营部航线业务单元的激励制度上进行新的尝试；深入分析公司岸基员工培训需求，加强培训管理工作；理清公司劳动用工关系，并逐步规范管理；及时、顺利办理船岸员工入职手续；及时办理员工因公出境手续，确保业务工作的正常开展；对协作劳务中介进行梳理，规范与其合作；贯彻公司加强船员队伍建设的决策，组织制定了公司船员职能整合方案并配合完成了方案的实施；牵头组织成立上海中远航运并以其为平台整合华东航运市场资源；评估、制定了公司市场营销职能整合方案，组织实施，并进行后评估调整。（徐波）

【加强人力资源工作规划】 2010年，人力资源部制定了岸基人力资源5年工作规划，积极查找骨干队伍建设薄弱环节和存在的主要问题，明确工作重点、工作目标。同时，制定了公司薪酬激励制度建设3年工作规划，统筹规划激励制度，强化激励机制的系统性、持续性。（徐波）

【合法管理劳动关系】 2010年，人力资源部坚持合法合规的管理劳动关系原则，维护员工与公司之间和谐、诚信的劳动关系；梳理员工劳动关系，切实做好劳动合同管理，积极研究国家相关劳动政策法规，更新劳动合同版本，并按规定开展与岸基员工续签劳动合同，确保劳动合同规范合法。是年，共有278名岸基员工续签无固定期限劳动合同，33名岸基员工续签固定期劳动合同。办理了100余名船岸员工入

职手续。依照法规顺利办理了公司公告解除船员劳动合同和船员单方面解除劳动合同150名，没有发生劳动纠纷；退休员工手续办理有序，没发生错漏。（徐波）

【加强人员岗位配置的优化工作】 2011年，人力资源部根据中远航运的发展战略、经营管理文化和人力资源规划，对外招聘合适的管理型人才充实到公司中层管理人员团队，先后对航运经营部、船员管理部等两个大的部门主要管理人员进行了调整：中远航运高管不再兼任航运经营部部门管理人员，选聘了部门总经理；对船员管理部总经理、党委书记人选先后进行了调整。（徐波）

【加强海外网点员工队伍建设】 2010年，人力资源部为支持中远航运有效建立起以市场为导向的市场营销模式，加大市场营销力度，与其他业务部门一道，对公司海外业务网点的需求进行了专题研究，并向中远集团、广远主管部门提交了专题报告，提出多派公司业务骨干前往中远集团海外公司网点，以加强公司海外揽货的实力。根据中远航运重点业务区域及海外网点建设需要，加强与中远集团主管部门的充分沟通。是年，中远航运派驻海外工作人数11人。根据业务实际，重点对部分关键岗位进行择优补充配置，人员结构逐步合理化。（徐波）

【完善激励机制】 2010年，人力资源部对岸基员工薪酬方案进行了评估，完成了航线经营业务单元以效益指标为核心的考核激励方案设计，并在年度考核中试行。组织起草了新的高管薪酬考核方案草案，公司董事会薪酬与考核委员会召开了两次专题工作会议，对草案进行了研讨，重新组织公司期权激励方案设计，并形成了初稿。（徐波）

【制定《中远航运船员在航工资调整方案草案》】 2010年，人力资源部根据中远集团关于调整船员在航工资收入指导标准有关事宜的通知，结合中远航运船型特点及船员日常管理实际，牵头成立由人力资源部、船员管理部、财务资金部及广远人力资源部/组织部相关人员共同参加的工作小组，共同研究制定了《中远航运船员在航工资调整方案草案》，并于12月20日上报中远集团主管部门进行预沟通，开始履行方案审批程序。（徐波）

【制定实施市场营销职能整合方案】 2010年，人力资源部为不断完善中远航运市场营销管理体系，提升公司市场营销和客户管理能力，牵头组织研究航运经营部市场营销职能整合的模式、运行方式、组织机构及岗位的设置，制定了公司市场营销职能整合方案，组织实施了公司市场营销职能整合，成立了航运经营部营销中心，并对营销中心的运作情况进行了后评估，确保公司市场营销职能整合后各项工作的顺利开展。（徐波）

【制定实施船员管理职能整合方案】 2010年，人力资源部贯彻中远航运加强船员队伍建设，促进船员管理水平的进一步提升，实现船员管理职能的归口管理的决策，牵头研究、梳理公司的船员管理职能，优化船员管理机构岗位设置，制定了船员管理职能整合的实施方案，并于9月16

日正式组织实施。（徐波）

【制定实施上海中远航运组织机构设置方案】 2010年，人力资源部根据中远航运在上海洋山港成立山保税港区设立全资子公司——上海中远航运的决定，协同投资发展部、财务资金部对上海中远航运的业务定位、运作模式、组织架构及部门岗位设置进行了深入研究，制定了上海中远航运的机构设置方案，并于3月1日正式实施。（徐波）

【完成社保政策并轨】 2010年，中远航运员工基本养老保险由原来执行广东省的政策改为执行北京市政策。为此，人力资源部进行了大量基础数据核对，以及2007年以来补交费用的清算，确保及时实施转移执行北京市政策。（徐波）

船员管理

【船员管理部简介】 2010年，中远航运进行船员管理机构调整，将原人力资源部的船员人事职能划归船员管理部，增设船员人事处。船员管理部设置党委、纪委、工会和团委组织机构。主要职责负责中远航运船员人才队伍建设的规划、实施；负责进行船员调配、管理；负责开展船员招聘、教育培训、考核、任免、奖惩以及船员薪酬福利、劳保管理、日常管理等工作；代表中远航运组织开展对外劳务合作及相关业务；负责船员的政治思想工作、工会工作、共青团工作，指导船舶党支部建设和各种群众性活动的开展。船员管理部设船员一处、船员二处、船员三处、船员人事处（9月20日起）、业务管理处、党委工作处、综合管理处。

时任总经理兼党委副书记尤扬斌（1～3月）、顾卫东（3～12月），党委书记兼副总经理林耀强（1～4月）、龚艳平（4～12月），副总经理梁伟民、周伟民（9～12月），党委副书记兼纪委书记易宝森，工会主席戴世华。员工71人。

（黄森民）

【船员管理部工作概况】 2010年，中远航运拥有自有船员3641人，协作船员1204人，在船外聘船员117人。是年，船员管理部认真执行《中远航运全面流程管理体系》，在船员调配、船员管理、调整船员队伍结构、提高船员队伍综合素质、维护船员队伍稳定等方面都取得较好成绩。管理体系运行有效，修改完善57个操作须知，无缺陷通过外部年度审核，17家客户反馈“顾客满意度调查表”，没有发生客户投诉，实现外派船员辞退率低于0.2%目标。坚持每周召开一次船员调配会议，坚持每月与中远远达、每两个月与中远南方召开一次沟通协调会，结合不同类型船舶有计划地配合船舶领导班子，努力提高船员管理效率，全年换班船舶629艘次，顺利完成15艘船舶的接船工作，安排船员上船7835人次，船员换班费用没有超过预算，没有因船员换班耽误船期；岸基员工上船考核船舶127艘次，对回国内港口船舶考核率100%；结合各轮的航线、任务和不同季节或特殊情况及时与船舶通话、向船舶发传真、电子邮件856艘次，有针对性的提示航行安全、人身安全、防偷引渡、防贩毒等，保证了船舶的安全稳定；办理海员证、服务簿、适任证书、专业培训合格证书、GMDSS证书、保安员证书、油轮职

务证书、因私护照等船员相关证件共7466本；全年办理解除劳动合同243人（含广远合同船员32人），办理船员终止劳动合同22人（含广远合同船员16人）；办理船员续签劳动合同133人；办理协作船员、外聘船员转签中远航运劳动合同3人。举办船员培训班78期，培训船员1381人次，完成培训计划的109.2%，培训合格率为98.8%；办理船员职务提升245人次。抓好船员管理，采取集体办班、面谈、电话提醒等不同形式对船员进行上岗前培训教育3745人次，船员派前教育面达100%；部门领导与上船前的船长、政委、轮机长谈话共1076人次；6名政工人员先后随6艘船舶进行调研；依法依规稳妥处理船员上访、信访问题，在“两会”（全国人大、全国政协）召开、国庆和广州亚运会等重要时期，没有发生船员上访事件；办理船员退休手续400人（含广远108人）。积极拓展外派业务，加强与合作船东沟通洽谈，外派厦门远洋全套船员单船提租50万元/年；散派各职务租金平均提高41%，全年船员劳务外派租金回收率达到99.8%，中远航运船员劳务外派获得广州市外贸局“走出去”支持资金218400元。跟踪指导船舶防抗海盗796艘次，对航经亚丁湾等海域船舶指导面达100%，为保证船舶成功防抗海盗作出贡献。船员管理部有6个QC小组活动课题发布成果。其中，有2个获得广远级、3个获得广州市级、1个获得广东省级和交通运输部级“优秀成果奖”。

船员管理部党委在党建思想政治工作上也取得较好的成绩。编辑48期《中远航运简讯》，刊登船员稿件250多篇，编辑《南非世界杯专刊》9期，编写4期船员派前教育提纲，结合降本增效、防抗海盗、“尊重船员，关爱船员”、遵纪守法等形势任务需要，撰写了宣传教育材料24份；撰写“乐从”轮和“泰安口”轮船员成功防抗海盗宣传报道、事迹材料和经验材料；抓好“乐里”轮等11艘船舶和蔡连财等10名船员典型培育工作，并撰写宣传报道典型材料63篇；组织政工人员随船调研，完成《船员管理部随船调研情况报告》；坚持每月召开一次政工例会，及时解决船舶党建和船员思想的新问题。下发《中远航运船员管理部党委2010年工作要点》、《关于认定2009年船舶“四好”领导班子的通报》等文件和通报，编发《船舶党支部工作记录簿》，使船舶党建工作进一步规范化、科学化；组织和指导船舶认真开展争创“四强四优”活动，有3个船舶党支部、4名共产党员、3名政委获得中远集团“四强四优”表彰，李玉海被评为中央企业“优秀党务工作者”；全年发展船员党员共268名，预备党员转正331名，取消预备党员资格24人；制定下发中远航运《关于进一步深入推进“红树林”工程的实施意见》和《关于规范船舶开展加强船员教育培训“红树林”工程活动的通知》，推进实施“红树林”工程不断深入；举办了一期政委苗子培训班，选拔了17名政委苗子跟班实习；成立了新入职院校毕业生船员跟踪培养项目组，帮助新船员进行职业生涯规划设计，进一步细化船员管理工作。（黄森民）

【调整船员管理部领导】 2010年3月29日、4月12日，CEO韩国敏和党委书记兼常务副总经理赖奕光分别到船员管理部宣布船员管理部领导的调整决定：顾卫东接替尤扬斌任船员管理部总经理兼党委副书

记、龚艳平接替林耀强任船员管理部党委书记兼副总经理。（黄森民）

【中远集团安全督察组到船员管理部视察】 2010年4月15日，中远集团安全督察组总经理陈正杰一行4人到船员管理部视察工作。督察组首先听取了船员管理部总经理顾卫东、党委书记龚艳平关于近期船员管理工作的情况汇报，听取了中远航运人力资源部副总经理陆启扬关于船员培训、提升等工作汇报。然后，陈正杰一行与船员管理部领导就船员管理的热点难点问题，特别是目前广受关注的防海盗等安全工作展开了深入细致的研究。（黄森民）

【顾卫东带队走访兄弟公司】 2010年5月18～26日，由船员管理部总经理顾卫东、副总经理梁伟民和人事部副总经理周伟民等相关人员组成的船员管理专项工作小组先后拜访了江苏国际海员服务有限公司、江苏远洋以及中远系统内的中远散运、中远集运、青岛远洋和中波公司等6家公司，向兄弟公司学习船员管理工作先进经验。（黄森民）

【参加中远航运船员管理系统评估会】 2010年5月19日，船员管理部、财金部、人力资源部等相关部门的领导和主管人员参加了广远信息中心组织召开的中远航运船员管理系统评估会。会议重点是评估新开发的“船员管理系统”能否支撑中航的船员管理业务，旧船员管理系统能否停用等议题。会议议定从6月1日0点起，停止旧船员管理系统的输入功能。（罗建华）

【徐惠兴等慰问“安泽江”轮受伤船员】 2010年5月25日，中远航运副董事长徐惠兴和刘书田、CEO韩国敏、常务副总经理赖奕光等一行到广州军区广州总医院慰问在拉各斯遭遇海盗袭击而受伤的“安泽江”轮船长刘新军、政委刘正芳，送去了鲜花和果篮并赠送了慰问金。（罗小光）

【“永盛”轮货载量创5年来新高】 2010年5月1日，“永盛”轮第35航次在上海罗泾港受载。通过船岸通力协作，高效优质完成了装载油管和设备28200立方米，创下了接船5年来最大货运量，为中远航运的降本增效作出了新贡献。（李春华）

【船员管理部通过交通运输部海事局的DOC审核】 2010年9月9日，船员管理部接受交通运输部海事局的DOC审核。交通运输部海事局审核员根据体系文件有关条款对船员管理部的船员教育培训、调配管理、劳务外派等工作进行询问或核查相关记录。审核未发现不符合项目。（黄森民）

【下发为长航线回国船舶送蔬菜通知】 2010年9月26日，中远航运下发《关于为长航线回国船舶送蔬菜的通知》，通知明确提出对长航线船舶回国内第一港口的船舶，各驻国内办事处和相关部门必须及时准确地为船舶提供新鲜水果和蔬菜。

（黄森民）

【中远航运高管到医院看望李乃军】 2010年9月30日，CEO韩国敏和常务副总经理赖奕光到中山大学眼科医院看望在拉各斯港因抗击海盗而受伤回国治疗的“丰顺山”轮政委李乃军。（黄森民）

【顾卫东、龚艳平到青岛船员学院推介宣讲】 2010年10月21日，船员管理部总经理顾卫东、党委书记龚艳平在青岛参加交通运输部海事局举办的“海员发展和培训教育研讨会”。其间，专程到青岛船员学院向2011届毕业生进行推介和宣讲。150多名应届毕业生参加了见面会，很多学生当场递交了求职表。（黄森民）

【“乐昌”轮获客户好评】 2010年10月31日，首次与中远航运合作的新客户中信建设责任有限公司副总经理陈晓光一行4人，登上停泊在上海张华浜港作业的“乐昌”轮，视察该公司首批发货装船事宜。“乐昌”轮船长宋振华与客人们进行了友好交谈，并向客人介绍中远航运的经营理念和服务宗旨。（黄森民）

【成立大专院校毕业生船员跟踪培养项目小组】 2010年9月，由船员管理部团委牵头成立了2010年大学生新船员跟踪培养项目小组（简称项目小组），一方面安排专人及时了解2010届院校毕业生新船员（简称新船员）在船工作、学习、晋升、生活等实习情况，以及新船员对中远航运的意见和建议等；另一方面细化船员管理，通过贴心、精细的关心培养，增强企业的凝聚力，稳定高素质人才队伍。该项目小组定期对2010届98名新船员的实习情况进行梳理，对存在的问题进行了分析，提出了下一步跟进培养的要求，帮助新船员快速成长。（罗小光）

【船员一处简介】 船员一处主要职责是负责制定本处船员调配计划，熟悉并掌握船员岗位技能总体情况；负责船员调配管理工作，为船舶选派合格、持证、健康船员；负责船员思想工作和船舶党支部建设，指导船舶开展学创活动，定期组织对船舶党支部、领导班子实施考核；负责接待来访船员及家属，并协助职能部门处理相关事宜；负责对不服从调配船员的调查，并提出处理意见；负责船员的使用、教育、考核、任职、培训、提升、奖惩等工作。2010年，船员一处负责31艘船舶的1605名船员的调配管理工作。时任业务经理林光桂、业务副经理徐琦武。员工12人。（刘小苑）

【船员一处工作概况】 船员一处按照船员调配原则，为船舶选派健康、持证、合格的船员，全年完成船员调配3015人次，办理退休手续76人；对168艘次航行沿海船舶进行安全提示，对船舶进行防海盗、防偷渡以及其他安全工作的布置、指导电子邮件403份，促进了船舶的安全生产；认真实施“红树林”工程，重视船员上船前培训教育工作，上船前培训教育1721人；提升高级船员74人；现场考核船舶31艘/次。其中，优秀14艘，占船舶总数45.2%；良好16艘，占总数51.6%；及格1艘，占总数3.2%。加强船舶党建工作，全年发展党员99名（其中，高级船员37名、普通船员62名），预备党员转正115名（其中，高级船员71名、普通船员44名）；《提高三副、三管轮英语适岗合格证书的持证率》的QC课题，获得广远级、广州市级QC活动成果奖。是年，船员一处被中远集团评为“文明示范窗口”。（刘小苑）

【“安顺江”轮受到货主表扬】 2010年3月18日，船员一处收到北京盛伦国际物

流有限公司现场部王爱民先生发来的一封传真信件，表扬“安顺江”轮船员。信中说：我是“安顺江”轮2010年2月12号在莫桑比克贝拉港卸货时的货主。在卸货期间，船长王雨来、大副张秀森、二副赵强、三副刘勇给予我很大的协助和照顾。我是第一次到国外接货，船长给我安排了房间休息和船上就餐。因为货物在上海港装得比较满，当地卸货工人又笨，大副凭着丰富的经验，指导工人按顺序卸货，保证了货物的安全卸船。当时正是中国传统节日春节前几天，驾驶员不顾休息，冒着当地高温炎热的天气，指挥和安排卸货，清点货物件数。尤其是“安顺江”轮整洁的船容船貌和热情周到的船员，让我在异国他乡有一种在国内的感觉。在此，我衷心感谢中远航运培养了这么好的船员队伍。

（梁树添）

【“安涛江”轮受到货主表扬】 2010年4月23日，中远航运收到一封中色国际贸易有限公司发来的感谢信。信中说，“安涛江”轮第474航次承运前往缅甸的各种设备共计452件／约5208吨／约12604立方。在上海和鲅鱼圈装船过程中，船长、大副积极与港口沟通，合理科学配载，在异型构件多、积载难度大的情况下，保证了该批次货物全部安全装船；在航行途中，船长、政委缜密安排，船员细心监管，及时加固绑扎甲板上的货物，有效防止了货物松动受损；在仰光港锚地等待靠泊时，船员提前做好卸货的各项准备工作；卸货期间，政委带领船员利用码头工人休息换班的空当，头顶烈日，冒着40多度的高温，在大舱内攀爬于货物之间，剪钢丝、解地铃、收链条，工作一丝不苟，从而大幅度提高了卸货效率。信中还说，中远航运航线经理徐磊亲赴装港督促货物全部上船，协调卸港安全卸货，工作有力、及时、到位；船员在船长、政委的领导下，以服务客户为中心，以满足客户需求为己任的敬业精神和职业素养得到充分体现，为深化中国有色集团与中远集团的战略合作，发展双方和谐、共赢的更紧密协作关系奠定了坚实基础。信中最后对中远航运给予的大力支持和“安涛江”轮提供的优质服务再次表示感谢。

（梁树添）

【徐惠兴上“天王星”轮检查工作、慰问船员】 2010年5月21日，广远总经理、中远航运副董事长徐惠兴登上停泊在天津新港的“天王星”轮进行安全检查和慰问船员。徐惠兴检查了船舶各种设备以及装货进度和货物的绑扎情况，听取了船舶领导关于安全生产、防海盗工作和船员情况汇报，对“天王星”轮的工作提出了具体要求。

（刘小苑）

【“乐泰”轮成功击退海盗袭扰】 2010年5月12日16:45时（当地时间），“乐泰”轮加入日本护航编队自东向西通过亚丁湾海域，在西解护点解护后航至亚丁湾红海口处，遭遇海盗10艘快艇袭击。船员快速到达各自战斗岗位，严阵以待，用各种防海盗器械和10多条消防水龙，与海盗对峙，使海盗无法登轮。海盗看到该轮戒备森严，于16:58时被迫放弃攻击离去。

（刘小苑）

【“安武江”轮船员自行卸货争得3天船期】 2010年5月21日，“安武江”轮在孟加拉MONGLA港锚地卸货接近尾声。上

午，工人开始卸底层舱内的14台重达108吨/台的大型发动机和3台重达50吨/台的变压器。20多名工人花了近6个小时才卸下一台发动机。按此推算，卸完这14台发电机和3台变压器需要80小时。为抢船期，船长决定由船员自卸。13:30时，船员开始自卸。此时，天下起了倾盆暴雨。据气象分析，该港未来2天仍连续下雨。如等天晴再作业，势必损失几天船期。为抢船期，船员们冒雨卸货，船长、大副现场指挥，轮机长和4名船员在大舱内的发动机上安装吊点并挂钩，政委和6名船员在驳船脱钩并卸下吊点，电机员负责传递专用扳手等工具。通过船员们的全力合作，22日05:30时，13台发动机和3台变压器等重大件全部卸完，比工人卸货少用了70个小时，相当于节省3天船期。（刘小苑）

【“凤凰松”轮成功自卸地铁车厢】

2010年5月20日，“凤凰松”轮抵达沙特阿拉伯的吉达港。装在三、四舱的24节地铁车厢（其中4辆车头），这是中国政府和沙特政府签订的地铁合同的首批货物。车厢每节长21.880米，宽3.091米，高3.87米，重达39吨，每两节车厢之间的距离不到30厘米，前后空间非常有限。因该港卸货工人没有卸过车厢，货主很担心卸货时会出安全事故。为确保货运质量，让货主放心，船长组织船员自卸。从21～25日，船员们经过4天的奋战，安全优质地完成自卸工作。几天来，货主耳闻目睹船员的辛勤劳动，对中远航运船员的职业精神和高度的责任感深表感谢，并一再表示要与中远航运再次合作。（刘小苑）

【“乐山”轮赶护航编队赢得5天船期】

2010年7月3日，“乐山”轮第77航次从韩国马山港起航驶往欧洲港口，到中国海军护航集合点航程大约3320海里，按平均航速13.5节推算，21日12:00时可到达该集合点加入中国海军护航编队。但该轮驶过马尔代夫群岛后，遭遇8级以上的印度洋季节风，船速由14.5节骤降到7.2节，船舶无法准时到达中国海军护航编队集合点。对此，中远航运便安排“乐山”轮参加21日18:00时在另一集合的日本海军护航编队，此集合点比中国海军护航编队集合点近120海里。船长李重接到指令后，组织船员加固货物，并在大风浪中不断寻找转向机会。在全船的密切配合下，该轮终于在21日06:00时成功由西行转向北行。随后，船速便提高到15.6节，快速驶往日本护航编队集合点。此时，船长计算抵达日本海军护航编队集合点大约落后编队起航时间约50海里。为确保该轮在海盗猖獗的亚丁湾航行安全，中远航运将“乐山”轮的情况与日本护航海军沟通，日本护航海军决定稍等并短时缓行。得到日本护航海军的支持后，船长充分发挥良好船艺，开足马力追赶护航编队，最终赶上并加入了护航编队。由于“乐山”轮及时赶上参加护船编队，不用漂航等待5天后的下一轮中国海军护航编队，从而争得了5天船期。（刁世福）

【“乐昌”轮组织船员绑扎节省10万元】

2010年9月21日，“乐昌”轮第87航次靠泊约旦亚喀巴港加载201件建造水利厂的施工设备回国。若使用当地绑扎公司绑扎设备，每件绑扎费用85美元。为节省这笔开支，船舶领导组织船员自行绑扎。从装第一件货开始，船员们按照分工，各司其

职，克服天气炎热等困难，搬垫料、拉链条、边挂扣、边上紧……全体船员连续奋战15个小时，顺利完成了绑扎任务，不仅争取了船期，而且节省了10万元的绑扎费用。（刘小苑）

【紧急安排救治“乐从”轮大厨林洪强】 2010年11月18日，“乐从”轮在阿拉伯海遭遇海盗中腹部和左腿5处受伤的大厨林洪强需要紧急送岸治疗。19日，中远航运经与也门代理公司总经理阿里和中远西亚公司总经理赵伟沟通后，将“乐从”轮原计划挂靠也门亚丁港改为挂靠阿曼萨拉拉港。随即，中远西亚公司派出员工郭冬娇于当地时间20日凌晨5:00时乘第一班飞机，经首都马斯科特转机赶赴阿曼萨拉拉港，并开始协调港口、安排医院及联系使馆等前期准备工作。21日凌晨06:15时，“乐从”轮顺利进港，中远西亚公司人员及港口、港监、代理和医护人员兵分两路：一组负责护送伤员去医院；另一组办理船员入境及船舶出入港口清关手续。在林洪强住院期间，赵伟常通过电话向郭冬娇了解林洪强的治疗和恢复情况，并委托郭冬娇向林洪强赠送慰问品，以示敬意。21日，到阿联酋进行工作访问的中远集团总裁魏家福，刚下飞机就要通了萨拉拉医院的电话，亲切慰问林洪强，称其是抗击海盗的英雄。中国驻阿曼大使馆政务参赞刘随良代表大使潘伟芳，专程从马斯科特飞赴萨拉拉看望林洪强。经过4天的治疗，医生认为林洪强伤情稳定，可回国进行手术治疗。在中远西亚公司工作人员妥善安排下，25日，林洪强抵达广州，送入广州军区广州总医院继续治疗。（刘小苑）

【安排救治“乐宜”轮机工长王义满】 2010年11月23日11:45时，“乐宜”轮刚进入马六甲海峡西口，机工长王义满突然感到左腰部突发性疼痛。经船医治疗后，患者疼痛仍没有缓解，初步诊断为肾结石。13:00时，患者出现尿液不能排出，小腹部胀痛并向会阴部呈放射性疼痛等症状；船医又对其进行了导尿术治疗。经过三次导尿，均未成功。中远航运高管获悉王义满病情后，一边请求医院专家给予医疗指导；一边联系马来西亚槟城港代理，做好随时挂靠槟城港送医院治疗的准备工作。在专家和医生的指导下，经过10多个小时的治疗，至24日1时，王义满有微量尿液排出；3时，王义满有少量的尿液排出且小腹部胀痛症状逐渐减轻；24日8:30时，王义满病情基本得到控制。船舶改航前往巴生港加油。中远航运决定在巴生港由代理接送王义满离船到巴生港医院检查治疗。25日8:15时，王义满由巴生代理接送到巴生市医院检查治疗。27日18时，王义满平安飞抵广州，中远航运将其安排送入广州医院继续进行检查治疗。（刘小苑）

【中国海军护航特战队员指导“安新江”轮反海盗演练】 2010年12月24日，停靠在吉布提港的“安新江”轮船长黄映鸿等3人带着慰问品，登上正在该港补给休整的海军第七批护航编队“徐州”舰，代表中远航运、船舶和船员对“徐州”舰的官兵进行慰问。“徐州”舰舰长王宏民向“安新江”轮3位船员代表介绍了中国海军护航编队的情况以及当前海盗活动特点，并详细询问了“安新江”轮防海盗措施和方案，提醒船员加强观察，提高警惕，条件允许的要尽量加入海军护航编队航行。随

后，王宏民和特战分队长王以光带领特战队员，登上“安新江”轮实地查验该轮反海盗措施和器材，观看了船员的反海盗演练。王以光根据该船的结构，详细查看了安全舱室，并针对薄弱环节提出改进意见。特战队员也利用这一机会抓紧时间了解货船构造，以防不测之需。

（刘小苑）

【陈建军荣获“金锚奖”】 2010年8月4日，中国海员建设工会授予船长陈建军“金锚奖”荣誉称号。陈建军1982年8月毕业于集美大学，同年分配到广远工作。陈建军自1996年担任船长以来，坚决执行中远航运各项指令，认真学习，刻苦钻研，所在船舶多次接受PSC/ISPS严格检查，均获无缺陷一次性通过，安全生产和治安综合治理成绩优良。陈建军先后多次获得中远航运先进生产（工作）者和交通运输部海事局授予的“安全诚信船长”等称号。

（刘小苑）

【船员二处简介】 船员二处主要负责制定本处船员调配计划，熟悉并掌握船员岗位技能总体情况；负责船员调配工作，提供合格、持证、健康船员；负责船员思想教育工作和船舶党、团支部建设，定期组织对党支部、领导班子实施考核；负责指导船舶开展学创活动，协助有关职能部门处理相关事宜；负责协助有关职能部门对违纪船员调查，并提出处理意见；负责船员的使用、教育、考核、任职、培训、提升、奖惩等工作；负责接待船员及家属来信来访工作。时任经理陆润洪，副经理李国才。员工12人。 （练锦荣）

【船员二处工作概况】 2010年12月底，船员二处管理船舶34艘。其中，半潜船2艘、重吊船5艘、汽车船1艘、杂货船26艘；管理船员1804人。其中，自有船员1260人、协作船员513人、外聘船员21人。是年，船员二处认真执行《中远集团船员调配工作标准》和《中远航运质量体系文件》，按照调配程序，优化组合，选好船员，配强班子，完成船员换班169艘次，调配船员上船1242人次、下船1330人次；坚持船员派前办班教育制度，船员派前教育1242人次，不断增强船员安全意识和服从、服务意识；加强跟踪指导，根据公司安全生产形势以及阶段性安全工作重点，分别给船舶发邮件209艘次、打电话240艘次，及时对船舶进行安全、保安工作提示及指导；做好船员队伍结构调整工作，加快年轻船员培养，全面提高船员队伍综合素质，选派257名船员分别参加考证、知识更新、“驾报合一”、英语班等培训，提升高级船员和业务骨干船员99名。办理船员适任证书、职务证书、GMDSS等1142份、服务簿注册645份；清退长期不服从调配和在船工作表现差等不适岗船员64名。加大现场检查、考核力度，先后派出35人次，分别到天津、上海、青岛等地考核船舶65艘次。其中，优秀的有“康盛口”、“大紫云”、“大富”轮等10艘船舶，占15.38%；良好的有“富清山”、“大丹霞”、“安华江”轮等25艘船舶，占38.46%。是年，“泰安口”、“康盛口”、“乐盛”、“乐民”、“乐荣”、“富康山”、“富新山”、“富清山”轮等8艘船舶被交通运输部海事局授予“安全诚信船舶”称号；张在元、闵业杰、曹桂贤、夏玉和、文心等5人被授予“安全诚

信船长”称号。“康盛口”轮被中国海员建设工会和交通运输部交通安全委员会授予“全国模范职工小家”称号；“大富”轮被中国海员建设工会授予“全国交通建设系统工人先锋号”称号；“康盛口”、“泰安口”、“大富”、“乐盛”、“安宁江”轮等5艘船舶分别被广远和中远航运评为学习“华铜海”先进船舶；是年，船员二处发展党员97名，预备党员转正125名。（练锦荣）

【“康盛口”轮成功装载2座油田工作平台】 2010年7月25日，2万吨级半潜船“康盛口”轮，在广州大屿山锚地采用潜装方式，成功装载中海油田服务股份有限公司的“中海油901”、“中海油902”两座油田工作平台前往天津。该轮此次成功装载的两座油田工作平台，由拖轮将其拖带到大屿山锚地实施潜装作业，不但展现了中远航运半潜船运输的实力，还加强了与国内有海上工程项目运输客户的合作。

（练锦荣）

【“永盛”轮货载创历史新高】 2010年5月1日，“永盛”轮35航次在上海罗泾港装载油管和设备28200立方。由于该轮全部舱容只有26836立方，还要预留二层旁通和拟装2件106吨、58.7吨的重件，加上所装的油管，亏舱率高，要全部装下所有货物非常困难。该轮船长、大副反复修改配载图，从分层装载到通舱积载，从垂直装载到部分横向，重件从2、3舱甲板移到1、2舱的甲板再移到1、2舱二层柜，设计出最佳配载方案，装货量从不足20000立方增加到24000立方，最后增加到28200立方。该轮仅用了2天多时间就完成了全部装货任务，创下了接船5年来最大货运量。

（练锦荣）

【及时救治张才】 2010年4月23日，“富清山”轮向中远航运报告，机工张才出现下腹微痛，伴有尿频、尿痛、尿血等情况。“富清山”轮领导为了船员生命安全，建议尽量安排张才在巴拿马上岸检查治疗。中远航运接到“富清山”轮报告后，相关部门迅速作出反应，广远医疗中心立即对船上进行远程治疗指导。与此同时，中远航运联系巴拿马港代理，船一抵港便立即接张才到当地医院治疗。26日，“富清山”轮过河后抛锚加油，张才经医院治疗后病情明显好转，复查未见异常，于27日平安回船。（练锦荣）

【船员三处简介】 船员三处的职责主要是负责对中远航运自营船以外的18家合作船东的船舶所派遣全套、半套和散派船员的调配、管理、考核等日常管理工作。根据船东需求，负责制定船员外派的调配计划，为船东选派合格、持证、健康的船员；负责船员思想工作和船舶党建、工会、共青团工作；负责接待来访船员及家属，并会同职能部门处理相关事宜；负责对违纪船员的调查，并提出处理意见；负责承办并上报船员办证、任职、培训、提升、奖惩、辞退等工作。时任经理李锐源、副经理黄春生。员工12人。

（李耀祥）

【船员三处工作概况】 2010年，船员三处管理的船员1540人（含协作船员），整套班子外派船35艘，半套4艘，散派船员121名，合作船东18家。是年，船员三处

紧紧围绕“优质服务，船东满意”的工作思路，坚持“抓班子，带队伍，抓思想，保稳定”，攻坚克难，扎实做好船员调配管理工作，满足合作船东对船员人力资源的需求，为船东提供持证、健康、合格的船员。全年实施船员调配1021人次，办理各种证书1477 本；积极抓好船员派前教育、派后跟踪、现场指导等管理工作，船员上船前教育培训1021人次，对抵国内港口的外派班子进行考核，出差30人次、考核船舶23艘次。加强船舶党的建设，发展船员党员72名、预备党员转正70名；圆满完成了10艘船舶的接船任务和5艘船外派班子的关约任务。按照中远航运发展战略，做到板块管理，相对固定，有序流动，抓好船员队伍整合，盘活人力资源，将撤回的外派班子和挑选优秀船员向船员一、二处选送193人；所管理的外派船舶中“瑞昌海”轮获“全国交通建设系统工人先锋号”称号；王成宝获中远集团劳动模范称号，林伟光、邓诗红获中远集团“四优”党员称号；徐强获中远集团“四优”党务工作者称号。是年，外派船舶实现了安全生产，综合治理形势的平稳。（李耀祥）

【“中远武夷山”轮首航获租家好评】 2010年1月19日，新造“中远武夷山”轮第一航次出租给租家 COPENSHIP公司。按照租家的航次指令，执行历经西、北欧、美国、澳大利亚等环球航线任务，两次安全通过海盗猖獗的亚丁湾海域；从装矿到装粮，一次性通过澳大利亚装粮验舱。其间，船员以良好的履约精神克服了新接船诸多困难，解决了新船出厂后磨合期许多棘手的难题，未发生过停租、扣租金及租家投诉问题，获租家好评。（李耀祥）

【“木兰湾”轮保持连续8次PSC检查无缺陷的记录】 “木兰湾”轮船员为中远航运船员管理部船员三处所派。2010年3月2日，“木兰湾”轮在澳大利亚ADELAIDE港无缺陷通过PSC检查。该轮船员自2007年4月接该轮以来，先后经过澳大利亚、中国、菲律宾、新西兰和印尼等港口国8次PSC检查，并保持连续8次无缺陷通过的记录。（李耀祥）

【“海安城”轮获厦门远洋领导好评】 2010年1月29日，外派“海安城”轮的船员在鲅鱼圈港从兄弟公司船员手中接过厦远“海安城”轮。船长彭玉燕、政委高正洪、轮机长宋瑞华等23名船员经过艰苦工作，使船舶面貌发生巨大变化。6月14日，厦门远洋总经理林戟专程到江阴港上船慰问和检查指导工作，林戟对船舶焕然一新的面貌和船员的工作成效给予高度赞扬。（李耀祥）

【“毓骐海”轮船员受中远集团安全督导组表扬】 “毓骐海”轮是一艘近30年船龄的老旧船。船员均为船员三处所派。2010年11月19日，中远集团督导检查组在广州西基港对“毓骐海”轮进行督导检查。督导组对该轮船员给予了较高的评价，称：“毓骐海”轮属于老旧船，船舶管理工作做得好，船员工作积极性、主动性高，安全意识强，船风船貌好；维修保养到位，各种设备运转正常；各种台账、培训记录完整；安全和效益收到良好效果。（李耀祥）

【业务管理处简介】 2010年，业务管理处工作职责主要是负责劳务外派业务洽

谈、管理，客户关系维护、租赁合同管理、船员租金催收和船员劳务政策研究、信息收集等；负责船员日常管理信息收集和数据汇总，调度会议记录整理以及相关材料上报；负责船员计划生育管理；负责船员出境证明办理；负责船员服装管理；负责船员管理部行政口的工作计划、总结以及对外公文起草等文秘工作；负责文件管理和船员、船舶邮件的收发工作；受中远航运总经理办的委托负责船员管理中的车辆使用调配管理工作和负责船员管理部的重要会务、日常行政事务等后勤管理工作。业务经理邱进宗，业务副经理黄森民。员工6名。（黄森民）

【业务管理处工作概况】 2010年，业务管理处认真履行工作职责，主要做了如下工作：1. 积极拓展船员劳务外派经营业务，新增客户7家，较好地解决了个别工种富余船员较多的问题；修改和完善《船员租赁协议书》和《船员劳务派遣协议书》，增强企业防范风险能力，并大幅提高散派船员租金，与2009年相比，同一职务的租金提高41%，并抓好租金回收工作，全年租金回收率达99.8%；2. 广泛征求船员管理部降本增效的意见和建议，并协助部门领导抓好降本增效工作的落实；3. 做好每天调度会议材料的准备工作，及时整理会议记录，并发给船员管理部全体员工，使会议精神得到迅速传达；4. 做好公文传递工作，全年处理密级文件、联系函件、每月退休人员等材料的传阅、督办、催办等文件42份；审核印章使用文件69份；完成部门工作计划汇总上报、代管广远业务情况统计24份；5. 抓好计划生育工作，为440人次船员办理各项计生证明等事宜。其中，独生子女保健费动态13人次、调出计划生育档案转移手续225人次；办理船员准生证70人次；办理船员看护假53人次；建立船员计生档案79人次；6. 做好车辆使用管理，全年累计调派530多车次、乘员1250多人次，同时协助总经理办联系外租车辆21次，确保船员上下船顺利；7. 做好部门工作计划总结，全年完成72份47000多字的工作计划总结、安全管理情况以及劳务出租业务情况等材料的起草上报；8. 认真做好船员出境证明办理工作，全年共办理出境证明303份2056人次，均无发生问题；9. 做好邮件交寄、费用结算以及信件登记分发工作，全年办理特快专递邮件共2838件，普通邮件共2393件，费用合计105621.40元；分理从国内外寄回船员部各处邮件共1122件；收发各种类报刊14种杂志1467份/次，汇款、邮寄包裹单1224份，并做好相关费用的结算工作。10. 认真组织开展QC小组活动，船员管理部6个处共发布了8个QC成果；11. 做好后勤工作，发放环市东路员工办公用品，跟踪完成办公区域各类维修共260多项，接待船舶领导用餐140人次；发放船员午餐票1152人次。（邱进宗）

【中远航运被评为广州市对外经济合作先进企业】 2010年，中远航运坚持“内强管理，外树品牌”的劳务外派工作理念，与境内外船东开展船员劳务合作，在为合作船东提供优质服务的同时，培养、锻炼和储备了公司发展需要的船员资源，劳务外派工作得到上级主管部门的表扬。是年，中远航运被广州市对外贸易经济合作局评为广州市对外经济合作先进企业。

（黄森民）

【上海远洋劳务公司领导来访】 2010年7月20～21日，上海远洋对外劳务有限公司常务副总经理杜一珉一行4人到访船员管理部，双方就船员劳务外派合作与船员管理工作进行了友好交流。（黄森民）

【林飞良等人来访】 2010年10月28日，中远（香港）航运公司船员部总经理林飞良一行3人到船员管理部访问。船员管理部总经理顾卫东、党委书记龚艳平与客人就船员劳务外派业务进行了洽谈，双方签订了船员租赁协议。（黄森民）

【业务管理处QC小组获得殊荣】 2010年，船员管理部业务处QC小组荣获2010年度“广东省优秀质量管理小组”光荣称号，同时获得广东省质量协会、广东省总工会等机构联合颁发的《荣誉证书》和奖牌。

（黄森民）

【党委工作处简介】 党委工作处（以下简称党工处）主要职责是负责船员管理部党委、纪委、团委日常工作和文秘工作；负责船员思想政治教育、职业道德教育、爱国主义教育、企业文化宣传以及违法、违纪船员等查处工作；负责船舶党团组织建设，指导船舶党支部工作、党员教育工作；负责指导、督促船舶开展两个文明建设；协助做好维护企业稳定工作。时任主任易宝森（兼）、副主任罗小光。员工5人。（罗小光）

【党工处工作概况】 2010年，党工处围绕中远航运“安全、效益、发展、改革”4项重点工作开展宣传教育，编辑48期《中远航运简讯》船舶船员稿件250多篇和《南非世界杯专刊》9期，编写4期船员派前教育提纲，结合降本增效、防抗海盗、“尊重船员，关爱船员”、遵纪守法等形势任务需要，撰写了宣传教育材料24份；协助公司有关部门做好慰问成功防抗海盗的“乐从”轮和“泰安口”轮船员，撰写相关宣传报道、事迹材料和经验材料；协调抓好“乐里”轮等11艘船舶和蔡连财等10名船员典型培育工作，并撰写宣传报道典型材料63篇；对政工人员随船调研船员思想状况进行总结分析，撰写的《船员管理部随船调研情况报告》；组织召开了9次政工例会，分析讨论船舶管理存在的主要问题和解决办法，并整理例会内容上报船员管理部。

在党建工作方面，下发了《中远航运船员管理部党委2010年工作要点》、《关于认定2009年船舶“四好”领导班子的通报》等文件和通报，编发了《船舶党支部工作记录簿》组织和指导船舶认真开展争创“四强四优”活动。“乐从”、“康盛口”、“瑞昌海”轮党支部被中远集团评为“四强”党组织，蔡万群、田波、林伟光、邓诗红被中远集团评为“四优”共产党员，李玉海、黄泽、徐强被评为“四优”党务工作者；李玉海被评为中央企业“优秀党务工作者”。全年发展船员党员268名，预备党员转正331名，取消预备党员资格24人；制定下发中远航运《关于进一步深入推进“红树林”工程的实施意见》和《关于规范船舶开展加强船员教育培训“红树林”工程活动的通知》；协助组织20名政委苗子培训，从中择优录取17名政委苗子跟班实习，并组织17名船舶政委参加广东省直、中远集团和青岛船员学院举办的各类培训班；对个别闹访、缠

访船员或家属，做好教育、引导和调解工作；党工处QC小组撰写的《提高客户使用普通船员的满意度》QC成果报告，荣获2010年度“广州市优秀质量管理小组”称号。

在纪检工作方面，调查处理了4起船员打架事件，下发了《关于几起船员打架事件的情况通报》；核实处理了6起船员信访案件；组织修改了《岸基船员违法违纪行为处理规定》和《船岸船员违约旷工处理操作须知》等文件。

在团建工作方面，下发了《中远航运船员管理部团委2010年工作要点》和《关于做好共青团团内统计及团费收缴工作的通知》文件，指导船舶团支部加强船舶团建工作；协助上级团委深入开展基层团组织建设和基层工作试点工作，策划组织了101名船员青年参加了户外拓展、趣味登山等主题教育活动；组织、指导船舶青年船员开展创建“青年文明号”、争创“青年岗位能手”、“青年安全生产示范岗”、“青年创新创效”活动，“富裕山”、“大强”、“瑞昌海”轮被评为中远集团2008～2009年度“青年文明号”；肖华、叶观峰、陈建水被评为中远集团2008～2009年度“青年岗位能手”；“乐宜”、“湘江”、“天王星”轮被评为中远集团2008～2009年度“青年安全生产示范岗”；何鹏辉评为广东省2009～2010年度“优秀共青团员”、罗小光被评为广东省2009～2010年度“优秀团干部”。成立了新入职院校毕业生船员跟踪培养项目组，帮助院校毕业生新船员进行职业生涯规划设计，进一步细化船员管理工作。

（罗小光）

【综合管理处简介】 综合管理处主要工作职责是负责船舶工会建设；完善深化企业民主管理；分流安置不适岗船员；帮扶困难船员；健全船舶工会劳保检查员网络以及维护企业及船员和家属利益、保障企业和谐稳定发展、完善船员家属站整体布局及工作网络建设。时任业务经理段腊春、副经理崔一立。员工5人。

（崔一立）

【综合管理处工作概况】 2010年，综合管理处组织船舶征集《中远集团四届二次职代会职工提案》，共收集29艘船舶67份，并按时上报广远工会；组织船员参加全国安全生产应急知识竞赛活动；下发《中远航运公司船舶工会深入开展建设“职工小家”实施意见》、《关于对船舶工会工作进行年度考核的暂行办法》；完成《船岸船舶工会工作年度目标考核操作须知》、《关于船舶工会活动经费、工会主席和劳动保护检查员津贴发放、管理的暂行规定》；对69名新船员如何加入工会及有关船舶工会知识教育的培训；元旦和春节期间慰问并委托各驻国内港口办事处慰问船舶20艘次、慰问在船和接班船员619人次；向783名在职困难船员、内退船员、已故船员家属发放春节慰问金57万余元；慰问广州地区住院的危重伤病船员、特困船员、抗击海盗负伤船员、船员遗属136人次；对福建、海南地区遭受台风及水灾影响的船员家庭进行了慰问和困难帮扶；中秋节慰问靠泊国内港口船舶10艘次，向320名在航船员发送月饼；落实广远工[2009]27号文有关巡视检查的要求，完成船员管理部工会“关于职代会决议落实情况”等8个专题的巡视检查情况综合报告；全年组织20个船员家属站约500多名船

员及家属开展了“亲情祝安全”活动；对246名船舶安全保护监督员进行考核。

（崔一立）

【船员维稳及分流安置工作】 2010年，综合管理处坚持依法办事，耐心疏导劝解，使船员诉求的问题得到了妥善解决。在全国“两会”（全国人大、政协会）和广州亚运会期间，无船员赴京或到广州上访，维护了企业的稳定。全年接待和处理船员及家属来信来访663人次（封）；对50名不适岗船员或长期不上船的船员进行了清理，并分别办理解除劳动合同、或公司终止劳动合同手续，或安排上船工作。

（崔一立）

【完成表彰推荐工作】 2010年，综合管理处根据上级布置，及时完成推荐上报全国交通技术能手3名船员候选人，撰写近两万字事迹材料；完成并上报了“乐锦”轮、“康盛口”轮“全国水运系统安全优秀船舶”事迹材料；完成中远集团评选16名优秀船员家属、4个优秀船员家属站、2名优秀家属站长的事迹材料和船员家属站《三年工作总结》。对中远航运2010年度船舶工会工作目标完成情况进行了考核及验收，表彰奖励了达标模范船舶8艘、达标先进船舶18艘、船舶工会优秀工作者18名。（崔一立）

【帮扶工作】 2010年，综合管理处全年帮助困难船员解决各种实际问题，办理特困病号船员医疗救济12人、医疗救助15人；核发希望工程基金12人次、特困船员子女高教助学和金秋助学43人次；定期对特困船员249人次发放困难补助；对59名中远抚恤对象进行了普查。（崔一立）

大连办事处

【大连办事处简介】 大连办事处是中远航运的派出机构，隶属中远航运总经理办公室管理，负责处理中远航运和广远所属各航运公司在辽宁地区的工作事务。主要职责是负责中远航运和广远所属各航运公司抵葫芦岛港、锦州港、营口鲅鱼圈港、丹东港、大连及周边港口的船舶进行现场管理，对船舶安全生产进行检查、督促和布置工作；做好疏港抓船期工作；协助中远航运安全主管人员对抵港船舶进行安全检查和布置其他任务；为船舶和船员提供优质服务；协助处理船上突发事件；协助中远航运有关部门对大连地区船员进行管理；完成中远航运交代的其他事宜。时任主任许明顺。员工5人。（许明顺）

【大连办事处工作概况】 2010年，中远航运及广远所属各航运公司船舶抵靠辖区港口73艘次（外派船员的船舶3艘次不计在内），船舶在港时为2.36天/艘次，与2009年同比增加0.11天/艘次；船舶在港非生产性停时为0.43天/艘次，与2009年同比增加0.23天/艘次（主要原因是极端天气频发和港口水域油污所致）。全年共接待船员上下船187人次；办理船员体检和防疫注射105人次，办理船员出入境手续151人次；接送到船探亲船员家属77人次；看望慰问患病船员及特困家庭12人次；协助处理、照料因工受伤住院船员1起；慰问船舶10艘次。协助中远航运有关部门处理问题1人次；及时化解船员家庭内部矛盾、邻里矛盾和船员与公司的矛盾多起；召集家属联络站会议4次。对抵港船舶现场安全督导48艘次，协同中远航运及广远所属航运公司船舶安全检查9艘次，陪同中远集团督导员安全检查船舶15艘次，协调大连海事局安全检查船舶10艘次；协助处理船舶在港应急事件3起；圆满完成20艘次危险品装船任务，安全率达100%。转运船舶备件、代购或转递航海图书32艘次/83票次，协助安排通导设备修理9项次。接待中远航运、广远各下属公司和下属航运公司来连出差人员46人次，安排会议活动6次；接待地区关系单位、客户71批次/250余人。向中远航运报送信息50多条。是年，大连办事处被大连市政府连续4年授予外地驻连先进办事处称号，许明顺被评为先进工作者。（许明顺）

【抓船期，降成本】 2010年，国际国内航运市场持续地处于低迷时期。大连办事处积极响应中远航运做好降本增效的号召，一手大力挖掘各种潜力，努力克服自然灾害天气和不可抗拒的突发事件等不利因素对船舶在港船期的影响；一手致力于降低现场各种使费，为中远航运把好现场使费截流关。比如在压港严重的情况下，准确落实船舶动态，积极与港口协调争取预留泊位或减少锚泊待泊时间，船舶进离港前充分考虑天气情况，提前与引航站打好招呼，保证中远航运船舶优先靠离泊位。据统计，全年格外抢出船期30余天，通过各种渠道节省各种使费逾10万余元。（许明顺）

【协助“天王星”轮装运危险品】 2010年2月，天星公司所属船舶“天王星”第13航次到大连和尚岛码头装运整船危险品货物。按中远航运要求和天星公司委托由大连办事处负责协助、协调有关现场事宜。该轮于2月3日到港，经大连办事处积极周密地与各方面协调，使船舶安全顺利地完货离港。（许明顺）

【妥善处理“大华”轮应急事件】 2010年2月11日，“大华”轮87航次在大连旅顺新港码头装大件设备货，在完货加固绑扎工作中，由于受风雪低温等天气影响，三管轮李华栋意外地从舱盖摔落到甲板上，造成腰椎横突骨折。大连办事处立即协助船上组织救护，及时联系救护车，送到就近旅顺口区医院进行救治。同时，又与中远航运、代理、边防协调调换船员事宜。船舶开航后，大连办事处指派专人到医院对李华栋照料护理，并多次探望，进行春节慰问。李华栋在伤情好转后，大连办事处又将其安排转院到大连医学院进一步治疗。李华栋出院后，又派人护送其回山东老家进行康复医疗。（许明顺）

【努力减少港区水域油污事件对船期的影响】 2010年7月16日，大连港油轮码头发生储油罐爆炸重大事故，大量原油流到海里，对附近上百平方公里水域造成不同程度的污染，位于油轮码头附近的大连湾杂货码头作业区属于油污重灾区。事发后，为了不影响油污清理工作的进行，很长一段时间内，船舶不能正常进出港，而且离港时必须把船壳水线部位的油污清理干净，经过大连海事局检验合格方可开航。这些情况对中远航运船舶在港停时产生很大影响（有的船公司船舶光是开航前清理船壳污染就要3～4天）。为了减少船期损失，大连办事处及时向中远航运有关部门报送有关信息，积极建议船舶改港去营口

鲅鱼圈港。同时，大力协调港务局对中远航运船舶开航前油污清理工作优先突击进行，并组织船员大力配合，争取大连海事局检验官到船边指导清理工作。通过上述工作，争取验收合格后马上开航，这既避免了海面污油对船体造成重复污染，又大大地缩短了船舶在港停时，赢得了船期。

（许明顺）

【协助中远航运有关部门成功举办推介会】 2010年7月26日，中远航运以“凤凰松”首航大连港装运铁路客车厢为契机，在大连举办客户推介会和投资者现场交流会。CEO韩国敏、中外客户及投资者共计130多人参加了交流会。大连办事处从会议选址、住宿、接待以及当地有关部门的协调始终积极参与、大力协助，并争取到边防站为130人登轮“特事特办”的许可，为会议活动的圆满成功创造了良好条件。

（许明顺）

【改选大连地区家委联络站】 2010年8月，在广远工会和中远航运工会的授权下，由大连办事处组织大连地区船员家属和船员对大连原有的7个家属联络站进行改选和调整。新的家属站分为南北片两个站，南站由陈秀华任站长，联络员杨慧晶、孙健；北站由杨萍任站长，联络员刘惠玲、徐谨。大连办事处还指定办事处工作人员张凯舟兼管家属站日常协调和沟通工作。（许明顺）

【举办船员防抗海盗经验交流会】 2010年12月28日，大连办事处在元旦来临之际，组织家属联络站、休假船员举办了一场有60多人参加的别开生面的联谊会，主题是“防抗海盗经验交流和亲情祝安全”。会上，由在印度洋上成功抗击海盗的“泰安口”轮的休假船长曹桂贤介绍抗击海盗的经验，由家属代表和船员代表发言。与会人员一致认为海盗固然可怕，但有伟大的祖国，强大的海军做坚强后盾、有公司的正确领导指挥，有广大船员的英勇斗争和广大船员家属的支持，海盗是可防、可战胜的。（许明顺）

天津中远航运有限公司

【天津中远航运有限公司简介】 2008年1月15日，中远航运高管层研究决定，原中远航运天津办事处、中远航运北京市场部、天津中远航运分公司合并后成立天津中远航运有限公司（以下简称天津中远航运）。天津中远航运下设业务部、市场部和财务部，代表中远航运处理在天津、华北地区的工作事务。天津中远航运主要职责是为中远航运抵天津、华北各港口船舶进行现场管理工作，做好船舶配载、疏港抓船期和货源组织工作，对船舶进行安全检查、监督和布置工作；与港口有关部门联系与沟通，做好疏港抓船期工作；贯彻执行国家规定的各项财务制度，执行国家的各项税务规定，遵守财经纪律；组织建立、健全会计核算各项制度，负责公司年度各项收支预算、核算以及跟踪，并参与对各部门的考核和清算，负责编制会计报表；为船舶提供优质的服务及妥善处理船舶突发事件，协助中远航运做好船员换班及家属接待工作；完成公司交办的其他工作。时任董事长韩国敏（兼），总经理赖奕光（兼），常务副总经理张秀河。员工9人。（徐波）

【天津中远航运有限公司工作概况】 2010年全年挂靠天津辖区(天津、秦皇岛、京唐、黄骅、唐山港) 的中远航运船舶共计292艘次，仅挂靠天津港装卸货物船舶就有266艘次，完成货物运量1354902吨，其中出口货物装运量达1180681吨，进口货物运量达174221吨，完成危险品货物监装船舶75艘次；完成危险品货物监装32186吨；船舶生产在港总停时505天，船舶锚泊总停时164天。天津中远航运加大疏港工作力度，1–12月份共计直接疏港船舶89艘次，节约船期120多天；协助并做好来港船舶及中远航运有关部门交办的各项工作，为争取船期提供保障；全年没有因货物装载问题和天津中远航运现场管理责任而延误船期，为中远航运公司效益的稳步增长做出了不懈努力。天津中远航运以“科学发展和安全发展”理念为指导，以中远集团“防碰撞”攻坚战、杜绝三条“不可逾越”底线为目标，围绕深入开展“安全年”活动做好相关安全工作，同机务海务主管人员保持密切沟通，全年对来港的48艘船舶进行安全检查工作布置，协同中远集团督察组、督导组检查船船舶38艘次，陪同天津海事局检查船舶13艘次，均无缺陷或重大缺陷PSC检查5艘次，均无缺陷或重大缺陷批注。全年接送船员办理上下船手续447批次2198人次；协助在船船员办理体检126人次；接待船员家属52人次；受中远航运安质部委托，为船舶配送保安器材58艘次1153件套，节约船员换班代理费用30多万。 （徐波）

【赖奕光到天津港调研船舶防海盗工作】 2010年5月10日，中远航运常务副总经理、天津中远航运总经理赖奕光到天津，登上抵港中远航运船舶就如何加装防海盗刀网等工作开展现场调研。 （徐波）

【郭福祥到京唐港慰问“安宝江”轮】 2010年5月20日，中远航运副总经理郭福祥一行4人到京唐港，慰问中远航运“安宝江”轮全体船员。该轮在伊拉克UMM QASR港因擦碰事故被伊拉克海军扣留110余天后，于2010年4月5日启航回国。此前5月19日，郭福祥副总一行还前往唐山港集团拜访。 （徐波）

【张秀河出席“大玉霞”轮下水仪式】 2010年10月9日，中远航运新造28000吨多用途重吊船“大玉霞”轮在山东黄海船厂举行下水仪式，天津中远航运常务副总经理张秀河代表中远航运出席仪式。

（徐波）

青岛办事处

【青岛办事处简介】 青岛办事处是中远航运派出机构，隶属中远航运总经理办管理，负责处理中远航运和广远所属各航运公司在山东地区的事务。主要职责是负责中远航运和广远所属航运公司抵威海、石岛、烟台、蓬莱、莱州、龙口、岚山、日照、青岛港的船舶现场管理；做好疏港抓船期工作；协助处理船上突发事件；协助中远航运做好船员换班和家属接待工作；协助中远航运安全主管人员对抵港船舶进行安全生产检查和布置其他工作；协助中远航运维护好当地重要客户；协助中远航运对青岛地区船员进行管理，完成中远航运交办的其他事宜。时任主任毛洪泉。员工3人。 （毛洪泉）

【青岛办事处工作概况】 2010年，青岛办事处较好地完成了现场管理工作。全年抵达山东境内港口的中远航运和广远所属航运公司船舶56艘次，比2009年少了27艘次。其中，有52艘次为装卸船舶，共装卸货607569计费吨。船舶平均在港总停时3.97天。全年组织船员交接班30批次280人，组织或协助办理体检打针等各种证件32批次304人。接待各有关客人67批次123人。协助完成在龙口召开的中远航运夏季董事会参会人员的接待等工作。及时取送、转运船舶备件和信件无一差错。遵照中远航运党委的部署，结合办事处党支部党员相对分散的实际，及时转发各种文件，认真组织各项活动，加强党支部建设。

（毛洪泉）

【协助做好会务接待工作】 2010年8月19～20日，中远航运第四届董事会第十一次会议在龙口市南山国际会议中心召开。为协助做好会务接待工作，青岛办事处派人提前抵达龙口，积极协助中远航运总经理办、投资发展部会务人员做了大量周到、细致、热情的接待服务工作，受到了与会人员的好评。 （毛洪泉）

【护送防海盗受伤船长刘新军回家】 2010年8月26日，因在防抗索马里海盗劫船并取得胜利而受伤的“安泽江”轮船长刘新军，在其妻子的陪伴下在广州乘坐飞机于15:20时抵达青岛（刘新军在指挥抗击海盗时脚踝处中了9粒子弹，需3次手术治疗，在广州2次手术后暂时回家疗养）。中远航运领导为其配备了轮椅和双拐并派人护送登机。青岛办事处受船员管理部领导委托，由青岛办事处主任接机并开车护送刘新军夫妻到昌邑县城家中。（毛洪泉）

【处理船员工伤事件】 2010年9月19日，中远远达 “中远武夷山”轮靠泊在青岛大港作业区3泊位装货，在该轮工作的25名船员全部是由中远航运派出。是日，15：45时，水手罗惠清用生活区小吊车往船上吊伙食时，左手不慎触入钢丝滚筒将小指和无名指轧伤。船上即刻派船医陪同，由伙食供应商用车送往青岛市骨伤医院诊治。16：30时，该轮政委向青岛办事处作了报告。青岛办事处主任毛洪泉得知此事后即刻与陪同船医和供应商联系，了解罗惠清的伤情。为了确保手术成功，毛洪泉根据平时掌握的青岛市各医院医疗条件和医疗水平等情况，当即决定将正要进入手术室准备截指的罗惠清转到海军401医院手外科医治。此时已近17：00时下班时间。毛洪泉考虑到两医院相隔约3公里的路途车辆拥堵，为确保有效治疗时间，随即让供应商请求骨伤医院附近的商业区步行街110值班警车开道，并得到同意，一路护送罗惠清至401医院。18：00时，罗惠清进入海军401医院手外科手术室做接骨和接神经手术，成功保住了左小指和无名指。罗惠清经过23天的住院治疗，手指恢复良好。

（毛洪泉）

【协助举办“大紫云”轮首航仪式】 2010年2月6日，中远航运“大紫云”轮首航烟台港装货，中远航运决定举办首航仪式。青岛办事处受中远航运有关部门委托，派人提前赶往烟台与各方取得联系，热情友好地邀请有关部门和企业领导以及新闻媒体参加，协助中远航运成功举办了一场有较大影响的首航仪式，扩大了中远

航运的知名度。（张志耘）

【协助做好青岛业务推介会有关工作】 2010年10月29日，中远航运在青岛举行山东地区业务推介会。青岛办事处受中远航运有关部门委托，在会前积极协助联系、落实各方客户。会中，协助会务人员热情接待八方宾客，为会议取得圆满成功尽了一份心力。（张志耘）

连云港代表处

【连云港代表处简介】 连云港代表处属中远航运派出机构，隶属中远航运总经理办公室管理，负责和处理中远航运和广远所属各航运公司在处理连云港地区的工作事务。主要职责是为中远航运和广远所属航运公司抵港船舶进行现场管理；协助中远航运安全主管人员对抵港船舶的安全生产进行现场管理；做好疏港抓船期工作；为船舶、船员提供优质服务；协助处理船上突发事件；完成中远航运交代的其他事宜。时任代表处代表顾锦贤。（顾锦贤）

【连云港代表处工作概况】 2010年，中远航运及广远所属航运公司船舶和外派船共54艘次抵连云港。装卸货量共480341吨，船舶平均在港总停时3.1天。连云港代表陪同连云港海事局等单位检查船舶22艘次，督导抵港船舶安全率达100%，抵港船舶的安全生产面达100%。连云港代表及时向抵港船舶传达落实安全通电、安全会议纪要等，协助船舶安全主管人员全面做好各项安全工作。全年接待船员换班共23艘次，占抵港船舶54艘次的42.6%，办理上、下船船员手续，接送上下船船员共439人次，送上船船员家属达35人次，送船舶邮件、资料、备件共127件，无任何差错。是年，连云港代表处没因工作问题而影响船舶的正常生产，使抵港船舶在连云港的综合安全面达100%。（顾锦贤）

【做好为船员服务工作】 2010年，连云港代表处对抵港船舶办妥进港手续后，第一时间给远航回来的船舶（包括船员全套外派船）送上新鲜的蔬菜和水果。不论昼夜，第一时间接送船员家属上船（方便旗船提前为船员家属办好边检登轮证），深得船员和家属的好评。（顾锦贤）

【做好疏港工作】 2010年，连云港代表熟悉港口资源，充分发挥自己的技术技能，提前和港口各相关方沟通，避免大吃水船等潮水，提前通知业务员尽可能让船舶加速；大雨来临前抢装卸离港；对在港装卸作业的船舶，紧盯作业进度，现场和各方协调，及时解决作业中出现的各种问题，缩短船舶在港停时。（顾锦贤）

【节约港口使费】 2010年，连云港代表处按连云港港口集团的相关条例，应签付10艘次的船舶速遣费167181元。经代表处据理力争只签付10艘次速遣110500元。在签的10艘次速遣协议中，经过和连云港有关生产业务部门沟通，陈述理由，又免除了其中的6艘次船舶速遣费63500元，实际只支付了47000元，为企业节约120181元。是年，从多疫区来连云港的船舶8艘次，按连云港国检局的规定均需锚地检疫。这样不仅影响船期而且每艘次船舶要支付拖轮费1万元之多；若船是夜晚到锚地，第二天早上才出海检疫，少说又要耽搁半天船

期。为此，连云港代表处对每艘从多疫区来的船舶，积极和连云港国检局沟通做好工作，得到对方的支持和配合，采取了检疫人员和引水同时上船，或靠泊后再检疫的办法，为公司节省了港口使费，节约了船期。（顾锦贤）

上海中远航运有限公司

【上海中远航运有限公司简介】 上海中远航运有限公司（以下简称上海中远航运）原为中远航运上海分公司。2010年2月，中远航运为贯彻落实国务院关于加快建设上海国际航运中心的号召，出资2亿元，在上海洋山保税港区设立了上海中远航运，购入母公司11艘船舶。上海中远航运主要职能是负责中远航运和广远所属各航运公司抵上述港口船舶的现场管理工作，对船舶进行安全检查、监督和布置工作与港口及有关部门的沟通，做好疏港抓船期工作；为船舶和船员提供服务；妥善处理船上突发事件；协助中远航运和广远有关部门对家居上海地区的船员、家属和船员家属站进行管理；执行国家的各项财务规定，遵守财经纪律；组织建立健全会计核算各项制度，负责上海中远航运年度各项收支预算、核算以及跟踪，负责编制会计报表；完成中远航运交代的其他事宜。时任董事长韩国敏（兼）、总经理董宇航（兼）、常务副总经理戎文莹。员工8人。（沈利）

【上海中远航运工作概况】 2010年，上海中远航运加强船舶现场安全生产管理和疏港力度、为船舶和船员提供优质服务，完成了中远航运交付的各项任务，安全生产形势保持稳定。是年，上海共靠泊中远航运和广远系统船舶238艘次，艘均在港停时3.1624天（其中生产停时2.06天，非生产停时1.10天）；督导检查船舶151艘次（其中，陪同海事部门检查船舶6艘次、中远集团督导组14艘次、广远及中远航运领导4艘次）。共接送船员159批共计1914人次；办理船员出境956人次、入境340人次；送船快件246件（不含保安器材）；为船员订票100张；接送船员家属50人次；办理临时登轮证79张；慰问船舶17艘次，慰问退休和患病船员4人次。（沈利）

【完成工商登记注册】 2010年2月11日，上海中远航运在上海市工商行政管理局浦东新区分局完成工商登记注册，注册资本2亿元，其标志着上海中远航运正式设立。（沈利）

【全力做好疏港工作】 2010年，上海中远航运把抓船期作为头等大事，把疏港工作做细做实，使船舶在港停时不断降低。通过与港务局保持沟通联系，从接到船舶预抵时间起，就与港口相关部门保持不间断的联系和沟通，及时安排船舶靠泊作业；船舶靠泊后，第一时间上船，为船舶和船员服务，了解船舶装卸情况，以及参与协调装卸货等；协助船舶联系加油、水等；对辖区内装卸货的船舶，每天2次以上了解作业情况和进度；对在港装卸重大件危险品和重要货物的船舶，到现场协调作业，及时解决作业中出现的问题。（沈利）

【做好船员服务工作】 2010年，上海中远航运把船员管理作为现场管理的重要内

容，全心全意为船员服务。全年接送船员上下船1914人次，办理入出境手续1296人次，接送船员家属50人次。（沈利）

【做好世博期间安全工作】 2010年5月到10月，上海举办举世瞩目的世博会。为了确保世博会期间船舶的安全生产，上海中远航运全体员工全力以赴，认真抓好船舶的世博安检和船员的换班等各项工作，确保了船舶抵沪的安全。（沈利）

【出席洋山保税港区签约大会】 2010年7月20日，上海综合保税区管理委员会成立后洋山保税港区第一次企业签约大会在洋山保税港区国贸大厦举行。上海中远航运常务副总经理戎文莹出席大会并上台签约。（沈利）

【荣获上海边防总站颁发的诚信单位荣誉】 2010年10月，上海中远航运荣获上海边防总站颁发的诚信单位奖牌。这是上海中远航运（包括前身中远航运上海办事处和上海分公司）连续第3次获此殊荣。（沈利）

厦门办事处

【厦门办事处简介】 厦门办事处是中远航运的派出机构，隶属中远航运总经理办公室管理，负责处理中远航运和广远所属各航运公司在福建辖区内的工作事务。主要职责是负责中远航运和广远所属各航运公司抵靠厦门港、三都澳港、福州马尾港、莆田秀屿港、泉州肖厝港、后渚港、石湖港、深沪港、漳州港、东山港以及周边新开发的港口船舶现场管理工作，对船舶安全生产进行检查、督促和布置工作；做好疏港抓船期工作；协助中远航运安全主管人员对抵港船舶进行安全检查和布置其他任务；为船舶和船员提供优质服务；协助处理船上突发事件；协助中远航运对福建地区船员进行管理，完成中远航运交代的其他事宜。时任主任官雄。（官雄）

【厦门办事处工作概况】 2010年，厦门办事处在人员偏少的情况下，克服了种种困难，积极做好船舶现场管理和安全督导、船员上下船接送及处理在港船舶发生突发事件等工作。是年，中远航运和广远所属航运公司抵港船舶全年92艘次，船舶在港停时平均为1.20天，安排接送船员890人，对船舶进行安全督导检查的船舶80艘次；全年厦门办事处共回收在厦门港卸巴西石头的垫舱木材650立方。此外，还完成了中远航运交给的各项工作任务。（官雄）

【协助船舶抓船期】 2010年，厦门办事处积极抓船期，做到船到人到，各船舶卸完货即可离港。经厦门办事处与联检各有关方面积极沟通，厦门、泉州卸货的船舶靠泊后未办完联检手续就开始卸货，为每艘抵港船舶最少节约了4～6小时。（官雄）

湛江办事处

【湛江办事处简介】 湛江办事处是中远航运的派出机构，隶属中远航运总经理办公室管理，负责处理中远航运和广远所属各航运公司在湛江及广西、海南地区的工作事务。主要职责是负责中远航运和广远

所属各航运公司抵靠湛江、水东、北海、钦州、防城、海口等港口的船舶现场管理，负责与港口及有关部门的沟通，做好疏港抓船期工作；协助中远航运安全主管人员对抵港船舶进行安全检查和布置其他任务；为船舶和船员提供优质服务；协助处理船上突发事件；协助中远航运对湛江地区船员进行管理，完成中远航运交代的其他事宜。时任办事处主任黄华强，员工2人。（黄华强）

【湛江办事处工作概况】 2010年，中远航运和广远所属航运公司抵湛江办事处所辖港口的船舶42艘次，平均在港停时3.43天/艘次，比2009年的平均在港停时4.02天/艘次下降0.59天/艘次。全年接送上下船船员202人次；为远航回国的船舶送上蔬菜水果3艘次；接送探亲船员家属 21人次；看望慰问患病船员5人次；全年在港船舶安全无事故。（黄华强）

【协助“衡山”轮插队靠泊】 2010年6月21日22:30时，“衡山”轮抵北海港装石油管道。由于北海港泊位仅有4个，加上当时到北海港装化肥的船比较多，从而形成了压港。“衡山”轮抵北海港时未能靠泊，按排队至少要等1个星期。为争取船期，湛江办事处立即派人前往疏港，积极与港方协商，最终争取到港方的支持，同意让“衡山”轮插队靠泊。于是，“衡山”轮在锚地只等了1.5天便靠泊作业。靠泊后，港方又把该轮作为重点船来抓，集中力量抢装，仅用了1.6天即完货开航，累计共节省了5天船期。（黄华强）

【为“大丹霞”轮争船期】 2010年7月25日07:00时，“大丹霞”轮抵湛江港装货。因受第3号台风“灿都”的影响，港口压港，按计划“大丹霞”轮最快27日上午才能靠泊，船方担心赶不上8月10日的海军护航编队。为此，湛江办事处建议港方集中力量抢卸1艘船，尽快腾出泊位让“大丹霞”轮停靠。港方采纳了湛江办事处的建议，并派作业区调度室主任亲临现场组织力量抢卸，终于在25日18时抢出泊位让“大丹霞”轮靠泊作业并顺利开航。此举不仅抢得了船期，还确保“大丹霞”轮按时加入8月10日的海军护航编队。（黄华强）

【协助“麒麟松”轮抢靠泊位】 2010年12月17日22:50时，“麒麟松”轮抵阳江港卸货。阳江港仅有2个万吨级泊位，当时有一个泊位空出。但有一艘船几乎与“麒麟松”轮同时抵达阳江港抢该泊位。如果“麒麟松”轮不抢先靠泊，那么“麒麟松”轮至少要等3天。湛江办事处立即将情况向中远航运业务调度通报，要求船上加速，同时要求代理将“麒麟松”轮的ETA往前报，稳住港方。在中远航运业务调度、船方、港方和办事处的共同密切配合下，“麒麟松”轮终于提前抵达，及时靠泊作业并顺利开航。（黄华强）

中远航运（香港）投资发展有限公司

【中远航运（香港）投资发展有限公司简介】 中远航运（香港）投资发展有限公司（以下简称中远航运香港公司）成立于2005年5月，作为商务部批准成立的对外投资企业，是中远航运的全资子公司。中远航运香港公司成立6年来，总资本从295万美元增加到11280万美元。截止2010年底，该公司拥有自有船舶11艘，长期租入船舶3艘，资产总额达50348万美元。

（陈春）

【中远航运香港公司工作概况】 2010年，中远航运香港公司随国际国内经济形势的好转，再加上主观努力，取得了较好的经营效果。全年自有和租入船舶共完成156个航次，完成货运周转量1751万千吨海里。其中，自有和长租船12艘，完成93个航次，程租等短期租入船完成63个航次。全年实现营业收入18425万美元，与2009年同比增长50%，净利润2853万美元，与2009年同比增长49.59%。（陈春）

【拓宽业务范围】 2010年3月，中远航运香港公司在实现投融资平台两大功能的同时，积极主动扩展公司作为中远航运在海外分支机构的其他作用，取代中介机构为中远航运的船员提供香港旗和巴旗的办证服务，全年节约相关中介费用约40万港币。（陈春）

【接入四艘新造船】 2010年2月1日、8月30日、11月25日中远航运在泰州口岸船厂定造的27000吨多用途船二号船“孔雀松”轮、三号船“麒麟松”轮、四号船“卧龙松”轮先后在口岸船厂交付给中远航运香港公司。2月5日，中远航运在山东黄海船厂订造的28000吨多用途重吊船二号船“大紫云”轮投入使用。中远航运香港公司总经理陈春代表船东方在交接仪式上签字。

（陈春）

【再签6艘2.7万吨多用途船建造合同】 2010年3月30日，中远航运与中船集团属下广州中船黄埔造船有限公司和江苏泰州口岸船舶有限公司签订了总数为10艘（含选择权行使生效）2.7万吨新型多用途船合同。其中，与江苏泰州口岸船舶有限公司签订的6艘合同，以中远航运香港公司为主体。（陈春）

【协助举办香港地区航运业务推荐会】 2010年4月28日，为积极配合中远航运营销工作的改革，发挥在港的窗口作用，面向中远航运的新老客户，中远航运香港公司协助中远航运航运部组织香港地区航运业务推荐会，香港业界30余家企业的50余名客户代表出席了会议，业务人员与到会的客户进行了充分的沟通交流。（陈春）

【签订4艘2.8万吨多用途重吊船建造合同】 2010年10月31日，中远航运香港公司与南通中远川崎船舶工程有限公司在上海签订4艘28000吨多用途重吊船的建造合同。中远航运CEO韩国敏代表中远航运香港公司与船厂签署造船合同。（陈春）

第二节　中远远达航运有限公司

【中远远达航运有限公司简介】　中远远达航运有限公司（以下简称中远远达）原名深圳市蛇口远达航运企业有限公司（以下简称蛇口远达），成立于1989年7月21日。现注册资本5800万元，注册地为深圳市蛇口。

蛇口远达成立之初，广远以“嘉玉海”、“江都”轮折价450万美元投入，占股权的90%；招商港务以现金50万美元投入，占股权的10%。2003年5月23日，招商港务将所持有的蛇口远达10%的股权全部转让给广远全资子公司海南船务企业有限公司（现中远南方）。2005年5月16日，企业名称由原深圳市蛇口航运企业有限公司变更为中远远达航运有限公司，注册资本由原300万元变更为5800万元。2007年10月17日，为简化股权关系，中远远达股东会决定，将中远南方持有的中远远达10%股权无偿划拨回广远。至此，中远远达成为广远全资子公司，企业类型相应变更为有限责任公司（法人独资）。

2003年，中远集团实施船舶资产重组，中远远达被首次定位为木材船专业运输公司，并从大连远洋运输公司陆续购入“嘉禾关”轮等4艘木材船，总载重吨为52340吨。2004年9月27日，在广远资产重组改革的大背景下，中远远达重组成立，成为中远集团专业木材运输船队的定位也进一步清晰。

中远远达下设业务部、安技部、综合部、财务部。

中远远达设董事会、监事会。时任董事长徐惠兴，董事翁继强、李伟、蔡梅江、佟文华。监事会主席张访苏，监事谭力、邓伟荣。时任总经理兼党委副书记李伟，党委书记兼副总经理龚艳平（1～4月）、周舟（4～12月），副总经理刘海平、曾远祥，财务总监黄雁。员工36人。

（曾艳萍）

【中远远达工作概况】　2010年，中远远达在广远和企业董事会正确领导下，面对后金融危机时期的新格局、新挑战，紧紧围绕“抢机遇、增效益、细管理，稳安全”的工作思路，在困境中磨砺，在拼搏中奋进，全面完成董事会下达的年度效益指标和各项工作任务。是年，共完成航次运输任务83个，货运量2197886吨，与2009年同比上升67.02%；航行率55.6%，与2009年同比下降5.6%；载重量利用率76%，与2009年同比下降5.35%；货运周转量12832344千吨海里，与2009年同比上升47.19%；营运率98.2%，与2009年同比增长1.13%；完成运输收入58862万元，与2009年同比增长73.47%；实现利润10389万元。

是年，中远远达在交通运输部海事局年度安全诚信评审活动中，因船舶安全管理工作突出，继续保留“2009～2010 年度安全诚信公司”称号；在2010 年度深圳港籍航运公司安全管理评级中，连续4年以综合评分第一名的成绩被评为A等级船企业；“瑞昌海”轮获“全国交通建设系统工人先锋号”；“白沙岭”、“瑞昌海”轮获中远集团2009～2010年度“华铜海”

式船舶、广远2010年度"学习'华铜海'先进船舶"；中远远达获广远2010年度"双文明建设先进单位"，企业领导班子获广远"四好"领导班子称号；朱昭勇、郭德标被广远评为2010年度"先进生产（工作）者"。（曾艳萍）

航运经营

【业务部简介】 业务部是中远远达航运生产、调度管理的主管部门。主要职责是负责中远远达市场营销策划、市场开发与研究、客户关系管理、揽货并签订运输合同（含租船业务）、运输生产任务的调度和指挥、航运综合业务、使费运费管理、保险理赔法律事务业务。时任经理刘海平（兼），副经理林毅敏、林新武、朱昭勇。员工10人。（曾艳萍）

【业务部工作概况】 2010年，业务部根据后金融危机时期国际航运市场跌宕起伏、复杂多变的新特点，及时调整经营策略，变积极收缩为理性收缩，变积极防控为理性发展。全年重点工作如下：1. 顺应市场形势，转变经营方式。抓住市场相对高位和选择不同航区之间的差异，抢占高点、把握拐点，适时将部分新造船和船况好的船以期租方式出租，平均期租水平高于市场、优于同行。2. 着力开辟新航线。在提前获得加蓬禁止原木出口的信息后，加强对新西兰、澳大利亚原木运输市场的调研分析，于9月底成功开辟新西兰原木运输航线，取得了良好的经营效益。3. 继续经营好西非航线。虽然加蓬禁止原木出口政策对经营带来冲击。但是，中远远达在喀麦隆、刚果、巴塔、黑角等国家的木材市场上的优势地位并未削弱。4. 积极推进大客户战略。建立立体型客户拜访模式，通过走出去、请进来、举办客户联谊会等举措，进一步提升了企业在木材运输市场上的品牌形象和影响力，船舶装载率较2009年大幅提高，经营水平不断提升。全年船舶平均期租水平14440美元/天，与2009年同比增长79%。5. 继续做好运费催收工作。高度重视运费回收工作，保证运费催收工作的及时性、准确性和连续性，确保正常结算期内的应收运费，全年运费回收率达到100%。（曾艳萍）

【船队概况】 2010年，中远远达主要从事国际木材散/杂货运输经营，主营中国——西非、中国——澳新等航线的木材运输。年初，拥有"白沙岭"、"金广岭"轮等木材/散杂货两用船8艘，总载重吨23.4万吨。从1月29日开始，陆续接入"金兴岭"、"金旺岭"、"中远武夷山"、"中远太行山"、"中远井冈山"、"中远昆仑山"轮等6艘船舶。全年实际经营管理船舶14艘，总载重吨为42.6万吨。

"金兴岭"、"金旺岭"轮为姊妹船，该轮长177.5米，宽28.2米，货舱舱容42200立方米，最大舱口16.8×19.2米，配置4台30吨 X 24米电动液压克令吊，配置一台6480KW主机，3台500KW发电机，是一艘满足IACS(国际船级社协会)船体结构共同规范要求的船舶，能满足无值班人机舱要求。

"中远武夷山"、"中远太行山"、"中远井冈山"、"中远昆仑山"轮为姊妹船，该轮长177.5米，宽28.2米，货舱舱容42200立方米，最大舱口16.8×19.2米，是一艘满足IACS(国际船级社协会)船体结

构共同规范要求的船舶，拥有全自动化的无人机舱，所有主、辅机的工况全部可以通过计算机进行监测，排、压舱水也可以由计算机控制实现。（曾艳萍）

【拓展中国——西非航线】 2010年，中远远达加大运力投放，重点部署西非精品航线。全年共完成中国——西非自营往返航次21个，货运量54.2367万吨，周转量5607915千吨海里。其中，完成西非——中国木材运输航次12个，货运量32.982立方米，周转量3263041千吨海里；完成中国——西非散杂货运输航次9个，货运量21.2537万吨，周转量2344874千吨海里。

（孙仲旭）

【重新进入新西兰原木运输市场】 2010年9月29日，中远远达将新接船“金旺岭”轮投入中国——新西兰航线，重新进入新西兰原木运输市场，成为新的利润增长点。全年完成木材运输2个航次，货运量59791立方米，周转量 330207千吨海里。

（孙仲旭）

【运费回收率实现100%】 2010年，中远远达采取有力措施，积极应对后金融危机时期的不稳定因素，运费回收率连续6年保持100%。运费、租金与滞期费回收率100%，超出年初预定的98%运费回收率目标，有效防止了企业经营效益的流失。

（曾艳萍）

【举办2010年客户联谊会】 2010年3月29～30日，广远·中远远达客户联谊会在远洋宾馆隆重举行，企业货主代表、港口代表、政府主管部门代表、重要代理等100多名客人出席了联谊会。宾主双方欢聚一堂，就进一步加强合作、促进双赢进行了深入交流。广远总经理、中远远达董事长徐惠兴在联谊会晚宴上表示：在后金融危机时代大背景下，经济全球化使企业所面临的市场环境发生巨大变化，传统的竞争方式逐渐削弱，携手合作实现共赢成为广泛共识，广远和中远远达将一如既往地秉持“互信共赢、共同发展”理念，与客户进一步扩大合作，携手开创更加美好的未来。客户代表中国木材（香港）有限公司总经理王武兵在致辞中表示：随着中远远达船队规模不断发展壮大，和彼此了解的进一步加深，中国木材公司更加坚定与广远和中远远达加强合作的信心，双方的合作必将迎来更为广阔、更加美好的合作前景。（曾艳萍）

【和广远联合举办业务交流会】 2010年3月30日，中远远达和广远联合举办业务交流会。宾主双方对全球木材运输市场进行了深入探讨和交流，对2010年木材贸易发展趋势进行了分析和展望。与会双方对木材运输市场前景以及进一步拓宽、加强合作充满了信心。（曾艳萍）

【在防城港举办业务推介交流会】 2010年9月16日，中远远达在停泊防城港的“白沙岭”轮上召开现场业务推介交流会。中远远达代表、“白沙岭”轮船舶领导、“白沙岭”轮香港租家、云南云天化货主、孟加拉收货人、各方代理等业务代表参加了交流会。会上，“白沙岭”轮船长王成宝向客人详细介绍了企业航线设置、船队结构、新造船运力和未来市场开发思路等，并以“白沙岭”轮为实际案例，介绍

"白沙岭"轮如何依托良好的船舶文化，始终坚持优质服务的理念，切实做好船舶精益管理，圆满完成各项运输任务。与会人员参观了"白沙岭"轮，并就特种货物装卸和运输等问题进行了交流。（曾艳萍）

【召开2011年市场分析会】 2010年12月27日，中远远达召开2011年市场分析会。广远总经理、中远远达董事长徐惠兴，发展部总经理谭力，中远远达领导班子成员及相关人员参加了会议。会议由中远远达总经理李伟主持。会议重点分析预测2011年航运市场形势，并结合企业实际，对2011年生产经营计划进行了部署。

（曾艳萍）

【与儋州永航不锈钢公司纠纷终审胜诉】 2010年11月8日，中远远达与儋州永航不锈钢公司海上运输合同纠纷得以终审判决，法院驳回对方2230万诉讼请求，同时支持中远远达约329万美元的诉讼请求。12月3日，儋州永航不锈钢公司如数支付中远远达3287880.00元，避免了国有资产的流失。此案历时3年，经历了一审判决、二审判决，最终以中远远达获胜，胜诉金额总计2559万。（陈琳）

【开展海盗赎金附加租金损失保险】 从2010年3月开始，中远远达为降低因索马里海盗问题导致船东航行风险剧增，向HISCOX公司投保"海盗赎金附加租金损失险"，费率为市面保费的25%，保费通过租约条款约定方式转由租家支付承担。通过承保此项保险，企业既规避了高额海盗赎金索赔漫长的风险，又无需额外承担保费，同时也给租家提供了"低费率、高保障"的附加服务。（陈琳）

船舶管理

【安技部简介】 安技部是中远远达安全质量管理体系、海务、机务及通导管理的主管部门。主要职责是负责企业船舶安全管理和成本控制、体系管理与维护、ISM规则及ISPS规则、海务监督和机务监督、船舶技术改造、PSC检查、环境保护与防污染、通讯导航管理和备件物料、燃润油供应、热工技术指导，货运质量管理与监督；负责企业船员租赁、考核工作，保证船舶正常营运；负责企业安全质量办公室日常工作。时任经理曾远祥（兼），副经理杨合武、黄福遵、陈长清。员工11人。（曾艳萍）

【安技部工作概况】 2010年，安技部坚持把"绷紧防抗海盗之弦，强化隐患治理之策，坚持安全发展之举"作为企业安全工作的重要任务，认真贯彻广远安全工作会议精神和中远集团安全工作指导意见，突出"航行安全"和"防海盗"两个重点，抓预防、查隐患、重治理，安全生产形势保持稳定。全年重点工作如下：1. 加强跟踪指导。全力做好防碰撞、防冻、防雾和防抗台工作，跟踪、监控和指导船舶

防御大风浪、雾航、防抗台、狭窄航道航行、进出港及复杂海域航行共398艘次，保证了船舶和船员人身安全。2. 扎实做好防海盗工作。坚持“立足自身、以我为主、自防自救”工作原则，完善《防海盗工作程序》等一系列规章制度。实施单船跟踪监控，及时指导，督促船舶加强阻击海盗及退守安全舱和实战演练；增加投入防海盗资金150万元，为船舶配备装置防弹衣、钛雷、刀网、电网等器材和设施，建立安全舱室，极大地增强了船舶自防自救能力。全年船舶航经亚丁湾、尼日利亚等海盗活动高危海域22艘次，没有发生一起海盗袭击事件。3. 加大隐患排查力度。船岸共排查出缺陷157项，及时制订整改方案和纠正措施，整改率100%。船舶接受PSC检查50艘次。其中，无缺陷40艘次，占受检总数90%。4. 坚持以劳动保护为重点，确保船员人身安全。深入开展“红树林”工程建设，将防工伤作为一项重要培训内容，通过录像、图片、案例等形式多样的教育，不断增强船员的安全意识；管船小组严格跟踪《船舶每日防工伤工作计划》的落实情况。5. 继续开展安全生产“平安之旅”活动，到2010年年底，以“零事故”成绩安全度过2287天。（曾艳萍）

【开展节能减排】 2010年，中远远达以项目节能为推手，切实抓好船岸节能减排工作。在个别试验、跟踪、评估的基础上，着力推进JM-1燃油添加剂项目、新船主机磨合润滑油管理项目的普及推广。同时，重点做好西非线船舶高效防污底漆项目的试验评估。全年平均燃油单耗3.19千克/千吨海里，比2009年下降0.14千克/千吨海里；综合能耗0.68吨标准煤/万元，较2009年下降48%。（曾艳萍）

【全面推广JM-1燃油添加剂项目】 2010年，中远远达在多方评估与实践有效的基础上，积极推广长航线船舶使用JM-1燃油添加剂节能项目。除“白沙岭”、“金牛岭”、“瑞昌海”轮等3艘船舶安装使用“士帕能”节油装置外，中远远达在“金沙岭”轮等11艘船舶全面推广使用JM-1燃油添加剂。按平均6艘船舶全年使用添加剂计算，共节省燃油2200吨，节约燃油费用780万元，减少CO_2排放3419.52万立方/年，减少SO_2排放13.13万吨/年，减少NOX排放13.11万吨/年。（曾艳萍）

【加强新船润滑油管理】 2010年，中远远达通过对新接入的6艘32000万吨木材船，相继采取严控完税润滑油供船数量、制定合理的新船主机缸套磨合时间表等办法节约气缸润滑油。在磨合阶段，每艘新船节省气缸润滑油4吨。此举措为6艘新船全年节省费用折合150万元。（曾艳萍）

【试用西非船舶高效防污底漆】 2010年，中远远达在3艘西非线船舶上使用SEAQUANTUM无锡自抛光防污漆。根据试用结果显示，每单船单航次船期效益可节省3~4天，全年节省燃油近300吨。同时，每年可节省刮船底费约3万美元。投入与效益相抵后，每艘船节约燃油、船期及刮底成本费用，折合美元31万元/年。

（曾艳萍）

【获年度安全管理A等级】 2011年2月10日，中远远达在深圳港籍航运公司安全管理评级中，连续4年被评为A等级船公司

（优秀）。此次评级共有85家航运公司参加，仅6家被评为A等级船公司，中远远达各项指标综合评分名列第一，处于6家A等级船公司之首。（曾艳萍）

【海务管理实现三个100%】 2010年，中远远达海务管理未发生险情，实现了3个100%：全年跟踪指导船舶防抗台13艘次，实现100%成功；跟踪指导船舶雾航23艘次，实现100%成功；指导船舶复杂水域、冰区航行、进出港、及大风浪航行367艘次，实现100%成功。（田永刚）

【做好防盗防偷渡工作】 2010年，中远远达为所属14艘船舶配备装置防弹衣、防弹头盔、防弹盾牌、防海盗电网、刀网、钛雷等一系列防海盗器材和设施。同时，在船上设置安全舱室，并安装海事卫星移动电话和GPS设备。平均单船费用投入达20多万元，增强了船舶防卫能力。加强对航经或停靠海盗活动高危海域或港口船舶的防海盗技术指导和跟踪监控，通报海盗/偷渡有关信息。全年共跟踪指导船舶做好防海盗工作106艘次，跟踪率达100%。其中，“中远武夷山”轮等船舶4艘次安全通过亚丁湾、阿拉伯海等海盗活动高危海域；3艘次船舶参加中国海军和日本海军的护航编队；“瑞昌海”轮等船舶7艘次安全抵离尼日利亚拉各斯港，挂靠西非港口62次。是年，中远远达所属船舶均没有发生被海盗袭击和随船偷渡事件，取得了防海盗和防偷渡工作的100%成功。

（黄福遵）

【接入6艘木材/散货船】 2010年，中远远达陆续接入32000载重吨位木材/散货新造船6艘，均入级CCS。除“中远武夷山”轮接船时挂巴拿马旗外，其余5艘船舶悬挂香港旗。其中，1月29日，“中远武夷山”轮在福建马尾造船厂码头实体交接；6月18日，“金兴岭”轮在广州中船黄埔船厂长州厂区实体交接；6月30日，“中远井冈山”轮在福建马尾造船厂码头实体交接；7月23日，“中远太行山”轮在福建马尾造船厂码头实体交接；9月27日，“金旺岭”轮在广州中船黄埔船厂长洲厂区5号码头实体交接；10月25日，“中远昆仑山”轮在福建马尾造船厂码头实体交接。

（陈长清）

【加强木材板块船员业务培训】 2010年，中远远达以“红树林”工程为载体，向所属船舶下发了《继续开展“红树林”工程指导意见》，指导船舶做好船员培训工作。是年，共有23名船员在企业所属船舶上提升职务。其中，船长3人、轮机长2人、大副3人、二副2人、三副3人、大管轮3人、二管轮2人、三管轮2人、电机员3人； 11艘船舶取消了报务员职务，实现“驾通合一”。切实加强对新任职船长的业务培训与跟踪指导，全年在船跟踪指导新任职船长2人次，组织2批次、9名船长调岸集中培训1个月，培训效果良好。加大对木材运输板块船员的培训力度，提高船员业务技能，有效地为船舶安全生产、多创效益提供了人力资源保证。（曾艳萍）

【开展安全隐患排查治理】 2010年，中远远达将安全隐患排查治理活动贯穿到全年工作之中，将隐患排查治理与体系文件管理规定、航次生产任务、各项安全活动、船员扩大自修和航修、厂修等工作相

结合，督促船舶认真开展隐患排查治理活动，建立隐患排查整改数据库，做好隐患整改治理情况的跟踪监控，并提供必要的岸基资源支持，确保及时有效整改。是年，中远远达所属各船舶共排查、整改各类安全隐患153项，整改率达100%。

（曾艳萍）

【召开安全质量管理体系管理评审会】 2010年2月10日，中远远达召开安全质量管理体系管理评审会议。企业领导班子成员、各部门经理（主任）、副经理参加了会议。会议由总经理李伟主持。会议对安全质量管理体系运行情况进行了客观评价，提出进一步完善和改进的具体措施。会议认为，企业安全质量管理体系运行有效，实现了企业制定的目标。

（韩苑君）

【安全质量管理体系文件第02版第04次修改生效】 中远远达安全质量管理体系文件第02版第04次修改于2010年3月15日生效。本次体系文件修改内容中，将计划于2010年7月生效的海安会MSC.273（85）决议有关ISM规则修正案相关内容纳入体系文件，为及时执行即将生效的国际公约打好基础；将原依据ISO9001：2000标准修改为新版的ISO9001：2008版标准，为质量管理体系认证证书的换版作准备。

（韩苑君）

【通过“双标”、“三证”联合审核】 2010年4月7～9日，由中国船级社认证处组成的安全管理体系（SMS）审核组及中国船级社质量认证公司组成的质量管理体系审核组，对中远远达安全质量管理体系（SQMS）进行联合审核。审核组经过严格、细致、认真的审核，对中远远达安全质量管理体系给予了高度评价，对将于2010年7月1日生效的海安会MSC.273（85）决议有关ISM规则修正案的内容提前写入体系文件给予赞赏，肯定了中远远达在执行国际公约等方面的积极性和主动性。巴拿马旗“符合证明”（DOC）换证审核、香港旗“符合证明”（DOC）临时审核以及质量管理体系认证证书的监督审核顺利通过，重新签发了依据ISO9001：2008版标准认证审核的质量管理体系认证证书。（韩苑君）

【安全管理体系换证审核（中国旗DOC）】 2010年5月18～21日，交通运输部海事局安全管理体系审核组对中远远达安全管理体系（SMS）进行换证审核。审核组经过认真、严格的审核，认为中远远达安全管理体系运行有效，安全管理和船舶防污染管理达到了目标，安全面达100%，建议交通运输部安全质量管理体系审核中心给予中远远达换发新的“符合证明（DOC证书）”。（韩苑君）

【为新造船建立安全管理体系并取得SMC证书】 2010年，中远远达按照ISM规则要求，为6艘新造船舶建立安全管理体系，指导并配合船舶完成SMC临时审核、编制《船舶设备操作规程》、船员培训、编写船舶设备维护计划等一系列工作，在临时SMC证书到期前，顺利完成SMC初次审核，并取得全期的SMC证书，从而满足了船舶开航和航行的要求。（韩苑君）

【进行香港旗DOC附加审核】 2010年，

中远远达计划将部分船舶更改注册在香港或挂香港旗。4月，经安全管理体系（SMS）审核组、质量管理体系审核组的联合审核，企业取得了临时香港旗DOC。9月6日，受香港主管机关委托，中国船级社组成安全管理体系审核组对企业香港旗DOC进行了附加审核。经过审核，中远远达取得了香港旗DOC，具备了管理挂香港旗船舶的资格。（韩苑君）

【“金广岭”轮完成安全管理体系转换】 2010年11月19日，中远远达首艘改挂香港旗的“金广岭”轮在江阴港进行了安全管理体系重建及SMC重新认证审核。由于该轮安全管理一直是由中远远达负责，体系的建立采取了对原体系延续管理的转换形式，以保持船舶管理及设备维护保养按原计划进行，使各项工作平稳过渡，换旗的各项工作顺利有序完成。（韩苑君）

【安全质量管理体系年度内审】 2010年12月8日，中远远达进行安全质量管理体系年度内审。审核组审核后认为，中远远达安全质量管理体系文件符合ISM规则和ISO9001:2008质量管理体系标准的要求，符合相关的公约、规则、标准及体系文件规定，体系运行有效力，并不断完善和持续改进。（韩苑君）

【安技部获全国“安康杯”竞赛活动优胜班组称号】 2010年7月22日，广远工会主席马宗梅、副主席符雄、办公室主任蔡兆聪一行专访中远远达，向中远远达安技部颁发了中华全国总工会、国家安全生产监督管理局授予的《2009年度全国“安康杯”竞赛活动优胜班组》奖牌和奖状。在颁奖仪式上，马宗梅将奖牌、奖状交给中远远达总经理李伟、副总经理曾远祥，祝贺中远远达安技部荣获全国“安康杯”竞赛活动优胜班组称号，并寄语中远远达再接再厉，取得新的成绩。（曾艳萍）

【交通运输部船舶保安规则实施情况调研组登“中远武夷山”轮调研】 2010年9月17日，交通运输部船舶保安规则实施情况调研组和青岛海事局局长于洪江一行5人，在青岛港码头登上“中远武夷山”轮，就国际船舶保安规则实施以来，中国远洋船舶的保安工作进行调研，重点调研了“中远武夷山”轮防海盗工作现状，并就当前形势下，船东与船舶如何做好船舶保安，特别是防海盗工作与船员代表进行了深入交流。调研人员对中远远达及该轮船舶保安工作给予充分的肯定。（曾艳萍）

【召开冬防和防海盗工作专题会议】 2010年10月27日，中远远达召开冬防和防海盗工作专题会议。会议由副总经理曾远祥主持。会议传达了中远集团《关于做好冬季安全工作的指导意见》、广远《冬季安全工作专题布置会纪要》和《冬防和亚运安保专项督察计划》，通报了“西昌海”轮在上海装货、绑扎、加固等情况。会上，总经理李伟作了讲话，对进一步做好冬防安全工作、防海盗安全工作提出了具体要求。（曾艳萍）

【召开货载安全管理研讨会】 2010年11月16日，中远远达安委会召开货载安全管理专题会议。会议传达了中远集团安全提示17——关于货物装载的安全提示，通报

了企业近期2起货物浪损、货物移位等方面的情况，并就冬季安全工作的特点、难点，对如何做好货物合理配载、衬垫、绑扎加固、途中管理，确保货物运输安全、船舶安全和船员生命安全进行了认真研究。总经理李伟、副总经理曾远祥，业务部副经理林毅等10人参加会议。会议由业务部副经理杨合武主持。（曾艳萍）

财务管理

【财务部简介】 财务部是中远远达财务管理主管部门。主要职责是负责企业财务管理、会计核算、资产管理，编制财务预、决算，平衡收支，负责生产经营财务等有关数据统计、上报，实施定期经济效益分析、成本监控制度和风险管理，负责船舶及内部审计工作。时任经理黄雁（兼）。员工4人。（李漫）

【财务部工作概况】 2010年，财务部紧紧围绕企业中心任务，积极开展各项工作。1. 加强资金管理。为提高现金流管理的适时性和有效性，充分利用广州中远资金计划部作为理财平台，对企业资金按需求进行划分，获得最大的利息收入，尽可能提高资金使用率，规避汇率风险。加强运费回收及往来账的清理，加强企业内部资金周转，与业务部门通力合作做好运费回收工作。是年，中远远达运费回收率达到100%。2. 利用境外平台，节约营业税。在广远财金部统一指挥部署下，利用香港境外操作平台进行船舶经营运作，实现广远利益最大化。3. 根据内外部审计意见，梳理管理流程，完善内控制度。全年接受内外审计监督5次，包括国家审计署对中远集团总裁魏家福的任中审计，外部审计4次，并响应国资委及中远集团号召，按照广远部署全面开展“小金库”自查工作，并在日常工作中加强了对“小金库”形成的监督防范。4. 加强学习，夯实基础管理，提高财务管理水平。企业财务管理工作步入了“管理规范、操作有序、运行高效”的轨道。5. 顺利完成2009年年报审计、税务审计工作及2010年年终决算工作。（李漫）

【完善境外平台的操作经营】 2010年，财务部根据企业经营管理需要，为降低船舶租赁成本，规避经营风险，充分利用广远境外资源，以广远在香港的三级子公司达信置业公司为租船平台，开展船舶租赁业务，并制定了《境外木材船经营管理平台管理规范（暂行）》，规范操作流程与管理办法。在广远信息中心的配合下，中远远达与境外木材船经营平台间开通香港网络专线，实施异地账务处理和报表编制。（李漫）

【协助审计署审计工作】 2010年5月，国家审计署对中远集团总裁魏家福进行任中审计，由深圳特派办负责中远集团二级公司广远的审计。中远远达作为广远全资子公司，财务部积极配合上级做好国家审计署对魏家福的任中审计工作，及时提交相关材料，按要求对审计署相关问题进行了详细解答。（李漫）

【开展“小金库”自查】 2010年，中远远达狠抓“小金库”专项治理工作，按部门推进自查，重点突破，不留死角，全面推进。与此同时，积极配合上级有关部门进行效能监察检查和财务专项检查，在日常工作中加强对“小金库”形成的监督防范，未发现违反规章制度的“小金库”现象。（李漫）

【合理筹划资金】 2010年，财务部充分利用广州中远资金计划部作为理财平台，对企业资金按需求进行划分，获得最大的利息收入，尽可能提高资金使用率，规避汇率风险。加强资金回收及往来清理工作，监督协助商务运费回收工作，有效确保运费回收率达100%。积极与各关联单位进行往来清算，及时予以平仓，做到账务清晰，杜绝呆账坏账的产生。筹划好经营资金、还贷资金、理财资金、造船资金，为企业健康经营提供保障。（李漫）

综合管理

【综合部简介】 综合部原为办公室，2010年1月25日，更改为综合部，是中远远达行政管理的综合部门。主要职责是负责中远远达综合公共关系、行政文秘、人力资源管理、董事会管理、监督审计、船舶医疗、党群事务、企业文化、合同管理、审计监督等各项管理工作以及注册所在地留守相关业务。时任主任雷彩云。员工7人。（曾艳萍）

【综合部工作概况】 2010年，综合部按照企业质量目标，细致规划，有效执行，努力做好企业行政企化、人力资源管理、监督审计、党纪工团、董事会管理及精益管理各项工作，全面完成各项指标。主要做了以下工作：1. 优化结构，夯实企业管理基础。优化流程，促进依法、依规、高效、流程化管理；做好资质与证照管理，按时完成公司各类执照、业务运营资质的年审或换证工作；做好统计管理，向广远及外部机构提交各项生产、经营、安全、劳资统计数据；做好合同监督事前审计。2. 细致规划，高效执行，努力做好企化宣传。组织策划公司2010年度客户联谊会，促进企业与各界客户的沟通合作；组织完成企业职工大会、董事会暨监事会；深入推进企业安全文化、精益文化、诚信文化、执行文化建设，每月出版一期《远达简报》；配合各部门实际，高效做好文秘支持。全年制定下发各类文件41个。3. 保稳定，促和谐，全力做好人力资源支持保障。完成薪酬与统筹管理工作；重新调整公司人员编制，按各部门工作要求完成人力资源补充与调配；按计划完成培训管理工作，取得预期的培训效果；及时完成船舶医疗统筹管理工作；密切跟踪员工外派管理工作。4. 抓落实，促发展，切实发挥党组织政治核心作用。5. 重实效，严把关，切实落实监督审计责任。

（曾艳萍）

【开展“精益管理年”活动】 2010年，是广远第五个“精益管理年”。中远远达按照广远精益推广总体工作计划，围绕企业2010年工作重点，以项目制为抓手，以精益亮点为平台，以完善制度与流程建设为目标，重点突破，带动全局，大力开展精益推广工作。全年船岸共申报精益亮点48项，可直接量化效益1620万元。（曾艳萍）

【开展管理创效工作】 2010年，中远远达深入开展管理创效活动。通过转变工作作风、完善管理流程、改进管理办法，走出

了一条全面降本、全力增效、全员参与、全程控制的"管理增效"之路。1. 转变工作作风，管理重心前移。企业领导深入船舶第一线检查指导工作25多艘次，提出66项整改意见，全部完成整改。2. 加强基础管理，进一步梳理工作流程，完善体系文件和规章制度，编写了《风险控制程序》等一系列管理规定。3. 继续抓好"红树林"工程，创新形式、丰富内容、注重效果，全年培训船员720多人次，岸基培训116人次，8名新任船长到公司挂职。4. 深化精益管理，优化成本结构。对船舶租金成本、燃油成本、修理费用、港口使费、船期以及行政费用的实施全流程监控。年度修船4艘，节省修费50余万元。运费回收率达到100%，船舶机械险费下降13.33%。在境内资金紧张的情况下，通过合理理财，节省财务费用75万元。5. 强化资金管理，制定了中远远达《财务档案管理办法》、《新接船成本化管理办法》等规章制度，保证了财务工作正常有序。

（曾艳萍）

【加强监督审计责任】　2010年，综合部根据企业实际，深入开展采购审计、经济责任审计、维修项目审计，针对物料备件审计、燃油审计，严格履行审计监督职责，有效控制船舶经营管理成本，促进企业健康良性发展。全年共审计账单总数1073项，结算审计总金额11130.17万元，结算审计总核减金额34.84万元，完成3艘船舶进厂修理现场审计。（曾艳萍）

【邓维龙慰问企业员工】　2010年1月14日，广东省人大常委会副主任、总工会主席邓维龙率领省总工会有关领导，在广远党委书记刘书田，纪委书记、工会主席马宗梅的陪同下，莅临中远远达慰问员工。邓维龙代表省总工会向广远、中远远达在2009年度抗击全球金融危机取得的良好成绩表示祝贺，向中远远达员工表达了节日的亲切慰问，对中远远达安全稳定局面表示肯定，并对中远远达今后的工作提出了要求和希望。（曾艳萍）

【召开第七届董事会2010年第一次会议】

2010年1月25日，中远远达召开第七届董事会2010年第一次会议。董事长徐惠兴，董事翁继强、李伟、佟文华、蔡梅江出席会议，中远远达监事及高管、广远有关职能部门负责人列席会议。会议审议通过《中远远达总经理工作报告》等5项决议。同意将企业原办公室更名为综合部。部门除延续原有职能外，增加合同管理、审计监督等职能。会上，还签署了《中远远达企业负责人2010年度经营业绩考核责任书》。徐惠兴、翁继强分别作了讲话，对中远远达2010年工作作了指示。

（曾艳萍）

【召开职工大会暨工会会员大会】　2010年1月29日，中远远达召开2010年职工大会暨工会会员大会，会议由工会主席黄雁主持。广远工会副主席符雄代表广远工会到会指导。会议传达广远工会会议主要精神，审议通过了《中远远达总经理工作报告》、《中远远达党委工作报告》、《中远远达工会工作报告》、《中远远达财务工作报告》和《2009年职工提案工作报告》等5项议案。同时，大会宣读了《中远远达表彰2009年度选进集体、先进船舶和先进个人的决定》。符雄对2009年度中远

远达工会工作及并所取得的成绩给予了肯定，并对下一步工会工作提出了具体要求。（曾艳萍）

【企业领导班子调整】 为加强干部交流，从2010年4月13日起，中远远达党委书记、副总经理龚艳平不再担任企业党委书记、副总经理职务，经企业全资股东广远推荐、总经理聘任，其相应职务由周舟担任。（曾艳萍）

【“金沙岭”轮抓获5名偷渡者】 刚果时间2010年5月5日晚，“金沙岭”轮在刚果黑角港加载原木时，抓获5名刚果籍偷渡者，并交港方警察带走处理。（曾艳萍）

【获“全省班组安全建设和管理成果展示比赛”二等奖】 2010年6月29日，全国“安康杯”竞赛广东省组委会在珠海市召开全省“安康杯”竞赛工作会暨全省班组安全建设和管理成果展示比赛，中远远达选送的作品《将安全工作打造成群众满意工程》，在全省各地工会选送的21份作品中脱颖而出，获得比赛二等奖。（曾艳萍）

【获广远“安全知识竞赛”活动第一名】 2010年6月29日，广远举办2010年安全知识总决赛，旨在检验广远及所属基层各单位“安全生产月”活动开展情况。竞赛别开生面、形式新颖、内容丰富，来自船舶和岸基8支代表队参加了比赛。经过五轮比赛，中远远达夺得决赛第一名，充分展示了中远远达在安全管理方面良好的专业知识和综合素质。（曾艳萍）

【召开2010年年中工作会】 2010年7月21日，中远远达召开2010年年中工作会议，全体员工参加了会议。会议由财务总监黄雁主持。会上，总经理李伟作年中工作报告，党委书记周舟作党委工作报告，副总经理曾远祥传达了中远集团和广远年中工作会议精神。（曾艳萍）

【召开2010年“廉洁从业纪律教育月”活动大会】 2010年7月21日，中远远达召开2010年“廉洁从业纪律教育月”活动动员大会。全体员工参加了大会。会上，党委书记兼纪委书记周舟组织学习了广远有关文件精神，并宣读了中远远达开展“廉洁从业纪律教育月”活动方案，动员全体员工积极参与2010年“廉洁从业纪律教育月”活动，推进企业反腐倡廉建设。（曾艳萍）

【继续保持“安全诚信公司”称号】 2010年6月22日，交通运输部海事局授予中远远达等11家航运公司为“安全诚信公司”。2009年，中远远达首次获得“安全诚信公司”称号，“安全诚信公司”资格证书有效期为5年，但每年须向所在地的交通运输部直属海事局或省级地方海事机构递交年度自评报告，并接受社会监督。鉴于中远远达近年来安全形势持续稳定、安全管理成效突出，符合“安全诚信公司”审核资格，经深圳海事局评估、交通运输部海事局复核，决定对中远远达继续保留“安全诚信公司”资格称号。（曾艳萍）

【召开第七届董事会2010年第二次会议】 2010年8月4日，中远远达召开第七届董事会第二次会议。董事长徐惠兴，董事翁继强、李伟、佟文华、蔡梅江出席了会议。广远副总经理陈炳立，广远有关

职能部门负责，中远远达监事、高管列席了会议。会议审议通过《中远远达航运有限公司总经理工作报告》等4项议案。会议认为，2010上半年，中远远达效益与2009年上半年同比大幅提升，安全形势持续平稳，成本控制效果显著，两个文明建设取得较好成绩。会议对企业下半年经营生产、安全保障、船队结构调整、财务管理、精益管理等方面工作进行了全面部署，并对企业年利润指标做出了调整。

（曾艳萍）

【召开2010年党员领导干部民主生活会暨述廉议廉会议】 2010年9月8日，中远远达召开2010年度党员领导干部民主生活会暨述廉议廉会。企业领导班子成员、部门副经理以上人员，企业纪委委员、工会委员代表、员工代表应邀参加了会议。广远副总经理翁继强、广远有关部门领导列席了会议。会议由中远远达党委书记周舟主持。会上，中远远达领导班子成员分别作个人述职述廉。周舟作上年度员工意见建议整改落实情况报告和本年度征求员工意见建议情况的报告。与会人员对企业领导班子党风建设和反腐倡廉情况进行了民主评议，认为本次会议开得圆满成功，符合程序要求和民主生活会主题，达到了预期目的。

（曾艳萍）

第三节　中远南方沥青运输有限公司

【中远南方沥青运输有限公司简介】 中远南方沥青运输有限公司（以下简称中远南方）是2004年9月在原海南船务企业有限公司基础上组建的，是广远全资子公司，是亚洲最大的国际海上沥青运输专业公司。注册地为海南省洋浦经济开发区保税港区，注册资本1.3亿。2010年底，中远南方拥有和经营“安吉江”、“安达江”、“亚龙湾”、“月亮湾”、“木兰湾”、“大鹏湾”、“福宁湾”、“珍珠湾”、“澎湖湾”、“安海湾”、“平海湾”、“星海湾”、“宁海湾”轮等13艘散装沥青船，总载重吨8.17万吨。中远南方主要从事国际、国内沿海及长江中下游散装沥青运输。业务遍及全球，并与埃克森、壳牌、BP、中石化等国际、国内顶级石油公司及SARGEANT MARINE等世界级沥青运输商建立了良好的战略合作关系，年沥青运输量达146万吨。

中远南方下设航运部、安技部、油轮检查监督部、财务部、办公室5个部室。

中远南方设董事会、监事会。时任董事长徐惠兴，董事翁继强、谭力、邓伟荣、蔡梅江；监事张访苏、姚勇、佟文华。总经理、党总支副书记蔡梅江，党总支书记、副总经理顾卫东（1～3月）、姚勇（4～12月），副总经理周佳忠、梁杰，财务总监盛开薇。员工37人。（蒲大同）

【中远南方工作概况】 2010年，中远南方紧紧围绕安全、效益、发展和稳定的目标，按照年初确定的整体工作思路，积极应对后金融危机时期的各种挑战，以客户需求为导向，加强市场调研，准确把握市场，通过品牌经营，拓展市场空间，努力拼搏效益；深入推进精益管理，强化内

部安全监督，保证船舶正常营运；实施新造沥青船项目，加快扩大船队规模；加大信息化建设力度，全面提高管理水平；发动全员参与，建设节约型企业、创建学习型企业；以“四好”领导班子（政治素质好、经营业绩好、团结协作好、作风形象好）为目标搞好班子建设；加强企业文化建设，不断提升企业的凝聚力和核心竞争力，实现企业价值最大化；深入推进“红树林”工程，提高船员安全管理技能。是年，中远南方取得了较好的经济效益，超额完成了广远下达的各项任务指标，两个文明建设取得了较好成绩。全年完成货物周转量21亿吨海里，为年度指标的123.53%；完成利润总额为年度必保指标的123.07%；运费回收率为99%，为年度指标的101.2%；安全生产形势保持稳定，完成了“宁海湾”轮新造沥青船建造任务。是年，中远南方被评为“海南省诚信示范企业”、海南省2010年度“航运企业

管理先进单位”、广远2010年度“双文明建设先进单位”。（蒲大同）

【航运部简介】 航运部是中远南方航运生产、调度管理的主管部门。主要职责是负责企业航运生产、调度管理和市场开发、货运质量、租船揽货、客户维护；负责船舶燃油和淡水的采购供应，船舶港口使费的审核、结算和船舶保险理赔；负责经营亚太包括澳大利亚、新西兰航区、美加——加勒比——南美——西非跨大西洋航区、欧洲——地中海航区及国内沿海运输。时任经理曾文进。员工8人。

（曾文进）

【航运部工作概况】 2010年，航运部加强客户维护和开发，开拓货源市场，加强市场调研，把握市场机遇，增加船舶期租，保证稳定收入，开展出口运输和第三国运输，大力拓展市场空间，采取积极灵活的经营策略，提升自营船的经营水平。全年共完成306个航次，完成货运量146.26万吨，完成货物周转量21亿吨海里，为年度指标的123.53%，运输收入为年计划的103.6%，与2009年同比增长29%。（曾文进）

【安技部简介】 安技部是中远南方海务、机务、船员及通导管理的主管部门。主要职责是负责船舶安全管理、船舶建造、修理和船舶买卖；负责船舶设备的维护与保养；负责船舶备件、物料与润料的采购供应；负责海务监督、机务监督、船员管理及通导管理工作。时任经理陈力。员工13人。（陈力）

【安技部工作概况】 2010年，安技部坚持“安全第一、预防为主、综合治理”方针，严格执行安全质量管理体系，认真落实安全生产责任制和各项安全管理措施。通过规范管理，着力增强员工责任意识，强化管船小组的职能，提高机关人员的船舶现场管理能力，确保安全生产形势基

本稳定。安技部对船舶雾航、大风浪航行、防台抗台进行有针对性的全过程、全方位跟踪指导，共指导船舶防抗台风9艘次、雾航9艘次、大风浪航行26艘次，成功率均100%；船舶接受PSC/FSC检查49艘次，均顺利通过。其中，无缺陷通过40艘次，无缺陷率达81.6%；接受油公司检查船舶28艘次。其中，通过26艘次，通过率92.8%。抓紧实施新造沥青船项目，新造沥青船"宁海湾"轮完工投入营运。中远南方成立外单位船舶管理小组，对租入船"大沩山"轮使用期租加管理的模式进行安全管理。（陈力）

【油轮检查监督部简介】 油轮检查监督部是中远南方安全质量管理体系、油轮检查监督的主管部门。主要职责是负责安全质量管理体系的建立、实施和持续改进；负责船舶的油公司检查监督工作；负责公司安委会的日常工作。时任经理梁杰（兼）。员工3人。（蒲大同）

【油轮检查监督部工作概况】 2010年，油轮检查监督部严格监督企业船岸执行安全质量管理体系，确保管理体系的持续改进和有效运行。接受的主要检查有：1. 1月21日，中远南方与联洋海运有限公司签定管理协议，接受委托负责对M.T.DA WEI SHAN的安全管理，实现了企业对外船舶期租+管理的运营管理模式的突破。2. 3月16～18日，中远南方接受中国船级社审核组对公司香港旗DOC换证、增发PANAMA旗DOC初次审核和ISO 9001:2008质量体系换版审核，并顺利通过。3. 4月26～29日，接受交通运输部海事局审核组对企业五星旗DOC换证审核，顺利获得通过，签发新的DOC证书。4. 4月，接受EXXONMOBILE公司企业管理现状的系统评估，评估结果显示，企业管理水平已达到TMSA三级水平。5. 3月份、11月份，岸基部门分别接受SHELL公司对企业年度和正式的管理评审，顺利晋升SHELL期租船舶评估体系二级标准。（梁浩）

【财务部简介】 财务部是中远南方企业财务的主管部门。主要职责是负责制订企业各项财务内控制度和实施财务管理、资金管理、投融资管理、资产管理；负责企业的财务收支预算、决算；负责企业会计核算、纳税申报、生产统计、机务费用审计；负责企业月度、季度、年度财务、统计报表的上报；负责核收运费租金、汇付船舶备用金及各项成本费用；负责定期进行经济效益分析，实施成本监控；负责编报重大投资的可行性研究报告。时任经理盛开薇（兼）。员工5人。（蒲大同）

【财务部工作概况】 2010年，财务部做好境内4艘沥青船和代管香港天星公司9艘沥青船以及租入船的财务核算；做好企业机关管理的成本核算；做好企业税务、财务预算、财务分析、财务决算工作；做好企业资金筹集、运作以及资金结算；做好企业"小金库"自查自纠工作；负责编报租入沥青船经营的效益分析报告。（蒲大同）

【办公室简介】 办公室是中远南方行政管理的综合部门。主要职责是负责协助企业领导贯彻执行上级指示和部署，协调企业对外关系和各部门关系，保证企业运输生产和党政工作的正常运转。时任主任蒲大同。员工4人。（蒲大同）

【办公室工作概况】 2010年，办公室草拟了企业工作计划、工作总结、请示、报告；安排了企业领导主持的各类会议，并组织实施和督促检查各项会议决议的贯彻落实；完成企业文件收发、对外接待、信访、文书档案的管理工作；抓好机关员工培训、人事管理、劳动工资、劳动合同管理和劳动社会保险的相关工作。

（蒲大同）

【举办2010年客户联谊会】 2010年1月12～13日，中远南方在海南博鳌举办2010年客户联谊会，来自国内外52家单位的近100名技术专家、客户代表、合作伙伴出席了联谊会。联谊会主题为“合作、交流、共商未来”。内容主要包括：1. 与海南海事局、CCS海南分社共同签署海上安全共建活动协议。2. 与SARGEANT MARINE签署大船合作备忘录。3. 召开2010年亚太沥青销售与运输市场变化与发展交流会。4. 举办2010年首届中远南方杯高尔夫球联谊赛及颁奖晚宴活动。联谊会的成功举办，拉近了与客户的距离，达成了多项共识。

（蒲大同）

【召开第一届董事会十二次会议】 2010年1月25日，中远南方第一届董事会第十二次会议在广东中山召开。董事长徐惠兴，董事翁继强、蔡梅江、谭力、邓伟荣，监事张访苏、佟文华、顾卫东，广远党委书记刘书田、副总经理陈炳立，人力资源部/组织部总经理黎光葵、航安部总经理助理周维民，中远南方高管周佳忠、盛开薇列席了会议。会议由徐惠兴主持。会上，蔡梅江就2009年工作及2010年工作计划向董事会作了汇报。会议审议通过《中远南方2009年工作报告和2010年工作计划》、《中远南方2009年财务工作报告和2010年财务预算报告》、《关于中远南方2010年船队调整及投资的议案》、《关于增加资本金的议案》、《关于有条件地向租入船提供安全管理服务的议案》、《关于增加岗位编制的议案》、《关于长期租入一艘万吨级沥青船的议案》。（蒲大同）

【召开2010年工作会议】 2010年2月2日，中远南方召开2010年工作会议。传达学习中远集团安全工作会议和广远2010年工作会议、思想政治工作会议、安全工作会议精神。会议按照董事会的要求，并结合企业实际，提出了2010年度工作目标和工作计划。会上，各部门汇报了如何落实上级要求，完成全年工作任务，特别就如何扩大收入、降低成本和提高效益方面提出了针对性措施。会上，总经理蔡梅江对做好企业2010年工作、完成董事会下达的目标任务提出了明确要求。（蒲大同）

【与壳牌石油公司续签期租船合同】 2010年2月7日，壳牌石油公司亚太地区沥青供应副总经理罗丹维等3人拜访中远南方，双方续签了“木兰湾”轮6个月的期租合同，日租金提高了2.1%。双方还就2010年3～9月COA合同及其他领域的合作进行协商，达成了多项共识。是年，中远南方共有7艘船舶期租给壳牌石油公司和欧洲、美洲租家，锁定了部分经营石油效益。

（蒲大同）

【与福建信源公司签约租船】 2010年2月26日，中远南方与福建信源船舶租赁有限公司就租用DWT12000吨“三都澳”轮举

行签字仪式。这是中远南方首次通过期租加管理的合作形式从市场上获取新运力，丰富了中远南方沥青船型，适应了大客户的需要，为公司争取更大的市场份额和提升市场地位夯实了基础。“三都澳”轮是亚太区目前最大吨位的专业散装沥青船舶。（方思捷）

【张富生视察中远南方】 2010年3月22日，中远集团党组书记张富生在广远党委书记刘书田的陪同下，莅临中远南方视察指导，亲切慰问全体员工。张富生在视察期间，详细询问了员工的工作生活情况，鼓励广大员工齐心协力，奋力拼搏，抓好企业的经营生产和安全管理，力争企业建设更上一层楼。此外，张富生还对中远南方今后的工作作了具体指示。

（蒲大同）

【与壳牌石油公司签署COA合同】 2010年3月25日，中远南方与壳牌石油公司签署2010年5～10月9万吨货物COA合同。双方商定合同到期后，再重新商议新的COA合同。中远南方通过与壳牌石油公司的COA和期租船合作，保障企业沥青运输淡季的货源，稳定自营船的经营效益。

（蒲大同）

【接受壳牌石油公司安全管理审核】 2010年3月26日，壳牌石油公司派出安全审核组对中远南方进行了年度安全管理审核。安全审核组通过严格审核后认为，中远南方安全管理有效，等级评定从原来的4级提高到2级强，并对中远南方不怕困难、不怕暴露缺陷和自我整改的做法表示肯定和赞赏，对中远南方船舶安全和保护海上环境不受污染提出了希望。（蒲大同）

【“宁海湾”轮投入营运】 2010年4月8日，中远南方5900载重吨散装沥青船“宁海湾”轮接船仪式在广州中船黄埔造船有限公司隆重举行。同日，在广州黄埔船厂龙穴厂区试航码头交付中远南方。至此，中远南方在广州中船黄埔造船有限公司定制的4艘5900载重吨散装沥青船全部建成投入营运，圆满完成了企业五年发展规划。

（陈力）

【企业领导出访中东、南亚】 2010年5月3～9日，总经理蔡梅江带队出访阿联酋和印度，参加以“中东、非洲与南亚沥青市场上新的机遇与挑战”为主题的2010年首届中东沥青论坛。蔡梅江受论坛组委会邀请在会上演讲，提出了三点主张：1.主张维持安全标准在亚太区域内的统一性；2.主张维持运力规模的稳定性；3.主张维持运价水平的合理性，共同维护亚太海上沥青运输市场的稳定与繁荣。在论坛特设企业会展上，中远南方就企业沥青船队管理、建设与发展方面进行了重点宣传，进一步提高了企业沥青船队的知名度，得到了更大范围潜在客户的关注。

（蒲大同）

【徐惠兴到中远南方现场办公】 2010年5月17日，广远总经理、中远南方董事长徐惠兴到中远南方现场办公，全面了解公司安全管理、生产经营、员工状况等方面的情况。其间，中远南方召开员工大会，在会上，徐惠兴对中远南方的生产经营、和谐稳定等工作提出具体要求。（蒲大同）

【开展“安全生产月”活动】 2010年6月，中远南方根据中远集团和广远统一部署，结合企业安全生产工作任务和季节性安全工作特点，紧紧围绕“安全发展、预防为主”这一主题，积极开展“安全生产月”活动，取得了良好效果。在活动中，“澎湖湾”轮、“珍珠湾”轮表现突出，被广远评为2010年“安全生产月”活动先进船舶。（陈力）

【荣获“海南省诚信示范企业”称号】 2010年7月，中共海南省委宣传部、海南省工商局、地税局、国税局、诚信企业创建办等单位联合授予中远南方“海南省诚信示范企业”荣誉称号。（蒲大同）

【“木兰湾”轮获“广东省工人先锋号”称号】 2010年7月，广东省总工会表彰了一批在争创“工人先锋号”活动中涌现出来的先进集体。其中，“木兰湾”轮榜上有名，被广东省总工会评为“广东省工人先锋号”。（陈力）

【“雅江”轮退役】 2010年7月17日，“雅江”轮退役，顺利移交江门中新拆船厂。（陈力）

【召开2010年职工大会】 2010年7月28日，中远南方召开2010年职工大会。会议审议通过《中远南方岗位分级、薪酬改革实施方案（草案）》。这是中远南方首次以职工大会形式，审议企业重大事项，鼓励职工充分发挥民主权利和主人翁精神，参与企业管理，推动企业发展。会上，总经理蔡梅江作工作报告，提出了下半年的重点工作。（蒲大同）

【召开第一届董事会十三次会议】 2010年8月4日，中远南方第一届董事会十三次会议在广州召开。董事长徐惠兴，董事翁继强、蔡梅江、谭力、邓伟荣，监事张访苏、佟文华、姚勇，广远副总经理陈炳立、人力资源部/组织部总经理黎光葵、航安部总经理助理周维民，中远南方高管周佳忠、盛开薇列席了会议。会议由徐惠兴主持。会议审议通过《中远南方2010年上半年工作报告和下半年工作计划》、《中远南方2010年上半年财务工作报告及全年财务预算调整说明》、《关于设立中远南方沥青运输有限公司广州分公司的议案》、《关于租入境外沥青船经营的议案》、《关于增加岗位编制的议案》、《关于增加固定资产投资的议案》、《关于提前还贷的议案》。（蒲大同）

【“福宁湾”轮无缺陷通过SHELL严格检查】 2010年7月29日，“福宁湾”轮停泊在罗马尼亚康斯坦萨港接受SHELL检查官7个多小时的严格检查。“福宁湾”轮干净整洁的船风船貌、精神抖擞的船员队伍、工整完备的台账记录，给检查官留下了良好的印象，检查官对船舶的安全管理工作给予高度评价，并给予无缺陷批注。至此，实现了中远南方沥青船队无缺陷通过SHELL油公司检查“零”的突破。（蒲大同）

【SHELL公司代表团来访】 2010年8月13日，油公司SHELL亚太区副总经理罗丹维率团拜访中远南方，双方就“木兰湾”轮期租期间的合作情况，欧洲、美洲市场的合作计划进行了交流。双方还续签了“木兰湾”轮期租协议和COA合作协议，

把现有的COA合作协议延至2011年4月30日。（蒲大同）

【召开船岸交流会】 2010年8月23日，中远南方在海口召开“关爱生命，促进安全，共建和谐”为主题的船岸交流会。公休在家的部分骨干船员及家属参加了会议。会议就企业安全管理、船舶管理和激励机制方面进行了讨论。同时，会议对企业拟实行的《船员满合同优质服务奖方案（草案）》进行了讨论。与会船员及家属对企业的改革发展提出了许多建设性的建议和意见。（陈力）

【QC安全小组获“广东省优秀QC小组”称号】 2010年8月24日，中远南方QC安全小组在广东省第三十次QC小组代表会议上，凭借课题“解决沥青船货油膨胀节易破裂造成沥青泄露难题”，被授予“广东省优秀QC小组”荣誉称号。（蒲大同）

【与中远国贸签订合作协议】 2010年8月29日，中远南方与中远国际贸易有限公司在北京签署散装液体沥青海上运输战略合作协议。双方协商同意就散装液体沥青海上运输建立业务合作关系，并在今后营运中实现优势互补、互惠互利、共谋发展，构建战略合作伙伴关系，在沥青运输和物流供应链方面共同开辟可持续发展之路。（蒲大同）

【企业领导出访欧洲】 2010年8月31日至9月5日，总经理蔡梅江率团拜访伦敦SHELL和EXXONMOBIL总部，分别与对方技术管理和业务经营部门人员进行了交流沟通；拜访中远英国公司、中远法国公司、Lloyd's船级社总部，就业务合作与COSCO UK进行洽谈；与欧洲租家就“月亮湾”轮租金恢复、“大鹏湾”轮续租问题进行沟通，达成了共识。（蒲大同）

【召开民主生活会】 2010年9月9日，中远南方根据广远统一部署，召开2010年度企业领导干部民主生活会暨述廉议廉会议。广远副总经理翁继强，人力资源部/组织部总经理黎光葵参加了会议。会上，中远南方领导班子成员汇报了个人廉洁从业的认识，以及在企业发展过程中遇到的主要问题和下一步的工作思路。翁继强对中远南方今后工作提出了要求。

（蒲大同）

【“月亮湾”轮通过SHELL公司检查】 2010年10月14日，“月亮湾”轮接受SHELL公司第3次检查，并顺利通过。（蒲大同）

【举办爱国奉献，创先争优演讲比赛】 2010年10月19日，中远南方举办“爱国奉献 创先争优”演讲比赛，共有8名选手进入最终角逐。比赛现场，选手们围绕“爱国奉献 创先争优”这一主题，或畅谈感受，或抒发感情，表达立足岗位、创先争优的决心与信心。比赛最终评选出一等奖1名、二等奖2名、三等奖2名、优秀奖3名。（蒲大同）

【与海口边检总站举行迎新春联欢会】 2010年12月27日，中远南方与海口边检总站共同举办迎新年联欢会。中远南方全体员工、边检总站的领导及部分民警代表参

加了联欢会。双方演出人员把各自单位不同的人文气息融入演出之中，展现出双方所共同拥有的服务品质。整个联欢活动洋溢着热烈、祥和、欢乐的节日气氛。

（蒲大同）

【召开工作务虚会】 2010年12月30日，中远南方召开2011年工作务虚会。会议学习传达了广远2011年工作务虚会精神，财务部、安技部、航运部分别对2010年工作进行了总结，对2011年的工作计划及具体措施作了汇报。总经理蔡梅江作总结讲话。党总支书记姚勇对下一步工作提出了具体要求。（蒲大同）

第四节　天星船务有限公司

【天星船务有限公司简介】 天星船务有限公司（以下简称天星公司）是广远全资子公司，于1985年10月8日在香港成立。注册资本100万港元。天星公司主要业务是以船舶经营管理人身份从事海上货物运输业务，同时作为广远海外投融资平台。

天星公司成立初期拥有“织女星”、“牛郎星”轮。1998年8月，购入“玉衡星”轮多用途杂货船。1993年，出售“玉衡星”轮。1995年，购入“富裕星”轮。2004年6月，出售“织女星”轮。2008年2～3月，购入“天王星”、“海王星”轮；5月，出售“牛郎星”轮。2010年11月，出售“富裕星”轮。至此，天星公司成功进行了船舶资产置换，优化了船队船型和结构，提高了市场竞争力。

2010年底，天星公司拥有“天王星”和“海王星”轮2艘多用途杂货船，总载重吨为18,212吨。

天星公司下设航运部、财务部和综合部。

天星公司设董事会。时任董事长徐惠兴，董事谭力、刘贤蒙，时任总经理刘贤蒙，副总经理胡冠雄，财务总监陈小华。员工7人。（刘湘）

【天星公司工作概况】 2010年，天星公司全体船岸员工在广远和董事会的正确领导下，坚决贯彻“强创新、调结构、抓机遇、精管理”的战略部署，坚持实践“创新经营”和“精益管理”理念，坚持抓安全生产，在航运市场低迷状态和3艘自有船均在年内进行厂修的不利形势下，各项生产经营和财务指标都比2009年度有较大幅度的增长。货运量增长3.23%，周转量增长14.57%，营业总收入增长44.50%，运费回收率100%，企业经营管理、资金管理和投资管理均达标。（刘湘）

【安全工作概况】 2010年，天星公司坚持贯彻“安全第一、预防为主、综合治理”的方针，与代管船舶安全的中远航运密切配合，狠抓安全管理；将防抗海盗工

作摆在重中之重的位置，全年13艘次船舶安全通过索马里、亚丁湾高危水域；加大货运监督和指导、海务和机务管理等日常安全工作力度，取得了安全生产平稳的局面。是年，天星公司安全生产形势基本平稳，没有发生上报等级的海损、机损、污染和人身伤亡事故。（刘湘）

【坚持大客户战略，抓好自有船经营】 2010年，天星公司自始至终将自有船经营视为重中之重，坚持推行大客户战略，多次登门拜访VIP客户；利用客户抵广州、深圳、香港等地的机会与客户交流洽谈、谋求合作，为自有船提供稳定、高价位的货源。全年3艘自有船共完成15个航次，完成货运量10.04万吨、周转量10.63亿吨海里，部分航次换算期租水平接近金融海啸前的水平。（刘湘）

【审慎开展租入船经营业务】 2010年，天星公司坚持“高有高做，低有低做”的经营策略，审慎和有效地开展租入船经营业务。是年，天星公司租入船舶26艘次，完成25个航次，完成货运量74.60万吨，与2009年同比增幅14.33%；周转量23.89亿吨海里，与2009年同比增幅12.69%，利润总额与2009年持平。（刘湘）

【成功处置“富裕星”轮】 2010年11月4日，天星公司在中远船贸和广远发展部的指导和支持下，成功处置了适货能力差的老旧船“富裕星”轮。在处置“富裕星”轮止亏的同时，获得了可观的卖船收益。（刘湘）

【理顺企业架构】 2010年，天星公司为提升管理水平，在广远和相关职能部门的指导和大力支持下，充分利用国际国内税务及营商环境等有利时机，理顺企业架构。年内完成了10家子公司注册地由巴拿马到香港的变更，并顺利注销了富泉船务有限公司。（刘湘）

【转让持有股权】 2010年，天星公司贯彻执行广远的整体部署，将天星公司持有省远洋16.67%的股权转让给广州远洋投资管理公司；将天星公司持有东海大厦50.26%和远洋宾馆49%的股权转让给广远。（刘湘）

【财务工作概况】 2010年，天星公司财务部主要完成以下工作：进一步清理历史上财务存在的问题，夯实企业财务基础，按时完成快报、预算、决算报表；完成内外部审计，并积极配合国家审计署审计；进一步加强资金管理，开通有限度网银，实现对资金的监控，确保资金安全；做好资金计划，积极配合广远资金调拨，保证还本付息及正常生产经营所需资金；逐步推进集中支付，降低财务成本；完成广远海外账务处理平台，统一会计政策和管理会计基础要素，做好账务处理；进一步理顺企业架构，清算注销富泉公司；完成12家香港公司收购对应巴拿马公司资产，成功清算注销了其中10家巴拿马公司，有效防范了税务风险；积极配合广远，完成长期投资单位的股权转让。（刘湘）

第五节　广东省远洋运输有限公司

【广东省远洋运输有限公司简介】　广东省远洋运输有限公司（以下简称省远洋）1995年1月26日成立。同年10月15日，在广州经济技术开发区创业路普辉11街8号挂牌正式开业。省远洋是在广东省经贸委的倡导下，由广远、广东省电力集团公司（现今的广东省粤电集团有限公司）和香港鹏业国际有限公司（2007年8月30日全部股权转让给天星公司）、超康投资有限公司合资组建的中外合资的地方远洋运输公司，是广东省属第一家远洋运输企业。省远洋成立的宗旨是利用广东省沿海开放地区政策上的优势和广远股东人、财、物的实力，积极发展广东省远洋运输事业。

省远洋主要经营国际海上运输，承运广东省进口电煤及其他货物，仓储及船舶代理，并经营广东省沿海电厂的部分国内煤炭运输业务。

省远洋设董事会。董事长高仕强，副董事长刘书田，董事邓伟荣、赵寿春（代表广远）、何茂贞、陆结红（代表粤电集团有限公司）、汪辉（代表超康投资有限公司）、翁继强（代表天星公司）。监事会由所春阁（代表广远）、钟庆增（代表粤电集团有限公司）和陈鸿（代表省远洋）3人组成。省远洋下设业务部、安技部、财务部、综合部。

时任总经理赵寿春，副总经理何茂贞。员工15人。　（李范斌）

【省远洋工作概况】　2010年，省远洋面对在自有运力有限，航运市场持续低迷的恶劣环境，全体员工团结一致，坚决执行董事会的指示精神，坚持“保安全、促效益、力开拓”的战略举措，在全力保持安全生产形势稳定，积极经营自有船舶的前提下，见缝插针把握时机开拓租船业务，寻求新的利润增长点，超额完成了董事会下达的任务指标。　（李范斌）

【安全管理】　2010年，省远洋根据南北航线台风多、渔船密集、冬季寒潮大风威胁大、雾季时间长等特点，精心制定和落实防台等各项相关安全措施，抓好隐患排查和综合治理，抓好船舶季节性安全工作，布置落实船舶雾航工作，对雾航船舶实施跟踪指导，督促船舶严格执行雾航安全制度，确保雾航安全等，千方百计保证船舶安全。主要工作有：1. 认真研究沿海航行热带气旋的特点，完善企业防抗热带气旋预案，积极开展防抗热带气旋的应急与演练，打好防台战役。全年，成功指挥船舶防避了3号台风“灿都”、9号台风“玛瑙”、10号台风“莫兰蒂”和13号台风“鲇鱼”，保证了台风期间船舶的安全生产。2. 对船舶进出港航行、狭窄水道、中国沿海航行，冬季大风浪安全航行进行动态监督指导，以海上航行安全高于一切为原则，做好船舶安全航行工作，确保企业安全形势稳定。3. 做好船舶安全检查工作，及时了解安全检查信息，严格执行《老龄船管理办法》，掌握船舶实际情况，指导船舶做好各项自查和整改工作，发现问题及时解决，对船员无法解决的，

给予岸基支持，及时安排航修，保证不带缺陷开航。是年，船舶2次顺利通过海事局安全检查。“毓骐海”轮接受中远集团督导组严格的安全检查，以无缺陷通过检查并得到了督导组的良好评价和通报表扬。是年，省远洋由于思想重视，措施得当、工作细致，管理到位，在船舶运输生产中，没有发生任何安全事故，“毓骐海”轮被广远评为先进外派集体。（李范斌）

【经营生产】　2010年，省远洋主要经营船舶为“毓骐海”轮，6.5万载重吨。“毓骐海”轮执行的是老船老运价的政策，运价与2009年相比表面上涨了一点，但在合同条款中删除了亏舱费条款，使实际运价比2009年还有所下降；再加上2010年重油的油价同比上升了31.6%，轻油价格同比上升了23.05%。种种不利因素的叠加，造成企业上半年前4个月都处于亏损的局面。

面对恶劣的经营环境，省远洋一方面抓好“毓骐海”轮的安全生产，尽可能缩短非生产性停时，多装快跑；另一方面，寻求到粤电集团对企业的政策支持，省远洋采取租船运输电煤方式，增加经济收入。省远洋通过扩大租船业务，使企业上半年保持略有盈利。下半年，在粤电电煤运输的运力趋于饱和，租船运输电煤被迫终止的情况下，省远洋重点抓好“毓骐海”轮装、卸两港的货源安排、靠港衔接等业务，在夏季尽可能减少台风的影响，充分利用秋季北方天气适宜的时机，确保船舶多装快跑，多创效益。（李范斌）

【召开第八届董事会第一次会议】　2010年6月24日，省远洋召开第八届董事会第一次会议。董事长高仕强、副董事长刘书田，董事邓伟荣、赵寿春、陆结红、汪辉、何茂贞和董事会秘书张弛出席了会议。董事翁继强未能亲自参加会议，委托刘书田为其代理人，代表其本人对董事会的议案行使权力。会议由高仕强主持。会议审议通过《关于公司二〇〇九年工作报告的议案》、《二〇〇九年工作报告》。董事会批准企业经营班子启动原第二艘新造船改型建造的谈判。会议还审议通过了《二〇〇九年财务决算报告》、《二〇一〇年财务预算报告》、《关于公司经营负责人二〇〇九年业绩考核结果的议案》、《关于公司二〇〇九年度员工工效挂钩工资总额的议案》、《关于二〇一〇年度〈公司经营负责人经营业绩考核责任书〉和〈员工工资总额工效挂钩考核办法〉的议案》、《关于公司增派财务人员的议案》。会议并对《关于对公司二〇〇八年未分配利润和二〇〇九年利润进行分配的议案》进行了审议，决定已经决议分配的2008年50%利润，公司可暂缓支付给股东；2008年尚未分配的50%利润和2009年利润暂不分配，具体分配时间由董事会商议后再确定；对《关于对我司广远方派出员工补计提2007～2009年度企业年金的议案》进行了审议，同意省远洋参照股东广远企业年金制度对企业内广远方派出员工补计提2007～2009年度企业年金，列入2010年企业年金。补计提的2007~2009年度企业年金省远洋要依法进行纳税调整。

（李范斌）

【股权变更】　2010年11月15日，省远洋收到广东省对外贸易经济合作厅发来《关于合资企业广东省远洋运输有限公司股权转让的批复》，同意广远将其持有省远洋33.33%股权转给广州远洋投资管理公司、香港注册的天星船务有限公司将其持有省远洋16.67股权转让给广州远洋投资管理公司。至此，广州远洋投资管理公司成为省远洋的新股东，持有股权比例为50%。

（李范斌）

【新添“毓鹏海”轮】 2010年12月15日，省远洋新造76000吨新型巴拿马型散装船“毓鹏海”轮交船命名仪式在黄埔龙穴造船厂隆重举行。董事长高仕强、副董事长刘书田，总经理赵寿春、副总经理何茂贞参加了命名仪式。“毓鹏海”轮长225米，宽32.26米，主机为B&W5S60MC型，配置3台辅机，服务航速14.5节，适装煤、矿物、散装水泥、谷物等各种干散货。至此，省远洋拥有船舶2艘，共计14万载重吨。（李范斌）

【启动第二艘新造散货船项目】 2010年10月下旬，中远集团船贸公司、广远发展部、省远洋与中船总船贸、黄埔船厂签订备忘录，黄埔船厂同意将第二艘新造船的造价降低约22%，启动第二艘76000吨新型巴拿马型散装船新造船项目。

（李范斌）

【业务部简介】 业务部是省远洋航运业务的主管部门。主要职责是负责企业运输生产计划的实施和船舶营运的管理；负责船舶的调度指挥，合理安排航线和货载，洽谈揽货或租船业务，测算经济效益，签订运输合同；制定航次计划，向船舶布置航次任务；指导船舶合理配载，提高船舶载重利用率；负责船舶跟踪管理，准确掌握船舶动态；与港口、货主和代理的沟通联系，快装快卸，缩短船舶在港停时，提高船舶周转；负责选择加油港和决定加油量，降低燃油费用，航次结束后作出书面效益结算；负责船舶现场管理，掌握船舶货运设备状况，抓好船舶安全生产；负责办理船舶保险和货物理赔；负责计收运费、租金和速遣、滞期费，向货主或租家催收运费或租金；负责审核船舶的港口使费及有关劳务费用；负责收集航运信息，掌握航运市场动态，为企业领导科学决策提供有效依据。时任经理陈鸿。员工2人。（李范斌）

【业务部工作概况】 2010年，业务部在船舶各项费用不断上升的情况下，通过加强对船舶的调度、管理，把好港口使费的开支，加强与货主、港口和电厂等有关方面的协调、沟通，加大疏港力度，减少非生产停时，加快船舶周转等多项措施，超额完成了董事会下达的年度利润指标。

（李范斌）

【安技部简介】 安技部是省远洋海务、机务和通导管理的主管部门。主要职责是负责执行企业的安全、环保方针，确保安全管理体系有效运行和对船舶实施海务、机务监督管理。时任经理林少衡（兼管海

务），副经理郭立新（兼管机务）。员工4人。（李范斌）

【安技部工作概况】 2010年，安技部坚持“科学发展，预防为主”的方针，做好船岸各项安全工作；加强对安全管理体系的监控，不断提高运行质量；对体系文件进行了修改，进一步充实和完善体系内容，提高其符合性、有效性和可操作性；顺利通过了年度审核；根据南北航线台风多、渔船密集、冬季寒潮大风威胁大、雾季时间长等特点，精心制定和落实防台等各项相关安全措施，抓好隐患排查和综合治理，保持对雾航船舶的跟踪指导和核查船舶雾航措施的落实情况，确保船舶安全万无一失；开展精益管理降本增效活动，做好节能减排工作，实施经济航速，控制好备件、物料、修理费用；鼓励船员扩大自修，在天气、港口条件允许的情况下，支持并跟踪指导船长自引自靠，抢船期，节约港口使费。是年，省远洋没有发生海务、机务事故，继续保持了安全生产的稳定局面。（李范斌）

【财务部简介】 财务部是省远洋核算生产经营成本和对资金进行管理的主管部门。主要职责是负责筹措经营资金，参与企业经营决策；编制财务计划，做好资金的回收和管理工作，提高资金使用率；定期经济分析，对存在问题提出解决办法和建议；负责成本管理，想方设法降低成本、节省开支，增加企业赢利；做好财务基础工作，建立健全财务管理制度，严格执行财经纪律，实行财务监督。时任经理徐锡芳。员工2人。（李范斌）

【财务部工作概况】 2010年，财务部认真执行《企业会计准则》，落实董事会决议，严格遵守财经纪律、法规，加强财务管理，抓好成本控制，自觉履行岗位职责，严格审核单据，及时发现财务管理上的漏洞；控制预算成本；参与企业重大投资决策，落实由中国银行广东省分行作为两艘新造船项目的贷款银行，并在贷款利率上争取到最优惠的利率；参与省远洋与黄埔船厂签订的新造船合同的修改，争取在付款的时间及付款的比例上达到预期目的，降低新造船的船价和融资成本，使股东的利益得到最大化。（李范斌）

【综合部简介】 综合部是省远洋行政事务的主管部门。主要职责是负责企业的安全、人事、劳资、船员管理等各种行政事务工作。时任经理张弛。员工5人。

（李范斌）

【综合部工作概况】 2010年，综合部进一步加大管理力度，做好降本节支工作，在各项费用不断上升的情况下，总体费用仍然控制在预算计划之内；做好人事劳资管理工作，抓好员工工资、奖金和劳保、福利等费用的测算、申报和发放工作，确保员工按时获得薪酬；执行《劳动合同法》，通过劳务派遣的方式理顺招用的勤务工的劳动关系，消除人事风险；了解薪酬委员会对员工薪酬调整提出的建议，组织工资改革小组进行讨论，并根据讨论的意见整理形成工资改革方案提供领导参考研究；筹办董事会和股东会、监事会；按时完成中远集团、广远和粤电集团有限公司及政府有关部门要求报送的各种报表和汇报；完成省远洋2009年年鉴的撰写；完成各种证照的年检报批和有关证书的变更工作；对电脑服务器的硬件进行了更换，使OA系统和内部邮件更加稳定、高效；维护好办公设备和各种用具，保证正常使用；做好防火、防盗和人身安全工作；协助工会开展有益员工身心健康的文娱体育活动。（李范斌）

第六节　中远鞍钢航运有限责任公司

【中远鞍钢航运有限责任公司简介】 中远鞍钢航运有限责任公司（以下简称中鞍航运）是中远集团所属的广远与鞍钢集团所属的鞍钢集团国际经济贸易公司各出资50%，于2004年6月6日在大连组建成立的合资合营公司。公司注册地址：辽宁省大连市保税区中轻大厦5楼619C；经营地址：辽宁省大连市中山区人民路23号虹源大厦9楼903—907室。

中鞍航运是以经营鞍钢主副产品及原材料内外贸运输为主，并兼营其他物流运输业务的综合性物流公司。该公司的经营宗旨是立足航运主业，开拓以海运为主的围绕钢铁制造业发展的物流产业，坚持与国内外贸易紧密结合的经营战略，增强企业在海运市场的竞争能力，使股东双方获得持续稳定增长的投资回报。

中鞍航运的经营范围为国际远洋货物运输和国内沿海货物运输、船舶租赁及水路货运代理业务等项目。该公司拥有鞍钢集团与中远集团在人、财、物方面的资源优势，可为海内外客户提供安全、优质、经济、高效的内外贸运输服务。2010年，中鞍航运注册资金5000万元，拥有“鞍山”（2010年8月4日出售）、“水城”轮2艘杂货船，总载重29351吨。

中鞍航运设股东会、董事会和经营管理机构。股东会是企业最高权力机构，董事会对股东会负责。中鞍航运实行董事会领导下的总经理负责制。时任董事长王恒，副董事长刘书田，董事翁继强、李东伟、刘凯、何伟杰。经营管理机构设总经理1名，副总经理（行政副总）1名。时任总经理何伟杰，副总经理李曙光（行政副总）。下设综合部、船技部、业务部、财务部4个部门。员工13人。（黄成好）

【中鞍航运工作概况】 2010年，中鞍航运紧紧围绕公司董事会制定的发展战略，在船龄老、耗能大、运营成本高、安全生产隐患多及运价长期在低位徘徊的经营环境下，公司全体船岸员工同心同德，奋力拼搏，较好地完成了各项经营指标和安全质量管理目标，为构建中远——鞍钢战略合作平台发挥了重要作用。

是年，该公司主要经营鲅鱼圈至黄埔、大连至黄埔二条航线的鞍钢钢材产品运输，累计完成81航次、货运量104万吨。在安全质量管理上，始终坚持“以人为本”、“安全第一，预防为主、综合治理”和“以诚取信、优质服务”的原则，认真实践“安全就是生命，安全就是效益”的安全管理理念，全面履行ISM规则和ISO9001：2000标准，深入运行安全质量管理体系，全面落实安全责任制，不断推进安全质量管理长效机制和企业安全文化建设，全年

未发生任何等级的安全责任事故，安全面100%，防台成功率100%，PSC/NSC检查通过率100%；货物运输无任何货损货差及货物索赔和顾客投诉发生，企业安全质量管理工作成绩显著。 （黄成好）

【SMQS顺利通过换证审核】 2010年1月上旬，交通运输部海事局安排审核组分别对中鞍航运岸基和代表船“水城”轮运行安全质量管理体系的情况进行换证审核。审核结果表明中鞍航运安全质量管理体系修改情况符合ISM规则、相关国际国内强制性规定并充分考虑了适用的建议性标准，岸基和船舶安全管理体系活动符合公司体系文件要求，审核中未发现影响中鞍公司DOC证书换发的严重和重大不符合规定情况，公司管理体系运行基本有效。2月上旬，中鞍航运获得交通运输部海事局颁发的DOC更新证书。 （黄成好）

【应对30年不遇的冰情】 2010年年初，渤海和黄海北部海域出现30年来最严重冰情，鲅鱼圈港区位于冰情最严重的辽东湾东部，使中鞍航运船舶安全营运受到影响。中鞍航运职能部门通过勤跟踪、多指导、及时配置船用堵漏器材等监督手段，有效防止了船体受冰挤压后产生破裂。为确保船舶安全营运，中鞍航运制定了《中鞍航运船舶破损管制器材配备标准及管理办法》。在整个冰冻期间，中鞍航运船舶没有发生一起冻裂事故。 （庄少平）

【召开第三届董事会第二次会议】 2010年5月27日，中鞍航运在大连召开第三届董事会第二次会议。董事会成员王恒、翁继强、李达光、李东伟、吕东宁、何伟杰出席了会议。副董事长刘书田因公务未出席本次会议，书面委托翁继强行使表决权。李曙光、谭力列席会议。会议审议并通过《中远鞍钢航运有限责任公司2009年度工作总结》、《中远鞍钢航运有限责任公司2010年度财务预算报告》、《中远鞍钢航运有限责任公司2009年度财务预算说明》、《关于中鞍公司2009年业绩奖的申请报告》、《关于申请“鞍山”轮退役的报告》、《关于董事会成员调整的决议》等报告。 （黄成好）

【董事任职变动】 2010年5月，鞍钢集团方董事李东伟、刘凯因工作变动，不再担任中鞍航运公司董事。经中鞍航运第三届董事会第二次会议全体董事表决通过，由鞍钢集团方李达光、吕东宁出任董事。

（黄成好）

【高层会晤】 2010年5月，中鞍航运组织安排中远航运CEO韩国敏与鞍钢国贸王恒总经理进行高层互访。 （庄茂兵）

【出售“鞍山”轮】 针对“鞍山”轮存在船龄老、耗能大、运营成本高及安全生产隐患等问题，经中鞍航运第三届董事会第二次会议全体董事同意，该轮于2010年8月4日出售，实现了企业经营止损、提高航运安全和保护海洋生态环境的目的。

（庄少平）

【实现全新的租船合作模式】 中鞍航运为了弥补自有运力老化、退役后出现的运力不足和间断局面，于2010年8月，与上海至宪船运有限公司开创了全新的合作模式，以“运费共享”的方式长期租入“至

宪11”轮。从而实现了另一种模式的拥有运力，规避了市场风险，保证了董事会下达货运量的完成。（庄茂兵）

【加强党的建设】 2010年，中鞍航运党总支全面贯彻落实科学发展观，深入开展创先争优活动，围绕推动科学发展、促进社会和谐、服务人民群众的宗旨，团结船岸党员和员工，争创效益，加强党组织建设，充分发挥党组织的战斗堡垒作用和共产党员的先锋模范作用。是年，党总支被大连口岸工委授予2008～2010年度先进党总支称号，副总经理李曙光荣获优秀党员称号。（黄成好）

【签订精神文明共建协议】 为共保安全，和谐共建，本着相互支持、优势互补、努力实现“海事服务企业、企业支持海事”的愿景，共同促进船舶生产营运安全，2010年9月9日中鞍航运党总支与营口海事局鞍钢海事处筹备组党支部在营口海事局签订精神文明共建协议书。

（黄成好）

【海务机务监督员跟船调研】 为了解“民企制造”船舶的技术、质量及国产设备的使用情况，给企业新造船的设备选型和决策提供重要参考依据，2010年10～11月，中鞍航运海务机务监督员跟民企船一个航次，并提交了跟船调研报告。

（黄成好　庄少平）

【综合部简介】 综合部是中鞍航运行政领导的日常办事机构和安全质量管理体系及船舶保安体系、海务安全和船员管理的主管部门。主要职责是负责中鞍航运总经理办公会议决议、决策及交办事项的执行和企业行政事务管理；安全质量管理体系和保安体系的建立、运行和维护管理；船员租赁和管理；船舶海务安全管理等。时任经理黄成好。员工4人。

（黄成好）

【综合部工作概况】 2010年，综合部认真执行中鞍航运的决策，在安全管理方面，坚持“安全第一，预防为主，综合治理”的方针，跟踪指导船舶的海务安全管理工作，未发生上报等级安全、污染事故和保安事件。在体系管理方面，严格履行和不断完善安全质量管理体系和船舶保安体系，使体系对指导和监督船舶安全保卫工作发挥了应有的作用，顺利通过DOC换证审核。在船员管理方面，坚持以人为本，大力倡导“严格要求、真诚关心”的人力资源管理理念，建立健全了船员激励和约束机制，完成了船员换班及“鞍山”轮出售后船员的遣返工作；为打造高素质船员队伍和培养船员后备力量做了大量工作，确保了船员整体素质的提高和船员队伍的相对稳定，为安全生产提供可靠的保障。在行政管理方面，不断完善企业行政管理各项规章制度，监督总经理办公会议各项决议、决策的落实执行，为确保企业日常行政管理的正常运行发挥了重要作用。（黄成好）

【船技部简介】 船技部是中鞍航运机务管理的主管部门。主要职责是负责对中鞍航运机务管理和船舶机电设备维护进行指导；负责燃润料、物料、备件的采购与供船；负责船舶修理计划制定与实施；负责机损事故调查处理；负责PSC/NSC检

查指导与管理等。时任经理庄少平。

（庄少平）

【船技部工作概况】 2010年，船技部配合企业调整船队结构计划，统计回收“鞍山”轮船存物料、备件、燃润料，完成了出售的前期准备工作。同时，加强对现有船的技术维护和保养力度，提供远程岸基技术监控及支持，及时消除安全缺陷。在检验、航修、物料、备件、燃润料供应等方面做好控制，为船舶安全营运提供保障。（庄少平）

【业务部简介】 业务部是中鞍航运运输生产计划实施、船舶运营的主管部门。主要职责是负责收集和分析航运市场信息、揽载货物、租船；负责船舶调度；负责运、使费管理；负责货运质量管理和船舶保险理赔以及船舶燃油订购等工作。时任经理袁伟贤（1～5月）、庄茂兵（5～12月）。员工3人。（庄茂兵）

【业务部工作概况】 2010年，业务部针对企业的经营实际情况，及时调整运力结构。在确保自有运力减少的情况下，确保鞍钢货物运输的运力保障。完善自有船、期租船、程租船等多种运力保障体系，共完成81个航次船舶的揽载、调度等任务；完成固有航线104万吨的货物运输。同时，积极开拓外贸货代业务，架起鞍钢与中远航运之间的业务联系，货代业务实现了零的突破。（庄茂兵）

【财务部简介】 财务部是中鞍航运财务、金融、资产管理的主要部门。主要职责是负责企业财务、金融、资产的管理；负责财务成本预控管理；负责财务核算管理；负责经营活动分析和监控；负责资金管理；负责项目的可行性分析（经济效益预测）等。时任经理赵艳波。员工3人。

（赵艳波）

【财务部工作概况】 2010年，财务部严格遵守企业会计准则及相关法律法规，认真执行中鞍航运各项财务管理规章制度，圆满完成了各项工作。主要有：完成2009年财务决算工作及所得税汇算工作；完成全年财务核算及经营活动分析工作；完成新造船的经济效益预测工作；完成“小金库”自查及税务自查工作；完成上级公司交办的各项工作。（赵艳波）

第七节　广州越洋船务有限公司

【广州越洋船务有限公司简介】 广州越洋船务有限公司（简称越洋船务）是广州市属的散装货物海洋运输公司。该公司拥有船舶3艘，12.4万载重吨，主要承担国际及国内沿海货物运输和国内北方至南方港口的海上煤炭运输。

越洋船务下设业务部、安技部、安质办、总经办、计财部。

越洋船务设董事会。时任董事长杨建穗，副董事长许遵武，董事陈江涛、杨振雄、翁继强、周小溪、熊健雄、邓伟荣。时任总经理杨振雄、党支部书记兼副总经理何兆祥、副总经理陆海鸣。员工20人。

（冯丽玲）

【越洋船务工作概况】 2010年，是越洋船务压力与动力同在、挑战与希望并存的一年。是年，在后金融危机的影响下，航运市场形势严峻，新船运力交付集中、运力过剩、国际原油价格坚挺不下，给航运市场带来了极大的冲击，使得航运市场在金融危机后的恢复相对滞后。尽管如此，越洋船务全体员工团结实干，迎难而上，坚决贯彻董事会指示精神，妥善应对变幻莫测的市场环境，适时调整经营思路和策略，超额完成了董事会指示下达的奋斗目标。 （冯丽玲）

【强化安全管理工作】 2010年，越洋船务将安全管理作为第一要务，严格执行上级的一系列安全规定。通过建立安全责任制，最大限度地规避了公司可能面临的经营和安全风险，在海务、机务、通导、体系、船员5方面都取得了良好的成绩。在海务管理工作中根据中国沿海全年气象和海况的情况，制定了开展“四个战役”（即冬防战役、雾航战役、防抗台战役和防碰渔船战役）工作计划，全面保证安全，保证零事故。机务管理始终贯彻“四个加强”（加强老龄船舶的隐患排查工作、加强备件物料的使用监控、加强船舶设备维修保养的跟踪和监督、加强船舶自修力度和广度）。在通导管理中实行比价、比质程序，获取优惠价格的同时保证了船舶通导设备正常使用和船舶通讯畅通。是年，越洋船务防抗台成功率达100%，船舶安全面达100%。在船员管理方面，越洋船务对船员严管善待，实行人性化管理，使船员有强烈的归属感和团队凝聚力。2010年度，越洋船务3艘老旧船舶在多次港口国和中远集团督导组的安全检查中，都以较少缺陷通过检查。“越秀海”轮荣获交通运输部、广东省交通厅颁发的“安全优秀船舶”称号，并得到中远集团督导组的通报表扬。 （冯丽玲）

【确保全年盈利】 2010年，受后金融危机的持续影响，航运市场遭到了严峻的考验，越洋船务的经营面临极大的困难。为了有效应对后金融危机带来的影响，越洋船务通过签订年度合同确保企业有稳定的收益，采取年度期租的经营方式有效规避了市场风险和燃油上涨的风险。与此同时，越洋船务进一步加大客户开发和维护力度，为企业拓展揽货渠道打下坚实的基础。在控制成本方面严格控制燃油成本。是年，越洋船务总成本费用中占比最大的是燃油费，越洋船务不断寻求各种措施降低成本，努力争取到一定额度的优惠，在中远散运的帮助下，船舶使用的润滑油参与团购，从而减少了越洋船务使用润滑油的费用。 （冯丽玲）

【“星宿海”轮顺利退役】 2010年，越洋船务成功策划33年船龄的“星宿海”轮退役。越洋船务仔细分析市场供需关系及废钢船价格走势，严格按照程序招标、资产评估，在中远国贸和中散国贸的协助下，企业根据“星宿海”轮航线情况，抓住机会，在废钢船交易价格高点的位置出售“星宿海”轮，为企业赢得了较高的收益。该轮于11月23日顺利退役。

（冯丽玲）

【加强内部管理】 2010年，越洋船务不断强化对《安全与防污染管理体系》的学习与培训，使体系内人员加深对《安全与防污染管理体系》的认识。是年，越洋船务通过《安全与防污染管理体系》的外审工作。与此同时，体系外审的不符合项达到《安全与防污染管理体系》“安全诚信公司”的标准，《安全与防污染管理体系》运行有效。为此，越洋船务建立和完善的相对规范的管理制度和工作流程，不断补充完善，使企业内部管理取得了阶段性提升。 （冯丽玲）

第七章
岸 产 企 业

第一节 广远岸产事业部

【广远岸产事业部简介】 广远岸产事业部（以下简称岸产事业部）是2004年9月27日成立的。其主管广州远洋投资管理公司（简称广远投资）和广州远洋运输有限公司（简称广远、广远有限）名下岸产全资及控股企业11家：建设实业、海运公司、远洋宾馆、酒店管理公司、远洋酒店、大富酒店、物业公司、供应公司、通导公司、金桥学院、东海大厦。此外，还管理4家参股企业。

岸产事业部是广远岸产企业的资产管理、财务管理、党组织管理、人事管理的主管部门。主要职责是负责岸上企业的产业结构调整、理顺、改制、发展等方面工作，包括战略经营、投资管理、产业管理；负责对该部门及各岸产投资控股企业人力资源管理工作，实行综合管理、指导、协调、监督与考核；负责对岸产投资企业的会计核算、财务工作、资金使用，实行综合管理、指导、检查和监督；负责该部门业务与行政管理工作；负责归口管理各岸产企业党组织，指导各岸产投资企业的领导班子建设、党群、宣传工作；负责岸产投资及控股企业实施资产管理、财务管理、党、团组织管理、人事管理；负责组织协调广远及下属企业土地房产的日常经营管理。

岸产事业部下设企管部、财务部、房产管理部、组织人事部/办公室4个部门。

根据广远的授权，岸产事业部和广远投资管理公司实行一套人马两块牌子，广远投资管理公司的经营管理人员由岸产事业部人员对应兼职。岸产事业部负责对广远投资管理公司名下的全资及控股企业实行管理和对其他参股企业的股权管理（省远洋除外）。

时任岸产企业运营总监林立兵，总经理兼党工委副书记王玉生，党工委书记兼副总经理陈建钦，党工委委员兼财务总监池新旺，副总经理王珂（1～11月）。财务部经理池新旺（兼）、企管部经理郑再利、房产管理部经理陈钊、组织人事部/办公室经理兼团委书记江海珊。员工19人。（刘新源）

【岸产事业部工作概况】 2010年，岸产事业部紧扣“改革、调整”工作主基调，重点突出“两手抓”：一手抓后金融危机时期创新经营、拼搏效益；一手抓改革关键时期安全稳定、顺利推进。

是年，岸产事业部面对后金融危机时期复杂、脆弱的经济形势，多变的市场，以及物价通胀，人工成本大幅上扬的压力，紧扣市场，顺应形势，调整思路，与各岸产企业领导班子一道，积极寻找新思路、新对策，积极帮助企业解决实际困难，努力提高岸产企业的市场适应能力和应变能力。岸产企业在开拓经营上取得一些新的成效，如供应公司开拓除红酒以外的进口贸易、海运服务船舶配套设备安装和生产、东海大厦交易会期间利用外包房拓展经营以及金桥学院防海盗培训和研究等。同时，进一步加强企业管理，完善各项管理制度。制定了大额合同管理办法、房产处置流程、工资总额使用、工资制度调

整规定等制度，规范管理，降低决策风险。

岸产事业部紧紧围绕广远改革工作大局，切实按照统一部署，攻坚克难，确保各项改革工作按计划推进。完成了酒店管理公司股权收购、南海包装厂股权转让、大富酒店清算、建设实业等划拨企业法律文件的修订，理顺广远物业的租赁，天河远洋大厦更名为天河远洋酒店，湛江堆场产权隶属等工作。全面推进广远房产处置工作，完成划拨广远投资管理公司房产的无偿划拨和产权过户手续50宗；累计处置房产222宗，成交金额1.28亿元。稳步推进后勤服务中心、教育中心、远洋大厦项目部改革工作，理顺改革后续及运作问题。

扎实有效地抓好党建工作，努力做好后金融危机时期形势任务和广远改革时期企业的思想政治工作，妥善解决员工信访，以及员工因广远改革而产生的观望、疑虑、担心等思想问题，确保了岸产企业的安全稳定。全年，积极开展创建学习型党组织、“抓落实，促发展”和争创“四强四优”、“创先争优”、“三大机制”建设、坚持开展每月荐书等党建主题活动。坚持抓好岸产企业领导班子和中层干部队伍建设，调整充实了远洋酒店、远洋宾馆、东海大厦、物业公司领导班子，理顺了教育中心、后勤服务中心、广州远洋大厦项目部等三个新设机构的党组织设置和运作。全年，选派了13名优秀干部参加了中远集团“三个三百”和省直党支部书记培训班学习。建设实业连续第5年被评为广远“双文明先进单位”，涌现出罗雪英、陈海等国资委和中远集团级的先进模范，党工委书记陈建钦荣获“中远集团2008～2009年度‘四优’党务工作者”称号。

是年，岸产企业累计实现营业总收入64030万元，实现利润总额5055万元，超额完成广远下达的任务指标。（刘新源）

岸产财务工作

【财务部简介】 财务部主要负责11家岸产全资、控股和参股企业的财务管理和监督职责；负责建立、健全财务管理和会计核算等各项规章制度，对各岸产全资、控股及参股企业的财务管理和会计核算工作的指导和监督，组织编制和审核月度和年度等各种报表，为岸产事业部决策层提供及时准确的决策依据；负责年度财务预算的分解、下达、监督和考核工作；根据广远财金部财务决算的要求组织编制和审核各岸产全资及控股企业的会计报表；根据广远授权与指示，履行广远投资财务部职责，负责其本部及合并范围的会计核算、账务处理、财务管理与纳税申报等财务方面工作，并对其名下的全资及控股企业实行管理和对其参股企业的股权管理；参与对各岸产全资及控股企业经营管理目标责任书的签订和清算工作；参与对各岸产全资、控股及参股企业的领导班子和财务负责人的考核工作，为岸产事业部决策层提供广远岸产企业经营班子和财务负责人委派的决策依据；根据广远人力资源部的要求，协助其对各岸产全资及控股企业工效挂钩工资基金的核定及经营者年薪体系的制订提出意见和方案；参与研究各岸产全资及控股企业的发展规划、产业结构调整及分流改制工作；参与对各岸产全资及控股企业投资立项的可行性研究和后评估工作，组织和协调各级税收稽查及内、外审计单位对各岸产全资及控股企业税务

和财务收支的检查工作。时任经理池新旺（兼）。员工3人。（林珏）

【财务部工作概况】 2010年，财务部按照年初确定的工作思路和部署，扎实有效地开展各项工作，切实履行了对岸产企业的归口管理职责；通过中远财务公司向广远本部或广远系统内其他企业的委托贷款事项的协调工作，以实现财务资源的合理使用和有效配置；协调和监督管理岸产企业的资金使用和资产安全，严格执行对资产投资项目的监督和管理，从销售预测、资金成本及税前税后的投资收益情况等多方面对各投资项目的投资可行性进行合理评估、测算和变量风险分析，确切落实了对岸上产业投资项目的严格把关；积极配合打造“资本广远”，推进广远的深化改革，结合岸产企业的业务特点与改革的需要，深化精益管理，完善企业组织架构，优化管理程序；切实履行对存续公司的财务管理职责，并配合广远改革对其进行后续理顺、清理和处置；参与协调岸产企业和相关职能部门进行有效的沟通，就改制遇到的清产核资、审计、资产评估等相关问题，从财务法规的角度出发，提出合理规范的建议和实施措施，以保证企业平稳有序地经营发展。（林珏）

【协助国家审计署审计工作】 2010年，岸产事业部为做好国家审计署审计组对中远集团任期经济责任审计及财务收支审计工作，负责安排、部署并督促下属岸产企业的配合落实，按照审计组的要求全面、真实、准确、及时地提供所需资料和数据，保证审计工作的顺利进行。此外，岸产事业部高度重视审计工作中所发现的问题，督促所属各单位结合实际，制定相应的整改措施，逐项及时整改并跟踪落实。（林珏）

【监督管理资金储备与资产安全】 2010年，岸产事业部按月编制各岸产企业资产情况、债务情况统计表，监控各企业资产负债的增减变化，通过中远财务公司向广远本部或广远系统内其他企业的委托贷款事项的协调工作，监督管理岸产企业的资金使用和资产安全。重点关注建设实业I1–4项目进度以及资金使用和资金储备状况，充分考虑了通过内部委贷、外部委贷、担保贷款等多种方式来解决通过I1–4项目建设资金问题，实现资源的合理有效配置，实现广远利益最大化，确保实现国有资产的保值增值。（林珏）

【落实财务负责人定期汇报制度】 2010年，岸产事业部为加强广远岸产企业财务管理，建立财务信息通道，不断提升自身管理水平，根据《会计法》、《企业国有资本及财务管理暂行规定》等文件精神，并结合岸产企业的实际情况，严格执行广远岸产企业财务负责人定期汇报制度。岸产事业部各单位财务负责人就企业有关财务状况、重大影响事项、财务工作动态等内容作定期汇报，使岸产事业部随时掌握企业基本经营效益情况，强化内部控制，及时防范财务系统风险。（林珏）

【预算指标的分解、下达与考核】 2010年，岸产事业部根据中远集团的要求和广远财金部财务预算工作安排，综合考虑各岸产单位精益管理措施，以自身实际经营能力、业务结构调整计划、投资计划执行进度等为依据，以产权关系为纽带对广远11家岸产企业的全年财务预算指标进行编制及调整，并对其进行进度跟踪，以及时掌握各单位2010年的预算执行情况，督导各企业适时调整经营策略，确保完成2010年年度财务预算考核指标。

（林珏）

【“小金库”治理工作】 2010年，岸产事业部按照广远“小金库”专项治理工作统一部署，积极配合广远“小金库”治理工作，组织本部门及所属岸产企业进行全面自查，制定并落实专项治理实施方案，重点抓好自查自纠、监督检查和整改落实工作，堵塞监督管理漏洞，完善风险防控机制。（林珏）

【解决广远投资跨区报税等历史问题】 2010年，广远投资主要处理股权/房产划转、暂存维修基金、内部委托贷款等事项并为顺利开展工作积极解决跨区报税、房产证变更、以前年度退税等问题，全力为广远改革做好相关准备工作。主要完成工作如下：1. 财务系统新增固定资产模块，规范固定资产管理。在最大程度节约成本前提下，以广远投资管理公司名义聘请金蝶系统专业技术人员，针对无偿划拨房产情况，在广远投资管理公司现用金蝶财务系统中新增固定资产模块，以规范对划拨房产（包括固定资产与无形资产）增减、折旧计提等操作，加强企业资产管理。2. 解决了房产跨区报税以及开具发票的问题，规避税务风险。根据税局有关规定，房产的相关税款如房产税、租金收入营业税等不能实行集中缴纳，而必须按具体房产地址的所属区税局进行申报、缴纳。为此，广远无偿划拨至广远投资管理公司的72宗房产涉及跨区报税问题，并由于不能正常报税而产生了发票无法开具等问题。岸产事业部财务人员经过多番努力，积极与广州各区税局与办税人员协调、争取后，在9月份完成了广州市越秀区、天河区、海珠区及黄埔区的房产税务登记工作，在9月30日期限前上缴了房产税与土地使用税，顺利解决了房产跨区报税与发票开具问题。3. 解决了2009年多预缴所得税的退税问题。广远投资管理公司汇算清缴后申报应交2009年度企业所得税为0元，而2009年1～3季度累计实际预缴纳所得税款共4623.30元，经与广州市越秀区国家税务局多番协调、沟通，顺利完成了所得税退税手续。（林珏）

【完成广远改革专项审计工作】 2010年，岸产事业部为打造“资本广远”，推进广远深化改革与发展进程，根据广远改革工作安排，积极配合中瑞岳华会计师事务所专项审计工作。本次专项审计以广远本部及其下属岸产企业划分为“广远投资”与“广远有限”两类为假设，分别以1月31日、2月28日为截止日，进行“广远有限”与“广远投资”两个口径的模拟合并与测算，并充分考虑了改革过程中可能遇到的问题，结合审计意见与建议进行不断整改与完善，以确保广远改革中资产结构调整阶段的平稳过渡与企业的可持续运营。

（林珏）

岸产企业管理

【企管部简介】 企管部主要负责岸产企业的战略管理、投资管理、产业管理、目

标管理等综合管理；负责岸产企业总体发展规划的组织制定、修订和岸产企业各投资项目的审核、论证、申报；负责岸产企业年度投资计划的审定、编制、计划执行情况的跟踪、检查；负责岸产企业资本运营管理，包括资本运营、改制、重组方案的组织制定和实施；负责制定岸产企业经营管理绩效指标评价体系、考核标准，负责经营管理目标的管理、考核，实行量化管理和监督考核；负责岸产企业董事会事务的管理，协助派出董事代表广远履行出资者的有关职能。时任经理郑再利，员工4人。（郑再利）

【企管部工作概况】 2010年，企管部进一步落实科学发展观，围绕做好航运主业重要补充和打造“资本广远”中心任务，加强和规范岸产企业的经营管理，规范岸产企业的投资行为，完成了2010年岸产企业负责人的年度考核工作，签订了岸产企业《2010年度经营业绩责任书》，做好岸产企业2010年度投资计划的申报和分解下达、管理工作；组织召开2010年岸产专题工作会和各季度经济分析会，协调召开各岸产企业2010年董事会议，对岸产企业的经营工作提出具体意见和要求，加强对岸产企业经营管理的服务和指导；组织召开岸产精益管理专题会议，对岸产企业第4个“精益管理年”活动做了策划、安排和布置，保证岸产企业精益管理活动的有效推进；围绕“资本广远”中心任务，推进岸产企业改制、股权收购、转让、清理清算历史遗留投资问题等工作。

（郑再利）

【完成远洋酒店股权转让工作】 根据中远集团要求，将广远和广州远洋宾馆酒店管理公司（以下简称酒店管理公司）分别持有的远洋酒店95.58%和4.42%的股权协议划转至广远投资。相关工作包括所需资料的准备，章程、股东会决议和董事会决议的起草和修改，并呈报广远领导审批签署。2010年9月，岸产事业部向中远集团递交相关变更材料。11月，完成了股权划转相关工作。12月底，办理完成工商变更。

（彭佳）

【酒店管理公司持有香远酒店股权划转广远投资】 为了便于对酒店管理公司进行清算，进一步理清酒店管理公司的股权关系，广远同意将酒店管理公司所持香远酒店40.83%的股权无偿划转至广远投资；2010年12月，中远集团批复同意划转。

（彭佳）

【完成部分岸产企业的股权转让工作】 2010年，岸产事业部根据广远提出的“资本广远”战略和深化企业改革、优化投资企业结构调整的指示精神，积极推进建设实业、物业公司、酒店管理公司、远洋酒店、金桥学院的股权划转工作，将广远持有股权协议划转至广远投资，在岸产事业部的指导和岸产企业的协助下，于8月顺利完成5家岸产企业的股权变更。

（彭佳）

【海洋厂股权转让】 根据广远深化改革的部署，广远持有的海洋厂股权于2009年11月27日正式在广州产权交易所挂牌交易。根据交易结果，广远持有的海洋厂股权最终由华御投资发展有限公司竞得。

（刘新源）

【加强岸产企业经济合同管理】 2010年8月，为加强和规范岸产企业的经营管理，防范岸产企业经营风险和合同法律风险，维护股东的利益，促进岸产企业的健康发展，岸产事业部专门下发了《关于加强岸产企业经济合同管理的通知》，对岸产企业经济合同管理作了具体的规定和要求。

（刘新源）

【进行大富酒店的清算工作】 2010年8月，岸产事业部根据中远集团要求，对大富酒店进行清算。9月，成立清算小组和工作小组，对具体工作进行分工。11月，大富酒店清算公告结束，并公布相关资产处置方案，随后陆续展开资产处置工作。

（彭佳）

房产管理

【房产管理部简介】 房产管理部于2009年5月18日成立，是广远房产的归口管理部门。主要职责是负责理清和完善广远及下属企业土地房产的产权关系和财务关系；理清广远权属土地房产租赁经营的法律关系，做好日常经营管理工作；负责广远权属土地房产的处置工作；对广远下属企业土地房产的经营活动、处理工作实施监督、管理。时任经理陈钊。员工4人。

（郭汝花）

【房产管理部工作概况】 2010年，房产管理部根据广远深化改革整体工作部署，全面协调推进广远非生产经营性房产的处置工作；进一步协调推进完善广远历史划拨用地房产的土地有偿使用手续；逐步理顺广远房产租赁合同的法律关系和管理问题；有序推进瑕疵房产无偿划转广远投资的相关手续；进一步协调改进和完善广远房产管理信息系统的设计开发。（郭汝花）

【全面推进广远房产处置工作】 广远房产处置工作自2009年7月开始试点并总结经验。2009年12月底，按照广远领导批准的《关于原拟划拨存续公司的广远房产处置方案的请示》要求全面铺开，2010年取得阶段性成果。按照广远房产总体处置计划，列入处置范围的房产共512宗，绝大部分是20世纪80年代前的历史划拨用地房产，遍布全国10多个省、20多个城市。截至12月31日，已处置房产共222宗，累计成交金额1.28亿元，相比评估备案价溢价4400多万元，平均溢价53%，为广远增加所有者权益约6500多万元，净现金流入9200万元。（郭汝花）

【房产处置工作精益亮点】 2010年，在房产处置过程中，房产处置工作小组处处引入精益管理理念，切实做好流程优化和降本增效，经测算节约改革环节和交易环节的相关成本约6900万元。其中，广州产权交易所公开挂牌处置房产是本次房产处置中最大的亮点，累计挂牌170宗，成交163宗，处置成功率高达96%。另外，经过多轮谈判，广远房产处置佣金仅为0.5%，买方佣金也同步下调至1.5%，远低于市场佣金水平，不仅降低了广远的佣金成本，同时通过降低买方的佣金成本，大大提高了买方的参与积极性，提高了处置成功率，进而有效提高房产的交易价格。

（郭汝花）

【完成房产管理信息系统开发】 2010年，

房产管理部使用的房产管理信息系统在2009年设计开发的基础上，进一步协调信息中心改进和完善该系统。是年，重点设计开发了房产租赁经营信息模块。至此，房产管理信息系统5大主要功能模块，基本信息模块、权属信息模块、财务信息模块、处置信息模块和经营信息模块均实现正常使用。

（郭汝花）

【理顺房产租赁合同关系】 按照归口管理的要求，多年来广远原有绝大部分房产土地为一揽子租赁或者委托给物业公司经营管理。2010年，房产管理部根据广远深化改革工作安排，组织协调对广远房产租赁合同进行全面理顺。直接进入改制范围的房产共135宗，通过签订三方协议或者变更租赁备案等方式，将合同主体出租人全部变更为广远，涉及合同200多份，年租金2800多万元。其中，包括全面理顺原广远下属企业使用广远房产的租赁问题，有效防范了相关的审计风险和税务风险。

（郭汝花）

【推进瑕疵房产无偿划拨】 2010年，根据广远深化改革整体工作部署，广远72宗瑕疵房产无偿划转广远投资管理公司。房产管理部全力组织协调推进上述房产的无偿划转和产权过户手续。其中，先期推进的是广州市范围内产权手续完善的46宗房产，截至12月31日全部完成；湛江地区的4宗房产也于年底前完成。全年共完成50宗。

（郭汝花）

【历史用地确权办证工作基本完成】 截至2010年12月31日，广远及下属企业房产共763宗。历时3年多，已完成确权并完善土地有偿使用手续的共593宗。其中，广远710宗，完成541宗，累计补缴土地出让金等共1.11亿元。未完成的部分，除极少数仍正在努力协调解决违章建筑、界址不清、消防许可等问题以便能尽快推进外，其余小部分属于地下人防工程等不需要补缴土地出让金的房产，大部分为外地存在历史遗留问题的房产（如上海团结户、公建配套等房产），基本上不具备完善土地有偿使用手续的条件和价值。

（郭汝花）

综合工作

【组织人事部/办公室简介】 组织人事部/办公室是岸产事业部党的组织管理、人事管理、共青团工作及综合职能部门。主要职责是组织拟订和实施组织建设的工作规划、计划、程序、方针目标；建立健全组织、人力资源工作的基本管理制度；组织开展岸产企业党委（总支）书记岗位培训，指导基层党、团、工会组织建设，定期组织考核岸产企业领导班子思想作风建设工作；组织检查岸产企业党组织民主集中制、坚持集体领导和党内生活的情况，提出改进意见；审核岸产企业党组织的建制，督促做好各类党组织状况统计报表的填报工作；检查指导岸产企业党组织做好换届选举工作；组织实施岸产企业领导班子的考核，抓好岸产企业领导班子队伍建设；组织并指导下属企业党组织的党员管理和教育，配合纪检部门抓好端正党风、严肃党纪的工作；负责党工委统战工作；拟订和实施岸产企业人力资源开发与管理的工作规划、方针目标和工作计划；制定岸产企业人事工作程序，建立健全人力资源管理制度；组织实施广远授权管理权限内员工的招聘、调配、培训、培养工作；负责岸产企业领导班子的日常管理工作，定期组织绩效考核；负责检查上级机关和岸产事业部领导有关指示以及决策的贯彻落实情况；组织和开展调查研究、收集信息资料，为岸产事业部领导的科学决策提供依据；负责处理岸产事业部党工委和行政管理等方面的文件、电报、信件，协调与广远本部各部门、岸产企业之间的工作关系；负责批转各类业务公文，核签以岸产事业部和党工委名义上报、下发的文件；负责岸产事业部工会、共青团和宣传教育以及纪检、监督等工作。时任经理兼团委书记江海珊。员工4人。

（江海珊）

【组织人事部/办公室工作概况】 2010年，组织人事部/办公室认真履行人事管理和办公室职能，指导各岸产企业的领导班子建设、团组织建设、党群、宣传、劳动用工管理、人事劳资管理等工作；协助做好岸产企业安全监督检查、纪检、审计、招投标、党员信息统计；协助做好员工培训和继续教育统计、职称评定等工作；加大岸产企业用工制度改革；加强岸产企业工资总额和绩效激励机制的管理；协助做好金桥学院、大富酒店、物业公司、南海包装厂等改革人事问题的处理及人员的统筹安置工作；编撰岸产事业部2009年年鉴；加强岸产企业党建工作，精心组织，积极开展创建学习型党组织、“抓落实，促发展”和争创“四强四优”、“创先争优”、“三大机制”建设等党建主题活动，坚持开展每月荐书活动；根据岸产事业部党工委的要求，做好岸产企业领导班子年度考核工作；指导各岸产企业召开民主生活会；加强对青年骨干的考核和培养；坚持正面引导，加强岸产企业的思想政治工作，确保岸产企业的改革发展稳定；坚持“党建带工建”、“党建带团建”，深入开展“青年创新创效”、“青年文明号”和“青年岗位能手”活动，增强了工会和团组织的凝聚力。（刘新源）

【安全生产工作】 2010年，岸产事业部以保持广远安全生产形势稳定为原则，把重心放到基层，深入检查，排查隐患，指导岸产企业开展各种安全消防演习。在岸产企业中全面开展“安全生产月”、“安全隐患排查”、“平安之旅”、“百日安全督察”等活动，进一步加大了对岸产企业安全管理监督力度，抓好员工的安全教育，提高员工的安全责任感，使岸产企业安全生产等各项工作稳步推进，全年没有发生重大治安事故、员工犯罪、火灾事故，安全面达100%。（刘新源）

【加强精神文明建设】 2010年，党工委以学习贯彻中共十七大精神和学习实践科学发展观活动为全年党建工作主线，切实抓好精神文明建设和企业文化建设，着力培育企业文化建设的先进典型；创新企业文化建设的形式，把深入开展“三学一创”活动，作为精神文明建设和企业文化的重要内容，积极开展创建“文明窗口”和“双文明建设先进单位”活动，把精神文明建设、企业文化建设与精益管理、节能减排、QC活动等紧密结合起来，挖掘活动的新内涵；深入开展党建主题活动，转变工作作风、提高素质。是年，岸产企业精神文明建设和企业文化建设进一步加强，企业凝

聚力、向心力进一步增强。（刘新源）

【对岸产企业部分领导班子和后备干部进行调整交流】 2010年2月，广远党委对部分岸产企业领导班子进行了调整。原远洋宾馆副总经理洪舸调任远洋酒店副总经理（主持工作）兼党总支副书记，原远洋酒店总经理程一高调任东海大厦总经理。原远洋酒店总经理助理张光裕交流到物业公司担任总经理助理。6月，海运公司工会主席、分公司总经理兼技术工程部经理韩峰获得提拔，交流到通导公司任副总经理。

（刘新源）

【推进岸产企业机构改革】 2010年，岸产事业部根据广远改革总体部署，积极推进岸产企业的深化改革，为广远改革扫清障碍。3月18～22日，金桥学院、物业公司（含大富酒店）、建设实业相继召开职代会、员工大会。会议通报了上述3家改革企业股份转划和广远新机构设置的相关情况，向职工代表、员工宣读了员工安置方案（草案），并组织代表进行表决。改革方案得到所在企业员工的支持，通过了员工安置方案。随后，广远新设立了后勤服务中心、教育中心和广州远洋大厦项目部，并从4月1日开始正式运行。（刘新源）

【规范后勤中心和教育中心工资及工资外费用发放】 2010年4月，后勤中心和教育中心成立后，为规范两个中心的工资及工资外费用发放，岸产事业部在广远《向员工发放工资外费用的操作说明》文件要求基础上，进一步明确和规范了两个中心广编工工资及工资外费用的发放。明确规定两个中心工资及工资外各项费用标准需按照广远相关文件执行，不得擅自向所属广编工发放任何形式的工资及工资外各项费用，以及以任何名义在物业公司和金桥学院领取任何费用。新增及调整工资外支出项目或支付标准的，需经岸产事业部及相关职能部门审核，报广远领导批准后才能执行。（刘新源）

【开展“纪律教育月”活动】 2010年7～9月，岸产事业部深入开展“纪律教育月”活动。活动以“加强制度教育，构筑拒腐防线”为主题，积极开展了“八个一”活动，即：组织一次专题学习讨论、举办一场专题辅导报告会、读好一本书、参观一次反腐倡廉警示教育基地、观看一部先进典型教育连续剧、开展一系列案例警示教育、深入开展一个廉洁文化理念的征集和宣教活动、开展一项保密法规教育。在活动中，岸产事业部引导党员干部强化党性修养，树立和弘扬党的优良作风，进一步提高遵纪守法、廉洁从业自觉性，夯实拒腐防变的思想基础。（刘新源）

【召开领导干部民主生活会暨述廉议廉会】 2010年8～10月，党工委组织本部门及各岸产企业陆续召开领导班子专题民主生活会暨述廉议廉会议。为确保高质量开好会议，党工委会前专门下发通知，指导各岸产企业党组织做好会议准备工作。会议期间，岸产事业部领导班子成员和广远组织部、监督部、党工部有关领导参加了各岸产企业的会议，对各岸产企业领导班子进行了客观的点评。10月14日，岸产事业部召开党员领导干部民主生活会暨述廉议廉会，岸产事业部领导班子成员之间进行严肃认真的批评和自我批评。人力资源

部/组织部总经理黎光葵、监督部/审计部总经理朱航员参加了会议并对岸产事业部领导班子成员及会议作了点评。（刘新源）

【开展党建知识测试】 2010年9月，党工委根据上级党组织下发的《中国共产党党员领导干部廉洁从政若干准则》、《关于领导干部报告个人有关事项的规定》、《国有企业领导人若干规定》和《干部选拔任用工作四项监督制度》等党内监督制度，编制了《党建知识测试题》并下发各给岸产企业，组织岸产企业中层以上领导干部进行学习和测试。（刘新源）

【召开岸产企业薪酬管理研讨会】 2010年10月21日，岸产事业部召开岸产企业薪酬管理研讨会。岸产企业运营总监林立兵、岸产事业部有关领导、组织人事部相关人员及各岸产企业主管领导、人事和财务相关负责人参加了会议。会议采取互动座谈的形式，各岸产企业围绕本企业薪酬管理存在的主要问题、岸产企业间和岸产与广远本部薪酬水平差异，以及薪酬宏观管理与实际操作的衔接等问题进行了发言；岸产事业部组织人事部对岸产企业薪酬制度、管理原则等作了解释和说明。林立兵和岸产事业部总经理王玉生进行了总结发言。（刘新源）

【选拔扶贫驻村干部】 2010年10月，岸产事业部根据广远党委要求组织了扶贫驻村干部选拔工作。选拔以自愿报名为原则，从岸产企业后备干部中选派一名政治素质好、发展思路活、工作热情高、适应能力强，想干事、能干事、干得成事的干部到广远对口扶贫点开展工作。10月26日，党工委下发了《关于在岸产企业选拔扶贫驻村干部的通知》。扶贫工作得到岸产企业干部的积极响应，党工委挑选了张光裕作为广远驻村扶贫干部派往梅州兴宁市泥坡镇东兴村工作。（刘新源）

【对岸产企业领导班子进行年度考核】 2010年11底至12月初，在广远党委的直接领导下，由党工委牵头，组成由岸产事业部，广远人力资源部/组织部、党工部、监督部/审计部、财金部等部门参与的考核工作小组，对党工委归口管理的各岸产企业领导班子和班子成员、财务总监（含广远委派的财务经理）、中层干部进行年度考核。通过考核，进一步掌握了岸产企业的发展动向和员工思想动态。同时，通过与基层员工面对面的接触，更直接、更真实地了解岸产企业领导班子及其成员的情况，有利于更好地履行好对岸产企业领导干部的管理职能。（刘新源）

【理顺岸产企业物业经营管理】 2010年，岸产事业部为进一步提高物业经营管理水平，实现统一管理，专业经营，下发了《关于理顺广远华坑路地块等物业经营管理工作的通知》等文件，积极做好物业公司、供应公司的协调工作，将原属于物业公司的华坑路地块物业租赁给供应公司统一经营管理，而原属于供应公司的水荫路商铺则交回广远直接经营管理。此外，将原湛江供应公司员工宿舍也划归物业公司统一管理。（刘新源）

【召开岸产企业年中工作会】 2010年7月30日，岸产事业部召开了岸产企业2010年年中工作会议。岸产事业部业务经理以

上人员、岸产企业领导班子成员及财务经理、专职监事参加了会议。会议主要听取了财务总监池新旺对岸产企业上半年总体经营、财务情况的分析；党工委书记陈建钦通报了上半年主要党务工作及下半年工作计划；运营总监林立兵对各企业上半年工作进行了点评，强调了下半年的工作重点，通报了改制的进展情况及审计中发现的问题。会议提出各岸产企业下半年要做到两个“确保”：确保企业的安全稳定，确保完成全年的利润指标。 （刘新源）

【参与扶贫济困活动】 2010年，党工委积极开展争创“扶贫济困党旗红，共建和谐当先锋”活动。岸产企业各级党组织充分发挥战斗堡垒作用，共产党员发挥先锋模范作用，踊跃参与、奉献爱心。截至7月30日，岸产企业（含岸产事业部）共捐款28768元。另外，海运公司还将其2009年获得的精益管理月光奖奖金2万元悉数捐给广远负责的扶贫对象东兴村，支持该村建设。11月16日，岸产事业部向广远本部及岸产企业发出捐书倡议书，号召广大员工向东兴村捐书，进行智力扶贫。捐书活动得到了广远机关及岸产企业广大员工的积极响应和支持，仅一周时间就收到各类书籍1000多本。所捐书籍，送到东兴村后，帮助该村建立起了“农家书屋”。

（刘新源）

【团组织工作概况】 2010年，岸产事业部团委紧扣广远“改革、调整”工作主基调，围绕党工委和广远团委中心工作，进一步落实科学发展观，以团试点工作为契机，着力加强组织建设，规范组织的管理，创新工作思路，以增强组织的吸引力、凝聚力、战斗力为目标，全面加强共青团各项工作。坚持每季度至少召开一次团建工作例会，编写一期《岸产共青团信息简报》，加强团内工作的汇报、宣传，加强对基层团组织的对标指导，激活了基层团组织。加强团组织数字化管理，指导各岸产企业团组织采用“基层团组织信息采集系统”，并在较短的时间内完成了团组织数据的采集和录入工作，进一步加强团员的动态管理工作。努力加强骨干队伍建设，全年选派15名团干部到广东青年干部学院进行培训。积极开展丰富多彩的共青团主题活动，深入开展“青年红树林工程”、“做强主业增实力，青年争先创佳绩”、每季度“读一本好书”、“情系灾区，传递爱心——我为灾区捐赠一瓶水”、广远系统青年羽毛球比赛等活动。是年，岸产事业部团委共有9个青年集体和14名青年受到上级团组织的表彰。其中，岸产事业部团委被中央企业团工委授予“中央企业五四红旗团委”荣誉称号，物业公司团总支被命名为“广东省五四红旗团总支”。 （刘新源）

第二节 广州远洋船舶物资供应有限公司

【广州远洋船舶物资供应有限公司简介】 广州远洋船舶物资供应有限公司（以下简称供应公司）系中远集团旗下广远控股的有限责任公司。其前身是1961年4月成立的中远广州分公司黄埔仓库，属内部核算单位。1979年，改为广远供应站。1984年，

广远为适应企业经营管理需要，试行管供合一，将广远供应站更名为广州远洋船舶物资供应公司。1989年，广远开展企业整顿，又将供应公司恢复为广远供应站。1996年11月12日，经中远集团批准，广远将供应站作为转制试点单位进行企业改制，由广远、中远国贸和广远供应站工会三家共同出资成立广州远洋船舶物资供应有限公司，并于1997年1月2日，经广州市工商部门批准正式挂牌对外营业。2006年10月，由供应公司员工和工会共同出资并由工会作为股东持有的该公司16%股权全部转让给广远。股权转让后，广远出资比例由64%增至80%，中远国贸的出资比例仍为20%，供应公司注册资本保持不变，2006年10月30日，供应公司完成上述股东变更的工商备案登记。

供应公司的主营业务是承担中远及航行于国际水域远洋船舶的物资供应业务，为中外远洋船舶、相关企业提供船舶物料、备件、油漆、润滑油、化工、食品、淡水等各类物资供应，建筑涂料销售和物资储运业务。范围遍及华南地区各港口、修造船厂和相关企业，并逐渐延伸至中国香港和新加坡等港口，是华南地区规模最大、实力最强的船舶物资供应企业。

2007年，供应公司成功取得澳洲酷马牌红酒中国区域总经销权，正式开展陆地红酒销售业务。2008年和2010年，供应公司开始分别引进销售希腊希吉娅牌橄榄油和西班牙赛洛斯牌橄榄油，产品进入广东等地市场。

供应公司下设综合管理部、安监部/保卫科/质管办、财金部、代理部、食品部、油料部、物料部、运输部、贸易部9个部门及南沙分公司、湛江分公司。参股企业有广州布顿钢缆索具有限公司（供应公司持股40%）。

供应公司设董事会、监事会。时任董事长林立兵，副董事长李敏，董事陈建钦、方少彪、廖伟文。监事会主席池新旺，监事洪广春、徐艳。时任总经理兼党总支副书记方少彪，党总支书记兼副总经理甄伟，财务总监兼工会主席廖伟文。员工216人。（陈溪连）

【供应公司工作概况】 2010年，供应公司在广远、岸产事业部和董事会的正确领导和大力支持下，按照中远集团、广远“强创新，调结构，抓机遇，精管理”的战略部署以及年初制定的工作计划，坚持“安全、稳定、管理、效益”的工作思路，采取有效措施，积极应对后金融危机时期严峻的市场环境，坚持依法依规经营，坚持大客户战略，加大业务开拓力度，狠抓内部管理，严控成本费用支出，超额完成了广远和董事会下达的利润指标任务，全年实现营业收入13405万元，比2009年的12238万元增长9.5 %；完成报表利润284万元，比2009年的201万元增长41%。全年安全生产形势平稳，精神文明建设取得新的进步，各项工作均取得较好成绩。总经理助理兼食品部经理罗雪英被评为“中央企业先进职工标兵”和中远集团“劳动模范”；食品部仓库被评为中远集团“文明示范窗口”；油料部被评为广远“先进集体”；总经理方少彪等5人被评为广远“先进生产（工作）者”。

（陈溪连）

【拓展物料供应业务】 2010年，供应公司努力把握市场机遇，推进船舶物料供应

业务的进一步发展。1. 抓住广远内部消费契机，大力拓展新造船供应业务，全年供应中远远达、中远航运等公司新造船物料12艘次，实现营业收入600多万元。2. 把握上海远洋船舶供应公司撤并上海远洋蛇口万事达公司的契机，争取到中远集运船舶在深圳地区港口的物料供应业务，全年新增供应额约450万元。3. 积极稳健开拓新的地方船东及船舶管理公司，拓展了上海瑞宁航运公司和天津永续海航运公司2家新客户，全年新增供应额约80多万元。4. 做好外港船舶供应服务，分别在福建马尾船厂和江苏泰州船厂顺利完成中远远达3艘新船和中远航运2艘新船的物资供应业务，得到船东好评。（陈溪连）

【召开第七届代理业务恳谈会暨大客户联谊会】 2010年10月21～23日，供应公司召开2010年度（第七届）代理业务恳谈会暨大客户联谊会。各船用油漆、化学品公司的负责人、业务经理、现场技术代表和中远航运、中远散运、青岛远洋、天津远洋、大连远洋、厦门远洋等船东代表以及中远供应系统各兄弟单位相关负责人参加了会议。供应公司向与会的新老客户介绍了企业生产经营和代理业务开展情况。与会代表就如何进一步加强合作、提高工作效率等各抒己见，分享成功的经验和做法，探讨解决实际问题的要点和途径。

（陈溪连）

【拓展市政工程涂料供应业务】 2010年，供应公司抓住广州市迎亚运“市政外立面墙整饰工程”商机，积极开拓市政工程涂料销售业务。通过多方努力，所提供的涂料产品得到相关部门和设计公司的认可，成功取得并完成广州市海珠区南华西路、同福路等外墙涂装工程涂料供应业务。该工程共计销售涂料7000多桶，创营业收入150多万元。（陈溪连）

【扩大船用备件供应市场份额】 2010年3月，供应公司经过多方努力，与广东中外运船务代理有限公司签订《船用备件报关供船合作协议》，明确了业务流程的细节、责任和义务，巩固了双方的业务合作关系。该协议的签订，把原属于竞争对手的业务争取过来，扩大了供应公司在船用备件领域的市场份额，进一步稳固了行业主导地位。（陈溪连）

【扩大陆地销售业务】 2010年，供应公司在以船舶供应为主业，以陆地销售为重要补充的经营战略下，紧抓市场机遇，坚持创新经营，不断探索新的利润增长点。该公司自2007年成功取得澳洲酷马牌红酒中国区域总经销权以来，酷马牌系列红酒得到消费者的认可，业务网络覆盖华南地区并辐射至内地主要城市。2009年，酷马牌红酒销售额达1400多万元，已占部门利润一半以上。2010年，在其他业务受金融危机和海关政策调整等因素影响出现下滑的情况下，酷马牌红酒销售额依然比2009年增长24%，对供应公司年度效益目标的完成起到了重要作用。是年，供应公司开始引进销售西班牙赛洛斯牌橄榄油，利用酷马牌红酒较为成熟的经销渠道，大力推

广橄榄油的食用价值和健康功效，使产品成功进入广东等地市场，全年销售额达20多万元。（陈溪连）

【召开2010年度股东会、董事会】 2010年3月11日，供应公司在远洋宾馆尼罗河厅召开2010年股东会、董事会会议。董事长林立兵、副董事长李敏，董事陈建钦、方少彪、廖伟文出席了会议；岸产事业部总经理王玉生、财务总监兼公司监事会主席池新旺、企管部经理郑再利、张常树，以及供应公司党总支书记甄伟列席了会议。会议由岸产企业运营总监林立兵主持。会议审议通过了各项工作报告，在分析总结2009年工作的基础上，明确了2010年经营目标和努力方向。（陈溪连）

【召开第四届第二次职代会暨2010年工作会】 2010年3月19日，供应公司在“职工之家”召开第四届第二次职代会暨2010年工作会。参加会议正式代表41人，实到39人，列席代表1人，特邀代表3人，岸产事业部财务总监兼供应公司监事会主席池新旺、广远工会办公室主任蔡兆聪和广远派驻供应公司顾问江日胜出席了会议。会议由供应公司工会主席廖伟文主持。会议审议通过了总经理工作报告、财务工作报告、员工提案审理报告、解困基金使用情况报告以及员工管理办法等。企业和员工方代表续签了《集体合同》，相关安全责任人签订了《安全生产责任状》，会议对2009年度公司先进集体和个人进行表彰，勉励全体员工再接再厉在各自岗位上做出最大的贡献。（陈溪连）

【获广州市黄埔区财政贡献奖】 2010年3月22日，广州市黄埔区委、区政府隆重召开黄埔区驻区总部企业颁奖大会，对2008年度黄埔区财政贡献额增量前5名和黄埔区财政贡献增速前5名的企业进行表彰。供应公司被评为黄埔区2008年度对区财政贡献增速第4名，并获得10万元奖励。（陈溪连）

【完善进销存软件系统】 2010年4月，供应公司在物料部、食品部等业务部门引进金蝶软件进行数据管理，解决此前由于软件不同而使财务报表数据与业务部门进销存数据无法准确对碰的问题。金蝶软件在业务部门正式启动后，不仅实现了库存数据与财务报表数据的良好衔接，还可以对货物不同时期的采购价格和销售价格进行查询分析，以及进行客户销售管理和料账成本分析等，从而进一步降低了财务风险，提高了业务运转效率。（陈溪连）

【安全生产形势稳定】 2010年，供应公司始终坚持把安全生产作为压倒一切的工作。1. 做好危险品仓库道路运输及港口作业安全工作，加强安全隐患排查和治理，加强从业人员安全培训和教育，加强应急预案和消防技能的演练。全年各项安全管理人员培训21人、特种作业人员培训22人、危险品道路运输上岗培训3人、组织开展安全学习15次，826人次参加、组织开展各项应急演练7次。2. 做好亚运会和亚残运会期间的安全保卫和维稳工作。3. 按照政府监管部门的要求，全力推进安全标准化建设。公司全年安全生产形势平稳，员工思想状态稳定。经年底考核，较好地完成了年度安全管理目标责任书约定的各项指标。为此，广远领导办公会研究决定，给

予供应公司10分的奖励。（陈溪连）

【与中远南方签订海上安全共建活动协议】 2010年4月，供应公司与中远南方签订了《海上安全共建活动协议》。该协议的签订，有利于充分利用各自资源优势，促进双方在管理、技术、市场、信息领域的相互支持和交流，提升企业安全管理水平和员工安全意识，也进一步巩固了双方在安全和业务领域的合作交流。（陈溪连）

【做好亚运会期间车辆运输经营】 2010年11～12月，广州市举办第16届亚（残）运会。为保证交通正常运转和空气质量良好，履行申办亚运会时的承诺，广州市在亚运（残）运会期间实施机动车临时交通管理措施，全市行政区域内机动车都要按照尾号最后一位阿拉伯数字分单双号出行。供应公司作为船舶物资供应企业，单双号限行会造成公司运力减少，配送服务水平下降等问题。通过努力，供应公司于10月26日成功申领了7个《货车单双号通行证》，与此证对应的车辆在亚运期间行驶不受单双号政策限制，从而保证了生产经营的正常开展。（陈溪连）

【成立保税区分公司】 2010年5月，供应公司根据工作需要研究决定并报岸产事业部同意，设立广州远洋船舶物资供应有限公司保税区分公司，办公地址设在广州保税区广保大道17段首层103号。5月底，完成办公场所租赁合同的签署；6月初，成功申领了工商营业执照，保税区分公司正式成立。（陈溪连）

【配合理顺华坑路地块等物业经营管理权】 2010年5月，供应公司根据岸产事业部《关于理顺广远华坑路地块等物业经营管理工作的通知》，与广远后勤服务中心协商完成交接手续。华坑路地块物业统一由供应公司管理，水荫路25号首层商铺由广远后勤服务中心公司统一经营和管理。

（陈溪连）

【提升公司品牌宣传水平】 2010年，供应公司根据新形势对原有公司网站进行重新改版设计，对公司相关业务信息进行更新补充，进一步完善英文版面的文字介绍。8月，网站接入互联网正式投入使用，并给各部门和员工开通了以公司网站为后缀名的电子邮箱。11月，供应公司全面整合竞争优势和业务特点，制作新版宣传画册，下发各业务部门用于业务宣传和市场开拓。（陈溪连）

【开展创先争优活动】 2010年5月，供应公司党总支制定下发了《广远供应公司开展争创“四强四优”活动实施方案》，深入开展争创“四强”党组织、争做“四优”共产党员和“四优”党务工作者活动。创先争优活动的开展，进一步加强了以改革创新精神推进党建工作的理念，巩固和拓展深入学习实践科学发展观活动成果，增强党组织的创造力、凝聚力、战斗力，充分发挥共产党员的先锋模范作用，涌现了一批先进集体和个人，罗雪英就是其中的优秀代表之一。罗雪英先后被评为“中央企业先进职工标兵”、中远集团“四优”共产党员和“劳动模范”，在广大党员和员工中产生了良好的示范引领作用。（陈溪连）

【推进学习型党组织建设】 2010年7月，供应公司党总支按照《广远公司党委推进学习型党组织建设实施方案》的部署要求，召集各党支部书记认真学习方案精神，进一步贯彻落实各项学习任务。同时，按照建设学习型党组织要求对全年的学习计划进行梳理，并对上半年学习情况进行总结，认真分析，查找薄弱环节，加强监督管理，扎实推进学习型党组织建设进程。9月，党总支根据广远党委工作部署，购买下发了《七个“怎么看”——理论热点面对面2010》和《航海文化》2本书籍，大力开展“读书·思考·进步”专题读书活动，掀起了读书学习活动的热潮。此外，供应公司积极参加2010年广远党建思想政治工作研究会和工运理论研讨会，推荐的政研论文《建设学习型党组织，立足本职争当先锋》获得广远政研会论文二等奖。（陈溪连）

【开展廉洁文化理念征集和宣传教育活动】 2010年7月，供应公司根据广远《关于深入开展廉洁文化理念征集和宣传教育活动的通知》要求，积极开展廉洁文化理念征集和宣传教育活动。由党总支牵头，综合管理部组织广大员工在往年提炼出来的廉洁文化理念基础上，结合新形势下公司的发展情况和面临的机遇和挑战，赋予廉洁文化新的内涵，并将相关理念和要求制作成宣传画报，开辟廉洁文化专栏进行宣传教育。（陈溪连）

【开展廉洁从业谈话】 2010年11月，供应公司党总支在中层管理人员中开展廉政谈话，要求各管理人员结合部门、岗位实际，认真执行中共中央颁布的《中国共产党党员领导干部廉洁从政若干准则》和中办、国办发布的《国有企业领导人员廉洁从业若干规定》，不得滥用职权，以权谋私，违规职务消费等，要以身作则，真抓实干，不搞形式主义，制止奢侈浪费，切实按照党风廉政建设责任制的要求，承担起企业反腐倡廉的政治责任。

（陈溪连）

【开展“职工文化月”活动】 2010年5月17日，供应公司第一届“职工文化月”系列活动正式拉开帷幕。活动开幕式由工会主席廖伟文主持，党总支书记甄伟致开幕词，总经理方少彪宣布开幕。广远工会副主席符雄和高级主管米军喜应邀参加了开幕式。“职工文化月”活动内容包括拔河比赛、消防技能竞赛、乒乓球比赛、摄影比赛和登山活动等。通过开展系统活动，进一步丰富了广大员工的文化生活，促进企业形成健康向上的良好氛围。

（陈溪连）

【改造完善职工文化活动室】 2010年8月，供应公司把闲置的旧仓库改造成职工文化活动室。活动室经过装修后，配置了乒乓球桌2张，羽毛球场2个。活动室由工会办公室进行日常管理，在工休、节假日等时间开放给员工进行文体活动，进一步丰富了广大员工业余文化生活。

（陈溪连）

【领导班子被评为“四好”领导班子】 2010年，供应公司按照中远集团和广远相关精神和要求，结合企业实际，积极开展创建以“政治素质好、经营业绩好、团结协作好、作风形象好”为主要内容的“四好”领

导班子创建活动。经广远和岸产事业部的考核评选，供应公司领导班子被评为2010年度广远“四好”领导班子。（陈溪连）

【共青团工作】 2010年，供应公司团总支在公司党总支和广远团委的领导和支持下，紧紧围绕企业经营目标，团结带领广大团员青年积极践行科学发展观，深入开展创先争优活动，组织参加各类文体活动等，培养顽强拼搏，奋发进取的精神。6月，团总支带领团员青年参加广远岸产部组织的“青年杯”羽毛球比赛，获总决赛冠军。（陈溪连）

第三节 广州远洋建设实业公司

【广州远洋建设实业公司简介】 广州远洋建设实业公司（以下简称建设实业）是广远于1993年6月8日以原基建处为班底成立的。该公司主要业务是从事房地产开发、物业经营、工程监理等多种业务。建设实业下设：营销部、策划部、开发部、工程部、广远新办公大楼——广州远洋大厦项目部（即I1-4项目部，与工程部合署办公）、财务部、办公室、党工部、远晖商厦服务中心。

建设实业设董事会、监事会。时任董事长林立兵，董事佟文华、王玉生、陈建钦、郑培贤。监事赵洪先。时任总经理兼党总支部副书记郑培贤，党总支书记陈建钦（兼），副总经理王庆来，财务总监杨泱。员工95人。（周幸忠）

【建设实业工作概况】 2010年，建设实业在全体人员的共同努力下，实现了精神文明建设和物质文明建设的双丰收，企业有了新的发展，凸显四大亮点：1. 领导班子率先垂范，员工众志成城。2. 广远新办公大楼——广州远洋大厦胜利竣工，经济效益显著。3. 经营高效前瞻，超额完成利润指标。4. 队伍和谐稳定，职业素养大幅提升。是年，建设实业被广远授予“双文明建设先进单位”、“安全生产先进单位”、“达标先进工会”等荣誉称号。（周幸忠）

【张富生到广远新办公大楼——广州远洋大厦施工现场指导工作】 2010年1月29日，中远集团党组书记张富生在广远党委书记刘书田的陪同下，到广远新办公大楼——广州远洋大厦施工现场，亲切慰问奋战在一线的建设实业员工。其间，张富生详细听取了建设实业领导关于广远新办公大楼——广州远洋大厦建筑、施工、销售、安全等各方面情况的汇报，对大厦前期各方面的工作，尤其是规范操作、智慧操作、精准营销等工作给予了充分的肯定，对建设实业优良的员工队伍建设情况和员工爱岗敬业、面对其他房地产公司的高薪挖请而不心动，与企业同呼吸、共命运的行为表示赞赏。张富生还对建设实业今后的工作作了指示。（周幸忠）

【召开第二届第三次董事会】 2010年3月9日，建设实业召开第二届第三次董事会。会议由董事长林立兵主持。参加会议的有董事佟文华、王玉生、陈建钦、郑培贤。建设实业监事、广远岸产事业部及相关人员列席了会议。会议审议通过《2009年度总经理工作报告》、《2009年度财务决算报告》、《2010年度财务预算报告》、《2010年投资计划》及提请董事会研究的相关议题。会上，董事会充分肯定了建设实业2009年的工作，对建设实业2009年在市场营销、成本控制、规范管理、廉洁从业和班子建设等方面提出了表扬。（伍剑）

【广远新办公大楼——广州远洋大厦顺利竣工】 2010年9月25日，广远新办公大楼——广州远洋大厦胜利竣工。其设计、施工、质量、成本、工期、安全、规范运作、效益全线告捷。广远新办公大楼——广州远洋大厦顺利竣工，为建设实业创造了良好的经济效益。是年，市值保守估计约13.1亿元，税前赢利7.9亿元。（周幸忠）

【召开党员领导干部民主生活会】 2010年10月29日，建设实业召开2010年度党员领导干部民主生活会。广远纪委检查室主任郑意、组织部谭伟、岸产事业部党工委书记陈建钦等出席了会议。会议以“认真学习贯彻《党员领导干部廉洁从政若干准则》和干部选拔任用工作四项监督制度，切实加强领导人员党性修养和作风建设，进一步提升领导班子整体和成员的综合素质，推动企业健康稳定可持续发展”为主题，着重研究解决如何继续保持和发扬企业领导班子成员廉洁自律、率先垂范的优良作风、如何在“两公两严”（公道正派、公开坦承+严格严厉）的管理原则之下教育引导员工积极应对企业改革过程中面临的各种挑战和困难，维护企业健康稳定发展的良好局面两个主要问题。会上，建设实业领导班子成员围绕会议主题分别作了专题发言，并开展了批评与自我批评，会议达到了预期的目的。上级领导对会议取得的成效给予了肯定。（周幸忠）

【采用精准经营营销策略，创造好于预期的经营收益】 2010年，建设实业坚持“研究市场并走在市场前面，研究客户并服务至客户面前”的经营理念，精于经营，创造良好效益，完成岸产事业部下达的考核利润指标。根据I1-4项目裙楼的定位及市场情况，制定有效的租赁方案，采用“走出去，请进来”的积极营销策略，主动寻找选定的优先招商品牌客户进行沟通洽谈，取得了良好效果。远晖商厦本着务实的服务作风，使出租率高达98%以上。出租率和租金在周边市场位于前列。（周幸忠）

【I1-4项目部获工人先锋号殊荣】 2010年12月1日，建设实业I1-4项目部被中国海员建设工会全国委员会授予2009～2010年度“全国交通建设系统工人先锋号”荣誉称号。是年，建设实业I1-4项目部秉承“严谨+高效”的工作理念，坚持“安全第一、效益并重”的管理原则，敢于创新，善打硬仗，攻克了一个又一个的技术

难关，创造出了令同行瞩目、领导赞赏、员工认同的优异业绩。（周幸忠）

【打造优良员工队伍】 2010年，建设实业把打造具有优良职业操守、适应市场需要的员工队伍作为工作重点之一。建设实业坚持引导、培训、锻炼三措并举：1. 把I1-4项目作为专业技术人员锻炼才干的舞台，在施工繁忙阶段，将相关专业工程的施工管理工作按项目管理的方式，将不同专业人员既分工管理，又穿插锻炼，让员工们在工作中总结、提升，在实践的磨炼中不断积累经验。2. 借助局域网、员工园地等平台，通过座谈会、专题讨论等多种形式，在员工中开展良好职业操守的教育引导，让员工逐步认识到，良好职业操守是个人和企业必备的基本素养。3. 制定人才培训计划，坚持常态化推进“红树林”工程，通过形式多样的专业培训，让业务骨干迅速成长。通过上述措施，打造了一支善经营、懂管理、作风过硬、与市场无缝接轨的专业人才团队。（周幸忠）

【加强廉洁文化理念教育】 2010年，建设实业基于“治心”理念，结合企业实际，从经理人职业操守、员工爱岗敬业等关键环节入手，将上级的工作要求和公司的管理原则层层分解，或适时融入公司日常管理工作与相关活动之中，或与员工的个人职业生涯发展相结合，采取问卷、专题讨论、互动交流、案例剖析等生动活泼的形式，引导员工阳光向上，取得了润物细无声的教育成效。“两公两严”、“责任集中、权力分散”等理念深入到员工的内心，公道正派、廉洁从业、诚实守信、道德高尚、爱岗敬业、勤俭节约、依法经营、监督制约、民主公开、令行禁止等优良从业品德成为全员的自觉行动。是年，建设实业依法经营，员工遵纪守法，企业安全稳定。（周幸忠）

【构筑安全、稳定、和谐企业】 2010年，建设实业坚持党建带工建、团建，工建、团建服务党建工作原则，较好实现党、工、团有机结合、三线联动的工作机制，营造了安全、稳定、和谐的企业氛围，为生产经营中心任务提供了强有力的思想支持。党总支以创先争优活动为主要载体，着力提升领导班子的能力素质，特别是把员工队伍的稳定工作作为一项重要任务来抓。是年，受广远改制过程中多方面因素的影响，建设实业员工、尤其是部分专业技术骨干在个人去留问题上考虑较多，情绪一度波动较大。而此时I1-4项目正处于极其紧张的阶段，人心稳定尤为重要。为此，党总支领导班子成员集体或分头给员工做了大量的思想工作，想方设法稳定员工情绪，重塑做好当前工作的信心和决心，使I1-4项目建设工作得以继续保持高效势头，并于9月25日顺利竣工。是年，工会发挥自身优势，注重“凝聚力工程”建设，搭建好“职工之家”、企务公开、安全生产等平台，开展生动活泼的文化活动，努力满足职工的精神文化需求；开展“送温暖”活动，多渠道、多途径为员工做好事、办实事、解难事，不断提升公司的凝聚力和向心力，为企业中心工作服务。共青团根据建设实业公司年轻人较多的特点，团结带领青年员工立足岗位，建功立业，发挥了青年先锋队的作用。

（周幸忠）

第四节　广州远洋物业管理有限公司

【广州远洋物业管理有限公司简介】　广州远洋物业管理有限公司（以下简称物业公司）是广远和建设实业共同出资于1996年10月成立的国有全资企业，注册资本500万元。2008年6月，建设实业持有的物业公司股份无偿转给广远，物业公司成为广远独资企业，注册资本不变。物业公司主要经营物业管理、房地产中介、室内装饰、水电维修、国内商业及物资供应业（国家专营专控商品除外）、场地出租、停车场经营、旅业（只限于下属分支机构持证经营）。物业公司成立之初由建设实业代管，主要负责广远在广州地区的房产物业的管理工作。1997年12月，物业公司正式独立运作。2000年2月，广远撤销行政处，并将行政处原有的房租、水电费收缴、煤气供应等部分职能划归物业公司管理，同时将行政处房管科和房改办合并设置为物业公司房产部。2000年11月，广远将原黄埔船员基地招待所划归物业公司管理，保持接待中远船员等职能不变。2001年4月，广远实行机构改革，将广远机关大楼管理、机关食堂管理、卫生处、机关车队等4项职能及相关人员划归物业公司管理。2005年，为进一步加强广远在外地的房产管理，物业公司成立了物业公司上海分公司，负责广远在上海房产物业、商铺的租赁经营管理。至此，物业公司不再仅有成立之初单一的房改房宿舍管理职能，增加了房产管理、招待所管理、写字楼物业管理、医疗保健、车队管理和广远本部员工食堂管理等服务职能。

2010年，广远进一步推进机制机构的改革。4月，广远成立后勤服务中心，委托物业公司代管远洋大富酒店各项业务，将物业公司属于广远编制内的员工共122人全部转入广远后勤服务中心，并与广远重新签订劳动合同。至此，物业公司在广远内部以广远后勤服务中心开展工作，对外以广州远洋物业管理有限公司开展经营活动。

是年，物业公司管辖的总面积为46万多平方米。其中，房改房40多万平方米，物业租赁经营近6万平方米。

物业公司下设综合办公室、党工部、安全质量部、财务部、经营部、工程部、房产部、物业管理部、医疗中心和大楼管理中心以及车队；企业分支机构有上海分公司、上川岛远洋酒店；独立经营核算的管理单位有黄埔招待所、湛江物业管理分公司和大富酒店。

物业公司设董事会、监事会。时任董事长马宗梅（1～8月）、林立兵（9～12月），董事王玉生、陈建钦、佟文华、张清强，监事长赵洪先，监事沈仕乐、张国明。时任总经理、党委副书记张清强，党委书记王玉生（兼），副总经理林远平，纪委书记兼工会主席吕英翼。员工304人。

（何永佳）

【物业公司工作概况】　2010年，物业公司坚持“服务是根本，经营作保障”的经营管理理念和“阳光、和谐、高效、有为”8字指导方针，全力推进企业的财

务、经营收费规范管理和市场开拓工作，建立健全内部约束机制，强化企业财务风险控制，不断推进企业规范建设，较好地完成了各项工作任务和上级下达的各项经营管理目标。

在物业租赁经营方面，贯彻广远机构改革的思路，在推进改革的基础上，对经营性物业实施流程化管理，做到早研究、早安排、早实施、早解决、高效益。是年，经营性物业租赁总面积82020.53平方米，出租率达98.6%；租金回收率达98%，完成全年目标；客户综合满意率达98%，没有发生因合同纠纷的经济损失。

在人力资源管理方面，物业公司积极配合广远机构改革，及时做好122名广远编制内员工的协议签订、劳动合同变更、薪酬福利待遇衔接过渡等员工安置工作。适时调整了员工的住房公积金缴纳比例，修订了公司的薪酬福利制度、员工培训制度等。通过对员工的考察，适度开展对员工轮岗和员工转岗的调整方式，使员工队伍结构进一步完善。

在小区物业管理方面，物业公司把工作重点放在提高员工物业服务意识和专业技术水平的培养上，始终本着“稳定广远业主大后方”的工作原则，加大提高服务质量、服务意识的培训教育力度，全年组织继续教育培训58人次，各职能部门相关业务培训800多人次；全年指导各单位开展安全应急演练26场次，共500人次参加；小区保安员学习培训5500人次；组织员工岗位技能竞赛一场，40人次参加。实现“安全年”目标。

在精神文明建设方面，物业公司党委积极开展创先争优活动，结合本企业工作实际，制定了《开展创先争优活动方案》，带领广大党员、员工在积极开展争先创优活动的同时积极开展“三创建三促进”（创建学习型部门，促进解放思想；创建服务型部门，促进和谐稳定；创建创新型部门，促进科学发展）主题活动，推动“服务好远洋、服务好业主、服务好基层，创和谐企业”活动的深入开展。公司党委在“三八”妇女节期间，组织全体女工外出旅游；“五四”青年节期间组织团员青年参观了科学城，并组织广大团员青年到小区参加“学雷锋、做好事”活动；“七一”党日期间，组织了全体党员和入党积极分子参观了毛泽东故居，再次接受伟人成长过程的教育。通过系列活动，有效地促进了全体党员、员工政治思想觉悟的提高。（何永佳）

【房产处置工作概况】 2010年，物业公司承接了广远存量房产的处置工作。对此，物业公司领导高度重视，及时组织成立以总经理为组长的房产处置领导小组和工作小组（非常设机构），并积极研究国家的相关法律法规和房源属地的有关政策，本着“加快步伐、选择试点、先易后难、稳妥处置”的原则，制定了《广远存量房产处置工作方案》，有计划有步骤地开展了相应的处置工作。截至2010年年底，物业公司累计完成201宗（处）公开挂

牌转让房产和协议转让房产的处置工作。（孙招敏）

【做好房产处置的售后服务】 2010年，物业公司把做好房产处置售后服务工作作为重要工作来抓。为使售后房屋平稳交接，避免发生矛盾和纠纷，物业公司及时制定一套完整的收楼相关文书，并组织各小区主任、收费员等有关人员进行售楼（收楼）管理流程知识专业培训。全年，顺利办理新业主收楼117套，面积约5000多平方米。在办理新业主收楼过程中，没有发现员工失职行为和新业主投诉等问题。（王新国）

【做好租赁合同主体变更工作】 2010年，物业公司为配合广远改革，对租赁合同进行主体变更，即合同变更需向承租人签订《三方协议》及到租赁所签订《申请变更合同主体表》。（卢嘉升）

【保证物业租赁经营效益】 2010年，物业公司位于天河区龙口西路的出租商铺，在与原承租户协商解除租赁合同后，经营部立即开展对该物业的招商引租工作。经努力，搜集到多个意向承租户，通过租赁谈判分析筛选出最优客户广州协亨通讯设备有限公司，并经岸产事业部同意与其签订租赁合同，使闲置物业及时产生经济效益。（卢嘉升）

【挖掘物业租赁经营潜力】 2010年，物业公司位于天河区黄埔华苑酒家的租赁合同期满，物业公司成立了专项工作小组，开展对黄埔华苑租赁房产的市场调查分析、客户搜集、租赁谈判等相关工作。经多次与黄埔华苑酒家就租赁进行谈判，使租金在原基础上提升10%。（卢嘉升）

【财务部工作概况】 2010年4月，广远成立后勤服务中心，原物业公司的业务一分为二。在改制工作的整个过程中，各项收支核算有很大变动，财务部克服人手短缺、新增任务繁重的困难，认真研究后勤服务中心财务核算框架，掌握了SAP财务软件系统操作，进一步细化了后勤服务中心租赁业务涉及的税务、核算工作，确保财务工作得到有效管理和监督。是年，物业公司财务部荣获中远集团2010年“巾帼文明岗”称号。（林静）

【中介服务中心工作概况】 2010年，物业公司中介服务中心配合房产处置办公室做好有关房源清理、租赁合同清理、合同到期收房交付等工作，共收回 162套房产移交房产处置办公室处置。此外，物业公司中介服务中心还积极开拓有偿办理房改房购买分摊面积业务，全年代理房改房购买分摊面积业务46宗，收入中介有偿服务费用约8万多元。（王新国）

【物业小区安全管理防控工作取得历史性突破】 2010年，物业公司管辖6个管理处共32个远洋宿舍小区（点），点多、面广、线长，管理难度大，安全稳定工作尤为重要。为此，物业公司把安全工作作为头等大事来抓，始终坚持“安全第一、预防为主、综合治理”的工作方针，针对不同时期、不同阶段，定期开展安全学习教育培训和安全隐患排查，狠抓安全管理制度和整改措施落实，把安全隐患消除在萌芽状态。是年，物业小区（点）没有发生

安全责任事故和群体上访事件。

（王新国）

【紧急组织排洪抢险】 2010年4～5月，广州地区多次发生强降雨。受广州市政排污工程影响，物业公司管辖范围内6个小区的车库、电房出现不同程度的水涝现象。各管理处员工在物业公司领导的带领下，不分昼夜积极参与排洪抢险工作，保证了车库安全和供电正常，确保小区业主财产和生命财产零损失，受到广大业主的好评。（王新国）

【配合做好亚运安保工作】 2010年，物业公司按照广州市政府相关通知和要求，各小区管理处积极配合属地政府部门做好亚运期间的安全保卫工作，除自身加强辖区内的值班巡查外，还配合外管中心和派出所专区民警做好出租屋的清查登记工作，抽调人员参加派出所组织的属地防控联防巡逻。各小区管理处在亚运安保期间表现突出，受到了属地政府相关部门的高度评价。其中，沙园管理处被海珠区沙园街综治委授予“亚运安保服务示范岗”称号。

（王新国）

【历史欠费追缴工作效果显著】 2010年，物业公司把追缴历史欠费工作作为重点工作来抓，管理部成立追缴欠费工作小组，制定追缴欠费措施，采取各种有效途径、合法手段进行追缴清理。全年清理历史欠费136户，追回欠费2年以上的有19户，取得可喜成绩。（王新国）

【加强外包业务监督管理】 物业公司外包业务有卫生保洁、绿化养护、化粪池清理、防盗对讲门铃维修、停车智能系统和监控系统维护。2010年，物业公司制定并完善了外包业务监督考核和月度评分制度，加大了现场监管考核力度，督促承包单位按合同条款和作业标准履行职责。同时，采取定期对承包单位进行评估考核和不定期抽查，发现问题及时提出改进意见和整改要求。通过有效监督检查，各项外包业务的服务质量有了明显提高。（王新国）

【广远获广州市2009年度无偿献血先进集体】 2010年，物业公司医疗中心医务人员积极组织动员广远员工参与广州市无偿献血活动。在广大员工的踊跃参与下，超额完成广州地区的公民义务献血任务。是年，广远再次获得“广州市2010年度无偿献血先进集体”称号。（黄卫平）

【召开第四届第十次职代会暨2010年工作会】 2010年2月4日，物业公司召开第四届第十次职代会暨2010年工作会。与会代表45人，列席代表18人。会议由纪委书记兼工会主席吕英翼主持。会议审议通过总经理张清强作的《物业公司2009年的工作总结报告和2010年的工作计划报告》、财务经理林静作的《物业公司2009年度财务决算和2010年财务预算的工作报告》。

（何永佳）

【召开第四届第十一次职代会】 2010年3月19日，物业公司召开第四届第十一次职工代表大会，与会代表45人。会议由纪委书记兼工会主席吕英翼主持，会议审议通过总经理张清强代表广远宣读的《物业公司股权无偿划拨职工安置方案》，并就此形成会议决议。（何永佳）

【召开第七届第一次董事会】 2010年3月10日，物业公司召开第七届第一次董事会。董事王玉生、陈建钦、佟文华、张清强参加了会议。会议由董事长马宗梅主持。董事会审议通过物业公司总经理张清强作的《物业公司2009年工作总结报告和2010年的工作计划报告》、财务经理林静作的《物业公司2009年财务决算工作报告和2010年度财务预算的工作报告》。会上，张清强汇报了第六届第三次董事会决议的执行情况。（何永佳）

【企业文化建设】 2010年，物业公司以坚持增强员工学习意识为重点，以适应企业发展要求为目标，利用"职工书屋"和公司网络平台，广泛开展"送文化、送知识"、"创建学习型企业，争做知识型职工"、"读书·思考·进步"等活动，并收集优秀读书心得体会和优秀论文作品，挂在企业网络平台供员工阅读。10月23日，物业公司召开政研会，推荐6篇优秀论文在会上宣读，并推荐给广远工会3篇。其中，黄志云撰写的《浅谈新时期下如何做好企业帮扶解困工作》获广远论文一等奖；吕英翼撰写的《关于学习的思考》获广远论文三等奖。是年，物业公司"职工书屋"被评为"全国工会'职工书屋'建设示范单位"。（何永佳）

【团总支工作概况】 2010年，物业公司团总支在企业党委的领导下，深入开展创先争优活动、向雷锋学习、向全国优秀党员郭明义学习活动，充分发挥共青团员生力军的作用，团总支的工作取得较好成绩。是年，团总支获得广东省2009～2010年度"五四红旗团总支"称号；经营部客户服务组获得中远集团2008～2009年度"青年文明号"；黄埔保安班获得中远集团2008～2009年度"安全生产示范岗"称号；天河北保安班获得广远2008~2009年度"安全生产示范岗"称号等。由共青团干部牵头组建的QC小组，以"降低小区发案次数"为QC课题，获得"全国优秀QC项目"荣誉称号。（黄志云）

【开展"企业文化月"活动】 2010年，物业公司为丰富员工生活，开展了丰富多彩的员工文娱体育活动，并以庆祝企业成立14周年为契机，在9～10月开展"企业文化月"活动。活动期间，物业公司举办了登山、篮球、羽毛球、乒乓球等多项竞技活动。（黄志云）

【加强"红树林"工程建设】 2010年，物业公司根据企业"红树林"工程三年实施方案和年度培训计划，结合广远安全工作部署和安全工作计划，持续推进员工培训教育工作。全年开展各种培训6170人次。其中，组织安排保安员培训班4期，共培训79人次；外派专项安全培训一期6人；安全主任年审培训考证1人；安全应急演练13个单位各两场次，约500人次参加；保安上岗资格证培训44人，员工安全技能竞赛40人；各保安班开展内部学习培训共5500人次。（张永久）

【精益管理节能减排工作硕果累累】 2010年，物业公司按照企业质量管理年度工作计划，完成了企业精益管理情况全年报表。全年在管理成本预控工作上实现了可控成本下降5%的目标，并有10项物业精益管理亮点项目获得广远嘉奖。其中，

经营部“优化租赁程序，合理评估分摊面积，提高租金收益”项目获得广远颁发的“月光奖”；“技术改造，节约打印耗材”和“临时住改商改长期住改商”获得广远颁发的“入围奖”；“消防改造室内装修把关”、“易耗品利用自修”、“节约用电”和“节约电话费”4项获得广远颁发的“合理化建议奖”。（张永久）

【医疗中心工作概况】 2010年，物业公司医疗中心认真执行中远集团内部定点医疗机构管理规定，履行与广远签订的医疗卫生服务协议，做好医保知识宣传工作，在医务人员不断减少的情况下，先后关闭了黄埔、天河卫生所，集中人力，坚持精益管理，克服困难，集中精力为船舶生产和船岸员工做好医疗卫生保健服务工作。是年，医疗中心完成日常门诊12952人次，船员上船体检2018人次，船舶电报会诊112份，船舶药品供应76艘次，船舶防疫药品供应57艘次，工伤认定、评残46人次。（黄卫平）

【黄埔远洋酒店效益创新高】 2010年，黄埔远洋酒店全年客房入住率达85%以上，总收入和利润均创历史最好水平。（李丽）

【车队管理概况】 2010年，广远本部车队保持由物业公司派出司机，广远总经办负责日常管理、使用和调动的管理模式。是年，广远本部车队出车达6000多车次，安全行车30余万公里。车队在强化安全行车管理的同时，对车辆保养扩大自修项目，对车辆进厂修理项目严格把关，控制成本，全年车辆维修费用比预算计划降低20%。（钟武霖）

【上海分公司工作概况】 2010年，物业公司上海分公司保持全年商铺物业管理费回收率100%，住宅物业管理费回收率80%以上。在上海世博会期间，认真做好安全防范工作，配合政府部门对上海分公司所管辖的小区进行综合整治和安全检查，确保世博会期间的安全工作不出纰漏。同时，积极协助物业公司房产处促成广远在宁波和连云港两地的房产处置工作顺利进行。（庄洁兰）

【大富酒店工作概况】 2010年3月，根据广远企业改制需要，大富酒店无偿划转广远投资，同时办理产权变更登记申请手续。4月1日起，9名广编工重新与广远签订劳动合同，并安排在广远后勤服务中心，广远委托物业公司代管大富酒店。是年，大富酒店仍以物业（写字楼）出租经营为主，出租率全年保持在90%以上，完成年度收入预算的116.09%，与2009年同比增长20.21%。（陈奕良）

【确立天河幼儿园房产权属关系】 2010年，物业公司为积极配合广远机构改革，多次召开推进天河幼儿园房产权属问题的专题工作会，并走访政府有关部门。5月，天河教育局财建科最终确认了天河幼儿园房产权属广远，维护了广远的权益。（唐春燕）

【确保广远办公大楼工作正常运转】 2010年，大楼管理中心按照物业公司与广远签署的物业管理协议，积极抓好安全工作。尽管广远办公大楼多次变更动迁时间，

造成员工队伍出现某些不稳定因素，大楼管理中心在加大力度管理的同时，不断做好员工的思想工作，稳定了员工队伍，履行了广远委托协议相关职责，确保了广远办公大楼正常的工作秩序。　（张炳忠）

【企业党建廉政工作】　2010年，物业公司党委带领广大党员和群众积极开展创先争优活动，制定《物业公司开展创先争优活动方案》、《二〇一〇年纪检监察宣传教育工作计划》和《二〇一〇年监督检查暨效能监察工作计划》，明确提出2010年监督检查暨效能监察工作贯穿到房产处置工作的全过程，进一步加大力度对房产处置工作过程的监督检查暨效能监察。为进一步贯彻落实《广远建立健全惩治和预防腐败体系2008～2012年实施计划》，物业公司党委编制了《物业公司建立健全惩治和预防腐败体系》，有效地促进了企业领导干部和重要岗位管理人员的廉政从业，加强了企业党组织的建设。是年，物业公司转正党员4人，发展党员6人。（何永佳）

【爱国卫生委员会工作概况】　2010年，广远爱国卫生委员会与广州润泉城市害虫防治有限公司签订广远办公大楼灭鼠杀虫服务承包合同书，并积极开展广州“爱国卫生活动月”活动，协助广远开展爱国卫生运动和卫生宣传教育活动工作，做好了广远办公大楼防虫灭鼠工作，确保广远办公大楼的环境卫生整洁。　（黄卫平）

【上川远洋酒店工作概况】　2010年，物业公司上川远洋酒店全力抓好安全经营，对使用期满的消防设备设施进行了更换。为拓展经营，坚持“顾客至上，服务第一”的工作原则，主动上门招揽业务，紧密与当地附近旅行社进行业务沟通，在经常受到台风自然灾害影响下，酒店仍然确保正常的收入水平。　（毛铮）

【湛江分公司工作概括】　2010年，物业公司湛江分公司认真贯彻落实安全生产各项规章制度，结合本单位的实际情况，狠抓员工队伍的安全意识。全年安全生产实现“三无”（无重大火灾、无重大刑事案件、无职工犯罪），确保了一方平安。此外，湛江分公司在抓好安全生产的基础上，积极做好湛江远洋大厦的招租和日常管理工作，湛江远洋大厦全年出租率100%，超额完成财务年度预算指标。

（陈上福）

第五节　广州经济技术开发区广远海运服务有限公司

【广州经济技术开发区广远海运服务有限公司简介】　广州经济技术开发区广远海运服务有限公司（以下简称海运公司）是广远全资的有限责任公司，注册资金5100万元。海运公司创建于1992年9月，主要业务包括船舶修理（渔船除外）、机电设备安装，船舶设备、备件、物料供应，船舶监造及技术咨询服务，批发、零售贸易以及自营和代理各类商品及技术的进出口贸易业务等项目。

海运公司下设办公室、财务部、技术工程部、船舶监造部、船舶设备部、润滑油销售部。

海运公司设董事会。时任董事长马宗梅，董事林立兵、陈建钦、佟文华、徐国新，监事所春阁，总经理兼党总支副书记徐国新，党总支书记兼副总经理周舟（1～3月）、林耀强（4～12月），副总经理林民育。员工55人。（韩列艺）

【海运公司工作概况】 2010年，海运公司坚持“以航运业为依托，以修监造船为主业，以服务船东为宗旨，以创新经营为动力，以创造效益为根本，以安全稳定为基础，以强化管理为手段，以成本控制为重点，打造广远海运发展的新品牌”的总体工作思路，围绕岸产企业发展战略目标和“全力拼搏完成年度效益”的工作目标以及“抓机遇、促发展，优质服务保安全”的工作理念，加快转变发展方式，实施业务结构调整转型工作，成功拓展了新造船配套产业服务业务，积极发展了船舶监造主营业务，完成了全年各项考核指标。船舶监造和新造船配套产业服务业务等主营业务取得了重大发展，完成12艘新造船的监造任务，并新签15艘新造船舶监造合同，创造了该司自营业务利润的历史最好水平。风险清查管理专项工作小组，按照全面流程管理体系，每月对各部门的生产经营情况、成本控制情况等进行清查和控制，确保公司的资金安全；为增强抵御金融危机的能力，与中远远达签署了文明共建协议，与中远南方签署了海上安全共建协议，根据双方业务合作内容，定期交流沟通，达到了互相促进、利益共享的目的；制定员工全年培训学习计划，开展全员教育培训“红树林”工程活动。全年共派出14人次参加相关业务学习培训，举办4期全员教育学习培训班，共计220人次参加了培训。此外，还加强了企业文化建设，组织文体活动小组，开展了丰富多彩的文体活动，促进了员工身心健康。是年，海运公司技术工程部获广远“先进集体”称号。（韩列艺）

【船舶监造工作】 2010年，海运公司船舶监造分设广州、舟山、福州3个驻厂监造组，全年共完成12艘新造船的监造工作，该司所负责的广远系统内新造船监造项目基本完成。该司为确保新造船监造业务的连续性，扩大船舶监造服务范围，创建船舶监造品牌，积极开拓了广远系统外监造项目，新签广远系统外船舶监造合同15艘，包括76000T散装船3艘、12000T沥青船1艘、57000吨散装船1艘、82000吨散装船8艘、79600吨散装船2艘。是年，海运公司船舶监造业务初具规模，船舶监造从业人员30人。其中，管理人员6人，现场监造师24人，从业人员超过了该司总人数的一半。（韩列艺）

【安全管理工作】 2010年，海运公司安全管理坚持“安全第一、预防为主、综合治理”的方针，做到组织落实，思想落实，责任落实。企业领导与各部门负责人签订了二级安全责任书，将安全指标和各项经济指标一起纳入年终考核。开展了“平安之旅”、“安全生产月”活动，每周编辑一期《安全简报》。做好安全隐患排查活动及车辆安全检查工作，全年共派出安全检查人员40人次。组织员工参加全国生产安全事故隐患排查治理知识竞赛等。是年，海运公司开展了一系列安全活动，促进了企业的安全稳定，确保了全年安全无事故，实现了安全生产年。

（韩列艺）

【精益管理工作】 2010年，海运公司制定了精益管理实施方案和节能减排工作计划，制定了成本控制计划，树立了过紧日子的思想，将精益管理理念贯穿到生产经营管理的每一个环节，把成本控制、船舶监造周期和依托航运主业开辟新造船配套产业服务业务等方面作为精益管理活动重点。开展了“我为节能减排做一件实事”活动。是年，海运公司技术工程部QC活动成果获广远优秀QC成果奖。（韩列艺）

【党建工作概况】 2010年，海运公司党总支围绕创先争优活动深入了开展了争创“四强四优”活动和“创建学习型党组织、争做知识型职工”活动。组织上党课或形势教育课4次，召开中心组（扩大）集体学习3次，党支部座谈会2次。制定和下发了党总支工作要点，对中心组学习、党课学习、员工学习培训、纪检监察宣传教育、监督检查暨效能监察等工作制定了详细的计划，并坚持按计划执行。以“抓落实促发展”为主题开展实践活动，结合“三学一创”活动，开展了“讲党性、重品行、作表率”活动；开展了庆祝“七一”红色之旅活动，组织全体党员赴延安进行实地考察学习，并组织预备党员在延安中央礼堂举行了入党宣誓活动。坚持每季度开展一次员工政治思想教育、党风廉政教育、时事形势教育和安全教育培训等活动；加强了入党积极分子的培养考察，选送了3名入党积极分子到广东省直属机关工委党校参加学习培训；发展了5名党员；认真组织领导干部进行纪检监察工作的自查和监督检查；召开了党员领导干部专题民主生活会暨述廉议廉会议；开展了民主评议活动、“纪律教育学习月”活动和党风廉政专题学习教育活动等；修订了“三重一大”规定和操作规程、党风建设责任制实施办法和党风建设责任制追究实施细则；坚持了中层管理人员和重点岗位人员廉政谈话制度。是年，海运公司没有发现违法违纪行为。（韩列艺）

【召开第四届第二次职工大会】 2010年2月7日，海运公司在远洋宾馆召开第四届第二次职工大会暨工会会员大会、2010年工作会和安全生产工作会。全体员工出席了会议。党总支书记周舟主持会议，副总经理林民育向大会传达了上级会议精神。大会审议通过总经理徐国新作的《统一思想、坚定信心、创新经营、保证安全，促进广远海运科学发展上新水平》的工作报告，财务经理何进伸作的《财务工作报告》、《工会经费使用情况审查报告》，工会主席韩峰作的《工会工作报告》，办公室主任韩列艺代表公司安委会作的《安全工作报告》。会上，徐国新与各部门负责人签订了《2010年度二级安全管理目标责任书》。（韩列艺）

【召开2010年董事会】 2010年3月10日，海运公司在远洋宾馆召开2010年董事会。参加会议的有董事长马宗梅，董事陈建钦、徐国新；董事林立兵因公差请假、董事佟文华委托邓伟荣出席会议。会议由董事长马宗梅主持。会议审议通过《总经理年度工作报告》、《2009年度财务决算

报告及2010年度财务预算报告》。会议对海运公司2009年所取得的成绩给予充分肯定，并对今后的工作提出了要求。

（韩列艺）

【召开生产经营研讨会】 2010年4月9日，海运公司在南国桃园召开2010年生产经营研讨会。部门副经理职务以上人员出席了会议。会议由总经理徐国新主持。会议主要针对2010年海运公司面临的市场形势和经营情况及生产条件，围绕如何巩固现有业务，并进一步拓展新的业务范围等事项展开研讨，确定了继续以航运业为依托，以船舶监造为平台大力发展新造船监造业务和实施以新造船舶配套产品服务业务为主营业务的业务结构调整转型的经营思路。（韩列艺）

【召开第一季度成本经济分析会】 2010年5月8日，海运公司在南沙召开2010年第一季度成本经济分析会，在广州地区工作的领导及员工共计45人参加会议。会议由办公室主任韩列艺主持。总经理徐国新作《第一季度成本经济分析报告》，对公司第一季度的生产经营情况进行了分析，肯定了取得的成绩，指出了成本控制中存在的问题，并提出了解决措施。会上，徐国新与各生产经营部门签署了《2010年度部门经营目标管理责任书》。（韩列艺）

【开展员工教育学习活动】 2010年5月8日，海运公司组织广州地区工作的全体员工开展形势教育学习活动。党总支书记林耀强结合当前国际国内形势和产业结构调整有关情况以及该司的业务特点作了形势分析教育报告，为该公司转变发展方式和实施业务结构调整转型工作指明了方向。总经理徐国新作了题为《做一个懂得感恩的人》的专题讲座，从国家、社会、集体、企业以及家庭等多方面、多角度阐释了为什么要懂得感恩和怎样感恩等道理，为增强员工认识和提升企业凝聚力起到了促进作用。（韩列艺）

【召开“安全生产月”活动动员大会】 2010年6月2日，海运公司在远洋酒店召开了2010年“安全生产月”活动动员大会。在广州地区工作的员工42人出席会议。会议由党总支书记林耀强主持。总经理徐国新代表安委会向与会员工传达了广远2010年“安全生产月”活动动员大会精神并作动员讲话，对2010年“安全生产月”活动方案进行了解读和布置，并对开展“安全生产月”活动的工作重点及注意事项进行了强调。（韩列艺）

【参观“公众安全避险逃生知识普及展览”】 2010年6月2日，海运公司总经理徐国新、党总支书记林耀强带队，组织员工至广东科学馆参观“公众安全避险逃生知识普及展览”。本次参观是海运公司2010年“安全生产月”活动的一项内容，共有30名员工参与。在参观过程中，大部分员工还进入互动区，亲身体验了模拟消防报警、地震仪测试等实践活动。通过参观，让员工了解了地震、雷电、洪灾等自然灾害和火灾、交通安全等突发事件以及生活中易发生又危及生命安全的突发事件的科学处置方法，进一步提高了员工的防灾意识和自救能力。（韩列艺）

【举办销售技巧培训】 2010年6月11日，

海运公司举办了销售技巧培训，企业主管领导及润滑油销售部全体人员参加了培训。培训由埃尔夫润滑油（广州）有限公司驻海运公司销售代表进行授课，重点对销售人员传授有关营销技巧（包括社交礼仪、询问、推介、说明、达成协议等）以及在埃尔夫产品销售过程中可能遇到的各种问题及解决办法。通过培训学习，培训人员普遍对如何掌握销售技巧并在实际工作中巧妙运用有了进一步的理解，对做好销售工作增添了信心。（韩列艺）

【成功研发防海盗高压电网系统】 2010年，海运公司作为航运企业服务型企业针对海盗活动正在全球蔓延的趋势，在中远远达的大力支持和技术指导下，正式投入人力、物力和财力进行防海盗高压电网系统的研发工作。7月30日，实验效果明显，该系统研发成功。是年，防海盗高压电网系统在中远远达等远洋运输企业所属船舶上进行了安装使用。（韩列艺）

【召开年中工作会】 2010年8月6日，海运公司召开年中工作会。全体员工出席了会议。会议由党总支书记林耀强主持。会议传达学习了广远2010年年中工作会和岸产企业年中工作会会议精神。总经理徐国新作了年中工作报告，对企业半年来的经营工作、党建工作、安全工作、工会工作、团建工作、员工学习教育培训工作以及相关管理工作进行了总结，对该公司当前存在的问题和面临的形势、任务进行了分析研究，对下半年的工作进行了部署。

（韩列艺）

【召开“廉洁从业纪律教育月”活动动员大会】 2010年8月6日，海运公司召开2010年“廉洁从业纪律教育月”活动动员大会。该公司在广州地区工作的全体员工出席了会议。会议由总经理兼党总支副书记徐国新主持。会上，党总支书记兼纪检监察小组组长林耀强传达了广远纪委关于开展2010年“廉洁从业纪律教育月”活动的主要内容和要求，并作了动员讲话，对海运公司开展该项活动的方案进行了解读和部署。在会上，林耀强还作了关于清查“小金库”的专题辅导学习报告，对全体员工在具体贯彻执行工作中提出了新的要求。（韩列艺）

【开展党性学习教育活动】 2010年8月6日，海运公司党总支组织全体党员和入党积极分子开展了党课学习教育活动。在学习会上，党总支书记林耀强就《中国共产党党员领导干部廉洁从政若干准则》的基本内容和《从退休船长张天华骗取医疗费用案件中吸取教训，拒绝贪欲，增强遵纪守法自觉性》的警示案例进行了教育学习。（韩列艺）

【召开第三季度经济分析会】 2010年10月15日，海运公司在上川岛远洋酒店召开了第三季度经济分析会。分析会由党总支书记林耀强主持。总经理徐国新作第三季度经济分析会报告。（韩列艺）

【开展党风廉政专题学习教育活动】 2010年10月15日，海运公司党总支组织开展了2010年党风廉政专题教育学习活动。在广州地区工作的领导和员工共40人参加了教育学习。学习活动由总经理兼党总支副书记徐国新主持。党总支书记林耀强作专题

学习报告。林耀强从中国历朝历代建朝周期的兴衰成败对腐败造成的危害进行分析入手，通过近年来各类腐败现象的表现向职工阐述了《中国共产党党员领导干部廉洁从政若干准则》的主要内容和精神。翔实的历史事实和新的教育形式引起了听课对象的共鸣，提升了学习效果。

（韩列艺）

【开展员工读书实践活动】 2010年10～12月，海运公司开展了“增强责任意识、构建和谐海运”员工读书实践活动。员工读书实践活动主要分为读书活动、征文活动和心得体会交流活动三项主要内容。工会向员工推荐了《把责任落实到位》、《责任比能力更重要》和《成功——从优秀员工做起》等书目。15位员工撰写了心得体会。工会组织专人对员工写的心得体会文章进行了评选，并召开了员工读书实践活动心得体会文章交流会，获得一、二等奖的员工在会上宣读了心得体会文章。在交流会上，党总支书记林耀强对员工读书实践活动进行了总结，并对交流会进行了点评。（韩列艺）

【工会工作】 2010年，海运公司召开了第四届第二次职工大会暨工会会员大会。为确保员工的知情权，每季度均组织员工召开会议，及时向员工通报公司经营情况和财务收支状况。由于人事变动原因，8月6日，海运公司工会组织召开了工会会员大会，改选了工会委员，民主选举林耀强为工会主席。工会加强了企业文化建设，认真开展了工运理论研究。积极组织员工参与实践活动和文体活动等。其中，主要有：组织员工参观了中船黄埔造船有限公司龙穴厂区和南沙湿地公园等；组织女员工开展庆祝“三八”妇女节活动，参观了广东科学中心。此外，工会还积极开展各种员工慰问活动，全年共慰问员工（含退休员工）15人次，发放慰问金1.6万元。技术工程部将其部门获得的精益管理“月光奖”奖金2万元，通过工会向广远对口扶贫东兴村进行了捐赠。（韩列艺）

【共青团工作】 2010年，海运公司团总支围绕企业的中心工作，积极组织团员青年参与企业的各项经营活动。针对青年员工的特点开展了“红树林”工程培训活动、“青年岗位能手”评选活动和“青年文明号”创建活动等。财务部被广远团委命名为“青年文明号”。为庆祝“五四”青年节，团总支组织全体团员青年前往黄埔军校旧址纪念馆进行参观学习和实地开展爱国主义传统教育。此外，团总支还开展了“情系灾区、传递爱心——我为灾区捐赠一瓶水”捐款活动，团员青年踊跃为灾区人民捐款，共捐款5200元。

（韩列艺）

第六节　广州金桥管理干部学院

【广州金桥管理干部学院简介】　广州金桥管理干部学院（以下简称金桥学院）是1993年10月在广州海员学校（以下简称海校）的基础上成立的，其前身是广远教育中心。2010年，金桥学院保持"四块牌子一个机构"的管理模式，综合利用金桥学院（大专）、海校（中技）、广东省广远职业技术学校（中专）、广远教育中心等资源面向社会招收海上专业学生和为广远培训船员。

金桥学院下设综合办公室、船员培训处、财务处、学生/安全保卫处、教务处、航海系、外语系、轮机系、质量管理办公室。

时任院长兼党委副书记涂慕欧，党委书记兼副院长凌保平，纪委书记兼工会主席郭智谋，院长助理马志华。员工92人。

（叶国梁）

【金桥学院工作概况】　2010年，金桥学院中心工作着力于全面推进改革、谋求健康和谐和可持续发展、提升服务航运主业能力和服务质量。随着广远深化改革进入实施阶段，在学院本部新设教育中心等机构。4月1日，新机构正式运作以来，金桥学院稳定职工队伍，坚定服务航运主业的决心和信心，学院各项工作取得了较好的成效。主要表现在：通过加强各类培训工作，效益大幅攀升。在学历教育方面，有成人高等教育大专在校学生1145人。其中，全日制脱产班学生571人，业余班学生574人。在中专中技学历教育方面，在校学生1237人，开设专业有海洋船舶驾驶、海洋船舶轮机管理、国际海员水机复合、航运英语等4个专业。在职业技术（在职员工培训）教育方面，全年开展了各种类型的船员培训班，主要有：船长考证班、大副考证班、轮机长考证班、大管轮考证班、B01（基本安全）、B02（精通艇筏）、B04（高级消防）、B05（精通急救）、B09（保安员），GMDSS、水手适任班、机工适任班、知识更新培训、英语强化培训、船舶驾驶模拟操纵培训、驾驶台资源管理培训、船舶政委轮训、船舶保安员师资培训等。金桥学院全年完成培训船员6099人次。其中，培训中远航运船员764人次。实现对外培训毛收入1000多万元。服务主业，为广远培养培训船员。航海系和轮机系分别根据广远航运主业的要求，针对性地开展各种培训班，并狠抓培训质量，合格率、考证通过率大幅提高。首期CCS电、气焊培训班学员100%通过了中国船级社考试检验，各类船员岗位适任考试也都取得了好成绩；坚持"送学上船"，为广远的安全工作创新路。根据广远开展船舶防海盗培训的需求，学院主动承担开展船舶防海盗培训工作，组织专业教师编写了《船舶防海盗培训教程》，该书得到了交通运输部、广东省海事局的高度赞扬；积极开发海事案例动漫设计和制作，完成了30个海上特殊事故案例动漫设计制作任务；妥善解决了清理校区转让后的历史遗留问题；争取到使广远职校被交通运输部海事局指定为船舶保安员培训项目师

资培训示范点，承担对从事该项目的全国各海事院校及船员培训机构的师资进行培训；顺利通过并创下船员教育和培训质量体系中间审核新的审核纪录，24项船员培训项目资质全部通过交通运输部海事局的现场检查和检验。与此同时，学院加强了招生、毕业生的就业及学生管理工作，开创了上述工作的新局面。

（陈明兆　叶国梁）

【通过船员教育和培训质量体系中间审核】 2010年1月26～28日，交通运输部海事局派出以申春生为组长的审核组专家一行4人对广远职业技术学校（广州金桥管理干部学院、广州海员学校）船员教育和培训质量体系进行了审核。审核组对学校船员教育和培训质量体系运行工作非常满意，申春生称这是其在全国各地所审核过的单位中开出不合格项最少的单位。

（陈明兆）

【新开拓驾驶台资源管理、航海模拟器和油轮培训项目】 2010年，金桥学院把服务主业、满足广远培训船员需求摆在第一位，航海系根据中远航运为确保船舶生产安全，对全体在职和持证船长进行一次轮训。通过积极争取，获得了广东海事局批复同意开展驾驶台资源管理和航海模拟器两个培训项目，并于3月26日开班培训。轮机系根据中远南方的需求，积极开拓并获广东海事局批复同意开展油轮培训项目资质。截至2010年12月，航海系举办了9期驾驶模拟器培训班、9期驾驶台资源管理培训班，轮机系举办了3期油轮培训班，各期培训班克服新开办培训项目的各种困难，均取得了考证通过率达98%以上的好成绩。

（陈明兆）

【编写《船舶防海盗培训教程》】 2010年，金桥学院为适应主业船员教育培训特点的需要和广远开展船舶防海盗培训的需求，主动向广远请示承担开展船舶防海盗培训工作，组织专业教师，利用节假日和业余休息时间，加班加点编写《船舶防海盗培训教程》（以下简称《教程》）。为保证质量，在编写《教程》过程中，认真听取各方反馈意见，数易其稿，经领导审定，并报备广东海事局后定稿。《教程》编印工作于4月30日完成，并发放到广远系统各船公司和一线船舶。《教程》编制工作的完成，为广远岸基管理人员及在航船员开展船舶防海盗工作提供了有益的指导。这项工作得到了中远集团和广远领导的支持和充分肯定。12月初，中远集团保卫处处长邢玉仓来到学院，对学院编写的《教程》给予了高度评价，并指定金桥学院作为中远集团编写《中远集团船舶防海盗指导手册》的执笔单位。（陈明兆）

【开发海事案例动漫设计和制作】 海上事故案例动漫设计制作，是通过再现以往海上事故发生经过，让受培训学员“亲历”事故现场，参与分析事故原因，总结经验教训，以达到提高航行安全目的。

2010年，广远要求金桥学院在年内完成30个海上事故案例动漫设计制作。为此，学院成立了以院长涂慕欧为主要负责人的动漫设计制作项目组，按事故的归类，分4个模块进行编剧和制作，制订了完成任务推进计划，组织业务骨干脱产研编和制作。6月底，完成了第一个动漫案例制作，并通过广远的审核；11月，按计划完

成全部编制工作。中远集团领导在观摩金桥学院提供的案例样板视频后，给予高度评价，拟在中远集团进行立项制作。

（陈明兆）

【承担船舶保安员培训专业师资培训任务】 2010年4月14日，交通运输部海事局下发了《关于开展海船船员单项培训大纲教材及题库建设工作的通知》，明确广远职业技术学校为全国海船船员专业和特殊培训项目教材及题库建设承办单位，并在交通运输部海事局的统筹安排下，定为全国船舶保安员培训项目师资培训示范点，承担对从事该项目的全国各船员培训机构的师资进行培训。金桥学院为完成好这次任务，在教学安排、接待、食宿等方面认真做好开班准备。是年，学院成功举办了2期保安员师资培训班，得到了交通运输部海事局领导的肯定和学员的称赞。

（陈明兆）

【清理校区转让后的历史遗留问题】 2008年7月，金桥学院完成了两个校区外聘职工合同转签工作，清理风险取得了阶段性成果。但仍留下天河校区和番禺校区校舍等物业租赁合同转签有待承接方（广东省国防技校、广东融丰投资有限公司）按照合同条款与业主方继续协商解决。2010年，金桥学院加大力度清理校区转让后的历史遗留问题。1月，原番禺校区最后一个与番禺恒宝饰物有限公司签订的经济合同解除；年底，天河校区最后一个与潘炳忠签订的《楼房租赁合同》经过协商解除。至此，金桥学院校区转让后的合同转签遗留问题全部得到妥善解决。（陈明兆）

【组织学生参加GMDSS培训和考试】 2010年初，交通运输部海事局下发通知，规定从3月1日起对全球海上遇险和安全系统（GMDSS）操作员理论考试实施统考，对原分区域考试的题库将统一更新。考试、评估模式的改变和教学大纲的更新，给金桥学院计划于下学期参加GMDSS培训的海洋船舶驾驶专业的430名学生带来极大的困难。为了在新法规实施前尽快通过此项考试，学院积极与交通运输部广东海事局沟通，得到广东海事局的大力支持，重新调整教学安排，制订寒假培训考试计划，船员培训处重新调整申报开班计划，各教学系落实各教师授课任务，学生/安保处和后勤部门安排好寒假期间学生的生活保障工作。经过努力，广远职校430名学生分别于2月10日和2月26日如期顺利参加了GMDSS操作员考试。（陈明兆）

【开展“职工读书月”活动】 2010年3月，金桥学院工会、纪委联合组织开展“职工读书月”活动。活动得到广大教职工的热烈响应和积极参与，收到学习心得文章101篇。其中，22名中层以上干部，全部撰写了反腐倡廉心得体会。工会和纪委通过筛选和摘录，挑选出71篇学习心得，出版了2期“职工读书月”活动专题墙报，让大家一起交流、分享阅读的收获，提升了职工的文化素养和文化品位。

（陈明兆）

【开展春季招生工作】 2009年11月，金桥学院在保证完成服务航运主业任务的前提下，为充分利用现有教学资源，向广远递交了以广远职业技术学校名称开展2010年春季招收160名航海类学生的请示，得到

广远的支持和批复同意。2010年3月8日，广远职业技术学校迎来首届春季入学的新生134人。3月16日，学校举行了春季入学新生开学典礼。（陈明兆）

【召开七届二次职代会】 2010年3月18日，金桥学院召开七届二次职代会。广远纪委书记、工会主席马宗梅，岸产运营总监林立兵、岸产事业部总经理王玉生，广远人力资源/组织部总经理黎光葵，发展部总经理谭力，党工部部长姚勇，工会副主席符雄等广远领导及金桥学院职工代表27人出席会议。会上，谭力作了关于金桥学院股份转划的情况通报，黎光葵解读了广远新机构的相关情况，金桥学院党委书记凌保平宣读了职工安置方案（草案），马宗梅作了讲话，金桥学院院长涂慕欧作表态发言。会议审议通过《金桥学院职工安置方案》及相关决议。（陈明兆）

【成立广远教育中心】 2010年3月22日，金桥学院召开教职工大会。广远纪委书记、工会主席马宗梅，岸产运营总监林立兵、岸产事业部总经理王玉生、党工部书记陈建钦，广远人力资源/组织部总经理黎光葵、发展部总经理谭力、工会副主席符雄等广远领导及金桥学院全体教职工参加了会议。会议由金桥学院党委书记凌保平主持。会上宣布了广远成立教育中心的决定。谭力作关于股份划转的情况通报，金桥学院工会主席郭智谋介绍学院专题职代会情况、通报职工安置方案和相关决议，黎光葵宣读了广远新机构的相关文件及对教育中心负责人的聘任文件，陈建钦对学院成立新机构、职工竞聘上岗工作提出了要求，金桥学院院长涂慕欧作表态发言。马宗梅在会上作了讲话。（陈明兆）

【召开外聘员工座谈会】 2010年3月22日，金桥学院召开外聘员工座谈会，与12名外聘员工座谈交流，解答外聘员工有关金桥学院改革的相关疑问。广远岸产运营总监林立兵出席了会议。（叶国梁）

【全面开展隐患自查】 2010年4月8日，金桥学院召开领导办公会议，传达广远安委会扩大学习国资委《0402紧急视频会议》的会议精神，研究制定学院安全自查计划，部署开展安全检查和隐患治理活动。9日，学院安委会下发《关于全面开展安全自查和隐患排查治理行动的通知》，成立学院安全检查行动领导小组，院长涂慕欧任组长，党委书记凌保平、纪委书记郭智谋任副组长，各部门负责人为小组成员。12日，学院召开职工大会，传达广远安委会扩大会议精神，布置全面开展安全检查、隐患排查整治行动。会后，各部门根据学院统一部署，分别召开部门职工会议，开展安全自查活动。

（陈明兆）

【举行机工、水手班学生毕业典礼】 2010年4月28日，金桥学院举行广州海员学校2007级水手、机工专业学生毕业典礼。毕业典礼由学生/安保处处长刘向东主持，老师代表、毕业生代表分别在毕业典礼上发言。党委书记凌保平代表学院领导讲话，对毕业生走向社会提出了期望和要求。

（陈明兆）

【参加广远职工计算机知识竞赛获第二名】 2010年4月27日，金桥学院派出选手

刘振坤、席华锐与东海大厦方志斌组合成岸产三队参加广远举行的职工计算机基本知识总决赛，获得第二名。（陈明兆）

【召开教学工作专题研究会议】 2010年4月19日，金桥学院召开教学工作专题研究会议。会议主要研究2007级和2008级海洋船舶驾驶和轮机管理专业应届毕业生离校前有关教学和管理工作安排，对应届毕业生离校前的补考、转考、辅导等提出了明确要求。会议由教务处处长马志华主持。学院领导和各部门领导及相关教学管理人员参加会议。会议形成纪要下发各部门作为指导学院当年教学管理工作的文件。（陈明兆）

【召开班主任工作经验总结会】 2010年5月31日，金桥学院召开2010年班主任工作经验总结会。 总结会由学生/安保处处长刘向东主持。学院全体班主任和工作人员参加了会议。会上，各班主任认真总结、交流自己多年来在管理学生方面的经验和体会。（陈明兆）

【做好毕业生推荐就业工作】 2010年，金桥学院进一步加大对毕业生就业的推荐力度，126名毕业生到国有单位、船务公司等就业。一次性通过各科理论考试的驾驶、轮机专业毕业生，推荐就业成功率达到74%。特别值得一提的是广州海事局首次到金桥学院选拔了10名水手、机工专业应届毕业生。广州海事局将这批被录用的毕业生定为培养对象，录用后安排其继续深造，培养其将来成为海事局巡逻艇上的驾驶员或轮机员。（陈明兆）

【举办应急演练活动】 2010年6月11～12日，金桥学院在校园内举行防外来暴力事件“仿真”实操模拟演练和消防演练，旨在使教职员工进一步掌握消防知识和正确使用各类消防器材。参加人员有三级责任人、保安队员、宿管员、学生治委会成员等。（陈明兆）

【召开2010年年中工作会议】 2010年7月23日，金桥学院召开2010年年中工作会议。会议传达了广远年中工作会议精神。院长涂慕欧作题为《全心全意服务主业，开拓创新促进发展》的学院年中工作报告。会议还特别邀请广东省海事局处长梁军作关于“发展与广东航运大省相适应的船员产业研究”讲座。（陈明兆）

【举行新生开学典礼】 2010年9月3日，广远职业技术学校、广州海员学校举行2010年秋季入学新生开学典礼。开学典礼由学生安保处处长刘向东主持，校长涂慕欧致辞，新老学生代表分别在会上发言。学校领导、各处系室负责人、新生班主任出席开学典礼仪式。（陈明兆）

【举行2010级新生军训】 2010年9月6～8日，金桥学院按照新生入学教育计划，对2010级新生进行军训。学院从广州警备区训练基地邀请11位教官执行军训工作。参加军训学生500名，共分成11个排，进行了三天的军训。（陈明兆）

【承办首期全国保安员师资培训班培训】 2010年9月7日，由交通运输部海事局委托金桥学院承办的首期全国保安员师资培训班正式开班。开班典礼上，党委书记凌保

平作动员讲话。参加本期培训班学员共16人，分别来自全国各航海院校和培训机构。培训班于9月10日结束。（陈明兆）

【马宗梅等到金桥学院进行教师节慰问】 2010年9月9日，广远纪委书记、工会主席马宗梅、副主席符雄，岸产事业部总经理王玉生等一行7人到金桥学院进行教师节慰问，并召开教师节慰问座谈会。学院领导、中层以上管理人员、被评为2010年度省市及学院的优秀教师和优秀班主任参加了会议。座谈会上，王玉生代表岸产事业部宣读《教师节慰问信》，马宗梅作了讲话，并送上节日慰问金。（陈明兆）

【实施校园半封闭式管理】 2010年9月13日，金桥学院开始实施校园半封闭式管理。实施校园半封闭式管理时间为：每周从星期一上午7：30时起至星期五下午5：00时。在实施半封闭式管理期间，本校学生不准离校外出，有特殊情况外出，须经班主任或当日学院值班干部批准。（陈明兆）

【召开2010年党建思想政治工作研究会议】 2010年12月9日，金桥学院召开2010年党建思想政治工作研究会议。会议深入学习贯彻中共十七届四中、五中全会精神，紧紧围绕党群共建创先争优、推动学院科学发展，探讨新形势下党建带动工建，工建服务党建的新思路、新途径，把创先争优活动引向深入，为促进学院深化改革、实现又好又快发展提供智力支持和思想保证。会议由纪委书记兼工会主席郭智谋主持。学院党委委员、各党支部书记、工会委员、工会小组长、中层以上管理人员参加会议。会上，郭智谋传达了广远党建思想政治工作研究会暨工运理论研讨会会议精神，教务处和航海系党支部、轮机系、外语系工会小组等4个部门分别围绕会议主题作了发言。（陈明兆）

【24项船员培训项目资质通过交通运输部海事局核验检查】 2010年12月15～17日，交通运输部海事局派出以谢西洲为组长的审核组专家一行5人对广远职业技术学校24项船员培训项目资质进行现场核验和专项检查。专家组通过现场核验和专项检查，对广远职业技术学校35年来为中国远洋运输事业的发展培养人才做出的贡献、对学校的教学、学生等各项工作的严格和独特到位的管理给予了高度评价，对学校开展的24项船员培训项目资质的符合性给予充分肯定，并出具现场核验和检查结论，认为学校具备开展24个项目培训条件，建议主管机关批准广远职业技术学校开展24个项目培训。事后，专家组的建议获得交通运输部海事局的批准。

（陈明兆）

【开展创先争优活动】 2010年，金桥学院深入开展创先争优活动，涌现了一批先进集体和个人。学院被评为广远安全工作先进单位，学院船员培训报到处被评为广远“文明示范窗口”；张国伟、陈起漂、李书佐被评为广远先进生产（工作）者；轮机系、航海系、船员培训处3个部门被评为2010年度学院双文明建设先进单位；船员报到处、财务处收费报销组被评为2010年度学院级“文明窗口”；航海系航海教研室、轮机系实习工厂等5个班组被评为先进集体（班组）；盛清波等4位老师被评为“博学善教、良师益友”先进教师；陈明兆等19人被评为学院先进工作者。

（吴乾辉）

【抓好党员的教育管理】 2010年，金桥学院党委认真落实党员教育长效机制，重视抓好组织生活制度的落实，坚持“三会一课”制度，组织党员认真参加“抓落实促发展”主题实践活动和开展创先争优活动以及推进学习型党组织建设活动。全年组织上党课4次；召开支部书记座谈会1次，选送了1名支部书记和3名入党积极分子参加省直工委培训班。在开展党员创先争优活动中，学院大力推进“党风带校风”，以“三大机制”为重点，加强党建工作长效机制建设。全年发展新党员9人（职工4人，学生5人）；预备党员转正6人（职工5人，学生1人），有20名青年职工和77名学生团员向党组织递交了入党申请书。 （吴乾辉）

【实施“送温暖”工程】 2010年，金桥学院工会实施“送温暖”工程，全年慰问病困职工18人次，发放慰问金9700元。组织女职工参与安康保险活动，为29名女职工购买了安康保险。 （吴乾辉）

【开展党风廉政教育活动】 2010年，金桥学院纪委扎实做好《国有企业领导人员廉洁从业若干规定》等法规的宣传教育和贯彻落实工作。组织召集关键岗位管理人员进行谈话，全年开展廉洁谈话共22人次；学院党政一把手及各部门负责人签订了《关于“小金库”自查自纠承诺书》。在年度的领导班子专题民主生活会和述廉议廉会议上，群众民主评议意见中“好”的占95.3%，“较好”的占4.7%，没有“一般”和“差”。领导干部的民主评议为历年来得分最高的一年，廉洁从业教育取得较好效果。 （吴乾辉）

【加强团员青年思想道德建设】 2010年，金桥学院团委大力加强对团员青年的思想道德教育。4月，组织98名团员青年到广州起义烈士陵园进行扫墓活动；5月，组织团员青年到孙中山大元帅府及廖仲恺、何香凝纪念馆参观；10月，组织团员青年代表参加“雷锋传人”郭明义先进事迹报告会；11月，安排团员青年到广东省博物馆和广东文联艺术馆参观学习，并举办“新团员入团和18岁成人宣誓仪式”。这一系列的学习参观活动得到了学院领导的大力支持，在广大团员青年中引起了良好反响。 （吴乾辉　肖丹）

【举行喜迎亚运活动】 2010年，金桥学院举办一系列喜迎亚运的活动。9月，团委举办迎亚会的学生游泳比赛；10月，学院举办“新学期、新气象、讲文明、迎亚运”主题墙报评比活动，同时开展了“争当信使 喜迎亚运——广东欢迎您”的书信活动；11月，学院举办迎亚运，构造和谐校园学生象棋比赛。这一系列活动掀起了学院迎亚运的热潮。（吴乾辉　肖丹）

【一批团组织和团员受表彰】 2010年，金桥学院团委表彰了2009～2010学年“五四红旗团支部”2个、“优秀共青团员”21名、优秀共青团干部16名。学院团委被广远评为“五四红旗团委”，肖丹被广远评为“优秀共青团干部”，谭高飞被广远评为“优秀共青团员”。

（吴乾辉　肖丹）

第七节　广州远洋通信导航有限公司

【广州远洋通信导航有限公司简介】 广州远洋通信导航有限公司（以下简称通导公司）是以20世纪70年代初期建立的广远通信导航设备修理所为基础，由广远、香港海通通信仪器有限公司和新加坡日升企业有限公司三方合资，于1993年8月10日在广州注册成立的中外合资企业。现有注册资本1000万元。主要业务为通导、自动化及船岸电子设备进出口贸易、安装、检验、维修、产品研发、生产、新造船通导设备整体打包、海洋工程等。此外，通导公司其他服务项目还包括船员“驾通合一”培训、通导行业标准化研究、通导业务培训教材及《通信导航》杂志的发行等。

通导公司下设市场业务部、造船业务部、技术工程部、物资部、质保部、综合管理部、财务部。9月增设海洋工程部。

通导公司设董事会。时任董事长马宗梅，副董事长陈坤波、符昭德，董事陈建钦、闭晴安。时任总经理兼党总支副书记闭晴安，副总经理韩峰（7～12月）。员工72人。（吴江波）

【通导公司工作概况】 2010年，通导公司在经营形势十分不利的情况下，通过转变思路、勇于创新，克服“订单荒”、“毛利低”、“汇率波动”等困难，较好完成年度任务指标。该公司找准市场定位，利用市场、技术、品牌优势，专注主营船舶修理业务和新造船业务；在传统维修业务上，通过加强对修船市场环境的研究和对竞争对手的分析，建立市场多层级客户关系、提高技术服务质量和效率，收到了明显效果。是年，完成服务船舶858艘次，工程项目共2315次。新造船业务方面，除了做好新造船合同履约风险管控等工作外，还抓住市场低谷期船东抄底买船的机遇，新签订单56船套，比2009年同期大幅增长；根据主营业务发展需要，成立了海洋工程部，开展与主业密切相关业务，对效益起到了有效的补充作用；落实降本增效措施，在直接生产成本和制造成本中挖潜力，实现了较好的管控，取得了较好的效果。是年，通导公司将安全生产要素融入ISO9001:2008体系运行，全面提升了安全管理水平；实施“红树林”工程，培养一支优秀的工程服务队伍，向准确、稳定、快速、高效发展，全面提升了企业的综合实力和核心竞争力；加强企业文化建设，量力而为、因地制宜适时组织开展有益于员工身心健康的文化活动，凝聚了人心，稳定了队伍；加强党的建设，充分发挥党组织的政治核心作用和监督保证作用，没有出现违纪违规行为，保证了企业的生产经营及各项工作的顺利进行。（牛渝萍）

【召开安全工作会】 2010年1月7日，通导公司安委会召开安全工作会议。会上认真传达了中远集团2010年安全生产电视电话会议精神，明确了2010年度通导公司的安全目标和安全工作重点。会议提出2010年全力推进陆产安全管理体系建设并形成长效机制，以制度化和标准化全面开展安

全生产工作。（吴江波）

【与韩国三星重工进行业务交流】 2010年1月18日，韩国三星重工汤炜先生到通导公司进行为期4天的技术交流访问。汤炜在访问期间，不仅进行了三星自动化设备的专题技术讲座，而且还在通导公司技术人员陪同下，对文冲船厂、黄埔船厂、广船国际及龙穴船厂进行业务拜访和应用新设备、新技术的技术探讨，得到船厂认可并签订了初步合作协议。这次业务交流，对通导公司拓展自动化产品市场、扩大经营项目起到了较好的宣传作用。

（吴江波）

【安全管理体系内审】 2010年1月22日，通导公司首次进行安全体系内审，通过对公司各部门的审核检查，进一步明确了责任和任务，促进了公司安全生产措施的有效落实。（牛渝萍）

【召开新造船设备调试交流会】 2010年2月4日，通导公司召开新造船设备调试交流、协调会。公司相关部门负责人及技术工程人员参加了会议。会议回顾总结了前期新造船工程调试情况，围绕设备配套的合理性、图纸资料、证书等提供的及时性、完整性及与船厂、船东等相关部门的联系、协调等问题展开了热烈的讨论。造船业务部在会上介绍了《新造船工程管理操作须知》制订的原因及基础，强调了调试工程质量的重要性。会议还明确了加强各部门沟通交流的必要性，进一步梳理了公司业务部门、技术部门在与船厂协调和沟通中的职责和义务。

（牛渝萍　吴江波）

【无缺陷通过质量安全体系换版审核】 2010年3月1日，中国船级社认证中心审核组对通导公司体系运行的有效性进行审核，批准无缺陷顺利通过。此前，依据ISO9001:2008、GB/T 19001:2008，通导公司对公司质量体系进行了换版工作，并根据广远安全管理思路，首次将安全生产要素融入体系，成为广远首家将安全生产纳入体系管理的企业。（朱克洪）

【通过LR英国劳氏船级社资格换证审核】 2010年3月11日，通导公司顺利通过英国劳氏船级社（LR）的无线电检验资格换证审核。（吴江波）

【召开2010年度董事会】 2010年3月15日，通导公司召开2010年董事会。董事长马宗梅，副董事长陈坤波、符昭德，董事陈建钦、闭晴安参加了会议。会议由马宗梅主持。会议回顾总结了通导公司2009年工作情况，审议通过《总经理工作报告》和《财务工作报告》，对2010年的工作做了部署。（吴江波）

【陈正杰到访《通信导航》杂志编辑部】 2010年4月3日，中远集团安监部总经理陈正杰到通导公司看望中远集团《通信导航》杂志编辑部全体职工。陈正杰对通导公司承办的《通信导航》杂志给予了充分的肯定和赞扬，对编辑部员工两年来的辛勤劳作表示感谢，并对下一步工作提出了更高的要求。

由通导公司负责编辑出版的《通信导航》杂志自2008年5月复刊以来，至2010年12月，已出版发行26期。作为中远集团船舶通信导航专业刊物，《通信导航》杂志

先后开设了通导业务、行业法规、行业新技术、故障维修、驾驶员园地、PSC检查等栏目，得到了中远集团及系统内航运公司船岸通导工作者的肯定。（牛渝萍）

【新老中层干部平稳交替】 2010年4月9日，通导公司召开中层以上干部会议，宣布2010年中层干部聘任决定。根据通导公司可持续发展和加强干部队伍年轻化建设需要，经岸产事业部党工委批准，2名中青年干部被聘为公司关键部门领导；2名老同志退出了部门领导岗位。为充分发挥老同志的业务技术专长，公司继续聘任其为原部门督导员。（牛渝萍）

【通过NK和IRS的无线电检验年度审核】 2010年5月18～20日，日本NK和印度IRS两家船级社分别对通导公司的无线电检验资格进行年度审核。两家船级社的验船师对通导公司无线电检验工程报告进行了抽查，对相关人员的检验资质、公司培训记录、检验设备进行了详细检查，对通导公司无线电工程表示满意。通导公司顺利通过NK和IRS的无线电检验年度审核。（吴江波）

【召开职工大会暨“安全生产月”动员大会】 2010年5月28日，通导公司召开职工大会暨“安全生产月”活动动员大会。会议对通导公司2009年的生产经营工作进行了回顾，就“安全生产月”活动进行了部署和动员，表彰了2009年度各类先进集体和先进个人。会上，企业领导还与各部门负责人签订了部门安全责任状。（吴江波）

【调整领导班子】 2010年6月8日，通导公司召开员工大会。岸产事业部、人力资源部/组织部有关领导及通导公司全体员工参加了会议。会上宣布韩锋担任通导公司副总经理。根据工作需要和班子调整情况，经岸产事业部党工委批准，通导公司党总支组成人员也作了相应调整，新一届党总支委员为闭晴安、韩峰、汤坦夷，闭晴安兼任党总支副书记。（吴江波）

【控制差旅成本】 2010年6月，通导公司根据精益管理目标，为严格控制差旅成本，与携程旅行网签署了统一预订机票，公司账户统一支付的协议，并指定专人负责该项工作。通过统一订购机票措施，预订机票的折扣率明显降低，由6月份平均90%的折扣率降低至12月份的70%。

（吴江波）

【新建档案室和海洋工程部】 2010年7月，为充分发挥档案工作在企业发展中的作用，通导公司新建档案室，并制订了相应管理办法。档案室的建立，标志着通导公司规范化、科学化的管理水平上了一个新台阶。9月，通导公司根据企业后金融危机时期主营业务发展的需要，新设海洋工程部，开展海事工程、船舶自动化、船舶电装等与主业密切相关的新业务。

（牛渝萍）

【承建“中木二号”轮通导设备】 2010年9月27日，由中国木业海运有限公司承建的“中木二号”轮在南美洲苏里南顺利下水及试航。受该公司委托，通导公司承接了该轮通信导航设备整体打包、安装、调试等工程。工程师在当地环境差、时间紧的情况下顺利完成该项工程，不仅得到了中国木业海运有限公司的高度赞扬，并为

今后双方进一步合作打下了良好基础。（吴江波）

【参加2010年广州国际海事展】 2010年12月7～10日，通导公司参加了在广州琶洲国际会展中心召开的广州国际海事展。本次海事展共有20多个国家和地区的600余家展商参展。通导公司充分利用展台空间，与广远供应公司、海运公司和金桥学院联合参展。通导公司布展的船舶驾控台、各类通信导航设备系列产品的资料及实物，得到了广大参展者的认可，对产品的宣传、推广、销售起到了重要作用，进一步提高了公司的影响力及知名度。（吴江波）

【完成船舶防海盗项目改造】 中远航运50000吨半潜船首制船“祥云口”轮整套通信导航设备和驾控台由通导公司提供并负责安装调试。2010年12月2日，“祥云口”轮试航归来后，出于防海盗工作需要，船东提出加装具有防海盗功能的闭路监控云台防水等级改造和铱星电话，承建该轮的船厂提出并要求通导公司必须在短时间内完成云台设备的更换及调试工作。为此，通导公司迅速组织技术力量，深入现场，加班加点作业，按时完成了设备的更换及调试工程，得到船厂的高度评价，树立了通导公司良好的服务品牌和企业形象。（吴江波）

【工会参与安全管理工作】 2010年，通导公司工会加强了参与企业安全生产管理的力度，工会组织员工进行安全教育、参与企业日常安全检查和事故隐患整改工作、落实工会小组劳动保护检查员制度、开展“安全在我身边，降本增效从我做起”等各项活动，营造了良好的企业安全氛围。（牛渝萍）

【开展创建学习型企业活动】 2010年，通导公司以“红树林”工程为载体，提高干部职工综合素质为目的，认真开展创建学习型企业和技术创新活动。公司建立了新的“培训学习模式”，组织职工进行技术研讨，派出人员到国内及国外学习、培训，青老职工互相帮扶等活动。是年，在质量安全体系、国际国内规范、船舶通导技术、标准化以及新员工入职教育和职业操守教育方面，举办了30次培训，培训职工200人次。按照产品生产的新思路，完成新造船配套及自主产品制作110项，节约成本65万元，公司设备控制QC小组获得广远QC活动成果奖。（牛渝萍）

【开展创先争优活动】 2010年，通导公司全面贯彻中共十七大精神，积极开展创先争优活动。面对后金融危机时期生产经营形势的严峻挑战，全体职工团结一致、共同努力，圆满完成年度各项工作任务，涌现出一批先进集体和先进个人。是年，公司工程技术部继续获得2009～2010年度中远集团“文明示范窗口”称号，继续保持广东省直属机关“青年文明号”的光荣称号。（牛渝萍）

【开展“安全生产月”活动】 2010年6月，通导公司认真开展了以“安全发展、预防为主”为主题的“安全生产月”活动。活动期间，通过组织会议、讲座、消防演习、安全隐患排查，提高了全体职工安全意识和安全技能，对推动公司安全生产管理，促进安全生产形势持续稳定，保障

公司经济效益稳定增长起到了促进作用。

（吴江波）

【加强党组织建设】　2010年，通导公司党总支从加强党组织建设，规范组织管理，便于党支部开展工作出发，对各党支部党员作了调整，根据各部门党员分布情况组合党支部，并维持原3个党支部不变。各党支部加大对入党积极分子的培养力度。是年，发展预备党员1名、预备党员转正1名，培养积极分子3名。此外，通导公司党总支还利用各种形式，引导党员干部树立正确的权力观、地位观和利益观，保证了党员干部在廉政建设上不出现问题，为公司健康可持续发展提供可靠保障。

（牛渝萍）

第八节　广州远洋宾馆有限公司

【广州远洋宾馆有限公司简介】　广州远洋宾馆有限公司（以下简称远洋宾馆）位于广州市环市东路412号，1986年2月1日成立试业，同年8月28日正式营业。成立初期，远洋宾馆是一家由广远与香港新贸航业有限公司合资经营、楼高21层的三星级酒店。1996年，双方股东再投资在原大楼顶层增建了5层，并于当年被国家旅游局评为四星级商务酒店。2001年4月29日，经外经贸部批准，远洋宾馆双方股东再次进行增资并延长合资经营期限为31年，即从1985年1月11日至2016年1月10日。增资后，远洋宾馆的投资总额和注册资本由原来的800万美元增至1326万美元。其中，广远占51%的股份，香港新贸航业有限公司占49%的股份。2008年7月17日，经外经贸部批准，远洋宾馆双方股东变更为广远与天星公司。股东变更后，远洋宾馆投资总额不变，仍为1326万美元。其中，广远占51%股份，天星公司占49%股份。2010年1月27日，经外经贸部批准，远洋宾馆为广远全资子公司，企业类型变更为有限责任公司（法人独资），投资总额和注册资本为7310万元。

远洋宾馆实际营业面积为2.3万平方米。2005年下半年，远洋宾馆开始进行大规模的装修改造，新增2500平方米经营面积的资源，使原有的各类高级商务客房增至290间，具有1个可容纳500余人的多功能国际会议厅，8个专业的商务会议室，1个可容纳270人就餐的宴会厅。同时设有“澳门街”风味餐厅、西餐厅及大堂酒吧，并附有商场、俱乐部、美容美发中心，为入住客人提供了便利。远洋宾馆还设有商务中心、票务中心、健身房、停车场、银行、邮政、24小时便利店、医疗室、洗衣房、泳池、桑拿中心等多项服务功能及设施。

远洋宾馆下设总经理办公室、市场销售部、人事培训部、财务部、房务部、餐饮部、美工策划部、工程部、保安部、综合管理部、采购供应部。

远洋宾馆设董事会、监事会。时任董事长徐惠兴，董事林立兵、谭力、佟文华、施金安，监事会主席池锡锋，监事池新旺、王孜孜。时任总经理施金安，党总支书记陈建钦（兼），副总经理、工会主席洪舸（1～2月），副总经理曲非（3～12

月）。员工638人。（郭霖）

【远洋宾馆工作概况】 2010年，远洋宾馆切实围绕年初制定的“抓管理、促服务、增效益”的整体工作思路，全面分析市场走势，保持企业的可持续生存与发展，始终坚持“宾客至上、服务第一”的经营理念，不断创新营销方式，进一步提高服务质量。面对全球经济逐步复苏，市场动荡起伏的环境，远洋宾馆把握市场机遇，通过全体员工的共同努力，圆满完成了董事会下达的各项年度经营管理指标：客房与餐饮各项经营指标均保持在同星级酒店领先位置；全面推进精益管理、降本增效的工作，保证了效益指标的完成；深入开展事故隐患排查、消防演练、技能实操等活动，各项安全措施落实到位，保证了平稳的安全生产局面；加强员工培训工作，以“科学管理，精细服务”为主题开展各项培训，提高员工队伍的整体素质，保证了服务水平与员工队伍的稳定。是年，远洋宾馆获得了诸多荣誉称号：被广州市华乐街党工委授予 “社会治安综合治理先进单位”称号；房口部被中远集团团委授予“2008～2009年度中远集团青年文明号”称号；广远团委授予远洋宾馆团总支 “五四红旗团（总）支部”称号，授予郭霖 “优秀共青团干部”称号，房口部任爽、餐饮部赵德林被评为“广远2009年青年岗位能手”；广远工会授予远洋宾馆工会“2009～2010年度工会信息工作先进单位”称号，授予吴帼眉 “优秀信息员”称号；广远授予综合管理部二级部门——运输部“先进集体”称号，授予汪在波、管升、赵德林、李超军“先进生产（工作）者”称号。（郭霖）

【客房效益实现稳步增长】 2010年，远洋宾馆客房经营始终坚持商务及会议为主，团队为辅的经营战略。随着2005年开始的装修改造，远洋宾馆的客房资源质量得到有效的提升，针对不同渠道采取灵活的销售方式，发挥各类房型的价值，制定了具有竞争力的价格与营销策略，进一步巩固和扩大与各销售渠道的良好合作关系，有效地维系了广大老客户资源，新客户的开拓也取得可喜成绩。是年，远洋宾馆签订常年订房协议公司客户达到上千家。同时，通过不断加强网络订房中心及旅行社的拓展工作，为部分海外旅行社制定专门的促销方案。此外，根据一年两届广交会的市场行情变化，远洋宾馆做到提早研究，销售布置，制定一系列灵活的销售措施，取得了广交会期间客房12天住满，17天平均每间房价达到1000元以上的骄人业绩，整体经营情况实现了预期目标，各项经营指标排位居同星级酒店领先位置。（郭霖）

【餐饮经营取得成效】 2010年，远洋宾馆按照制定的“坚持宴会团体为主，实行中高档并举”的经营策略，充分发挥自身在宴会及会议的经营特长，保持了全年各类宴会的平稳增长。是年，餐饮部积极派员外出学习借鉴同行成功经验，千方百计打造品牌的拳头产品，新菜式得到同行各界和广大宾客的认可，西餐厅扭亏为盈，经营情况初显成效。餐饮部管理层针对交易会外卖点开展积极有效的前期工作，两届交易会外卖点位置优越，并及时增加人手和出品数量，取得单日营业收入18万元的历史新高，与2009年同期相比增幅15.79%。此外，远洋宾馆月饼销售由于制

定了适应市场的销售价格与策略，在加强系统内销售的同时，积极开拓其他渠道，完成销售收入409万元，取得较好的经营效益。（郭霖）

【规范财务管理】 2010年，远洋宾馆财务部积极支持与配合国家发票管理制度改革，率先采用实时在线开票系统，为客人提供实时发票开具服务，进一步规范了发票管理。是年，远洋宾馆接受成立以来层次最高、历时最长、涵盖最广的国家审计署审计，在经营、管理、财务等方面得到国家审计署的肯定。（朱艳清）

【对中层管理人员进行年终考核】 2010年1月26日，远洋宾馆对各部门经理助理级以上管理人员进行年终考核。本次考核由人事培训部负责组织部门领班、主管级管理人员对本部门经理助理级以上管理人员进行民主评议。从民主评议得分情况来看，远洋宾馆中层管理人员在德、能、勤、绩、廉等方面全部达到优良标准，深得广大员工的信赖。（郭霖）

【换位体验，促进协作】 2010年，远洋宾馆财务部积极学习借鉴房务部成功经验，从3月份开始，在收银员培训方面大力开展“换岗练兵”活动。通过互换工作岗位，使收银员增加了对彼此工作性质的了解，进一步加强了各岗位之间的合作沟通，同时也提高了人员的综合利用，在一定程度上缓解了岗位缺员现象。（郭霖）

【召开第四届董事会第十三次会议】 2010年3月10日，远洋宾馆召开第四届董事会第十三次会议。会议由董事长徐惠兴主持。全体董事出席了会议。会议审议通过《2009年工作总结和财务决算报告》、《2010年的工作计划和财务预算》。（郭霖）

【参加广州国际旅游展销会】 2010年3月25日，远洋宾馆与东海大厦、远洋酒店共同组成联盟酒店，参加一年一度的广州国际旅游展览会。远洋宾馆充分利用此次活动的大好时机，与四方宾客加强沟通，加大宣传力度，展示酒店实力，提高酒店品牌知名度，为积极开拓酒店旅游市场打下良好基础。（郭霖）

【关爱女员工】 2010年3月26日，远洋宾馆工会为全馆女员工办理了本年度《安康互助保险》的续保和新员工的投保工作。新投保员工共有98名，为历年参保人数最多的一年。（郭霖）

【情系灾区】 2010年4月9日，远洋宾馆团总支根据中远集团团委“情系灾区、传递爱心——我为灾区捐赠一瓶水”活动精神，迅速动员广大团员青年积极为西南受旱地区进行爱心捐款，共有22名团员参加活动，捐款565元。7月，远洋宾馆党总支再次以“扶贫济困党旗红，共建和谐当先锋”为主题，发动全体党员为广东省贫困地区进行捐款，25名党员慷慨解囊，捐款2300元。（郭霖）

【获首批无烟示范单位】 2010年5月31日，广州市第23个世界无烟日暨健康亚运宣传活动在人民公园隆重举行。远洋宾馆控烟工作小组副组长黄伟雄参加了此次活动。会上，远洋宾馆被评为2010年广州市第一批无烟示范单位，并现场获得牌匾。
（郭霖）

【为员工办实事】 2010年，远洋宾馆以人为本，心系员工，为员工办实事、办好事。主要有：1. 为天河员工宿舍大院安装防盗电控门，保障宿舍员工及其家属的居住安全。2. 对集体宿舍所有热水器进行检修，对存在安全隐患的热水器全部更新。3. 定期播放影片，丰富员工的业余文化生活。4. 组织了“关爱健康，珍爱生命”健康教育专题讲座，改变员工重治疗轻预防的观念，提高员工自我救护及疾病预防的意识。5. 动员女员工参加各种服务礼仪知识讲座，提高综合素质。6. 增设“员工心声”信箱，让员工为宾馆的经营管理、员工福利、伙食等热点焦点问题，提出意见和建议。7. 分批次组织员工开展以“见证广州巨变，感受亚运激情”为主题的“广州新貌一日游”活动。8. 员工餐厅针对身体不适的员工开设“特供餐”服务。远洋宾馆通过上述活动进一步弘扬积极向上的团队精神，增强了企业的凝聚力。
（郭霖）

【组织团员青年开展帮扶活动】 2010年，远洋宾馆团总支组织广大团员青年积极投身实践“送温暖、献爱心”的主题活动，坚持倡导扶贫济困，把服务团员青年的工作落到实处，体现出新时期团组织的青春风采。“青年文明号”号长徐慧、优秀团员张进参加广远团委和广远岸产事业部团委开展的“千号助千村”帮扶活动。（郭霖）

【开展员工培训】 2010年，远洋宾馆以“安全”和“规范流程”为主题，专门设置一门《案例分析》课程，人事培训部将这一课程定为常规性培训，每年开展一次。同时，远洋宾馆重视岗位练兵和技能比武活动，积极组织员工进行特种职业技能培训，引导员工参与广州地区酒店行业协会的各项技能竞赛。经统计，共有130多名员工分别获得“客房服务员技能初级证”、“餐厅服务员技能初级证”、“销售员技能初级证”和“保安员上岗证”等技能证书，提升了员工素质和促进企业的职业化建设。此外，远洋宾馆还采取内部影视教学和外请导师讲课的培训形式进行集中教育，每两个月对领班级以上管理人员发放一期学习资料，并要求参训人员认真学习，按时提交书面学习心得。
（郭霖）

【开展职工读书活动】 2010年9～12月，远洋宾馆开展了以“增强责任意识，构建和谐远宾”为主题的员工读书实践活动。活动主要以“创建学习型组织、争做知识型职工”为载体，以部门建设为重点，通过活动培养员工浓厚的读书兴趣和良好的阅读习惯，增强工作责任意识和改进工作作风，为广远、远洋宾馆又好又快发展作出贡献。（郭霖）

【获广州市A级纳税人称号】 远洋宾馆一直以来坚持诚信经营、依法纳税，严格遵守国家税务政策、法规，按时履行纳税义务。2010年9月3日，在广州市纳税信用企业表彰大会上，远洋宾馆被评为广州市“2008～2009年度纳税信用A级纳税人”。
（郭霖）

【美国华裔市长下榻远洋宾馆】 2010年8

月13日，美国首位华裔市长黄锦波在穗视察业务期间下榻远洋宾馆，黄锦波对远洋宾馆的热情接待给予了高度评价。

（郭霖）

【开展“安全百日行”活动】 2010年9月13日～12月22日，远洋宾馆以“迎亚运，安全百日行”为主题，全面开展了“安全百日行”活动，并制定了活动方案。该方案明确提出要做到思想上重视，行动上得力，宣传上到位，培训上跟进的具体要求。远洋宾馆通过本次活动，落实了安全生产责任制，健全安全管理制度，强化员工的安全意识培训，进一步提升促使员工的安全意识和业务能力。（郭霖）

【召开党员领导干部民主生活会暨述廉议廉会议】 2010年9月17日，远洋宾馆党总支召开党员领导干部民主生活会暨述廉议廉会议。广远监督部/审计部、人力资源部/组织部、岸产事业部，远洋宾馆领导班子及纪检小组等相关人员参加了会议。会议先对2009年远洋宾馆征集群众意见的整改落实情况进行了反馈，与会的13名民主党派人士和8名职工代表填写《企业领导班子党风建设和反腐倡廉情况民主评议表》，对远洋宾馆领导班子廉洁从业工作进行了测评。随后，远洋宾馆领导班子作了述廉发言，人力资源部/组织部、监督部/审计部与会人员分别对远洋宾馆领导班子提出要求。远洋宾馆党总支书记陈建钦在会上作了总结讲话。（郭霖）

【获亚运服务金牌商户称号】 2010年1月，为扩大亚运特惠商圈，中国工商银行在全国范围内开展了“亚运金牌商户总动员”活动。10月22日，远洋宾馆财务总监陈永彩参加了广州亚组委与中国工商银行在广州联合举行的亚运服务金牌商户颁奖典礼。会上，远洋宾馆被授予“亚运服务金牌商户”称号。（郭霖）

【陈正杰一行检查远洋宾馆亚运安保工作】 2010年10月26日，中远集团安监部总经理陈正杰一行率中远集团安全督察小组对远洋宾馆亚运安保各项措施布置和落实情况进行重点检查。远洋宾馆总经理施金安、副总经理曲非向督察小组进行了汇报。施金安从安全生产资金的投入、隐患的排查、安全文化理念的培训以及安全生产责任制的落实、安全生产应急演练等方面向督察小组作了汇报。会后，中远集团督察小组对远洋宾馆所做的安全工作给予了肯定，并对今后的安全工作寄予厚望。

（郭霖）

【完成第七届国际海运（中国）年会接待工作】 2010年11月8～10日，第七届国际海运（中国）年会在广州举行，远洋宾馆为本次年会的协办酒店。其间，远洋宾馆成立了以总经理施金安为组长的接待小组，对接待工作中客房、餐饮、运输的各个环节进行周密的安排，并从各部门抽调精干人员协助广远接待小组全力以赴为年会服务，圆满完成年会的后勤保障工作，受到中远集团和广远的表扬。（郭霖）

【召开第二届四次工作全委会】 2010年11月23日，远洋宾馆召开第二届四次工会全委会。会议由综合管理部经理黄伟雄主持。广远工会副主席符雄，远洋宾馆党总支书记陈建钦，总经理、党总支副书记施金安，副总经理、工会主席曲非，以及工会全体委员共13人参加了会议。会上增补产生远洋宾馆工会委员一名。会议宣读了广远工会《关于广州远洋宾馆工会主席候选人的批复》，选举产生远洋宾馆新任工会主席。陈建钦在会上作了讲话，符雄代表广远工会作了指示。（郭霖）

【开展“服务亚运当先锋”评选活动】 2010年11月1日～12月20日，远洋宾馆在全馆范围内开展以“服务亚运当先锋”为主题的“亚运先锋大使”和“亚运先锋示范岗”评选活动。经人事培训部及工作小组评审，20名员工和5个岗位分别获得“亚运先锋大使”、“亚运先锋示范岗”称号。（郭霖）

【开展艾滋病宣传活动】 2010年12月1日是第二十三个世界艾滋病宣传日。远洋宾馆以关爱青年团员及年轻群体为出发点，制作“艾滋病专栏”、“艾滋病张贴画”、“预防艾滋病海报”，并将防艾滋病的知识刊登在《远洋天地》馆刊，认真组织员工学习，使员工正确了解艾滋病的传播途径、预防措施等相关知识。此次活动收到预期效果和良好反响，使员工消除了对艾滋病的顾虑和恐惧，并懂得了应以正确的态度对待艾滋病及其患者。（郭霖）

【召开领导班子及成员年度考核会】 2010年12月2日，远洋宾馆召开2010年领导班子及成员年度考核会。会议由岸产事业部党工委书记、远洋宾馆党总支书记陈建钦主持。会上，远洋宾馆党政一把手代表领导班子表态，与会人员共60人对领导班子及成员、中层以上管理人员进行民主测评打分。考核小组还分别与个别员工进行谈话，深入了解情况，并对员工提出的意见进行了汇总。（郭霖）

【广州市旅游局来馆进行四星级饭店评定性复核前检查】 2010年12月25日，广州市旅游局星级评定性复核小组对远洋宾馆进行四星级饭店评定性复核前检查工作。复核小组召开了复核汇报会。远洋宾馆中层以上管理人员参加。与会人员分别观看酒店广告片和介绍片，听取了复核工作的准备情况。会后，复核小组对远洋宾馆全馆范围进行认真细致的检查，并召开了反馈会，针对远洋宾馆存在的问题提出了指导性意见和建议。（郭霖）

【开展“广州一日游”活动】 2010年12月，远洋宾馆分批次组织员工开展以“见证广州巨变，感受亚运激情”为主题的“广州新貌一日游”活动。通过一日游活动，让员工真切感受广州承办2010年亚运会、亚残运会给城市面貌带来的巨大变化，进一步弘扬远洋宾馆团结向上的团队精神，展现良好的精神风貌。与此同时，远洋宾馆还举办专题征文和摄影比赛，给员工提供抒发对广州亚运会、广州市新貌、远洋宾馆大家庭的热爱之情，为员工更好地展示写作及摄影才华提供平台。（郭霖）

【纪检监察工作】 2010年，远洋宾馆纪检监察工作按照年初制定的各项工作计划顺利平稳推进，取得阶段性的成果。是年，远洋宾馆根据企业经营情况，定期召开餐饮和客房销售会议，进一步明确餐

饮、客房用品采购、产品销售以及定价制度，完善客房出租车揽客销售提成办法。财务部配合利安达和衡运两家会计师事务所完成财务审计，未发现违法违规现象。此外，远洋宾馆对各级管理人员开展收送现金、礼金、有价证券等检查，未发现管理人员违反规定的情况。（郭霖）

【安全管理工作】 2010年，远洋宾馆结合当前社会安全形势及“安全生产月”活动，采取各种形式进行广泛宣传，充分利用员工餐厅作为宣教阵地，共张贴40条安全生产知识标语，30余张安全挂图。另外，组织员工举行抛皮龙和体能训练，组织员工观看安全影片，联合广远进行了疏散、抢救、灭火演练，积极安排员工学习防台、防汛的体系文件和规章制度，开展全馆员工自查自纠自提活动，发动员工参加广远安全知识比赛，使员工增强“安全在我身边”的安全意识，更加自觉遵守安全生产的规章制度，营造一种关爱生命、关注安全的氛围和安全文明的生产环境。此外，远洋宾馆结合秋交会、亚运会、第七届国际海运（中国）年会的先后举行，贯彻执行“安全第一，预防为主”的宗旨，在亚运会及亚残运会期间围绕远洋宾馆经营安全生产、员工上下班及自身行为安全等多方面组织“安全百日行”全员活动，并制定活动方案下发各部门遵照执行。远洋宾馆通过上述活动增强全体员工对安全管理工作的紧迫感和责任感，员工自觉将安全事故防范贯穿于日常工作中，促进了远洋宾馆的安全管理。（郭霖）

第九节　广州天河远洋酒店有限公司

【广州天河远洋酒店有限公司简介】 广州天河远洋酒店有限公司原为广州天河远洋大厦有限公司（简称远洋大厦），是广远投资兴建的涉外三星级商务酒店。2010年11月11日，广州天河远洋大厦有限公司更名为广州天河远洋酒店有限公司（以下简称远洋酒店）。远洋酒店占地面积3800平方米，建筑面积15000平方米。主营酒店服务业务，拥有客房227间，1个可容纳300多人的国际会议厅和6个多功能会议室。一楼有远洋海珍酒家，二楼是休闲娱乐中心，设有桑拿、沐足和酒吧等服务项目。此外还有商务中心、会议中心、保险箱、票务代理、美容美发、棋牌室、停车场、商场等经营服务场所。

远洋酒店下设总经理办公室、人事部、销售部、财务部、房务部、餐饮部、工程部、保安部、综合管理部、工会、娱乐部。

远洋酒店设董事会、监事会。时任董事长林立兵，董事佟文华、陈建钦、王玉生、洪舸，监事池锡锋。时任总经理兼党总支副书记程一高（1～2月），副总经理（主持工作）兼党总支副书记洪舸（2～12月），党总支书记王玉生（兼），副总经理兼工会主席姜保民。员工170人。

（陈晓媚）

【远洋酒店工作概况】 2010年，远洋酒店紧紧围绕广远的总体工作思路和远洋酒店年初的工作计划，在广远岸产事业部和董事会的领导下，按照岸产事业部提出的“以效益为中心，以稳定为重点”的工作思路，坚持“以商务、散客为主，会议、团体并重，以会议带动客房、餐饮综合消费”的经营方针，客房经营上，采取规范价格体系、加强网络建设等措施，提高了平均房价和总体营收；餐饮经营上，通过厨房改革不断推出新菜式，提高服务质量和出品质量。是年，远洋酒店通过开展精益管理、节能减排和评选“微笑大使”等活动，深化内部管理，提高服务质量和工作效率，生产经营取得显著成绩，企业实现了安全稳定，完成了广远下达的任务指标，被广远评为“安全生产先进单位”。

（张泽民）

【远洋酒店更名】 由于广州天河远洋大厦有限公司的简称远洋大厦与广州远洋运输公司的新办公大楼——广州远洋大厦重名，容易造成混淆。原远洋大厦和广远经多方征询意见，并报请有关部门审批同意，2010年11月11日，原远洋大厦更名为广州天河远洋酒店有限公司，并正式完成了工商变更手续。 （陈晓媚）

【完成工作流程汇编】 2010年9月，远洋酒店完成《广州天河远洋酒店经营管理工作流程（防控体系）汇编》（以下简称《汇编》）的编制工作。《汇编》共分4部分，44个章节，266页，其撰写的管理工作流程，完善了酒店各项规章制度。《汇编》把预防和控制腐败工作的监督管理融入日常的管理工作当中，使权力在公开、透明、公正、高效的原则下运行，覆盖酒店整个范围和经营管理的各个方面，从制度上、源头上堵塞了漏洞，为企业的健康持续发展奠定了坚实的制度基础。

（张泽民）

【远洋酒店成为政府指定接待酒店】 2010年10月，远洋酒店通过参加广东省政府采购中心的招、投标程序和经过一系列的考察，成为2011～2012年度中央和广东省直党政机关工作人员广东地区出差和会议定点饭店，成功解决了该酒店接待政府和大型国企团队的住房会议消费问题，促进了酒店接待服务质量和管理水平的提高，为今后的经营打下了坚实的基础。

（陈晓媚）

【完善制度建设】 2010年，远洋酒店加强制度建设，对不合时宜和不完善的管理规章制度进行修订，先后制定和修订了《远洋大厦党总支议事规则》、《关于大厦内部签单消费、交通费标准的通知》、《广州天河远洋大厦有限公司合同管理办

法》、《关于印发远洋大厦会议制度的通知》、《关于印发大厦〈领导办公会议制度、议事规则和决策程序〉的通知》、《远洋大厦业务用房管理办法》、《远洋大厦应收款项管理办法》、《广州天河远洋大厦公务车辆综合管理规定》、《天河远洋大厦"小金库"专项治理实施方案》等。这一系列管理制度的建立和完善，大大加强了酒店的制度建设。（陈晓媚）

【加强酒店营销网站建设】 2010年，远洋酒店加强网站建设和网络营销工作，通过与支付宝、快钱等支付机构合作，实现了直接在线订房和支付。酒店设专人负责跟进，及时处理网络订单，同时加大网络宣传、营销力度，做到网上资料及时更新，并且制定会员积分奖励措施，加大了酒店网络自主客源的开发力度。（张泽民）

【加强党建工作】 2010年4月8日，远洋酒店召开党总支会议，对当前的党建工作进行了研究。为了健全党的基层组织机构，增强党的工作能力，充分发挥党组织的战斗堡垒作用和党员的先锋模范作用，做好酒店党务工作，会议研究决定，党总支下设经营党支部和后勤党支部，健全酒店党的组织机构，完善各支部各项工作制度，严格按规定进行组织生活，加强党员的培养教育。（张泽民）

【改造燃油锅炉】 2010年，远洋酒店认真落实国家倡导的节能减排要求，对酒店高污染的燃油锅炉进行改造，更新为环保节能的热气源锅炉。改造后，当年即节省能源费用5万元，还申请到政府的节能改造补助资金8万元。（陈晓媚）

【加强成本控制和精益管理工作】 2010年，远洋酒店加强成本控制和精益管理工作，把严格控制部门经费作为成本控制的关键环节，加强部门预算管理。通过开展"拧毛巾"活动，号召全体员工节约每一度电、每一滴水，提高员工的节约意识。通过制定客房计件工资制度，既使员工多劳多得，又使酒店在一定程度上节省了人工成本。是年，远洋酒店大力推进QC小组工作，该酒店QC小组项目《制作热泵系统降低桑拿区取暖耗能》获广州市"羊城杯"优胜质量管理小组称号，和交通运输部"交通行业2010年优秀质量管理小组成果"奖。上报的精益管理亮点项目《空调热回收之节能减排项目》是广远岸产企业中唯一被岸产事业部评选为在广远精益管理会议上发表的项目。（张泽民）

【开展"安全生产月"活动】 2010年5月，远洋酒店积极开展"安全生产月"活动，成立领导小组和工作小组，开展以"关爱生命，安全发展"为主题的安全活动，张贴"安全生产月"挂图18张，组织消防大演习和皮龙灭火、佩戴防毒面具、干粉灭火技能竞赛活动，并邀请广远领导以及消防队专家亲临现场参观指导。在"安全生产月"活动期间，远洋酒店召开安全工作专题会议，进行安全大检查，组织全体员工观看安全生产影碟。通过上述各项活动，提高了员工的安全生产意识和实际操作能力。（黄凯智）

【召开第三届董事会第二次会议】 2010年3月11日，远洋酒店召开第三届董事会第二次会议。会议由董事长林立兵主持，董事佟文华、王玉生、陈建钦、洪舸出席会

议；监事池锡锋，财务经理王英，总经理办公室副主任张泽民列席会议。会议审议通过副总经理洪舸作的《2010年工作总结和2011年工作计划》，审议通过王英作的《远洋酒店2010年财务决算报告和2011年预算报告》。会议充分肯定了2010年远洋酒店超额完成董事会下达的营收任务和利润指标等方面的成绩。（张泽民）

【开展“红树林”工程培训活动】 2010年，远洋酒店认真贯彻落实“寓教于乐”的培训理念，创新培训模式，寓教于乐、以乐促学，有针对性地开展内容丰富、形式多样的员工培训活动，全年累计培训人数达10295人次。通过培训，员工的服务技能、服务意识有了一定的提升。与此同时，远洋酒店为贯彻落实广远和岸产事业部提出的《加强岸产企业员工教育培训“红树林”工程总体方案》的战略方针，根据酒店实际情况，积极开展岗位职业技能鉴定，全面推进持证上岗制度。从9月份开始，陆续组织客房、餐饮、前厅服务员分别进行中级客房、餐饮、前厅服务员理论与实操、英语口语、消防安全技能等培训课程。有94人取得中级职业技能资格证，一线员工持证上岗率达到95%以上，关键岗位持证上岗率达100%。远洋酒店通过上述培训活动，员工队伍保持了相对稳定，促进了酒店人才队伍的建设，进一步提高了酒店的核心竞争力，为酒店的可持续发展奠定坚实的人才基础。（黄凯智）

【组织开展迎亚运主题运动会】 2010年，在第16届亚运会召开之际，远洋酒店组织开展了以“全民健身、技能提升、喜迎亚运”为主题的运动会，并将以往以技能竞赛形式举行的比赛项目融入到运动会中。竞赛项目有餐饮宴会摆台和视频挑错、客房中式铺床和常识问答、财务人员计算和点钞以及文员文档编辑。其中，餐饮项目直接运用视频挑错的形式为本运动会的一大亮点，其采用更为直观的方式让员工以客人的身份来辨别日常工作中的错误操作，取得很好的培训效果，达到全面提升技能的目的。通过活动的开展，进一步促进员工业务素质提高和酒店服务质量整体提升。广大员工以勤奋敬业的良好精神风貌、娴熟精湛的服务技能喜迎参加亚运会的八方来客，展示酒店的良好形象和优质服务。（黄凯智）

【开展“微笑大使”评选活动】 2010年，远洋酒店开展以“微笑远洋，情满大厦”为主题的“微笑大使”评选活动。经各部门推荐，酒店全员投票，全年共评选了15名“微笑大使”。通过“微笑大使”评选活动的开展，营造了“微笑远洋，情满大厦”的良好氛围，广大员工的微笑更加灿烂、甜美，做到笑口常开，不仅进一步提升酒店的服务质量和服务水平。同时，还提高了员工整体的民主意识和参与酒店经营管理的积极性，增进了员工对企业的归属感。（黄凯智）

【接待中国移动代表团】 2010年11月，广州亚运会期间，远洋酒店成功招揽并接待了中国移动代表团，为该团住房、餐饮等服务提供了坚实的后勤保障。该酒店以热情、周到和高质量的服务，为广州亚运会的顺利召开作出贡献。（陈晓媚）

【开展学习读书活动】 2010年，远洋酒

店积极响应广东省直党工委和广远“读书·思考·进步”活动的号召，积极开展专题读书活动，共收到党员领导干部学习心得25篇，上报广远优秀学习心得6篇。工会为“职工之家”先后2次购买了500本有关国家政策法规、酒店管理、健康饮食、英语等方面的书籍，为丰富员工的业余阅读生活，增加员工的知识提供了条件。通过开展读书学习活动，使全体员工在提高执行力，坚定信心，集思广益，做好各项工作上迈上了一个新台阶。（陈晓媚）

【开展评选先进活动】 2010年，远洋酒店经过全体员工的团结协助和努力拼搏，生产经营取得显著成绩，实现了安全稳定，超额完成了广远下达的任务指标。为树立先进典型，激励广大员工奋发进取、建功立业、为建设健康和谐酒店作出更大贡献，远洋酒店开展了评选先进活动，对评选出来的2010年度“先进部门”、“先进班组”、“文明示范窗口”“先进工作者”给予表彰奖励。经各部门提名推荐广远级先进个人：王英、张炳军、吴红英、唐玲玲；酒店级先进部门保安部、销售部；酒店级先进班组餐饮部营业部；酒店级文明示范窗口财务部前台收银；酒店级先进工作者戚丽华等22名。是年，该酒店销售部被广远评选为先进集体，被中远集团评选为“巾帼文明岗”。（黄凯智）

【加强党风廉政建设】 2010年，远洋酒店大力加强党风廉政建设，将监督融入日常经营管理。按照年度计划加强制度建设，制定下发了《关于印发大厦党总支<会议制度、议事规则和决策程序>通知》，坚持“党总支统一领导、一把手负总责、党政齐抓共管、部门各负其责”原则，领导班子带头，各级干部职责明确，切实做到“谁主管、谁负责，一级抓一级”，严格“一岗双责”；将党风廉政建设纳入各部门年度责任书考核。加大纪检监察力度，深入开展反腐倡廉教育，对关键岗位人员定期调整，与全体人员签订廉洁从业承诺书；全年对领班以上管理人员和关键部门、关键岗位人员进行廉洁谈话19人次；认真落实保险箱管理规定，定期和不定期对各部保险箱进行检查；把部门卖废品等的费用全部归入财务账，部门使用时另行申领，倡导廉洁从业的意识，防止腐败现象的滋生。（张泽民）

【加强思想道德建设】 2010年，远洋酒店加强员工思想道德建设，积极开展以“立足岗位做奉献，积极拼搏创效益”为主题的创先争优活动。该酒店成立学创活动领导小组，制定具体的活动安排表，引导全体员工学习郭明义精神，在本部门树立先进典型和优秀岗位，用身边人、身边事教育员工。通过各种方式宣传郭明义的先进事迹，共出墙报3期，《远洋大厦》月刊2期，利用网络向员工发送学习材料及郭明义先进事迹材料6次。此外各部门、党支部采取班前班后会，民主生活会、党员大会、支部会，培训会，专题讲座、研讨会等多种形式进行思想道德教育。远洋酒店通过上述活动的开展，涌现出一批先进典型，进一步调动广大员工创先争优的积极性、主动性，提高员工的思想道德水平，促进企业的和谐发展。（张泽民）

【组织开展文体活动】 2010年3月，远洋酒店在周年庆典期间，组织员工拔河、跳

绳、踢毽子、乒乓球和棋牌等比赛，并参加广远工会组织的各项活动，丰富员工业余生活，增强员工团队意识、竞争意识，增强了企业凝聚力。（陈晓媚）

【开展送温暖活动】 2010年，远洋酒店工会坚持开展困难职工帮扶工作，持续开展“送温暖”活动。8月，开展了“爱心捐款”活动，共募捐到善款4662.50元，为生病职工解决实际困难。春节期间，酒店领导和工会人员主动走访家境困难、身患疾病的职工家庭，并送上困难补助金。是年，酒店工会对17名家庭生活有困难的员工给予了经济补助，金额6800元。对8名住院、分娩以及失去亲人的员工及时送去慰问品和慰问金。员工吴晓华晚期癌症住院，酒店领导知道后第一时间带着慰问品前往医院探望，工会代表多次前往医院探望，并为吴晓华交付医药费，吴晓华亲身感受到远洋酒店大家庭的温暖。（陈晓媚）

【召开党员大会】 2010年12月11日，远洋酒店召开党员大会，15名党员出席会议。本次会议主题是民主评议党员和过民主生活会。会议由党总支书记王玉生主持。在会上，与会党员开展了批评与自我批评，对存在的问题进行了分析和检讨。会上，对党员进行了民主评议，被评议党员全部合格。（张泽民）

【共青团工作】 2010年，远洋酒店团总支下设4个团支部，共有团员55名。远洋酒店团总支紧紧围绕企业“效益、安全”中心工作，全面落实科学发展观，扎实工作，开拓创新，全面开展团的各项活动，不断提高团组织的服务能力、凝聚能力、学习能力、合作能力和创新能力，为酒店健康、协调和可持续发展作出新的贡献。是年，该团总支利用上团课、开座谈会、撰写学习体会、组织团员活动等形式加强政治理论学习，组织广大团员、青年写学习心得体会，引导团员青年坚定理想信念；组织开展“学习实践科学发展观活动”和“安全在我身边，降本增效从我做起”等主题活动，引导团员青年增强节约观念和环保意识，加强团员青年的发展意识；组织团员青年参加每个季度的义务劳动，提高了团员青年的素质。（张泽民）

第十节 广东东海大厦有限公司

【广东东海大厦有限公司简介】 广东东海大厦有限公司（原名东海大厦）位于广州市环市东路318号之一，是广远与香港天星船务有限公司合作经营的一家涉外二星级精品商务酒店。东海大厦成立于1988年，前身由中远（香港）置业有限公司直接经营。2005年11月16日，广远与中远（香港）置业有限公司签订了《东海大厦整体转让之框架协议》，自2007年1月1日起，东海大厦正式归由广远直接管理。2010年5月12日，东海大厦正式更名为“广东东海大厦有限公司”（以下简称东海大厦）。东海大厦占地面积1052.21平方米，建筑面积6601.24平方米，拥有客房125间，1间可容纳40多人的多功能会议室，同时设有商务中心、票务代理、商场、特色

西餐厅、中西式餐厅及露天茶座等配套设施。

东海大厦下设行政管理部、财务部、市场营销部、房务部、工程部、保安部、工会。

东海大厦设董事会、监事会。时任董事长林立兵，董事王玉生、刘贤蒙（1～4月）、谭力（5～12月）、邓伟荣、何向宁（1月）、程一高（2～12月）。监事长郑意，监事池新旺、员工监事陶雁施。时任总经理兼党支部书记何向宁（1月）、程一高（2～12月），总经理助理兼工会主席姬宝文。员工92人。（刘静）

【东海大厦工作概况】 2010年，东海大厦紧密结合自身实际，找准市场定位，有针对性地进行营销，其以中东客源为主力客源，整体经营效益连续缔造历史新纪录，各项经营指标远高于行业内的三星级酒店的平均水平。是年，东海大厦以提升服务质量为全年工作主线，提升服务水平和深化对主力客源的个性化、差异化、细微化服务，在同区域内占据市场竞争优势；以财务管理为中心，加强内控，特别是财务管理制度与工作流程，大力推进惩防体系建设，促进风险防范和管理水平的提高；以精益管理、降本增效为增效抓手，加强成本控制和节能降耗力度，多点齐抓，四面开花，提升企业整体营收水平；以企业文化和员工队伍建设为重点，提高员工队伍的综合素质和团队凝聚力，积极推行透明化、民主化管理，促进企业的和谐、可持续发展；以党建工作为核心，深化“抓党建促发展”的理念，在党建、廉政教育和纪检监察工作方面取得了显著成效；以安全稳定为保障，围绕行业特点、企业实际、客源结构和季节特点开展安全管理工作，全年实现安全“零事故”的目标。（刘静）

【完成总经理工作交接】 2010年2月10日，东海大厦原总经理何向宁与新任总经理程一高顺利完成工作交接。新任总经理程一高正式接手东海大厦的经营管理工作。（刘静）

【客房经营业绩大幅度提升】 2010年2月，东海大厦通过对市场形势和客源结构的分析及研究，进一步明确了“以中东客源为主力客源”的市场定位以及对商务协议公司、订房中心、的士司机揽客、门前散客等各渠道的销售目标和手段，并积极实践“从拥有向控制转变”的经营战略，通过“借鸡生蛋”的办法，创新开拓“外包房”的销售渠道，成功突破自身经营局限，实现了较好的创收效果。是年，东海大厦还通过持续保持房价的动态调节、完善主力客源的配套服务以及不断提升整体服务水平，取得了令人振奋的经营业绩，从3月份起，连续10个月创造出开业以来的历史同期新高，无论是在两届交易会的经营旺季期间，还是在“十一”黄金周、“穆斯林斋月”等经营淡季期间，都连续实现了新的历史突破，全年客房收入与2009年同比增长17%，平均房价与2009年同比提高了9%，平均开房率达91%，与2009年同比提高了6个百分点，各项经营指标远高于行业内三星级酒店的平均水平。（刘静）

【开展特色经营】 2010年，东海大厦根据中东主力客源的市场定位和“以提升服务质量为全年工作主线"的经营思路，坚持"一切以客户为中心"的服务理念，进一步围绕主力客源的喜好和需求，增设与完善特色的服务配套，包括安装卫星电视英法阿拉伯外语频道、张贴伊斯兰教朝拜方向指示和增设客房特定卫生器具等，不断深化对主力客源的个性化、差异化、细微化服务。是年，东海大厦通过持续的服务改善和质量提升，中东主力客源比例明显上升，客户满意度持续提高，提高了市场竞争力以及企业在主力客源市场内的知名度。（刘静）

【召开2010年第一次董事会】 2010年3月9日，东海大厦召开2010年第一次董事会。会议由董事长林立兵主持。参加人员有董事王玉生、邓伟荣、刘贤蒙、程一高；监事郑意、池新旺、陶雁施，东海大厦总经理助理姬宝文、财务部经理吴涛。会议审议通过《东海大厦2009年工作总结》、《东海大厦2009年财务决算报告》、《东海大厦2010年工作计划》和《东海大厦2010年财务预算报告》。会上，董事会对东海大厦2010年的工作提出了具体的指导意见和任务要求。（刘静）

【更名为"广东东海大厦有限公司"】 2010年5月12日，根据广远关于收购天星公司所持境内公司股权的统一安排，天星公司将其所持有的东海大厦50.26%的股权转让给广远。股权转让后，广远持有东海大厦100%的股权，经广东省工商行政管理局的核准变更登记通知书的批复同意，东海大厦正式改名为"广东东海大厦有限公司"，企业类型更改为有限责任公司（法人独资）。企业董事长林立兵，董事王玉生、谭力、邓伟荣、程一高。（刘静）

【改革薪酬制度】 2010年5月，东海大厦按照国家法律、法规和当地政府相关文件的要求，结合酒店行业用工的实际，完成了对薪酬结构的调整和薪酬制度及其配套管理制度的改革，使之更加符合市场需要、更加科学合理、更具激励性和长远适应性。从而进一步调动了广大员工的工作积极性，提升了人员招聘的竞争优势。

（刘静）

【完成工会委员会换届选举】 2010年6月2日，东海大厦根据广远工会《关于东海大厦工会委员会委员候选人的批复》，召开工会会员代表大会。会议按工会组织程序通过无记名投票以差额选举的方式，选举产生东海大厦工会第二届委员会。第二届工会委员会由姬宝文、刘丽娜、刘玉华、夏丹、林道川组成。委员选举会议结束后，新一届工会委员会召开委员会全体委员会议，通过协商，一致同意姬宝文担任工会主席、刘丽娜担任经费审查委员会主任。东海大厦工会委员会的选举报广远工会批复获得同意，正式生效。（刘静）

【开展"绿色经营，低碳发展，降本增效我争先"精益管理专项活动】 2010年7～12月，东海大厦开展以"绿色经营，低碳发展，降本增效我争先"为主题的精益管理专项活动。活动得到全体员工的积极参与，共收集到员工提交的降本增效"金点子"143条，各部门实施的降本增效措施，节约资金折合306万元。（刘静）

【QC成果《提高餐厅毛利率》获殊荣】

2010年，东海大厦餐厅QC小组的活动成果《提高餐厅毛利率》项目，凭借活动的显著成效和在成果发表中的优异表现，获得了广东省优秀QC小组和广州市“羊城杯”优秀质量管理小组的殊荣，成为东海大厦QC活动史上的新突破。（刘静）

【开展“廉洁从业纪律教育月”活动】 2010年7月15日～8月15日，东海大厦开展“廉洁从业纪律教育月”活动。活动通过学习《廉政准则》等文件、召开纪律教育专题讲座、组织纪律教育专题讨论、中心组学习会议、《保密法》学习以及开展对《员工守则》等重要管理制度的教育培训和考试等方法，进一步增强了大厦全体员工廉洁从业意识和遵守企业规章制度的自觉性。（刘静）

【开展“八一”拥军优属活动】 2010年7月30日，为热烈庆祝中国人民解放军建军83周年，弘扬拥军优属的优良传统美德，加深军民鱼水情，东海大厦召开拥军优属座谈会。共有在职的退伍转业军人和家属7人参加。总经理助理、工会主席姬宝文代表大厦党政工领导对大厦在职的退伍转业军人及家属表达了节日的亲切问候。与会的退伍转业军人及其家属们真诚感谢组织的关怀，表示要为大厦的科学发展积极献计献策。（刘静）

【组建内部通信员队伍】 2010年7月26日，东海大厦为进一步推进企业文化建设，加强内部沟通，强化对外宣传力度，组建了一支内部通信员队伍，队伍成员来自各个部门的文字骨干。是年，这支通信员队伍认真肩负责任，充分发挥“文化人”、“新闻人”和“宣传人”的作用，在推动大厦企业文化建设和内外宣传沟通这个舞台上施展自己的才华，进一步形成文化合力，共同推进东海大厦的企业文化建设和对外宣传工作。（刘静）

【开展迎亚运员工职业技能及文体竞赛系列活动】 2010年8～9月，东海大厦结合“职工文化月”和“全民健身月”的活动，开展了以“迎亚运，提服务，树新风”为主题的员工职业技能及文体竞赛系列活动。活动竞赛项目紧密结合东海大厦各岗位技能的特点，包括点钞、打字、铺床、排气扇维护、铁人4项（爬楼梯、抛皮龙、戴防烟面罩、灭火器灭火）、英语朗诵、羽毛球和拔河比赛等内容。活动得到了全体员工的积极参与和全程投入，取得了良好成效。（刘静）

【召开2010年度领导班子述廉议廉会议暨民主生活会】 2010年8月31日，东海大厦召开2010年度民主生活会暨述廉议廉会议。出席会议的有大厦领导班子成员、纪检小组成员、各职能部门负责人、工会

委员及职工代表共20人。广远人力资源部/组织部、监督部/审计部和岸产事业部的领导参加了会议，会议由岸产事业部财务总监池新旺主持。会上，大厦领导班子成员做了主题发言，汇报了2010年以来的工作情况，并认真查找与分析了工作中存在的突出问题，对领导班子的工作做了自我批评。会议向与会人员（领导班子成员除外）发放《领导班子党风廉政建设和反腐倡廉情况民主评议表》（现场填写并收回）。会上，大厦党支部委员、总经理助理姬宝文汇报了大厦2009年民主生活会以来有关不足、意见和建议的整改落实情况，以及本次会议前的调研情况和述廉议廉会的民主评议情况，并结合调研及评议情况、围绕本次会议主题提出改进与提升的措施。广远与会领导在会上作了总结讲话。

（刘静）

【新设仓管员岗位】 2010年11月1日，东海大厦为进一步深入推进内控机制建设，切实落实采购及物料流转的有关制度和流程，不断促进科学化和规范化管理，结合大厦实际情况和管理需要，设立仓管员岗位，并制定了明晰的岗位责任制。新设立的仓管员岗位隶属财务部，全面负责东海大厦一级仓库的管理，包括日常仓库物资的申购、验货、入库、保管和发放等工作，切实落实大厦内控制度的相关流程和规范的要求，确保大厦采购和存货的管理工作规范化。（刘静）

【召开2010年度领导班子考核大会】 2010年11月30日，东海大厦召开2010年度领导班子考核会。参加会议的人员有广远考核工作小组成员、大厦各部员工代表共43人。会议由考核工作小组组长、广远岸产事业部党工委书记陈建钦主持。会上，陈建钦宣读了考核的目的、内容和程序。东海大厦总经理程一高对考核进行了表态发言。东海大厦与会人员对领导班子、财务经理、业务骨干和中层干部进行了民主测评。考核工作小组随机挑选大厦18名与会人员进行了个别谈话，并向大厦领导班子及成员反馈了考核的基本情况。考核工作小组对大厦和领导班子及管理团队成员2010年以来的工作予以了充分肯定，说明大厦员工在民主测评和个别谈话中对被考核人员都予以了客观、积极、公正的评价，考核工作小组还对大厦下阶段的经营管理工作提出了新的要求。（刘静）

【开展评选先进活动】 2010年12月9日，东海大厦为进一步激发员工工作的积极性、创造性，开展了2010年度先进个人、先进集体评选活动。本次评选以“三个代表”重要思想为指导，以安全生产和经济效益为中心，以提高广大职工的敬业精神为着眼点，以全面推进大厦的改革与发展为目标，坚持高标准严考核的原则，在公平、公开、公正的基础上按照在编总人数的20%评选出先进个人19人、先进集体2个，并进行了公示，后经大厦党支部审定。（刘静）

【刘雪亮到东海大厦调研】 2010年12月22日，广远总会计师刘雪亮到东海大厦调研。在调研会上，东海大厦总经理程一高向刘雪亮汇报了2010年以来的经营管理情况、2011年的市场发展预测及总体工作思路和措施，以及经营管理的困难和初步的解决思路；财务部经理吴涛汇报了大厦的

财务状况。刘雪亮对本次调研的整体情况和东海大厦2010年以来在经营管理、财务状况等方面的情况给予了充分肯定，并对大厦下阶段的经营管理工作作了指示。

（刘静）

【开展年终绩效考核】 2010年12月，东海大厦为了客观、公正地评价各部门、各管理人员和普通员工的工作业绩，进一步提高大厦的经营管理工作水平，促进中、基层管理人员和员工队伍的素质建设，为年终奖金的分配和下年度管理人员的聘任及员工的选拔提升提供客观依据，于12月全面开展对各部、各管理人员和普通员工的年终绩效考核工作。本次考核、特别是对基层管理人员的考核，除了个人自评、上级考核和行政管理部的综合评分外，还通过召开基层管理人员民主测评大会，组织各部员工代表对基层管理人员进行民主测评，以更加全面、真实、客观、公正地反映基层管理人员的绩效情况。东海大厦通过开展年终绩效考核工作，进一步提高了全体员工的工作积极性，为人力资源管理工作打下了坚实基础。（刘静）

【开展“红树林”工程活动】 2010年，东海大厦围绕生产经营的实际，深入推进“红树林”工程的实施，以规章制度、职业道德、业务技能和酒店服务意识为培训重点，通过案例培训、实操培训、参观学习等培训方式，加强员工的教育培训和员工队伍建设。全年开展培训共195次，参加人数达1670人次。是年，东海大厦还通过开展专题读书学习活动、技能大赛、岗位练兵、团队协作训练、参观学习、职业资格认定等活动，进一步深化“红树林”工程的内涵，加强管理团队和员工队伍的建设，全面提升了企业的“软实力”。（刘静）

【荣获广州市旅游统计先进单位称号】 2010年，东海大厦被广州市旅游局评为旅游统计先进单位。这是东海大厦第二次获此殊荣。（刘静）

【安全工作概况】 2010年，东海大厦根据行业特点、企业实际、客源结构和季节特点，切实落实“早研究、早动员、早布置、早检查、早落实”的安全管理方针，从细、从严、真抓实干地做好大厦内外的安全防范和隐患排查工作。通过开展“安全生产月”活动，以组织参观公众安全避险逃生知识普及展览、实施消防知识培训、组织进行“灭火、逃生、疏散”消防安全演练和开展安全生产知识竞赛等为载体，以点带面、以月促年，进一步加强了安全培训力度和质量，逐步建立、健全长效安全管理机制，强化全员安全意识，提高全员安全技能，促进了大厦的安全平稳发展，全年实现安全“零事故”的目标。是年，东海大厦获得广州市建设街授予的“建设地区维护稳定及社会治安综合治理先进集体”称号。这是大厦连续两年获此殊荣。（刘静）

第十一节　埃尔夫润滑油（广州）有限公司

【埃尔夫润滑油（广州）有限公司简介】 埃尔夫润滑油（广州）有限公司（以下简称广州埃尔夫）成立于1995年，是一家中外合资企业，道达尔（中国）投资有限责任公司以设备和资金出资，占有58%的股份；广远以土地和资金出资，占有37%的股份；广州经济技术开发区商业发展集团有限公司以资金出资，占有5%的股份，主要业务是生产一系列高品质的车用油、工业油、船用及电厂用油，并通过在全国各地建立的经销网络进行分销。广州埃尔夫拥有从欧洲进口的先进设备，根据道达尔集团在法国的研发中心提供的标准配方和精选的全部进口原材料，采用现代化的规模生产方式进行生产，所有产品均经过严格检测，达到润滑油行业的最高产品标准。1997年11月28日，广州埃尔夫在广州经济技术开发区东江岸边建成华南地区第一个国家甲级调油厂，并拥有岸线128米、设计靠泊能力为5000吨的企业专用码头。

广州埃尔夫设有最高权力机构董事会。董事会由7名董事组成。其中，道达尔派出董事4名，广远派出董事2名，商业集团派出董事1名。董事长由广远方董事担任，副董事长由道达尔方董事担任。合资合同规定道达尔方派出总经理，广远方派出副总经理。

时任董事长林立兵，副董事长Jeff Attwood，总经理Pascal Rigaud（1～6月）、王喆（7～12月），副总经理李伟。员工166人（含临时工27人）。

（林海霞）

【广州埃尔夫工作概况】 2010年，广州埃尔夫在生产、销售、管理上继续保持良好的上升势头，全面超额完成了董事会下达的各项经营指标和安全目标。

（林海霞）

【生产管理】 2010年，广州埃尔夫生产管理保持较高水平。调油一次合格率为99.71%。通过优化安排工作班次，调油能力由2009年的158.8吨/工作天，提高到2010年的177.6吨/工作天。（林海霞）

【安全工作】 2010年，广州埃尔夫损失工时事故率为0（目标为0.83），可记录伤害率为0.86（目标为1.22）；全年收到的隐患报告达88次，目标为24次。广州埃尔夫进行普及员工的急救培训，初级培训完成率达93%（目标为80%），中级完成率达25%（目标为20%）。此外，广州埃尔夫坚持每月进行消防演习。是年，广州埃尔夫共接受中远集团4次内部安全检查并进行了整改。广州埃尔夫被萝岗区夏港街授予“安全生产管理工作十佳先进单位”。

（林海霞）

【市场开发】 2010年，是广州埃尔夫成立以来销量最佳的一年，与2009年相比销量增长20%，新增经销商60个。年销售100吨以上经销商，从2009年的41个，增加到2010年的55个。（林海霞）

【IT管理系统】 2010年，广州埃尔夫按

照中远集团的统一安排，实施了IT Vision项目。vision系统，是基于最新的微软软件的新的工作平台，为下一步实施Harmonize管理系统打下良好基础。（林海霞）

第八章
非常设机构

【广远发展战略委员会】 广远发展战略委员会是广远辅助决策机构。主要职责是对广远长远性的、系统性的、全局性的、根本性的发展战略及规划进行研究，对涉及广远五年及十年的战略制定和规划方案、确定企业改革和发展的主要目标、经营方向、经营方针、经营策略和实施步骤进行策划，并向广远决策层提出建议方案；当客观环境条件发生重大变化或有较大影响的突发性事件发生时，发展战略委员会适时负责进行研究，提出及时对规划目标和规划本身进行必要修正或调整的建议方案；负责对广远所有重要资本运营事项进行研究，包括设立各类公司、增减投入资本、股权转让、合并分立、重组改制、解散清算等，为广远决策层提供决策建议。主任委员徐惠兴、刘书田，副主任委员翁继强，委员由广远领导层成员和广远所属主要企业、岸产事业部的总经理以及广远总经理办公室、发展部、财金部负责人组成。

【广远经营管理委员会】 广远经营管理委员会是广远辅助决策机构。主要职责是根据广远制定的总体经营发展战略，研究分析企业的年经营计划和管理目标的分解原则；研究分析企业的经营状况和企业的重点市场、重点客户；研究分析突发事件的处理措施；研究分析企业的经营风险与防范；研究分析企业经营范围涉及的相关市场趋势与市场预测；研究分析广远航运主业船队结构年调整计划及其他产业的重大发展计划，负责对广远系统各经营模块生产经营中的重大事项的研究，协调广远的有关资源，为广远系统各经营模块提供一个服务、合作与交流平台，发挥企业的整体优势。经营管理委员会办事机构设在广远总经理办公室。主任委员徐惠兴，副主任委员翁继强，委员由刘书田，马宗梅，刘雪亮，广远所属主要企业、岸产事业部总经理以及广远总经理办公室、发展部、财金部、航安部负责人组成。

【广远财务审计与业绩考核委员会】 广远财务审计与业绩考核管理委员会（以下简称监督委员会）是广远辅助决策机构。主要职责是负责对广远进行会计核算、会计信息、会计政策、财务预算、税务筹划、财务评价、财务风险防范、投融资、资产、经营核算、利润分配、财务负责人委派进行管理，并向广远决策层提出建议和意见；负责提议聘请或更换外部审计机构；负责监督广远的内部审计制度及其实施；负责广远内部审计与外部审计之间的沟通；负责审查广远内控制度；负责完成广远决策层授予的其他事宜，并向广远决策层提出建议和意见；负责审查、监督广远对各投资及控股企业的内部经营考核制度及其实施；负责审查广远对各投资及控股企业制定的经营业绩考核指标及体系；负责审查广远对各投资及控股企业经营业绩指标的考核结果；负责完成广远决策层授予的其他事宜，并向广远决策层提出建议和意见。主任委员徐惠兴，副主任委员马宗梅，成员刘书田、翁继强、刘雪亮以及广远财金部、监督部/审计部、人力资源部/组织部、发展部的负责人。

【广远人事薪酬委员会】 广远人事薪酬委员会是广远决策层的辅助机构。主要职责负责研究广远本部、各投资及控股企业（岸产企业由岸产事业部归口统一审定上

报，下同）的组织机构设置、职能配置、人员编制、基本管理模式、人力资源规划和年度计划、重大人事改革方案等，为广远总经理办公会决策提出建议和意见；负责研究广远各投资及控股企业领导班子成员职数的设定，为广远总经理办公会决策提出建议和意见；负责研究广远整体薪酬体系框架及基本管理模式，为各投资及控股企业建立薪酬体系提供指导意见；负责研究广远本部及各投资及控股企业的具体薪酬制度、体系，各投资及控股企业工资总额计划预案，以及就各投资及控股企业薪酬水平进行宏观调控的办法措施，为广远总经理办公会决策提出建议和意见；负责研究广远各投资及控股企业经营者年薪管理办法，为广远总经理办公会决策提出相关建议和意见；负责研究广远各投资及控股企业之间重大的人事争议、劳动争议纠纷等，为广远总经理办公会决策提出相关建议和意见；根据广远领导办公会的授权，负责研究其他有关人事薪酬福利方面的重大事项，为广远总经理办公会决策提出建议和意见。薪酬委员会的日常办事机构设在广远人力资源部/组织部，负责委员会的日常工作。主任委员刘书田，副主任委员徐惠兴，成员由广远领导层成员、本部相关职能部门负责人、岸产事业部及主要航运投资及控股企业组织人事分管领导组成。

【广远安全生产委员会】 广远安全委员会（以下简称安委会）主要职责是贯彻执行国家有关的安全生产法律、法规；负责组织、协调和指挥企业的安全生产活动，制订和完善安全管理规章制度，保证提供安全的生产环境和必要的资源支持；负责监督广远各单位、各部门的安全管理工作和安全生产教育活动，营造“人人讲安全，事事讲安全”的生产氛围；负责按照上级安全管理部门的指示，对广远总体安全工作进行计划、布置、检查、总结和评比；负责监督、协助广远各单位、各部门上等级安全事故调查、处理并按规定做好上报工作；负责监督广远各单位、各部门识别生产中的各种风险，制订应急预案，对发生的紧急情况采取应变措施；负责制订安全管理指标体系，根据《广州远洋运输公司安全管理责任处罚及奖励暂行规定》，对相关单位和安全责任人提出红、黄牌和金、银牌建议。主任徐惠兴，副主任翁继强，成员刘书田、马宗梅、刘雪亮、林旭东、谭力、黎光葵、佟文华、周维民、王珂、朱航员、符雄、韩国敏、李伟、蔡梅江、何伟杰、赵寿春、刘贤蒙、郑培贤、徐国新、施金安、程一高、方少彪、王玉生、凌保平、涂慕欧、闭晴安。

安委会下设办公室（设在航安部），为广远安委会的日常办事机构。办公室主任翁继强，副主任周维民，秘书刘启清，成员温锐波、王涛、钱汉东、伍英华。

【加强员工教育培训领导小组】 加强员工教育培训领导小组主要职责是负责全面领导、部署和推进加强员工教育培训“红树林”工程；负责审批总体实施计划，审核和批准活动的经费预算，对教育培训中的重大事项进行协调和决策；负责审核加强员工教育培训“红树林”工程的总结、评先等工作。领导小组组长徐惠兴、刘书田，副组长翁继强，成员马宗梅、刘雪亮。

【加强员工教育培训工作小组】 加强员工教育培训工作小组主要职责是负责制订加强员工教育培训“红树林”工程推进方案；负责督促、指导、审核广远相关部门、各航运公司、岸产企业、广远本部各部门制订的加强员工教育培训具体计划和实施方案；负责对广远各部门、各单位的实施情况进行指导、跟踪、监督和检查，定期编写工作简报；负责活动的总结、评先和交流推广等工作。工作小组组长翁继强，成员王珂、黎光葵、周维民、符雄、赖奕光、周舟、姚勇、陈建钦、郭福祥、龚艳平、吴思、蔡兆聪、钱汉东、谢志达。

【加强船员教育培训项目组】 加强船员教育培训项目组主要职责是制定加强船员教育培训“红树林”工程年度推进计划，并组织实施和评估；安排督导组成员定期或不定期对各船舶开展“红树林”工程进展情况进行检查、指导和督促；汇总各船舶月度报告，编辑出版《中远航运加强船员教育培训“红树林”工程工作简报》；不定期组织各种层次的座谈会，了解船员教育培训进展情况和意见建议；考察各航运公司、船舶提出的先进船舶及个人典型，并给予工作指导，协助做好培养工作；不定期举办各种类型的观摩会、竞技比赛，展示船员教育培训工作成效，做好从协作船员中选拔优秀人才进入中远航运相关工作；完成领导交办的其他任务。项目组组长龚艳平，副组长郭福祥、王珂、黎光葵、周舟、姚勇、周维民、符雄，成员赖奕光、顾卫东、陆启扬、刘建华、张建浩、孙雄、蔡志强、陈望权、易宝森、许土芬、谢志达、沈利。

【本部员工教育培训实施小组】 本部员工教育培训实施小组主要职责是负责制订本部加强员工教育培训“红树林”工程总体方案；负责督促、指导、审核各部门制订的加强员工教育培训具体计划和实施方案；负责对各部门员工教育培训实施情况进行检查、指导、跟踪、监督，定期不定期向广远加强员工教育培训“红树林”工程工作小组和活动办公室汇报工作情况；及时总结经验，做好评比先进和交流推广等工作。实施小组组长黎光葵、王珂，成员林旭东、谭力、佟文华、周维民、朱航员、符雄、吴思、佘松亮、蔡兆聪、钟新勇。

【岸产企业员工教育培训实施小组】 岸产企业员工教育培训实施小组主要职责是负责制订岸产企业加强员工教育培训“红树林”工程总体方案；负责督促、指导、审核各岸产企业制订的加强员工教育培训具体计划和实施方案；负责对各岸产企业员工教育培训实施情况进行检查、指导、跟踪、监督，定期向广远工作小组和活动办公室汇报工作情况；视情编写工作简报，负责总结经验、评比先进和交流推广等工作。实施小组组长陈建钦、王玉生，成员江海珊、林骥行、刘新源。

【紧缺和重点人才培训培养专项小组】 紧缺和重点人才培训培养专项小组主要职责是负责制订紧缺和重点人才培训培养方案；负责督促、指导、审核各单位对紧缺和重点人才培训培养方案的实施；负责对各单位紧缺和重点人才培训培养实施情况进行检查、指导、跟踪、监督，定期不定期向广远加强员工教育培训“红树林”工程工作小组和活动办公室汇报工作情况；

及时总结经验，做好评比先进和交流推广等工作。专项小组组长黎光葵，成员林旭东、谭力、佟文华、王珂、陈昆、周舟、姚勇、陈建钦、吴思、钟新勇、阮亦欢。

【加强员工教育培训工作办公室】 加强员工教育培训工作办公室主要职责是制订广远公司“红树林”工程各阶段推进计划，指导各单位组织实施；协调督导组成员对各航运公司、岸产企业和船舶开展“红树林”工程情况进行检查、督促和指导；汇总各航运公司、岸产企业“红树林”工程月度报告，编发《广远公司加强员工教育培训“红树林”工程简报》；不定期组织各个层面的座谈会，了解广大船岸员工对“红树林”工程的意见和建议，并进行整理汇总上报，指导下一步的工作；负责组织考察各单位提出的先进船舶及个人典型，并给予指导，协助培养；指导各单位适时举办各类型观摩会、竞技比赛，展示“红树林”工程成效；完成领导交办的其他任务。

【广远风险管理委员会】 广远风险管理委员会主要职责是履行审议并提交企业全面风险管理年度工作报告，确定企业风险管理总体目标、风险偏好、风险承受度，批准风险管理策略和重大风险管理解决方案，批准重大决策的风险评估报告和审计部门提交的风险管理监督评价报告等。广远风险管理委员会下设战略风险管理分会、经营风险管理分会、财务风险管理分会和法律风险管理分会四个专业机构。广远本部的风险管理委员会对广远总经理办公会负责，广远各控股子公司的风险管理委员会对各公司的董事会负责，广远本部的风险管理委员会与各控股子公司的风险管理委员会之间是管理与指导的关系，各控股子公司的风险管理委员会定期向广远本部的风险管理委员会提交各公司风险管理情况的工作汇报。委员会主任徐惠兴，成员刘书田、翁继强、马宗梅、王玉生、韩国敏、李伟（中远远达）、蔡梅江、赵寿春、刘贤蒙。

【战略风险管理分会】 战略风险管理分会主要职责是对广远战略进行分析与制定、评价与选择以及实施与控制。通过对政策风险、行业风险、品牌风险、制度风险、目标与计划风险等战略风险进行专业识别、评估、监控来妥善预防和处理风险所导致的损失及其后果，以获得最大安全保障的动态战略风险管理过程。分会组长需定期组织会议讨论、评价，并组织形成定期专业报告，报送至风险管理委员会。分会组长陈炳立，成员谭力、王珂、黎光葵、张庆华、任鑫。

【经营风险管理分会】 经营风险管理分会主要职责是紧盯市场变化、紧抓安全生产，防范市场变化给企业带来的经营损失，采取适当措施规避或消减市场风险。通过制度安排，提高生产效率和经营效益。分会组长需定期组织会议讨论、评价，并组织形成定期专业报告，报送至风险管理委员会。分会组长翁继强，成员谭力、周维民、杜俊明、刘海平、周佳忠、王玉生。

【财务风险管理分会】 财务风险管理分会主要职责是关注企业的财务制度建设和实施情况，关注企业资产质量和盈利能力

的发展变化，如资产的流动性、债务的安全性、投资的安全性和回报能力、现金回收能力、利率、汇率、税率和股价变动带来的风险等。分会组长需定期组织会议讨论、评价，并组织形成定期专业报告，报送至风险管理委员会。分会组长刘雪亮，成员佟文华、邓伟荣、池新旺、张访苏、黄雁、盛开薇。

【法律风险管理分会】 法律风险管理分会主要职责是关注国内外与本企业相关的政治、法律环境、政策和制度的变化，对企业的重大投资行为、业务经营行为以及其他重要管理活动进行重点跟踪、关注，防范从项目策划、具体运作、合同签署到最终实施的各类法律风险的发生。分会组长需定期组织会议讨论、评价，并组织形成定期专业报告，报送至风险管理委员会。分会组长马宗梅，成员林旭东、周学茵、辛书彦、朱航员、各投资控股公司法律主管。

【精益管理领导小组】 精益管理领导小组主要职责是负责领导、推动和部署广远“精益管理年”活动；负责审核活动的总体实施方案；负责审核和批准广远“精益管理年”实施方案、应用实施项目及活动经费预算；负责审核和批准外部顾问的使用，批准在工作小组下设立相关的精益管理应用实施专业小组；对广远“精益管理年”活动中的重大事项进行协调和决策；负责审核和批准广远“精益管理”项目的考核、评估、奖励办法和奖励决定；负责批准精益管理成果的发布和推广工作。领导小组组长徐惠兴、刘书田，副组长陈炳立，成员翁继强、马宗梅、刘雪亮、林旭东、谭力、黎光葵、佟文华、王珂、朱航员、符雄、王玉生、韩国敏、李伟、蔡梅江。

【精益管理工作小组】 精益管理工作小组在精益管理领导小组领导下工作，主要职责是负责制订广远“精益管理年”活动总体实施方案，并负责活动的组织和落实工作；负责指导广远各部门、各二级单位制订“精益管理年”活动细化方案和精益管理应用实施方案，负责编制活动预算方案；负责考察并提出外部顾问选用和设立广远精益管理应用实施专业小组的建议；对广远各部门、各二级单位“精益管理年”活动的进展情况进行指导、跟踪、监督和检查，编制活动动态简报；负责制订广远精益管理项目的考核、评估、奖励办法等相关制度文件；负责组织对中远集团重大精益管理项目的验收、评估和考核工作，并根据考核结果提出年度奖励方案；负责精益管理成果的总结、汇编、上报和推广工作。工作小组组长陈炳立，副组长谭力、佟文华，成员黎光葵、王玉生、张莲芳、张庆华、钱汉东、余松亮、蔡兆聪、张丛、林曦、张新伟、姚辉、王雷，以及中远航运、中远远达、中远南方的主管负责人。

【QC 成果评审小组】 QC 成果评审小组主要职责是负责对广远 QC 成果的评审和优秀 QC 成果的推荐工作。小组成员主要由广远各部门从事质量管理工作三年以上、获得QC 小组活动咨询或诊断师资格的QC推进员组成。发展部作为广远 QC 小组活动考核、评审主管部门，负责广远范围内QC 小组活动的成果收集、审阅确认、评审发表等工作；评审小组组长谭力、副组长张庆华，成员谢小梅、蒲逸鸣、郑再利、余肖群、黎清、邱进宗、刘朝贵。

【广远预算管理委员会】 广远预算管理委员会主要职责是负责制定广远总体预算管理的规定和程序；根据广远战略发展规划和经营计划提出广远年度各项预算指标；对广远各下属单位上报的年度预算进行审核并提出调整意见；指导和监督广远下属单位预算执行情况，根据经营环境的重大变化提出广远年度预算调整方案；定期向广远总经理办公会提交各单位预算编制情况分析报告和年度合并预算方案建议；制定广远预算考核管理办法，组织落实各项考核工作。广远预算管理委员会下设预算工作组。委员会主任徐惠兴，副主任刘书田、刘雪亮，成员翁继强、马宗梅、林旭东、谭力、黎光葵、佟文华、周维民、朱航员、韩国敏、林敬伟、林立兵。

【广远预算管理委员会预算工作组】 广远预算管理委员会预算工作组在广远预算管理委员会领导下开展工作，主要职责是负责研究并制定财务预算指标体系，确定预算编制工作流程；制定广远年度预算编制方法和编制要求，下达年度预算编制任务；搜集整理财务信息资料，做好财务预测工作，为财务预算提供编制依据；组织广远本部及所属企业财务预算编制工作，检查预算编制进度；汇总广远本部及所属企业的预算草案，提出审查意见，报预算委员会审核；组织和监督财务预算实施，对预算调整提出审查意见，报预算委员会审核；比较评价预算执行结果，提出考核意见；负责其他有关预算执行的策划和联络事项。预算工作组组长徐惠兴，副组长刘雪亮，成员佟文华、邓伟荣、张庆华、周维民、池新旺、张访苏、杨涛、林曦、张美琴、叶苑群、郑潮藩、张丛、叶勇、徐臣涛。

【涉外突发事件应急处置工作小组】 涉外突发事件应急处置工作小组的主要职责是负责境外发生的涉及广远员工、机构安全的突发事件的应急处置工作。工作小组组长翁继强，副组长黎光葵、顾卫东，组员林旭东、王珂、周维民、赖奕光、李伟、陈建钦、梁伟民、温锐波，联络员黎光葵。

【人口和计划生育委员会】 人口和计划生育委员会主要职责是负责贯彻落实国家和地方政府的计划生育政策，负责职工违反计划生育政策行为的调查处理，负责职工日常的计划生育工作，落实计划生育待遇。委员会主任刘书田，副主任黎光葵，成员王珂、龚艳平、符雄、郑深恩、陈建钦、苏志刚、陈瑞芬、葛晓红。人口和计划生育委员会下设办公室，主任苏志刚。

【劳动鉴定及伤残评审委员会】 劳动鉴定及伤残评审委员会主要职责是负责职工工伤事故的认定和工伤医疗期的核定，负责职工工伤伤残等级和职工劳动能力鉴定的初评（劳动功能障碍程度和生活自理障碍程度的等级鉴定）。委员会主任刘书田，副主任马宗梅、黎光葵、张玉凌，成员戴世华、郑深恩、苏志刚、符雄、温锐波、邝占罗、黄旺新、陈新明、林举德（注：工伤认定不属劳动能力鉴定机构职责，应属劳动保障行政部门或社会保险行

政部门的职能。目前，工伤认定尚由广远劳动能力鉴定机构负责）。

【工程系列中级职称评委会】 工程系列中级职称评委会主要职责是负责工程系列职称评审工作。评委会主任徐惠兴，成员谭力、所春阁、金宏、刁世福、王庆来、周伟民。

【政工系列初级职称评委会】 政工系列初级职称评委会主要职责是负责政工系列职称评审工作。评委会主任刘书田，成员姚勇、朱航员、易宝森、黎光葵、陈建钦。

【教育系列初级职称评委会】 教育系列初级职称评委会主要职责是负责教育系列职称评审工作。评委会主任蔡志强，成员程育昕、马志华、邓林闻、周映南、陈新毅、张厚如。

【高技能人才队伍建设领导小组】 高技能人才队伍建设领导小组主要职责是负责高技能人才队伍建设的领导工作。领导小组组长刘书田，成员黎光葵、顾卫东、佟文华、涂慕欧、王玉生。

【高技能人才队伍建设工作小组】 高技能人才队伍建设工作小组主要职责是负责高技能人才队伍建设的工作，执行政府和劳动行政部门有关规定和实施办法，保证鉴定质量。工作小组组长黎光葵，副组长周伟民，成员徐鹰、郭智谋、程育昕、陈衡、江庆祥。

【技师评审委员会】 技师评审委员会主要职责是根据申报人提供的材料，负责对技师任职专业技能水平和任职资格的评审。下设技师考评办公室、专业理论实操考试组、船舶驾驶工专业评议组、船舶轮机工专业评议组、汽车维修工专业评议组。委员会主任徐惠兴，副主任翁继强，成员尤扬斌、所春阁、尤天福、胡永华。技师评审委员会下设技师考评办公室，主任徐鹰，成员江庆祥。

【档案销毁鉴定小组】 档案销毁鉴定小组主要职责是负责销毁档案的鉴定工作。鉴定小组组长刘书田，副组长黎光葵，成员张莲芳、王珂、谭力、邓伟荣、周维民、郑培贤、徐鹰、郑潮藩。

【应急领导小组】 应急领导小组主要职责是接受中远集团应急办公室和主管部门的领导，请示并落实指令；负责审定、批准和实施广远突发事件综合应急预案和专项应急预案；宣布应急预案的启动和终止；负责协调、指导广远下属单位突发事件应急处置行动；调动各方面的力量，提供信息和一切必要的支持；负责对政府部门报告，对外界发布信息；组织广远应急预案的演练；监督、审查应急管理工作。领导小组组长徐惠兴、刘书田，副组长翁继强，成员马宗梅、刘雪亮、周维民、发生紧急或突发事件单位的负责人。

【应急处置工作小组】 应急处置工作小组在领导小组领导下工作，其主要职责是负责处置广远系统紧急突发事件。工作小组组长翁继强，副组长周维民，成员温锐波、林举德、王涛、钱汉东、刘启清、伍英华、广远机关各职能部门负责人和事发单位负责人。

【防抗台指挥协调小组】 防抗台指挥协调小组主要职责是按照上级部门的指示，部署广远和投资、控股航运公司及陆地单位的防抗台工作；督促、检查各投资、控股航运公司及陆地单位的防抗台工作，并落实企业有关防抗台决定；处理防抗台中各投资、控股航运公司防抗台指挥小组上报的问题；跟踪台风信息，研究台风动态，关注各投资、控股航运公司上报的受台风威胁的船舶动态；总结防抗台工作中的经验教训。指挥协调小组组长翁继强，成员张建浩、杨合武、陈力、王涛等。

【节能领导小组】 节能领导小组主要职责是负责领导、推动和部署广远“节能减排”活动；负责审定广远节能减排活动总体实施方案；负责审核和批准广远节能减排实施方案、应用实施项目及活动经费预算；负责审核和批准外部顾问的使用，批准在工作小组下设立相关的节能减排活动专业小组；对广远“节能减排”活动中的重大事项进行协调和决策；负责审核和批准广远节能减排项目的考核、评估、奖励办法和奖励决定；负责批准节能减排成果的发布和推广工作。领导小组组长翁继强，副组长赖奕光、周维民，成员郭福祥、杜俊明、刘海平、曾远祥、周佳忠、梁杰。

【节能工作小组】 节能工作小组在节能领导小组领导下开展工作，主要职责是负责制订广远“节能减排”活动总体实施方案，并负责活动的组织和落实工作；负责指导广远各部门、各二级单位制订节能减排活动细化方案和节能减排应用实施方案，负责编制活动预算方案；对广远各部门、各二级单位节能减排活动的进展情况进行指导、跟踪、监督和检查，编制动态简报；负责制订广远节能减排项目的考核、评估、奖励办法等相关制度文件；负责组织对广远重大节能减排项目的验收、评估和考核工作，并根据考核结果提出年度奖励方案；负责节能减排成果的总结、汇编、上报和推广工作。工作小组组长赖奕光，副组长曾远祥、周维民，成员洪颖、张卓雁、柯毅峰、雷汝成、廖伟权、何观文、汤自明、钱汉东。

【安全长效管理领导小组】 安全长效管理领导小组主要职责是负责推进广远安全长效管理机制的组织领导，研究推进工作的有关重大事宜，审核批准工作计划，提供必要的资源支持，定期评估工作进展情况，对中远集团领导小组负责。安全长效领导小组下设安全长效管理工作小组。领导小组组长徐惠兴，副组长翁继强，成员韩国敏、李伟、蔡梅江、郭福祥、王玉生、周维民。

【安全长效管理工作小组】 广远安全长效管理工作小组在广远安全长效管理领导小组的领导下，主要职责是负责制定广远安全长效管理机制工作计划，组织整个计划的具体实施，检查具体措施的落实情况，掌握各下属企业的推进活动进度，并给予监督指导，向领导小组汇报工作的进展，分析存在的问题，提出合理化建议，结合中远集团的要求，每年对工作进行总结，负责对外部联络相关事宜。工作小组办公室设在航安部。工作小组组长翁继

强，副组长郭福祥、周维民，成员曾远祥、梁杰、刘建华、张建浩、严少波、杨合武、顾卫东、温锐波、刘启清、任乃星、钱汉东、伍英华。

【“三学一创”领导小组】 “三学一创”领导小组主要职责是全面负责广远“学创”活动的领导工作，确定活动的组织、实施、考核、评比奖励方案。领导小组组长刘书田、徐惠兴，副组长马宗梅、翁继强，成员林旭东、谭力、黎光葵、佟文华、周维民、朱航员、符雄、赖奕光、周舟、姚勇、陈建钦、王珂。

【精神文明建设领导小组】 精神文明建设领导小组主要职责是科学调动各方资源，确保企业精神文明目标的实现，为企业经营管理目标的实现提供强有力的思想保证和智力支持。具体负责加强企业内党的建设；加强企业思想政治教育和企业文化建设；加强企业内党风廉政建设和企业内部监督工作；充分发挥工会、共青团的桥梁和纽带作用，加强企业民主管理。领导小组组长刘书田、徐惠兴，副组长马宗梅，成员王珂、黎光葵、朱航员、符雄、赖奕光、周舟、姚勇、陈建钦、王茜。

【党建思想政治工作研究会理事会】 广远党建思想政治工作研究会理事会主要职责是根据中共中央和上级的指示精神，围绕企业生产经营实际，深入开展调研和企业思想政治工作相关理论课题的研究，为企业改革发展提供有价值的理论研究成果和决策参考。理事会会长刘书田，副会长马宗梅，副秘书长王珂，成员黎光葵、朱航员、符雄、赖奕光、周舟、姚勇、陈建钦、王玉生、凌保平、甄伟、龚艳平、王茜、王雷、梁伟文。

【企业文化建设推进委员会】 企业文化建设推进委员会主要职责是讨论确立广远企业文化核心价值体系；制定企业文化建设规划和实施方案，并监督、指导规划和方案的推进；组织对广远企业文化体系和建设成效进行评估。委员会主任刘书田、徐惠兴，副主任马宗梅、翁继强，成员林旭东、谭力、黎光葵、佟文华、王珂、周维民、朱航员、符雄、韩国敏、赖奕光、周舟、李伟、蔡梅江、姚勇、陈建钦、王玉生、王雷。

【普法工作领导小组】 普法工作领导小组主要职责是按照中共中央和上级有关指示要求，制定广远普法宣传教育活动的长期规划、年度计划和实施方案；监督指导普法宣传教育的日常性工作；对普法宣传教育活动进行检查、复核及总结，并对先进典型的申报进行审核。领导小组组长刘书田，副组长马宗梅，成员林旭东、谭力、黎光葵、佟文华、王珂、周维民、朱航员、符雄、赖奕光、周舟、姚勇、陈建钦。

【普法工作办公室】 普法工作办公室在广远普法工作领导小组领导下工作，主要职责是负责拟定、下发广远普法教育活动的规划、计划和实施方案，普法宣传教育活动的日常性工作，活动资料汇编、档案建立、制度建立、信息发布等基础性工作，先进典型发掘、推广和经验总结、活动评审等工作。办公室主任马宗梅，副主任王珂、林旭东，成员周学茵、吴思、佘

松亮、蔡兆聪、温锐波、雷彩云、蒲大同、江海珊、谢志达、刘志勇。

【广远本部作风建设领导小组】 广远本部作风建设领导小组主要职责是加强广远机关作风建设，督促机关各部室及工作人员转变工作观念和作风，不断提高工作效率、质量和服务水平。领导小组组长刘书田，副组长马宗梅，成员王珂、林旭东、黎光葵、朱航员、谭力、佟文华、周维民、符雄。

【广远本部综合考核检查组】 广远本部综合考核检查组在广远本部作风建设领导小组领导下开展工作，主要职责是对广远本部内部管理劳动纪律、安全工作、服务态度、办事效率、工作质量等进行综合考核检查，以加强和改进机关作风建设，树立机关良好形象。检查组组长翁继强，副组长王珂、林旭东，成员王茜、吴思、林曦、任鑫、温锐波、佘松亮、蔡兆聪、郑潮藩。

【贯彻落实《建立健全教育制度监督并重的惩治和预防腐败体系实施纲要》领导小组】 贯彻落实《建立健全教育制度监督并重的惩治和预防腐败体系实施纲要》（简称《实施纲要》）领导小组主要职责是全面领导广远构建惩防腐败体系建设的工作，听取落实情况的专题汇报，研究和部署整体工作规划和阶段性的任务。领导小组组长刘书田，副组长徐惠兴、马宗梅，成员翁继强、刘雪亮。

【贯彻落实《建立健全教育制度监督并重的惩治和预防腐败体系实施纲要》工作小组】 贯彻落实《建立健全教育制度监督并重的惩治和预防腐败体系实施钢要》工作小组在领导小组领导下开展工作，主要职责是负责组织广远贯彻落实中共中央《实施纲要》和中远集团《实施意见》的组织推进工作，研究具体实施办法和措施，指导、协调和督查广远下属企业抓好构建惩治和预防腐败体系的工作。工作小组下设办公室，为工作小组的具体办事机构，负责拟定广远对中远集团《实施意见》的贯彻落实意见，制定下发《广远落实中远集团〈实施意见〉任务分解表》，督促检查所属单位按计划开展各项工作，收集综合各种情况，完成各种文书的起草编制工作。工作小组组长马宗梅，副组长朱航员、王珂、黎光葵，成员林旭东、谭力、佟文华、周维民、符雄、陈建钦、赖奕光、姚勇、林耀强、龚艳平、周舟、郭智谋、吕英翼。

【治理商业贿赂领导小组】 治理商业贿赂领导小组主要职责是贯彻落实中共中央、国务院及国资委关于开展治理商业贿赂专项工作的各项方针、政策；研究部署、指导协调广远治理商业贿赂专项工作；研究处理与广远治理商业贿赂工作有关的其他重要问题。领导小组组长徐惠兴、刘书田，副组长马宗梅，成员翁继强、刘雪亮、林旭东、王珂、谭力、黎光葵、佟文华、周维民、朱航员、符雄、王玉生、陈建钦、赖奕光、林耀强、龚艳平、姚勇、周舟。领导小组下设办公室，主任朱航员。

【党风廉政和反腐败工作检查办公室】 党风廉政和反腐败工作检查办公室主要职

责是负责对广远党风廉政和反腐败工作检查的日常事务，贯彻检查领导小组的决策、部署，结合企业实际制定检查实施方案，协调、指导和督促广远下属企业开展自查并组织监督检查，对检查情况进行总结并向领导小组汇报。办公室主任马宗梅，副主任朱航员，成员王珂、郑意、谭伟、余松亮。

【决策后评估委员会】 决策后评估委员会主要职责是领导广远决策后评估工作，听取落实情况的专题汇报，审阅评估报告及相关文件，研究和部署决策后评估工作任务，加强对企业决策项目的监督管理，促进决策水平的提高。委员会主任徐惠兴，副主任马宗梅，成员林旭东、王珂、谭力、佟文华、黎光葵、周维民、朱航员、符雄、张访苏、王玉生。

【劳动竞赛与群众性技术创新领导小组（合理化建议委员会）】 广远劳动竞赛与群众性技术创新领导小组（合理化建议委员会）主要职责是根据上级的指示，结合企业的实际，研究制定推行“创新工程”的有关指导性意见，协调和督促广远本部、基层单位和部门落实“创新工程”工作，研究解决工作中遇到的重要问题。领导小组（合理化建议委员会）下设办公室。领导小组组长徐惠兴、刘书田，副组长翁继强、马宗梅、刘雪亮，成员林旭东、王珂、谭力、佟文华、黎光葵、周维民、朱航员、符雄、郭福祥、王玉生、陈建钦。

【劳动竞赛与群众性技术创新活动办公室】 劳动竞赛与群众性技术创新活动办公室在广远劳动竞赛与群众性技术创新领导小组领导下开展工作，主要职责是贯彻落实领导小组关于推行“创新工程”的指导意见，调查研究，了解掌握推行“创新工程”的情况，及时向领导小组反馈有关信息和工作情况，做好立项评审、总结、推广、宣传和上报工作。办公室主任马宗梅，副主任符雄，成员段腊春、王茜、蔡兆聪、王雷、江海珊、张丛、黄宜振。

【劳动争议调解委员会】 劳动争议调解委员会主要职责是调解广远本企业内发生的劳动争议；检查督促争议双方当事人履行协议；对职工进行劳动法律、法规的宣传教育，做好劳动争议的预防工作。委员会主任马宗梅，副主任黎光葵、符雄，成员郑深恩、戴世华、陆启杨、周维民、蔡兆聪、周学茵、段腊春、江海珊。

【集体合同领导小组】 集体合同领导小组主要职责是根据《集体合同规定》及相关法律法规，指导企业做好《集体合同》的起草、修订、协调以及签订工作，监督《集体合同》条款的履行。领导小组组长黄继忠，副组长马宗梅，成员黎光葵、朱航员、符雄、陈建钦、王珂。

【困难职工帮扶中心领导小组】 困难职工帮扶中心领导小组主要职责是根据上级的指示精神和企业实际，领导和指导困难职工帮扶工作，研究确定帮扶工作原则、指导思想和发展方向，研究制订帮扶工作总体规划和方案，审批资助对象及其发放标准，保证困难职工帮扶工作健康发展。领导小组组长马宗梅，成员符雄、黎光葵、王珂、朱航员、龚艳平、佟文华、陈建钦、戴世华、谢汉波、周学茵。

【厂务公开领导小组】 厂务公开领导小组主要职责是制定广远实行厂务公开制度的实施意见，研究解决实施中的问题，指导协调有关部门密切配合、通力协作，认真搞好厂务公开工作。厂务公开领导小组下设办公室和监督考核小组。领导小组组长刘书田，副组长徐惠兴，成员翁继强、马宗梅、刘雪亮、符雄、林旭东、黎光葵、佟文华、王珂、朱航员、周维民、谭力、郭福祥、陈建钦。

【厂务公开领导小组办公室】 厂务公开领导小组办公室在厂务公开领导小组领导下开展工作，主要职责是负责广远厂务公开的日常组织协调工作，加强研讨，总结经验，不断扩大厂务公开的覆盖面，努力提高工作水平，增强工作效果。办公室主任马宗梅，副主任符雄、王珂，成员余松亮、蔡兆聪、吴思、周学茵、王茜、段腊春、王雷、江海珊、米军喜、周益桥。

【厂务公开监督考核小组】 厂务公开监督考核小组在广远厂务公开领导小组领导下工作，主要职责是组织职工代表通过定期检查、民主评议等方式，监督厂务公开是否按规定的时间、内容、形式、程序进行；督促落实职代会依法作出的决议、决定；对企业提出改进工作的意见，督促企业落实整改方案；制定检查考核标准，制定必要的制约和激励措施。考核小组组长马宗梅，副组长朱航员，成员黎光葵、符雄、佟文华、陈建钦、张访苏、易宝森、吕英翼、郭智谋、钟洪斌、肖连芬。

【开展“实施职工素质工程，创建学习型企业，争做知识型职工”活动领导小组】

开展“实施职工素质工程，创建学习型企业，争做知识型职工”活动领导小组主要职责是全面领导广远“实施职工素质工程，创建学习型企业，争做知识型职工”活动；审定活动计划和意见；保证开展活动必要的资源。领导小组下设活动办公室。领导小组组长马宗梅，副组长黎光葵，成员林旭东、王珂、佟文华、谭力、周维民、朱航员、符雄、郭福祥、陈建钦。

【“实施职工素质工程，创建学习型企业，争做知识型职工”活动办公室】 “实施职工素质工程，创建学习型企业，争做知识型职工”活动办公室在广远开展“实施职工素质工程，创建学习型企业，争做知识型职工”活动领导小组领导下开展工作，主要职责是根据上级的要求和企业实际起草相关活动计划和指导意见，负责开展活动情况的收集整理和综合协调工作。办公室主任符雄，副主任蔡兆聪、王茜，成员吴思、林曦、陈衡、王雷、徐鹰、江海珊、段腊春、米军喜。

【信息化建设领导小组】 信息化建设领导小组的主要职责是加快推进广远信息化建设，提高信息化管理水平和效率。领导小组组长陈炳立，副组长谭力、杨涛，成员林旭东、王珂、佟文华、黎光葵、周维民、朱航员、符雄、王玉生、韩国敏。

【住房货币补贴制度改革领导小组】

住房货币补贴制度改革领导小组主要职责是负责审核企业住房货币补贴制度及实施方案，指导工作小组做好住房货币补贴制

度改革。领导小组下设工作小组。领导小组组长徐惠兴，副组长刘书田，成员翁继强、马宗梅、刘雪亮、林旭东、王珂、符雄、顾卫东、黎光葵、池新旺、王玉生。

【住房货币补贴制度改革工作小组】 住房货币补贴制度改革工作小组在改革领导小组领导下工作，其主要职责是负责研究制定广远住房货币补贴制度，确定住房货币补贴方案。工作小组组长马宗梅，成员王珂、符雄、黎光葵、佟文华、陈建钦、谢汉波、戴世华、周学茵、陈衡、吴思、吴永洪、陈国留、神榕海、陶宏江、钟洪斌。

【爱国卫生委员会】 爱国卫生委员会主要职责是负责组织落实有关爱国卫生工作的法律、法规、规章和政策；负责企业爱国卫生工作及员工健康教育；承担爱国卫生工作职责，制定突发公共卫生事件的防范措施和应急对策。爱委会主任马宗梅，副主任张玉凌，成员王珂、林旭东、符雄、邝占罗、郑潮藩。

【岸产企业“完善企业组织架构”领导小组】 岸产企业“完善企业组织架构”领导小组的职责是负责广远岸产企业“完善企业组织架构”工作的组织、领导、监督和审核工作。领导小组下设专项工作小组。领导小组组长林立兵，副组长王玉生、谭力，成员池新旺、朱航员、符雄、陈建钦、佟文华。

【岸产企业“完善企业组织架构”专项工作小组】 岸产企业“完善企业组织架构”领导小组下设4 个专项小组。

简化股权专项工作小组主要职责是负责建设实业持有物业公司和海运公司部分股权划转工作的具体实施。工作小组组长王玉生，副组长谭力、陈建钦、池新旺，成员林曦、周学茵、郑再利、魏思怡、利惠玲、池锡锋、陈钊、林珏以及建设实业、物业公司、海运公司财务负责人和办公室主任；小组联络人陈钊。

股权收购专项工作小组主要职责是负责广远收购远洋宾馆和颐和公司持有酒店管理公司股权的具体实施。工作小组组长王玉生，副组长谭力、陈建钦、池新旺，成员林曦、周学茵、郑再利、魏思怡、利惠玲、陈钊、林珏以及远洋宾馆财务负责人和办公室主任，小组联络人陈钊。

鸿光物业清算专项小组主要职责是负责海南鸿光物业公司清算处理工作的具体实施。组长王玉生，副组长谭力、池新旺，成员盛开薇、林曦、周学茵、梁俊、利惠玲、林珏，小组联络人林珏。

松涛公司清算专项工作小组主要职责是负责广州松涛企业公司清算处理工作的具体实施。工作小组组长王玉生，副组长谭力、池新旺，成员林曦、周学茵、梁俊、利惠玲、林珏及东海大厦财务负责人和办公室主任，小组联络人林珏。

【广州远洋大厦管理工作领导小组】 广州远洋大厦管理工作领导小组主要工作职责是审批广州远洋大厦建设管理制度，并检查、督促各项制度的执行情况；听取建设实业作为投资主体对重大事项的工作报告，听取总承包项目公开招标情况的汇报；及时掌握广州远洋大厦建设项目的工作动态，加强对广州远洋大厦建设项目的协调沟通，加强对广州远洋大厦建设项目

进度的督促检查。领导小组组长刘书田，常务副组长林立兵，成员林旭东、谭力、佟文华、王玉生、陈建钦、朱航员、张访苏、郑培贤、王庆来、吴杰、杨涛、郑潮藩、任鑫、郑再利、沈仕乐、刘刚、伍剑。

【广州远洋大厦监督工作领导小组】 广州远洋大厦监督工作领导小组主要工作职责是负责审批广州远洋大厦监督制度，审定效能监察工作小组和审计监督工作小组工作报告，检查投标单位来源，协调各小组与建设实业的工作。监督工作领导小组下设效能监察工作小组和审计监督工作小组。领导小组组长马宗梅，副组长朱航员、陈建钦，成员张访苏、邓伟荣、池新旺、周学茵、郑意。

【广州远洋大厦效能监察工作小组】 效能监察工作小组在领导小组领导下工作，其主要职责是负责向监督工作领导小组报告工作，具体负责监督检查广州远洋大厦工程建设中有关法律、法规、规章和企业内部制度的贯彻落实情况；监督检查参加广州远洋大厦建设人员履行职责及从事建设项目经营管理活动情况；监督检查广州远洋大厦管理制度的制订及执行情况；派出人员参加招标工作领导小组、招标工作小组和评标小组的工作会议，参与审定评标小组人员名单，监督项目招标、开标、评标、议标、定标过程；纠正和处理建设项目活动中的违规违纪行为；开展廉洁教育和安全监督等工作。工作小组组长朱航员，副组长陈建钦、郑意，成员赵洪先、林骥行、陈道胜、王申良。

【广州远洋大厦审计监督工作小组】 审计监督工作小组在领导小组领导下工作，其主要工作职责是负责向监督工作领导小组报告工作，具体负责对广州远洋大厦管理制度的制订和执行情况的审计监督；派出人员参加招标工作领导小组、招标工作小组和评标工作小组的工作会议，参与审定评标小组人员名单；根据集团授权组织开工前审计，包括审核招标文件，对项目招标、开标、评标、议标、定标过程实施审计监督，审核合同初稿；组织建设期间审计，进行施工现场勘察，审核主要项目工程量、主要材料采购价格和合格证书，检查重大隐蔽工程及分步、分项工程的验收签证单；根据集团授权，组织工程竣工结算审计工作，配合中远集团聘请的中介机构的竣工结算审计工作；开展法律监督和财务监督等工作。工作小组组长张访苏，副组长池新旺、周学茵，成员沈仕乐、利惠玲、林珏。

【广州远洋大厦装修工作顾问小组】 装修工作顾问小组主要职责是负责广州远洋大厦功能布局、装修方案、风格、意见等的提议、策划，并负责向广远领导办公会请示汇报。顾问小组组长马宗梅，副组长林旭东、薛俊东、郑培贤，成员谭力、林立兵、王珂、林敬伟、施金安、沈仕乐。

【广州远洋大厦装修工作联系协调小组】 装修工作联络协调小组主要职责是落实顾问小组布置的各项工作，负责装修需求的联络、协调及现场检查与监督。协调小组组长林旭东，副组长郑培贤、吴杰，成员王曙民、徐鹰、邓伟荣、周维民、章晓彤、蔡兆聪、佘松亮、刘韶昶、林树元、李斌、雷彩云、刘刚、凌敏锐、郑潮藩、莫凡凡。

【“履行全球契约，实施可持续发展战略”领导小组】 “履行全球契约，实施可持续发展战略”领导小组主要职责是按照中远集团的统一部署，研究并制定广远在实施“履行全球契约、实施中远集团可持续发展战略”工作时所需要的方针、政策以及资金、人员、机构等方面的工作，对工作小组提出指导意见。领导小组下设工作小组和办公室。领导小组组长徐惠兴，副组长陈炳立，成员谭力、林旭东、王珂、朱航员、佟文华、黎光葵、符雄、杨涛、韩国敏、姚勇、周舟。

【“履行全球契约，实施可持续发展战略”工作小组】 “履行全球契约，实施可持续发展战略”工作小组在领导小组领导下工作，其主要职责是按照领导小组的决议并参照中远集团的具体要求，研究、处理、协调和落实广远“履行全球契约，实施中远可持续发展战略”方面的各项具体工作。工作小组组长陈炳立，副组长谭力，成员张庆华、张莲芳、章晓彤、佟文华、邓伟荣、郑深恩、周维民、蔡兆聪、张筱玲、尤天福、王曙民、梁浩、韩苑君。

【“履行全球契约，实施可持续发展战略”协调办公室】 “履行全球契约，实施可持续发展战略”协调办公室在领导小组领导下进行工作，是工作小组的日常办事机构。其主要职责是协调、处理广远履行全球契约方面的日常工作。协调办公室设在发展部，联系人王曙民。

【工亡职工供养亲属待遇清理工作小组】 工亡职工供养亲属待遇清理工作小组主要职责是清理工亡职工供养亲属待遇情况，根据国家工伤保险条例核发工亡职工供养亲属抚恤待遇。工作小组组长刘书田，副组长马宗梅，成员黎光葵、符雄、戴世华、段腊春、郑深恩、苏志刚、杨树沛、李日宝、吴奕凡、刘志建。

【职工工伤伤残等级评审清理工作小组】 职工工伤伤残等级评审清理工作小组主要职责是清理广远历年来职工工伤人员，对没有进行工伤伤残等级评审人员进行评审，核发工伤一次性伤残补助金。工作小组组长刘书田，副组长马宗梅，成员黎光葵、符雄、戴世华、张玉凌、郑深恩、段腊春、苏志刚、任乃星、林树元、黄旺新、刘小波、吴奕凡、李日宝、杨树沛、冯培伟。

【船员管理改革后续问题处理工作小组】 船员管理改革后续问题处理工作小组主要负责船员管理体制改革后广远的不适岗船员的安排安置工作。工作小组下设办公室。工作小组组长龚艳平，副组长黎光葵、符雄、戴世华、陆启扬，组员由广远公司和中远航运有关人员组成。

【完善劳动规章制度工作小组】 完善劳动规章制度工作小组主要职责是负责清理广远的劳动规章制度，制订和修订广远的劳动规章制度，跟踪落实规章制度制订的相关法定程序。工作小组组长黎光葵，副组长周学茵、吴思，成员王雷、郑意、蔡兆聪、张丛、任乃星、阮亦欢、赵卫、关锦庭、刁海静。

【计算机网络监督检查小组】 计算机网络监督检查小组在广远密码和保密委员会的领导下开展工作。其主要职责是负责对

广远本部各部室、各航运公司、各岸产企业涉密计算机进行保密管理与监督检查；配合上级保密部门做好涉密计算机的保密检查；负责对广远上互联网、OA办公自动化网、邮件网的信息进行实时监控和保密检查；对泄密计算机信息在网上出现泄密事件进行调查，并提出处理意见；认真记录计算机网络、计算机信息检查情况，并按要求及时上报上级业务部门。检查小组组长马宗梅，副组长林旭东、杨涛，成员郑潮藩、陈维宣、杜笑洋、吴彩区、许德茂。

【社会治安综合治理工作办公室】 社会治安综合治理工作办公室是在安全保卫、维护稳定及突发事件应急处置工作领导小组和安全保卫、维护稳定及突发事件应急处置工作小组领导下开展工作。主要职责是制定社会治安综合治理具体工作计划并组织实施；完善社会治安防控体系；了解掌握广远本部各部门及公司直属单位的社会治安综合治理工作情况，总结、推广社会治安综合治理工作经验，发现、纠正存在的问题，推动社会治安综合治理工作的深入开展；督促、检查、指导广远治安防范措施的落实；负责广远防范邪教工作；具体负责社会治安综合治理突发事件的处置工作。社会治安综合治理办公室设在航安部。办公室主任翁继强，副主任王珂、姚勇，成员林旭东、黎光葵、符雄、尤扬斌、林耀强、陈建钦、凌保平、温锐波、周佐成、王茜、郑朝藩、邱进宗。

【安全保卫及防恐工作办公室】 安全保卫及防恐工作办公室职责是按照领导小组和工作小组的整体部署，监督检查广远各单位突发事件应急处置工作机制落实情况；负责广远船舶安全保卫工作的部署、组织实施；监督、检查、指导中远航运船舶安全防范措施落实；防恐信息的收集、研判、风险评估、预警防范；负责广远重要物资、危险化学品运输的安全保卫工作；负责广远重点部位的安全保卫工作；负责研究制定广远员工安全保护工作的对策、措施；负责涉及员工安全的突发事件应急处置工作。安全保卫及防恐工作办公室设在航安部，办公室主任翁继强，副主任周维民，成员林旭东、王珂、朱航员、谭力、黎光葵、佟文华、符雄、陈建钦、郭福祥、陈望权、曾远祥、梁杰、郑深恩、温锐波、钱汉东、邱进宗、林骥行。

【广远系统企业年金工作领导小组】 广远系统企业年金工作领导小组主要职责是全面负责广远及下属单位企业年金工作。领导小组下设工作小组。领导小组组长刘书田，副组长马宗梅，组员黎光葵、佟文华、符雄、王珂、朱航员、陈建钦、陈昆、黄晓晖。

【广远系统企业年金工作小组】 广远系统企业年金工作小组在领导小组领导下工作，其工作职责是负责各专业工作组工作，分配具体工作任务，协调工作进度。工作小组下设三个专业小组。工作小组组长黎光葵，副组长郑深恩、邓伟荣。

方案设计专业组主要工作职责负责草拟年金方案、中人补贴标准方案，经工作组讨论后提交年金领导小组研究。组长张丛，成员张美琴、周学茵、吴思、苏志刚、江海珊。

综合事务专业组主要工作职责是负责补充养老保险清理移交、企业年金政策宣

传等综合性工作。组长苏志刚，成员蔡兆聪，王雷、刁海静、林仕东。

数据归集与审核专业组主要工作职责是负责审核广远系统各单位2006～2008年工资收入统计数据、审核中人补贴对应职务、中人补贴投入测算与分析、中人补贴财务处理等。组长吴思，成员张美琴、苏志刚、刁海静、张丛、江海珊。

【编制广远“十二五”发展规划领导小组】 编制广远“十二五”发展规划领导小组职责是负责贯彻中远集团有关“十二五”发展规划编制工作的指示精神和总体部署，加强对广远规划编制和实施工作的领导、协调和指导，审议“十二五”发展规划。领导小组下设工作小组。领导小组组长徐惠兴、刘书田，成员陈炳立、翁继强、马宗梅、林旭东、谭力、佟文华、韩国敏、李伟、蔡梅江、林立兵、王玉生。

【编制广远“十二五”发展规划工作小组】 编制广远“十二五”发展规划工作小组在领导小组领导下工作，其主要职责是研究提出“十二五”发展规划编制工作方案；按规定程序组织实施编制“十二五”发展规划和前期调研工作，并对规划编制工作进行统筹协调。工作小组组长陈炳立，成员谭力、林旭东、佟文华、林立兵、王玉生、黎光葵、朱航员、符雄、王珂、张庆华、周维民、郭京、董宇航、刘海平、周佳忠。

【实施广东省扶贫开发工作领导小组】 实施广东省扶贫开发工作领导小组工作职责是研究确定扶贫开发工作原则和实施方案，研究解决实施过程中的重大问题。领导小组组长刘书田、徐惠兴，成员马宗梅、翁继强、韩国敏。

【实施广东省扶贫开发工作小组】 实施广东省扶贫开发工作小组在领导小组领导下工作，其主要职责是对领导小组负责，草拟实施方案，并具体负责组织实施。工作小组办公室设在广远工会。工作小组组长马宗梅，副组长符雄、黎光葵、陈建钦，成员邓伟荣、陆启扬、蔡兆聪、周佐成、王雷、陈钊、沈仕乐，联系人黄宜振。

【广远/中航办公室搬迁工作小组】 广远（中航）办公室搬迁工作小组工作职责是研究制定广远（中航）搬进新大楼的计划，并组织实施；分析研究新大楼未来发展方向方案；分析研究新大楼办公室的租金方案；研究审定新大楼物业管理及后勤服务方案，并协调落实；研究审定广远（中航）搬入新大楼办公后，现用办公用房处置与改造方案；落实企业领导交办的其他事宜。该小组在办公室搬迁工作结束后即予撤销。广远（中航）办公室搬迁工作小组办公室设在广远总经办。工作小组组长林立兵，副组长薛俊东、林旭东，成员林敬伟、谭力、佟文华、郑培贤、董宇航、黄晓晖、吴杰。

【广州远洋“第七届国际海运（中国）年会”筹备工作领导小组】 广州远洋“第七届国际海运年会”筹备工作领导小组主要职责按照中远集团的安排，指导工作小组完成大会的相关工作。该领导小组在年会闭幕后即予撤销。领导小组组长徐惠兴、刘书田，副组长翁继强，成员马宗

梅、陈炳立、韩国敏、郭京、薛俊东、林旭东、谭力、董宇航。

【**广州远洋“第七届国际海运（中国）年会”筹备工作小组**】 广州远洋“第七届国际海运（中国）年会”筹备工作小组在广州远洋“第七届国际海运（中国）年会”筹备工作领导小组的领导下进行工作，工作小组日常办事机构设在广远总经办。工作小组下设会务秘书组、接待组、技术组、宣传组、后勤组，各小组按照分工具体负责相关工作。工作小组建立每周例会制度，定期召开海运年会推进会议，及时向中远集团、广州市反馈筹备进展情况。该工作组在年会闭幕后即予撤销。工作组组长翁继强，副组长薛俊东、林旭东，成员谭力、董宇航、佟文华、陈建钦、符雄、李伟、蔡梅江、施金安、张莲芳、周维民、吴杰、孙雄、章晓彤、杨涛、张维伟、郑潮藩、王雷、蔡兆聪、张敏仪。

【**档案库房改造工程工作领导小组**】 档案库房改造工程工作领导小组主要职责负责档案库房改造工程的领导、策划；负责工程招投标工作方案确定及审核；听取工作小组和监督小组工作报告；负责向企业领导办公会请示汇报。领导小组下设档案库房改造工程工作小组（兼招标小组）、档案库房改造工程工作监督小组。领导小组组长刘雪亮，副组长林旭东，成员林立兵、黎光葵、佟文华、朱航员、王玉生、林远平。

【**档案库房改造工程工作小组（兼招标小组）**】 档案库房改造工程工作小组（兼招标小组）在档案库房改造工程工作领导小组领导下进行工作，其主要职责负责制定招投标工作流程；组织设计单位和招标代理单位比选工作；组织工程施工公开招投标相关工作；组织合同谈判、合同审核和合同上报工作；组织工程施工报建工作；组织工程施工质量、施工进度和施工安全监理工作；组织工程竣工验收工作，组织工程结算工作；负责工程费用审核、把关、报销和支付工作；落实领导小组布置的其他工作。工作小组组长林旭东，成员郑潮藩、邹勇光、徐鹰、叶苑群、林骥行、陈海、汪再波、王新国、莫凡凡。

【**档案库房改造工程工作监督小组**】 档案库房改造工程工作监督小组在档案库房改造工程工作领导小组领导下进行工作，其主要职责负责开工前审计申请工作；负责监督招投标工作全过程，监督承包合同签订及执行情况，监督工程施工管理情况，监督工程款支付情况；负责结算审计申请工作。监督小组组长朱航员，成员张访苏、郑意、沈仕乐、陈道胜。

【**土地房产处置领导小组**】 土地房产处置领导小组主要职责是全面领导、部署和推进广远土地房产处置工作；审批总体实施计划；审核和批准项目的经费预算；对工作中的重大事项进行协调和决策。土地房产处置领导小组下设土地房产处置工作小组。领导小组组长徐惠兴、刘书田，副组长林立兵、林敬伟，组员谭力、佟文华、朱航员、黎光葵、王玉生、陈建钦。

【**土地房产处置工作小组**】 土地房产处置工作小组在土地房产处置领导小组

领导下进行工作，其主要职责工作小组负责制订具体计划和实施方案；统一调配项目资源和人员；编制项目预算方案；并组织和协调项目实施。常设办公室负责跟踪项目进展，处理日常事务，并定期编写工作简报。工作小组组长林立兵，副组长林敬伟、王玉生、陈建钦、谭力、张清强，组员张庆华、林远平、周学茵、林曦、吴思、郑意、陈钊、吴永洪、黄高勇。办公室设在岸产事业部，联系人黄高勇。

【开展工程建设领域突出问题专项治理工作协调小组】 开展工程建设领域突出问题专项治理工作协调小组职责是负责落实中远集团部署的相关治理工作任务，推进实施《广远公司开展工程建设领域突出问题专项治理工作实施方案》，组织指导广远及所属单位开展工程建设突出问题专项治理工作。开展工程建设领域突出问题专项治理工作协调小组下设办公室。协调小组组长马宗梅，组员林旭东、王珂、谭力、佟文华、黎光葵、朱航员、周维民、王玉生。

【开展工程建设领域突出问题专项治理工作办公室】 开展工程建设领域突出问题专项治理工作办公室在广远开展工程建设领域突出问题专项治理工作协调小组领导下进行工作，其职责是负责日常组织协调工作，落实工作协调小组交办的各项工作，加强对广远工程建设的监管和突出问题的专项治理。办公室主任朱航员，副主任张访苏，成员郑意、沈仕乐、郑潮藩、任鑫、温锐波、周佐成、陈钊、翁哲、谢志达、陈道胜、佘松亮。

【“小金库”专项治理工作领导小组】 “小金库”专项治理工作领导小组职责贯彻落实国务院五部委印发的《国有及国有控股企业“小金库”专项治理实施办法》以及中远集团有关部署、要求，研究部署并落实“小金库”专项治理工作，促进广远防治“小金库”长效机制的健全完善，保障企业健康发展。“小金库”专项治理工作领导小组下设 “小金库”专项治理工作领导组长办公室。领导小组组长徐惠兴，副组长刘书田，成员马宗梅、林立兵、林旭东、佟文华、朱航员、谭力、黎光葵。

【“小金库”专项治理工作领导办公室】 “小金库”专项治理工作领导办公室在“小金库”专项治理工作领导小组领导下进行工作，其主要职责组织落实广远“小金库”专项治理工作领导小组交办的各项任务，包括：制定并落实专项治理实施方案，重点抓好自查自纠、监督检查和整改落实工作，堵塞监督管理漏洞，完善风险防控机制；组织召开有关会议；及时上报相关材料和报表；督导广远各单位积极开展专项治理工作；配合上级做好专项治理工作的监督检查。广远“小金库”专项治理工作领导小组办公室设在监督部/审计部。办公室主任马宗梅，副主任佟文华，成员朱航员、张访苏、张美琴、叶苑群、郑意、张庆华、周学茵、张丛、乔林、陈道胜、龙志聪。联系人陈道胜。

【广远推进“三大机制”建设指导协调组】 广远推进“三大机制”建设指导协调组的主要职责是推进“三大机制”建设工作机构在广远党委的领导下进行工作，其主要职责指导协调组负责统筹规划“三大机制”建设，指导各工作小组开展工作；提出“三大机制”建设的基本原则和要求；协调解决“三大机制”建设中的难点、重点问题；审议每个机制的基本框架和最终成果；对各单位实施“三大机制”情况进行监督检查。指导协调组下设推进“三大机制”建设工作小组。指导协调组组长刘书田，副组长马宗梅，成员黎光葵、王珂、朱航员、符雄、陈建钦、赖奕光、周舟、姚勇、龚艳平。

【推进“三大机制”建设工作小组】 推进“三大机制”建设工作小组在推进“三大机制”建设指导协调组领导下进行工作，其主要职责是工作小组负责“三大机制”建设的具体工作；根据指导协调组的基本原则和要求，制定推进每个机制建设的工作计划；对每个机制建设组织开展深度调研；科学设计每个机制的基本框架并形成完整体系；对每个机制成果进行后评估，并总结完善。推进“三大机制”建设工作小组下设党建动力机制建设工作小组、职工思想状况常态分析机制建设工作小组、精神文明建设任务书考核机制工作小组。党建动力机制建设工作小组组长黎光葵，组员孙雄、易宝森、周佐成、佘松亮、江海珊、谭伟、蔡主清。职工思想状况常态分析机制建设工作小组组长王珂，组员郑深恩、易宝森、王雷、吴思、郑意、蔡兆聪、陈衡、江海珊、曾晓平、谢志达。精神文明建设任务书考核机制工作小组组长王珂，组员王茜、王雷、周佐成、佘松亮、蔡兆聪、孙雄、雷彩云、蒲大同、谢志达、刘新源。（林海霞）

第九章
2010年度先进集体、先进个人

第一节　上级表彰的先进集体、先进个人以及社会团体授予的荣誉称号

（一）上级表彰的先进集体以及社会团体授予的荣誉称号

全国质量管理小组活动优秀企业

广远

全国模范职工小家

“康盛口”轮

全国优秀质量管理小组

物业公司安全QC小组

全国地方志系统第二届年鉴二等奖

广远

全国“安全生产月”活动优秀企业

广远

全国水运系统安全优秀船舶

“康盛口”轮　“乐锦”轮　“越秀海”轮

全国“安康杯”竞赛优胜班组

中远航运安技部

中央企业红旗班组（科室）标杆

“乐从”轮

中央企业职工技能竞赛先进单位

广远

交通运输部海事局安全诚信公司

中远远达

交通运输部海事局安全诚信船舶

“乐盛”轮　“乐民”轮　“乐锦”轮

“乐荣”轮　“乐泰”轮　“乐山”轮

“富阳山”轮　“富康山”轮

“富新山”轮　“富清山”轮

第十批中央企业五四红旗团委创建单位

岸产事业部团委

交通运输部、广东省、广州市、中远集团优秀QC小组

远洋酒店工程部QC小组

物业公司安全QC小组

信息中心QC小组

中远航运船员管理部业务处QC小组

广东省、广州市、中远集团优秀QC小组

东海大厦餐厅项目QC小组

广东省、广州市优秀QC小组

中远南方安全QC小组

广东省文明单位

“大华”轮

广东省工人先锋号

“木兰湾”轮

广东省厂务公开民主管理先进单位

广远

广东省模范职工之家

中远远达工会

广东省五四红旗团（总）支部

物业公司团总支

全国交通建设系统工人先锋号

建设实业“I1–4”项目组

“瑞昌海”轮　“大富”轮　“乐从”轮

中国船东协会防海盗先进船舶

“安泽江”轮　“泰安口”轮　“乐从”轮

广东省第一届年鉴编纂质量二等奖

广远

广东省档案工作优秀单位

广远档案中心

中央驻穗企业安排残疾人就业工作先进单位

广远

广东省直属机关青年文明号

远洋宾馆前台接待部、“木兰湾”轮

海南省诚信示范企业

中远南方

海南省航运企业管理先进单位

中远南方

大连市驻连先进办事处

中远航运大连办事处

大连口岸工委先进党组织

中鞍航运党总支

中国上市公司董事会金圆桌奖之优秀董事会奖

中远航运

中国证券市场20家最富社会责任感上市公司提名奖

中远航运

中国上市公司最佳公司治理奖

中远航运

2009～2010年度上市公司董事会考核优秀团队

中远航运董秘团队

中国船东协会防范海盗、配合海军护航工作先进航运企业

中远航运

2008～2010年度广东省直属机关文明单位

中远航运

2009年度交通部综合统计工作评比单项优秀单位

广远

广东省“安康杯”竞赛第二名

中远远达

广东省2010年度运输统计工作考核评比一等奖

广远

广东省2010年度能源统计直报部门统计工作考核评比一等奖

广远

广东省海员系统工会信息工作先进单位

广远工会

广东省海员工会财会特别奖

广远工会

2009年度深圳港籍航运公司安全管理A级公司

中远远达

广州市2009年度对外经济合作先进企业

中远航运

广州市优秀QC小组

中远航运船员管理部船员一处QC小组

中远航运船员管理部党工处QC小组

中远航运船员管理部二处QC小组

广州市无偿献血先进集体

广远

中远航运

广州市企业景气调查工作先进奖

广远

广州市旅游统计先进单位

东海大厦

广州市建设地区维护稳定及社会治安综合治理先进集体

东海大厦

中远集团双文明建设先进单位

中远航运

2008～2009年度中远集团四强党组织

建设实业党总支　“康盛口”轮党支部

“乐从”轮党支部　“瑞昌海”轮党支部

中远集团文明示范窗口

《广州远洋》编辑部　中远航运船员管理部船员一处

供应公司食品部仓库　通导公司技术工程部

2009～2010年度中远集团“华铜海”式船舶

“白沙岭”轮　“瑞昌海”轮　“乐里”轮

“泰安口”轮　“木兰湾”轮　“乐宜”轮

“大富”轮　“乐从”轮

中远集团防海盗工作先进船舶

“瑞昌海”轮　“天王星”轮　“乐从”轮

“泰安口”轮　“安泽江”轮　“乐同”轮

“珍珠湾”轮 “乐山”轮

2008～2009年度中远集团青年文明号

“富裕山”轮 “瑞昌海”轮 “大强”轮

远洋宾馆房口部 物业公司经营部客户服务小组

2008～2009年度中远集团青年安全生产示范岗

“乐宜”轮 “湘江”轮 “天王星”轮

通导公司市场部 物业公司黄埔管理处保安班

中远集团先进船员家属联络站

青岛船员家属联络站

兴宁船员家属联络站

丹东船员家属联络站

天津船员家属联络站

2009年度中远集团财务决算先进单位

广远

2009年度中远集团财务快报先进单位

广远

《中国远洋报》2010年度先进报道单位

广远

广州市越秀区武装工作标兵单位

广远

（二）上级表彰和社会团体授予的先进个人荣誉称号

全国技术能手

马朝辉 何鹏辉 黄红亮

全国青年岗位能手

马朝辉 何鹏辉 黄红亮

全国工会系统“五五”普法活动先进个人

吕英翼

中央企业先进职工标兵

罗雪英

中央企业优秀党务工作者

李玉海

中央企业技术能手

陈赞金 梁仕慧

中央企业青年岗位能手

冯剑群

中国海员建设工会金锚奖

陈建军

交通运输部海事局安全诚信船长

游高山 李增奇 徐钰明 夏玉和
吴建文 吕联清 林伟光 于顺明
陈月异 张在元 张锡隆 闵业杰
曹桂贤 文　心 栾　英

大连市外地驻连先进工作者

许明顺

大连口岸工委优秀党员

李曙光

新财富金牌董秘

薛俊东

2010年度中国最佳创富IR奖

薛俊东

2009年度中国主板上市公司百佳董秘

薛俊东

金治理投资者关系公司董秘

薛俊东

海南省企业信用法人代表

徐惠兴

广东省QC小组活动优秀领导者

谭　力

广东省QC小组活动优秀推进者

黎　清

2009～2010年度广东省优秀团干部

罗小光

广东省优秀共青团员

何鹏辉

广州地区部省属技工学校优秀教师

张伟新

广东省海员系统工会信息工作先进个人

米军喜

2008～2009年度省直机关《跨越》杂志优秀通讯员

米军喜

广州市QC小组活动优秀推进者

杨　涛　王玉生　邱进宗

中远集团"四优"党务工作者

陈建钦　李玉海　黄　泽　徐　强

中远集团"四优"共产党员

谭　力　蔡万群　田　波

林伟光　邓诗红　罗雪英

中远集团优秀船员家属联络站站长

李秀芳　徐文凤

中远集团优秀船员家属

张华英　刘玉琴　陈桂平　苏翠琼

杨玉香　王玉琴　李　宁　徐梦君

于小南　刘　萍　沈素荔　鲍秀君

韩　珊　朱冬梅　潘成萍　冼秀琼

2008～2009年度中远集团青年岗位能手

肖　华　叶观峰　陈建水　刘志勇

邹勇光　袁宏图

2009年度省直机关青年岗位能手

赵　帅

2009年度中远集团优秀财务工作者

张美琴

中远集团党务信息报送先进个人

曾晓平

《中国远洋航务》2010年度优秀通讯员

吴　杰　廖再文

《中国远洋报》2010年度优秀通讯员

吴　杰　廖再文　王　雷　米军喜

广州市越秀区党管武装先进个人

翁继强

广州市越秀区武装工作先进个人

伍英华

第二节　广远表彰的先进集体、先进个人

（一）广远表彰的先进集体

2010年度双文明建设先进单位

中远航运　中远远达

中远南方　建设实业

学习"华铜海"先进船舶

"康盛口"轮　"泰安口"轮　"安宁江"轮

"富裕山"轮　"白沙岭"轮　"瑞昌海"轮

"亚龙湾"轮　"木兰湾"轮　"大富"轮

"乐里"轮　"乐宜"轮　"乐盛"轮

"乐从"轮

2010年"安全生产月"活动先进船舶（班组）

"泰安口"轮　"安武江"轮　"富文山"轮

"白沙岭"轮　"金广岭"轮　"澎湖湾"轮

"珍珠湾"轮　"乐里"轮　"闽江"轮

"湘江"轮　"交城"轮　"衡山"轮

"乐山"轮　"大西洋商人"轮

物业公司黄埔管理处保安班

金桥学院航海系

建设实业I1–4项目部

供应公司代理部仓管组

远洋宾馆保安部

优质服务外派集体标兵

"毓骐海"轮

2010年度先进集体

总经办　人力资源部/组织部　天星公司

供应公司油料部　海运公司技术工程部

东海大厦市场营销部　远洋酒店销售部

远洋宾馆运输部

文明示范窗口

《广州远洋》编辑部
中远航运财金部船员财务处
金桥学院船员培训报到处
物业公司沙园管理处

2008～2009年度五四红旗团委

金桥学院团委

2008～2009年度五四红旗团（总）支部

供应公司团总支　远洋宾馆团总支
“乐宜”轮团支部　“乐民”轮团支部
“木兰湾”轮团支部

2009年度青年文明号

海运公司财务部　“乐从”轮　“大富”轮
“木兰湾”轮

2010年度“四好”领导班子

中远航运
中远远达
中远南方
岸产事业部
建设实业
海运公司
供应公司
物业公司
远洋宾馆
远洋酒店
金桥学院

2009年度青年安全生产示范岗

物业公司天河管理处天河北保安班
金桥学院轮机系实习工厂
“乐泰”轮　“富清山”轮　“金广岭”轮

优秀QC小组

金桥学院轮机系QC小组
东海大厦餐厅项目QC小组
远洋酒店工程部QC小组
建设实业QC小组
物业公司安全QC小组
通导公司设备控制QC小组
海运公司技术工程部QC小组
中远南方安全QC小组
远洋宾馆工程部QC小组
信息中心QC小组
中远航运船员管理部船员一处QC小组
中远航运船员管理部船员三处QC小组
中远航运船员管理部管理业务处QC小组
中远航运船员管理部党工处QC小组
中远航运船员管理部综合监查QC小组
“乐同”轮QC小组
中远航运船员管理部船员二处QC小组
“木兰湾”轮QC小组

2009年度精益管理活动获奖单位（船舶）

银河奖：中远航运　建设实业
阳光奖：“乐同”轮　“西昌海”轮
“木兰湾”轮　“大华”轮
月光奖：中远航运船舶管理部　“大强”轮
中远远达业务部　物业公司经营部
广远本部平台合作小组　海运公司
星光奖：广远发展部　广远财金部
中远航运航运经营部　中远航运船员管理部
中远航运财务资金部　“富文山”轮
“泰安口”轮　“白沙岭”轮
“珍珠湾”轮　远洋宾馆销售部
通导公司物资部　远洋酒店工程部

2009年度文体协会先进分会

登山分会、书法美术摄影分会、《海洋文学》分会

（二）广远表彰的先进个人

2010年度先进生产（工作）者

蔡万群	陈　平	陈月异	何文学
李　重	林少辉	林伟光	刘景生
刘　伟	吕联清	栾　英	毛成建
闵业杰	彭玉燕	曲升家	史一清
王成宝	王海明	王彦雄	吴　杰
吴少从	肖爱杰	徐东海	杨昂宇

于松林　张　彤　张友声　张在元
钟成友　钟影区　戴来兴　刘双和
罗英洪　陈永定　张绪明　胡　巍
马希正　李冬明　李玉海　李宏祥
黄科明　邹　彤　李乃军　黄洁潮
朱国辉　高正洪　何发述　赖端如
李宝玉　李　波　龙军义　聂志敏
吴志刚　伍义平　夏宏杰　徐　琦
杨建伟　杨书泽　余运增　翟建军
陈晓军　陈镇荣　程文班　黄建辉
黄颂彪　劳忠海　卢伟志　陶自勇
魏剑光　吴黄毛　吴慧辉　吴　洋
张宏民　张南平　白志愿　沈宾松
费洪强　苟云锋　黄雄伟　廖世均
刘华贤　吴禄伟　郑景清　侯其禄
李德广　王乾坤　钟志强　杜孟龙
张勇辉　常晓柯　黄解放　蓝贵雄
李贤彬　牟继林　彭立军　邓志伟
陈焕栋　张斯晨　赵向军　李新鑫
余以波　袁　野　李瑞青　林腾松
马景浓　沈海鹏　施海金　唐　波
吴文平　王东松　董正磊　赵　余
孙明军　宋红坡　邹海东　韩　勃
林志新　杨文起　黄　辉　谭　力
王玉生　周维民　郑潮藩　谢小梅
徐　鹰　关锦庭　徐臣涛　林举德
王　雷　佘松亮　蔡兆聪　杜笑洋
王粤宁　江海珊　陶宏江　韩国敏
李　伟　郑培贤　方少彪　罗雪英
虞公平　陈溪连　姬海明　刘　刚
吴文刚　李炎千　蒋　帆　宋　彬
张治军　汪在波　管　升　赵德林
李超军　杨健源　黄志道　吴　贵
陈望权　虞笑晖　顾锦贤　张国伟
陈起漂　李书佐　黄志云　张永久
孙招敏　周旭荣　朱昭勇　郭德标
陈税斯　孙敬辉　王　英　吴红英
唐玲玲　张炳军　陈　鸿　姬宝文
邵立芳

2008～2009年度优秀共青团干部

张竹玲　徐　磊　王朝东　张　倬
周　斌　龚红伟　董自兵　王　毅
赵　新　姜　楠　肖　丹　吴卫锋
郭　霖　刘　静

2008～2009年度优秀共青团员

徐臣涛　王一凡　董晓铭　任纬浩
潘彭军　胡传武　何鹏辉　范晓伟
杨　松　杨　飞　黄　捷　杨志林
唐玲玲　谭高飞　陈　云

2009年度青年岗位能手

梁　俊　朱玉锋　谢志达　彭　佳
赵　帅　李建中　贾启蒙　董正磊
严武周　伍海龙　张恩元　周贵时
庞进爵　朱飞蝉　陈奕鹏（中航）
李一川　高祯华　曾艳萍　李　漫
孙敬辉　凌敏锐　杨　飞
陈奕鹏（岸产）　陈　云　何进伸
彭准红　陈溪连　袁宏图　刘金燕
刘振坤　朱佩君　任　爽　赵德林

2009年度文体协会优秀会员

戴世华　许耀启　梁树添　梁星池
王春林　徐　鹰　蔡主清　莫结鹏
郭汝花　辜嘉鸿　庄逸川　张新伟
田穗军　黄伟丽　黄聪力　周　全
吴卫峰　赵　新　米军喜　刘新源
曾晓平　梁　宇

（林海霞）

附录：各单位全称及简称对照表

全　称	简　称
中国远洋运输（集团）总公司	中远（集团）总公司、中远集团
广州远洋运输公司、广州远洋运输有限公司	广远、广远有限
广远总经理办公室	总经办
党委工作部	党工部
人力资源部/组织部	人力资源部/组织部
劳动保险统筹中心	保险中心
离退休服务中心	离退休中心
档案管理中心	档案中心
信息技术中心	信息中心
广州远洋电脑系统公司	电脑公司
财金结算部	财金部
航运管理与安全监督部	航安部
发展战略与投资运营部	发展部
监督部/审计部	监督部/审计部
工会	工会
岸产事业部	岸产事业部
广州远洋投资管理公司	广远投资
中远航运股份有限公司	中远航运
中远远达航运有限公司	中远远达
中远南方沥青运输有限公司	中远南方
福建捷安船务有限公司	福建捷安
天星船务有限公司	天星公司
广东省远洋运输有限公司	省远洋
中远鞍钢航运有限责任公司	中鞍航运
中远营港航运有限责任公司	中远营港
广州越洋船务有限公司	越洋船务
广州远洋建设实业公司	建设实业
广州远洋物业管理有限公司	物业公司
广州远洋通信导航有限公司	通导公司
广州远洋宾馆有限公司	远洋宾馆
广州天河远洋酒店有限公司	远洋酒店

（续上表）

全　称	简　称
广东东海大厦有限公司	东海大厦
广州经济技术开发区广远海运服务有限公司	海运公司
广州远洋船舶物资供应有限公司	供应公司
广州金桥管理干部学院	金桥学院
埃尔夫润滑油（广州）有限公司	广州埃尔夫
广州中远船务工程有限公司	广州中远船务
中远（香港）集团有限公司	中远（香港）集团
中远（香港）航运有限公司	香港航运
中远集装箱运输有限公司	中远集运
中远散货运输有限公司	中远散运
上海远洋运输公司	上远
青岛远洋运输公司	青远
深圳远洋运输公司	深远
大连远洋运输公司	大远
厦门远洋运输公司	厦远
华南中远国际货运有限公司	华南中货
广州中远国际货运有限公司	广州中货
广州外轮代理公司	广州外货
广州中远物流有限公司	广州中远物流
广州中远国际航空货运代理有限公司	广州中空
中远航运（香港）投资发展有限公司	中远航运香港公司
天津中远航运有限公司	天津中远航运
上海中远航运有限公司	上海中远航运

（林海霞）